高等学校土木工程专业"十三五"规划教材

高校土木工程专业规划教材

# 钢结构基本原理（第二版）

崔　佳　熊　刚　主编

中国建筑工业出版社

图书在版编目（CIP）数据

钢结构基本原理/崔佳，熊刚主编. —2版. —北京：中国建筑工业出版社，2018.12（2025.6重印）
高等学校土木工程专业"十三五"规划教材. 高校土木工程专业规划教材
ISBN 978-7-112-22911-6

Ⅰ.①钢… Ⅱ.①崔… ②熊… Ⅲ.①钢结构-高等学校-教材 Ⅳ.①TU391

中国版本图书馆 CIP 数据核字（2018）第 254459 号

本书是在第一版基础上，根据新修订的《钢结构设计标准》GB 50017—2017等标准、规范以及近年来的教学改革实践修订而成。全书系统介绍了钢结构的基本原理、基本知识、计算方法、结构特点及钢构件的稳定理论。主要内容包括：绪论、钢结构的材料、钢结构的失效形式及设计计算方法、钢结构的连接、钢结构的稳定、轴心受力构件、受弯构件、拉弯和压弯构件等。

本书可作为高校土木工程专业教材，也可供从事建筑钢结构设计、施工等相关工程技术人员参考。

本书作者制作了配套的教材课件，有需要的任课老师可以发送邮件至：jiangongkejian@163.com 索取。

\* \* \*

责任编辑：吉万旺　王　跃
责任校对：芦欣甜

高等学校土木工程专业"十三五"规划教材
高校土木工程专业规划教材
**钢结构基本原理**（第二版）
崔　佳　熊　刚　主编
\*
中国建筑工业出版社出版、发行（北京海淀三里河路9号）
各地新华书店、建筑书店经销
北京红光制版公司制版
建工社（河北）印刷有限公司印刷
\*
开本：787×1092毫米　1/16　印张：17¾　字数：432千字
2019年3月第二版　2025年6月第十三次印刷
定价：**48.00**元（赠课件）
ISBN 978-7-112-22911-6
（33013）

# 第 二 版 前 言

"钢结构基本原理"为土木工程专业的专业基础课,本书依据现行国家标准《钢结构设计标准》GB 50017—2017 和高等学校土木工程学科专业指导委员会编制的《高等学校土木工程本科指导性专业规范》编写。

本次修订,除按新标准调整了相关内容外,将各基本构件中有关稳定的理论部分汇集,集中到第 5 章钢结构的稳定,还增加了钢结构疲劳计算的相关知识。

全书共分 8 章,第 1 章主要介绍钢结构的特点、应用和发展;第 2 章介绍钢结构的材料及其性能;第 3 章介绍钢结构的失效形式及设计计算方法;第 4 章介绍钢结构的连接的工作性能和设计方法;第 5 章介绍钢结构的稳定理论;第 6 章介绍轴心受力构件的工作原理和计算方法;第 7 章介绍受弯构件的工作原理和计算方法;第 8 章介绍拉弯和压弯构件的工作原理和计算方法。

本书可作为土木工程专业本科教材,也可供相关工程技术人员参考。

参加本书编写的有崔佳(第 1 章)、何子奇(第 2 章)、金声、黄浩(第 3 章)、聂诗东(第 4 章)、石宇、程睿(第 5 章)、熊刚、杨波(第 6 章)、郭莹(第 7 章)、周淑容(第 8 章)、李鹏程(附录)。全书由崔佳、熊刚主编。

由于水平所限,书中可能存在错误或不妥之处,敬请读者批评指正。

# 第 一 版 前 言

按照高等学校土木工程专业指导委员会的意见，原土木工程专业钢结构课程已被拆分为《钢结构基本原理》和《建筑钢结构设计》两门课，为了适应培养方案的变化，在过去已有钢结构教材的基础上编写了本书。

《钢结构基本原理》是土木工程专业的主要专业基础课之一，是研究建筑钢结构基本工作性能的一门工程技术型课程。本课程是建筑工程专业方向的必修课，课程教学的目的是使学生系统地学习钢结构的基本原理、基本知识、计算方法、结构特点及钢构件的稳定理论。

本书主要依据高等学校土木工程专业指导委员会编制的《高等学校土木工程专业本科教育培养目标和培养方案及课程教学大纲》，同时结合作者多年从事钢结构教学工作的经验编写而成。

本书共分7章。第1章阐述了钢结构的特点、钢结构的应用及发展。第2章主要讲解钢结构对材料性能的要求，包括钢材的物理性能及加工性能；同时讨论了化学成分、冶金缺陷、温度以及应力集中等各种因素对钢材性能的影响；给出了钢结构用钢材的种类和常用钢材规格。第3章介绍了钢结构及其构件可能发生的强度破坏、丧失稳定、脆性断裂等破坏形式；着重讲解了用于钢结构设计的概率极限状态设计方法以及我国钢结构设计规范常用的设计表达式。第4、5、6章是对轴心受力构件、受弯构件、拉弯压弯构件等基本构件受力特点及计算方法的介绍，由于钢构件承载能力的极限状态通常由整体稳定和局部稳定控制，故在这3章里，均穿插介绍了一些基本的结构稳定理论，如构件的弯曲失稳、扭转屈曲、弯扭屈曲、弹性薄板的屈曲以及屈曲后强度等，以便学生能系统地掌握这方面的内容，加深对钢构件设计方法的理解。第7章介绍了焊缝、普通螺栓、高强度螺栓连接的工作性能及计算方法，将连接一章放在基本构件学习完成后，是为了帮助学生更容易理解和掌握。

本书既可作为土木工程专业大学本科的教材，也可供有关工程技术人员参考。

参加本书编写的有崔佳（第1章）、熊刚（第2章）、戴国欣（第3章）、周淑容（第4章）、陈永庆（第5章）、程睿（第6章）、聂诗东（第7章）、郭莹（附录）。全书由崔佳主编，龙莉萍副主编，负责本书大纲的制定、全书内容的统一、审校、修改和定稿。

对书中的一些疏漏和不当之处，还望读者批评指正。

# 目　　录

# 1 绪 论

## 1.1 钢 结 构 的 特 点

以钢板、热轧型钢、冷弯薄壁型钢等钢材为主要承重结构材料，通过焊接或螺栓连接组成的承重构件或承重结构称为钢结构。

与其他结构如钢筋混凝土结构、砌体结构、木结构等相比，钢结构有如下一些特点：

（1）材料强度高、塑性韧性好

与混凝土、砖石、木材及铝合金材料等相比，钢材具有很高的强度，因此，特别适用于建造跨度大、高度高以及荷载重的结构。但由于强度高，一般所需要的构件截面小而壁薄，在受压时容易发生失稳破坏或受刚度控制，强度有时难以得到充分的利用。

钢材的塑性好，在承受静力荷载时，材料吸收变形能的能力强，因此，一般情况下结构不会由于偶然超载而突然断裂，只增大变形，故易于被发现。同时，塑性好还能将局部高峰应力重分配，使应力变化趋于平缓。

钢材的韧性反映了承受动力荷载时材料吸收能量的多少，韧性好，说明材料具有良好的动力工作性能，适宜在动力荷载下工作。

（2）钢结构的重量轻、抗震性能好

钢材的重度虽然比混凝土大，但由于强度高，构件截面小，做成的结构比较轻且柔。结构的轻质性可以用材料的质量密度 $\rho$ 和强度 $f$ 的比值 $\alpha$ 来衡量，$\alpha$ 值越小，结构相对越轻。钢材的 $\alpha$ 值在 $1.7 \times 10^{-4} \sim 3.7 \times 10^{-4}/m$；木材为 $5.4 \times 10^{-4}/m$；钢筋混凝土约为 $18 \times 10^{-4}/m$。大跨度结构体系中，在跨度及承载力相同的条件下，钢屋架的重量仅是钢筋混凝土屋架的 $1/4 \sim 1/3$，冷弯薄壁型钢屋架甚至接近 $1/10$。

钢结构由于自重轻，且结构比较柔，地震作用相对较小，在地震区采用钢结构较为有利。

（3）材质均匀、与力学计算的假定比较符合

钢结构的材料采用单一的钢材，由于冶炼和轧制过程的科学控制，钢材的组织比较均匀，其材质接近于匀质和各向同性体。而钢材的力学性能接近于理想的弹性-塑性体，其弹性模量和韧性均较大，因此，钢结构实际受力情况和工程力学计算结果比较符合，在设计中采用的经验公式不多，计算上的不确定性较小，计算结果比较可靠。

（4）工业化程度高、施工周期短

钢结构所有材料皆已轧制成各种型材，加工简易而迅速。钢结构构件一般在专业加工厂制作，然后再运至现场安装，装配化率比较高，因此准确度和精确度较高，质量也易于控制。由于钢构件较轻，连接简单，运输安装方便，且施工采用机械化，可以大大缩短现场的施工周期。小量钢结构和轻型钢结构还可在现场制作，简易吊装。

同时，采用螺栓连接的钢结构，在结构加固、改建和可拆卸结构中，也具有其他结构不可替代的优势。

（5）钢结构的密闭性好

钢结构钢材及焊接连接的水密性和气密性较好，不易渗漏，适用于制作各种压力容器、油罐、气柜、管道等水密性、气密性要求较高的结构。

（6）钢结构耐腐蚀性差

钢材容易锈蚀，在使用期间必须注意防护，特别是薄壁构件更应注意，如定期除锈和涂刷油漆，以提高其耐久性。这也造成了钢结构的维护费用较高，因此，处于强腐蚀性介质内的建筑物不宜采用钢结构。

钢结构的防腐蚀措施一般采用涂刷防锈油漆或镀锌、镀铝锌等方法。钢结构在涂刷油漆前应彻底除锈，油漆质量和涂层厚度均匀符合要求。

（7）钢结构耐热但不耐火

钢材受热，当温度在200℃以下时，其主要力学性能（屈服点和弹性模量）无太大变化。但温度超过200℃后，不仅强度总趋势呈逐渐下降，还有蓝脆和徐变现象。温度达到600℃时，钢材进入塑性状态，强度降为零，已不能继续承载。因此，《钢结构设计标准》GB 50017—2017规定构件表面温度超过100℃时应进行结构温度作用验算，并应根据不同情况采取隔热防护措施，对有防火要求的结构，还必须进行抗火设计或采取必要的防火保护措施。

（8）钢材的脆断

钢结构在低温工作环境下和其他条件下可能发生脆性断裂，设计中应特别注意。

## 1.2　钢结构的应用和发展

### 1.2.1　钢结构的应用

钢结构的合理应用范围不仅取决于材料及结构本身的特性，还与国家经济发展水平紧密相连。新中国成立初期，我国年钢产量只有十几万吨，远不能满足国民经济各部门的需求，因而钢结构的应用受到一定的限制。近几年来我国钢产量有了很大发展，到2017年，我国以8.32亿t的年生产量，再次成为全球第一大粗钢生产国，钢结构在建筑、桥梁上的应用也逐年上升。

钢结构的应用领域十分广泛，主要有：

（1）多层和高层建筑

我国过去钢材比较短缺，多层和高层建筑的骨架大多采用钢筋混凝土结构。近年来，钢结构在此领域已逐步得到发展，特别是在高层、超高层建筑领域。因为钢材的抗拉、抗压、抗剪强度高，因而钢结构构件结构断面小、自重轻。采用钢结构承重骨架，可比钢筋混凝土结构减轻自重约三分之一以上。结构自重轻，可以减少运输和吊装费用，基础的负载也相应减少，在地质条件较差地区，可以降低基础造价。此外，钢结构自重轻也可显著减少地震作用，一般情况下，地震作用可减少40%左右。钢材良好的弹塑性性能，还可使承重骨架及节点等在地震作用下具有良好的延性。

我国现代高层建筑钢结构自20世纪80年代中期起步，第一幢高层建筑钢结构为43

层、165m 高的深圳发展中心大厦。此后，在北京、上海、深圳、大连等地又陆续有高层建筑钢结构建成。较具代表性的如 81 层、383.95m 高的深圳地王大厦（图 1-1），北京中央电视台总部大楼（主楼高 234m，图 1-2），楼高 492m，地上 101 层的上海环球金融中心（图 1-3 右），以及目前国内最高的超高层建筑上海中心大厦，其建筑主体为 118 层，总高 632m，结构高度为 580m（图 1-3 左）等。

图 1-1　深圳地王大厦

图 1-2　北京中央电视台新楼

（2）大跨度及大悬挑结构

公共建筑中的大会堂、影剧院、展览馆、体育馆、加盖体育场、航空港等由于建筑使用空间的要求，常常需要采用大跨度或大悬挑结构。大跨度及大悬挑结构主要是在自重荷载下工作，为了减轻结构自重，需要采用高强轻质材料，因此最适宜采用钢结构。

如为 2008 年北京奥运会修建的国家体育中心"鸟巢"（图 1-4，跨度 290m×340m）、广州大剧院（图 1-5）、可容纳 8 万人的天津奥林匹克中心体育场挑篷（图 1-6）、北京新机场候机楼（图 1-7）等就是大跨度钢结构在公共建筑领域应用的代表。

图 1-3　上海环球金融中心及上海中心大厦

图 1-4　国家体育中心"鸟巢"

图 1-5　广州大剧院

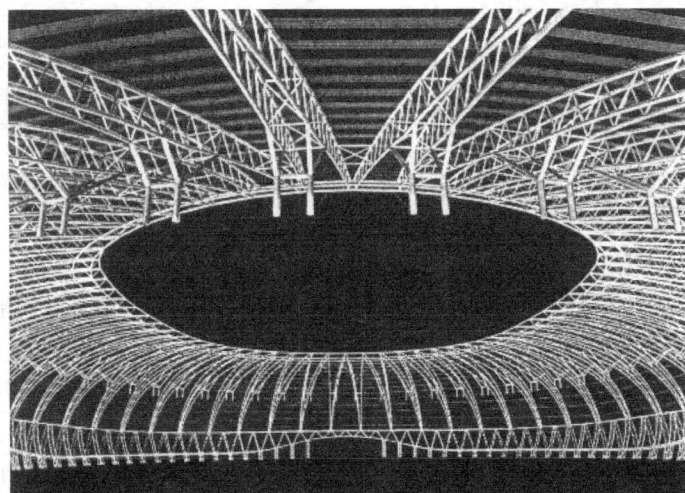

图 1-6　天津奥林匹克中心体育场

图 1-7　北京新机场候机楼

（3）工业厂房

吊车起重量较大或工作较繁重的车间，如冶金厂房的平炉、转炉车间，混铁炉车间，初轧车间；重型机械厂的铸钢车间、水压机车间、锻压车间等，因为承受的荷载较大，抗疲劳强度的要求较高，多采用钢骨架。此外，设有较大锻锤的车间，其骨架直接承受动力荷载，尽管不大，但间接的振动却极为强烈，也多采用钢结构。

近年网架结构及轻型门式刚架结构的大量应用，使一般空间及跨度要求较大的工业厂房也采用了钢结构。

（4）高耸结构

高耸结构要求具备较强的抗风及抗地震能力，同时，也希望有较轻的结构自重。高耸结构包括塔架和桅杆结构，如电视塔、微波塔、输电线塔、钻井塔、环境大气监测塔、无线电天线桅杆、广播发射桅杆等，高达450m的广州新电视塔观光塔（图1-8）就是其中的代表。高耸结构有时候也用于一些城市巨型雕塑及纪念性建筑，如美国纽约的自由女神像、法国巴黎的埃菲尔铁塔（图1-9）等。

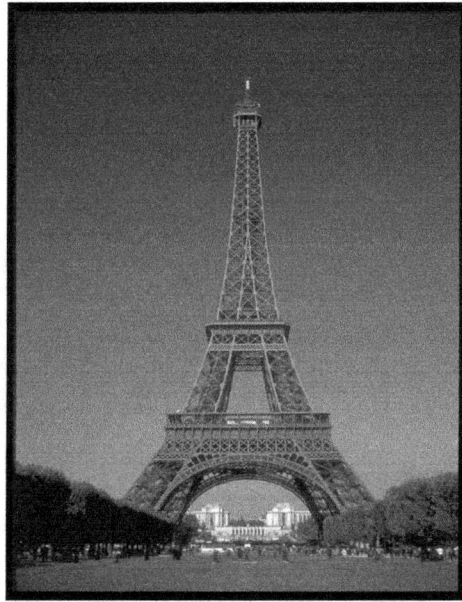

图1-8 广州新电视塔　　　　　图1-9 法国巴黎埃菲尔铁塔

（5）桥梁钢结构

近几年，随着城市建设的高速发展，为解决城市的交通拥堵问题，各种人行天桥、城市高架桥、跨江及跨海大桥的需求也日益增长，桥梁结构通常需要特别大的跨度，采用钢结构可以减轻自重，实现跨越道路、大江大海的功能。

图1-10为杭州湾跨海大桥，大桥设南、北两个航道，其中北航道桥为主跨448m的钻石形双塔双索面钢箱梁斜拉桥；南航道桥为主跨318m的A形单塔双索面钢箱梁斜拉桥。

图1-11为重庆千厮门嘉陵江大桥，主桥为单塔单索面钢桁梁斜拉桥，跨径布置为88m＋312m（主跨）＋240m＋80m＝720m。

图 1-10　杭州湾跨海大桥

图 1-11　重庆千斯门嘉陵江大桥

（6）轻型结构

包括轻型门式刚架房屋钢结构（图 1-12）、冷弯薄壁型钢结构以及钢管结构。这类结构主要用于使用荷载较轻或跨度较小的建筑，其特点是屋面及墙面均采用轻质围护材料，自重及竖向荷载较小，因而结构的用钢量很低，甚至低于钢筋混凝土结构中的钢筋用量。

图 1-12　轻型门式刚架结构

近年来轻型钢结构已广泛应用于仓库、办公室、工业厂房及体育设施，并向住宅楼和别墅方向发展。

（7）板壳结构

由于钢材良好的密闭性能，钢结构常用于制作各种板壳结构如油库、油罐、煤气库、高炉、热风炉、漏斗、烟囱、水塔以及各种管道等。

（8）可拆卸或移动的结构

采用螺栓连接的钢结构拆卸方便，可用于建筑工地的生产、生活附属用房，临时展览馆等。移动结构如塔式起重机、履带式起重机的吊臂、龙门起重机等也常用钢结构制作。

（9）其他特种结构

如栈桥、管道支架、井架和海上采油平台等。

### 1.2.2 钢结构的发展

钢结构的发展，始终伴随着科学的进步与技术的创新，主要体现在材料、连接形式、结构体系、设计计算方法及施工技术等领域。

从所用材料看，早期的金属结构主要是采用铸铁、锻铁，后来发展到以普通碳素钢和低合金钢作为承重结构材料，近年来又发展了铝合金，并逐步发展高强度低合金钢材。现行国家标准《钢结构设计标准》GB 50017—2017，就是在推荐传统 Q235 钢、Q345 钢、Q390 钢和 Q420 钢的基础上，又增加推荐了 Q460 钢，钢的品种也有所增加，如 Q345GJ 高性能钢，其性能明显好于同牌号的普通低合金钢。

从钢结构连接方式的发展看，在生铁和熟铁时代主要采用的是销钉连接，19 世纪初发展到铆钉连接，20 世纪初有了焊接连接，后期则发展了高强度螺栓连接。

从结构的形式看，早期钢结构主要用于桥梁和铁塔、储气库等。我国在公元前 200 多年秦始皇时代就曾用铁造桥墩。公元 60 年左右汉明帝时代建造了铁链悬桥（兰津桥）。山东济宁寺铁塔和江苏镇江甘露寺铁塔也是很古老的建筑，1927 年建成沈阳皇姑屯机车厂钢结构厂房，1931 年建成广州中山纪念堂钢结构圆屋顶，1937 年建成钱塘江大铁桥。新中国成立后，钢结构应用日益扩大，如 1957 年建成武汉长江大桥，1968 年建成南京长江大桥。近 20 年，我国过江及跨海大桥的建设更是突飞猛进，最具代表性的如港珠澳跨海大桥，它连接香港大屿山、澳门半岛和广东省珠海市，全长为 49.968km，是世界上最长的跨海大桥；位于长江中下游湖北省武汉市的天兴洲长江大桥，跨江主桥长 4657m，主跨 504m，是目前世界上最长的公铁两用桥；还有被称世界第一拱桥的重庆朝天门大桥，大桥采用钢桁架拱的结构形式，主跨达 552m，比世界著名拱桥——澳大利亚悉尼大桥的主跨还要长。

钢结构后来逐步发展到工业与民用建筑、水工结构以及板壳结构如高炉、储液库等。在房屋建筑中，高层和大跨成为钢结构的主要发展方向。我国高层建筑钢结构自 20 世纪 80 年代末、90 年代初从北京、上海、深圳等地起步，陆续兴建了一批高层钢结构，如深圳发展中心大厦（高 165m）、北京京广中心大厦（高 208m）、上海金贸大厦（88 层、高 420m）、上海环球金融中心大厦（地上 101 层，地下 3 层，主体高度 492m）、深圳平安金融中心（主体高度 592.5m）等，这些高层及超高层钢结构的建成表明了我国高层建筑发展的新趋势。

结构体系的革新也是今后钢结构研究的方向，如钢结构住宅项目的推广实施，以及在大跨度、空间结构、网壳结构、悬索结构、膜结构等方面的运用。

由于钢构件受压时的稳定问题比较突出，常不能发挥高强度钢材的作用，而混凝土结构具有良好的受压性能，采用钢和混凝土组合构件可以充分发挥两种材料的优势，近年来，组合梁、组合楼板、钢管混凝土以及型钢混凝土等组合结构体系在各类建筑中也得到了广泛应用。

我国现行《钢结构设计标准》GB 50017—20017 与《钢结构设计规范》GB 50017—2003 比较，除在设计方法上又有所改进和提高外，还增加了一些新的内容，这些改进和新增内容也表明了钢结构今后的发展方向。

目前钢结构的设计方法采用考虑分布类型的二阶矩概率法计算结构可靠度，从而制订了以概率理论为基础的极限状态设计法（简称概率极限状态设计法）。这个方法的特点主要表现在不是用经验的安全系数，而是用根据各种不定性分析所得的失效概率（或可靠指标）去度量结构可靠性，并使所计算的结构构件的可靠度达到预期的一致性和可比性。但是这个方法还有待发展，因为它计算的可靠度还只是构件或某一截面的可靠度，而不是结构体系的可靠度，也不适用于疲劳计算的反复荷载或动力荷载作用下的结构。

近年来，钢结构抗震性能化设计、抗连续倒塌设计、抗火设计以及直接分析法在结构设计上得到成功应用，国内外钢结构设计软件也日趋成熟，计算机辅助设计及绘图等都得到很大发展。

最近几年，我国成品钢材朝着品种齐全、材料标准化方向发展。国产建筑钢结构用钢在数量、品种和质量都有了较大改进，热轧 H 型钢、彩色钢板、冷弯型钢的年生产能力大大提高，为钢结构发展创造了重要条件。

我国近年来钢结构制造工业的机械化水平已有了较大提升，但在现场质量控制、吊装安装技术以及技术工人水平等方面还需要进一步提高。

# 2　钢　结　构　的　材　料

## 2.1　钢结构对钢材的要求

钢材是钢结构的主要材料，钢的种类繁多，性能差别也很大，适用于建筑结构的钢材只是其中的一小部分。建筑用钢材必须具有良好的力学性能及加工性能，即必须符合下列要求：

（1）较高的抗拉强度 $f_u$ 和屈服强度 $f_y$

钢材的屈服强度 $f_y$ 是衡量结构承载能力的指标，在相同条件下，较高的 $f_y$ 可以使结构有较小的截面面积，以减轻结构自重、节约钢材和降低造价。而抗拉强度 $f_u$ 是衡量钢材经过较大变形后的极限抗拉能力，它直接反映钢材内部组织的优劣，同时，作为一种安全储备，$f_u$ 高可以增加结构的安全保障。

（2）较好的塑性和韧性

钢材具有良好的塑性和韧性，使得结构在静载和动载作用下有足够的应变能力，既可以减轻结构脆性破坏的倾向，又能通过较大的塑性变形调整局部峰值应力，同时，还具有较好的抵抗重复荷载作用的能力。

（3）良好的工艺性能

工艺性能主要指钢材冷加工、热加工的性能和可焊性。良好的工艺性能保证了钢材易于加工成各种形式的结构或构件，而且不致因加工而对材料的强度、塑性、韧性等造成较大的不利影响。

根据结构的具体工作条件，有时还要求钢材具有适应低温、高温和腐蚀性环境的能力。

## 2.2　钢材的主要性能

### 2.2.1　钢材在单向均匀受拉时的工作性能

钢材的主要力学性能指标一般通过标准试件的单向拉力试验获得。在常温静载情况下，普通碳素钢标准试件单向均匀受拉试验时的应力—应变（$\sigma-\varepsilon$）曲线如图 2-1 所示。由此试验曲线可获得有关钢材的主要力学性能指标。

2.2.1.1　强度性能

图 2-1 中 $\sigma-\varepsilon$ 曲线的 $OP$ 段为直线，表示钢材具有完全弹性性质，这时应力与应变成正比，其比值定义为弹性模量 $E$，即 $E=\sigma/\varepsilon$，$E$ 也为该段直线斜率 $E=\tan\alpha$。此段应力的最高点 $P$ 所对应的应力值 $f_p$ 称为比例极限。

曲线的 $PE$ 段仍具有弹性性质，但非线性，即为非线性弹性阶段。这时应力与应变之间的增量关系可以表示为 $E_t=\mathrm{d}\sigma/\mathrm{d}\varepsilon$，$E_t$ 叫作切线模量。此段上限 $E$ 点的应力 $f_e$ 称为弹性极限。弹性极限和比例极限相距很近，实际上很难区分，故通常只提比例极限。

应力超过弹性极限后，随着荷载的增加，曲线在 $ES$ 段出现非弹性性质，即应变 $\varepsilon$ 与应力 $\sigma$ 不再成正比，此时的变形包括了弹性变形和塑性变形两部分，表现在卸荷曲线上，成为与 $OP$ 平行的直线（图 2-1 中的虚线），留下永久性的残余变形。此段上限 $S$ 点的应力 $f_y$ 称为屈服点，对于低碳钢，此时出现明显的屈服台阶 $SC$ 段，此阶段在应力保持不变的情况下，应变继续增加。

在屈服台阶的末端（$C$ 点），结构将产生很大的残余变形（对低碳钢，此时的应变 $\varepsilon_c$ 约为 2.5%），过大的残余变形在使用上是不容许的，表明钢材的承载能力达到了最大限度。因此，在设计时取屈服点为钢材可以达到的最大应力。

对于没有缺陷和残余应力影响的试件，比例极限和屈服点比较接近，且屈服点前的应变很小（对低碳钢约为 0.15%）。为了简化计算，通常假定屈服点以前钢材为完全弹性，屈服点以后则为完全塑性，这样就可以把钢材视为理想的弹-塑性体，其应力－应变曲线可以用双直线近似代替，如图 2-2 所示。

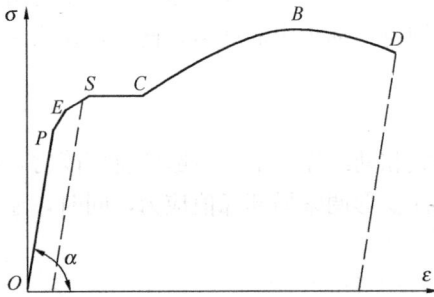

图 2-1 碳素结构钢的应力－应变曲线　　图 2-2 理想弹塑性体的应力－应变曲线

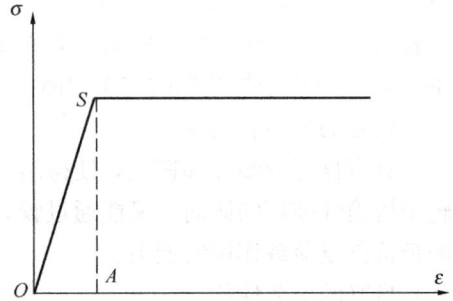

超过屈服台阶的末端 $C$ 点后，材料出现应变硬化，曲线上升，直至曲线最高处的 $B$ 点，这点的应力 $f_u$ 称为抗拉强度或极限强度。当应力达到 $B$ 点时，试件发生颈缩现象，至 $D$ 点而断裂。当以屈服点的应力 $f_y$ 作为强度限值时，抗拉强度 $f_u$ 成为材料的强度储备。

没有明显屈服台阶的高强钢，屈服条件是根据试验分析结果而人为规定的，故称为条件屈服点（或屈服强度）。条件屈服点是以卸荷后试件中残余应变为 0.2% 时所对应的应力定义的，一般用 $f_{0.2}$ 表示，见图 2-3。这类钢材由于不具有明显的塑性平台，设计中不宜利用它的塑性。

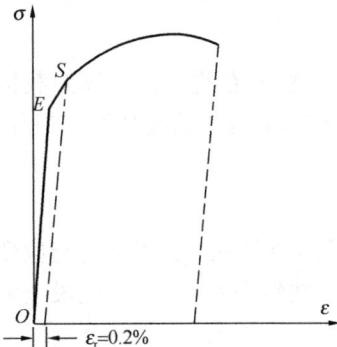

图 2-3 没有明显屈服台阶的高强钢的应力－应变曲线

#### 2.2.1.2 塑性性能

钢材的塑性性能可以用伸长率衡量，试件被拉断时原始标距的残余伸长值与原标距之比的百分率，称为断后伸长率。当试件标距长度与试件直径 $d$（圆形试件）之比为 10 时，以 $\delta_{10}$ 表示，当该比值为 5 时，以 $\delta_5$ 表示。伸长率代表材料在单向拉伸时的塑性应变的能力。

屈服强度、抗拉强度和断后伸长率是钢材最重要的三项力学性能指标。

### 2.2.1.3 钢材物理性能指标

钢材在单向受压（粗而短的试件）时，受力性能基本上和单向受拉时相同。受剪的情况也相似，但剪切屈服点 $\tau_y$ 及抗剪极限强度 $\tau_u$ 均较受拉时为低，剪变模量 $G$ 也低于弹性模量 $E$。

钢材和钢铸件的弹性模量 $E$、剪变模量 $G$、线性膨胀系数 $\alpha$ 和质量密度 $\rho$ 见表 2-1。

钢材和钢铸件的物理性能指标      表 2-1

| 弹性模量 $E$（N/mm²） | 剪变模量 $G$（N/mm²） | 线膨胀系数 $\alpha$（以每℃计） | 质量密度 $\rho$（kg/m³） |
|---|---|---|---|
| $206 \times 10^3$ | $79 \times 10^3$ | $12 \times 10^{-6}$ | 7850 |

### 2.2.2 钢材在复杂应力作用下的工作性能

在单向拉力试验中，钢材屈服强度 $f_y$ 可视为弹性与塑性工作的标志，当正应力 $\sigma < f_y$ 时钢材在弹性状态下工作，当正应力 $\sigma \geqslant f_y$ 时，钢材在塑性状态下工作。实际钢结构中，钢材常是在双向或三向的复杂应力状态下工作，这时钢材的屈服并不取决于某一方向的应力，而是由反映各方向综合应力影响的"屈服条件"来确定的。在复杂应力，如平面或立体应力（图 2-4）作用下，钢材由弹性状态转入塑性状态的屈服条件是按折算应力 $\sigma_{red}$ 与单向应力下的屈服点相比较来判断。对于接近理想弹

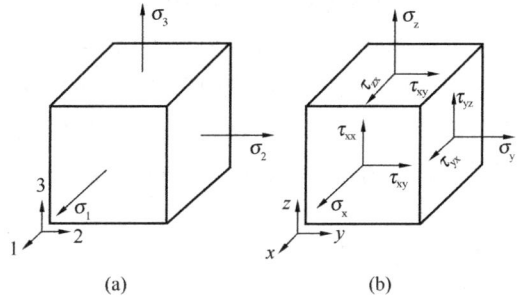

图 2-4 复杂应力作用下的单元体

(a) 三向主应力作用；(b) 三向正应力、剪应力作用

塑性材料的钢材，试验证明折算应力 $\sigma_{red}$ 的计算采用能量强度理论（或第四强度理论）较为合适。根据能量强度理论，在三向应力作用下，折算应力 $\sigma_{red}$ 以主应力表示时可按下式计算：

$$\sigma_{red} = \sqrt{\frac{1}{2}\left[(\sigma_1 - \sigma_2)^2 + (\sigma_2 - \sigma_3)^2 + (\sigma_3 - \sigma_1)^2\right]} \tag{2-1}$$

式中，$\sigma_1$、$\sigma_2$、$\sigma_3$ 为单元体主应力，方向以受拉为正。

以应力分量表示时可按下式计算：

$$\sigma_{red} = \sqrt{\sigma_x^2 + \sigma_y^2 + \sigma_z^2 - (\sigma_x\sigma_y + \sigma_y\sigma_z + \sigma_z\sigma_x) + 3(\tau_{xy}^2 + \tau_{yz}^2 + \tau_{zx}^2)} \tag{2-2}$$

式中，$\sigma_x$、$\sigma_y$、$\sigma_z$ 为单元体正应力，方向以受拉为正；$\tau_{xy}$、$\tau_{yz}$、$\tau_{zx}$ 为剪应力，剪应力产生的力偶相对于单元体为逆时针时为正。

当 $\sigma_{red} < f_y$ 时即为弹性状态，$\sigma_{red} \geqslant f_y$ 时为塑性状态。

如三向应力中有一向应力很小（如厚度较小，厚度方向的应力可忽略不计）或为零时，则属于平面应力状态，式（2-2）所定义的屈服条件成为：

$$\sigma_{red} = \sqrt{\sigma_x^2 + \sigma_y^2 - \sigma_x\sigma_y + 3\tau_{xy}^2} = f_y \tag{2-3}$$

在一般的梁中，只存在正应力 $\sigma$ 和剪应力 $\tau$，则

$$\sigma_{red} = \sqrt{\sigma^2 + 3\tau^2} = f_y \tag{2-4}$$

对只有剪应力作用的纯剪状态，令式（2-4）中的 $\sigma=0$，则

$$\sigma_{red} = \sqrt{3\tau^2} = \sqrt{3}\tau = f_y$$

由此得钢材的剪切屈服强度：

$$\tau_y = \frac{f_y}{\sqrt{3}} \approx 0.58 f_y \qquad (2\text{-}5)$$

我国现行国家标准《钢结构设计标准》GB 50017—2017 对钢材抗剪强度的取值即基于式（2-5），取钢材的抗剪设计强度为抗拉设计强度的 0.58 倍。

由式（2-1）可见，当 $\sigma_1$、$\sigma_2$、$\sigma_3$ 为同号应力且数值接近时，即使它们都远远大于 $f_y$，折算应力仍小于 $f_y$，说明材料很难进入塑性状态。当平面或立体应力皆为拉应力时，材料破坏时不会有明显的塑性变形产生，即材料处于脆性状态。

### 2.2.3　钢材在单轴反复应力作用下的工作性能

图 2-5（a）表示反复应力（高周期）作用下钢材的应力－应变曲线，钢材在很多次（约万次级）重复加载和卸载作用下，在其强度还低于钢材抗拉强度甚至低于钢材屈服点的情况下突然断裂，这种现象称为钢材疲劳破坏。其主要是因为在生产和制造过程中，内部或表面常可能存在一些肉眼不能发现的微观裂纹或其他缺陷，在使用过程中应力高峰区也有可能产生一些新的微细裂纹，在多次重复荷载作用下，微细裂纹缓慢发展，经扩展后削弱了原有受力截面，最终因净截面强度不足而突然破坏。疲劳破坏属脆性断裂，事先无征兆，危害性较大，对承受重复性荷载的钢结构，特别是吊车梁、吊车桁架等承受动力荷载作用的钢结构要给以注意。

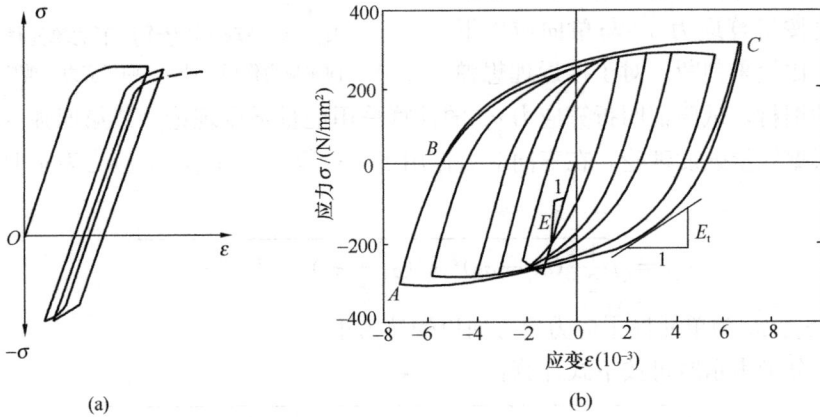

(a)　　　　　　　　　　　　(b)

图 2-5　循环荷载作用下钢的 $\sigma$－$\varepsilon$ 曲线

如图 2-5（b）所示，钢材在多次重复的循环荷载（低周期）作用下，会出现弹塑性的应力循环。由于材料的弹塑性性质，当荷载大于一定程度后，在卸荷时产生残余变形，即荷载为零而变形不回到零，称之为"滞后"现象，这样经过一个拉、压荷载循环，应力－应变曲线就形成了一个环，叫作滞回环，多个滞回环就组成了滞回曲线。滞回曲线反映结构在反复受力过程中的变形特征、刚度退化及能量消耗，是进行非线性地震反应分析的依据。

### 2.2.4　钢材的冷弯性能

结构在制作、安装过程中要进行冷加工，尤其是焊接结构焊后变形的调直等工序，都

需要钢材有较好的冷弯性能。冷弯性能由冷弯试验确定（图2-6）。试验时按照规定的弯心直径在试验机上用冲头加压，当弯到180°时，检查试样弯曲处外侧如果没有裂纹或分层缺陷，即为冷弯变形合格。冷弯试验不仅能直接检验钢材的弯曲变形能力或塑性性能，还能暴露钢材内部的冶金缺陷。硫、磷偏析和硫化物与氧化物的掺杂，是降低钢材的冷弯性能的重要原因，因此，冷弯性能是鉴定钢材在弯曲状态下的塑性应变能力和钢材质量的综合指标。

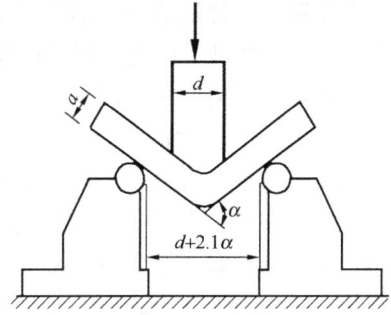

图 2-6　钢材冷弯试验示意图

### 2.2.5　钢材的冲击韧性

冲击韧性是衡量材料在冲击荷载作用下抵抗变形和断裂的能力，通过对带缺口的试件进行冲击韧性试验（图2-7）获取，以试件被冲断后吸收能量 $A_{kv}$ 或 $C_v$ 表示，单位为 J。冲击韧性指标与缺口形式有关，我国冲击韧性试验采用的带 V 形缺口的夏比试件。

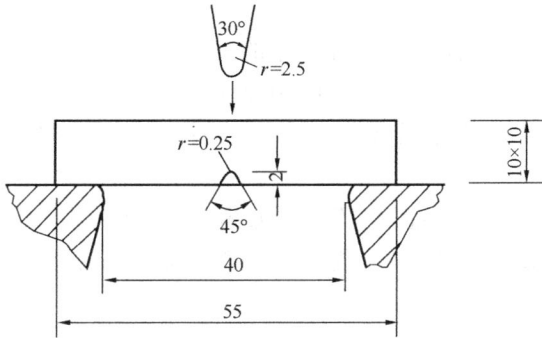

图 2-7　夏比试件冲击韧性试验

钢材的冲击韧性值随温度的降低而减小，且在某一温度范围内发生急剧降低，这种现象称为冷脆。因此，我国《钢结构设计标准》规定，直接承受动力荷载或需验算疲劳的构件或处于低温工作环境的钢材应具有冲击韧性合格保证，对处于寒冷地区的结构，应根据工作温度，分别要求常温（20℃）、低温或负温（0℃、−20℃或−40℃）下的冲击韧性指标，以保证结构具有足够的抗脆性破坏能力。

# 2.3　各种因素对钢材主要性能的影响

### 2.3.1　化学成分

钢是由多种化学元素成分组成的，化学成分及其含量对钢的性能特别是力学性能有着重要的影响。铁（Fe）是钢材的基本元素，纯铁质软，在碳素结构钢中约占99%，碳和其他元素仅占1%，但对钢材的力学性能却有着决定性的影响。其他元素包括硅（Si）、锰（Mn）、硫（S）、磷（P）、氮（N）、氧（O）等。低合金钢中还含有少量（低于5%）合金元素，如铜（Cu）、钒（V）、钛（Ti）、铌（Nb）、铬（Cr）等。

在碳素结构钢中，碳是仅次于纯铁的主要元素，它直接影响钢材的强度、塑性、韧性和可焊性等。碳含量增加，钢的强度提高，而塑性、韧性和疲劳强度下降，同时恶化钢的可焊性和抗腐蚀性。因此，尽管碳是使钢材获得足够强度的主要元素，对含碳量仍要加以限制，钢结构用钢的含碳量一般不大于 0.22%，在用作焊接结构的钢材中，一般应控制在 0.12%～0.20%之间。

硫和磷都是钢材中的杂质，是钢中的有害成分，它们的存在降低了钢材的塑性、韧性、可焊性和疲劳强度。硫能生成易于溶化的硫化铁，当热加工或焊接温度在 800～1200℃时，钢材即可能变脆出现裂纹，谓之热脆。此外，硫还会降低钢的冲击韧性、疲劳强度和抗锈蚀性能，因此，一般硫的含量应不超过 0.045%。在低温时，磷使钢变脆，谓之冷脆。磷的含量一般不应超过 0.045%。但是，磷可提高钢材的强度和抗锈性。可使用的高磷钢，其含量可达 0.12%，这时应减少钢材中的含碳量，以保持一定的塑性和韧性。值得指出的是，对不同钢材硫和磷含量要求有所差异。

氧和氮也是钢中的有害杂质。氧的作用和硫类似，使钢热脆；氮的作用和磷类似，使钢冷脆。由于氧、氮容易在熔炼过程中逸出，一般不会超过极限含量，故通常不要求做含量分析。

硅和锰是钢中的有益元素，它们都是炼钢的脱氧剂。它们使钢材的强度提高，含量不过高时，对塑性和韧性无显著的不良影响。在碳素结构钢中，硅的含量应不大于 0.3%，锰的含量为 0.3%～0.8%。对于低合金高强度结构钢，锰的含量为 1.0%～1.6%，硅的含量可达 0.55%。

钒和钛是钢中的合金元素，能提高钢的强度和抗腐蚀性能，又不显著降低钢的塑性。

铜在碳素结构钢中属于杂质成分。它可以显著地提高钢的抗腐蚀性能，也可以提高钢的强度，但对可焊性有不利影响。

### 2.3.2 冶金缺陷

常见的冶金缺陷有偏析、非金属夹杂、气孔、裂纹及分层等。偏析是钢中化学成分的不一致和不均匀性，特别是硫、磷偏析会严重恶化钢材的塑性、冷弯性能、冲击韧性及焊接性能。非金属夹杂是钢中含有硫化物与氧化物等杂质，浇铸时的非金属夹杂物在轧制后能造成钢材的分层，会严重降低钢材的冷弯性能。气孔是浇铸钢锭时，由氧化铁与碳作用所生成的一氧化碳气体不能充分逸出而形成的。这些缺陷都将影响钢材的力学性能。

冶金缺陷对钢材性能的影响，不仅在结构或构件受力工作时表现出来，有时在加工制作过程中也可表现出来。

轧制是将钢锭加热至塑性状态（1200～1300℃），通过轧钢机将其轧成钢坯，然后再令其通过一系列不同形状和孔径的轧机，最后轧成所需形状和尺寸的钢板或型钢。钢材热轧成形，同时也可细化钢的晶粒使组织紧密，原存在于钢锭内的一些微观缺陷如小气泡和裂纹等经过多次辊轧而弥合，改进了钢的质量。辊轧次数较多的薄型钢材和薄钢板，轧制后的压缩比大于辊轧次数较小的厚材，因而薄型材和薄钢板的屈服点和伸长率就大于厚材。此外，浇铸时的非金属夹杂物在轧制后能造成钢材的分层，分层是钢材（尤其是厚板）的一种缺陷，设计时应注意尽量避免垂直于板面受拉，以防止层间撕裂。

### 2.3.3 钢材硬化

钢材在单轴反复应力作用下的工作特性，也可用应力—应变曲线表示。试验表明，当构件反复应力$|\sigma| \leqslant f_y$，即材料处于弹性阶段时，由于弹性变形是可逆的，因此反复应力

作用下钢材的材性无变化，也不存在残余变形；当钢材的反复应力 $|\sigma| > f_y$，即材料处于弹塑性阶段时，重复应力和反复应力引起塑性变形的增长。例如图 2-8（a）表示钢材重复加载的 $\sigma-\varepsilon$ 曲线，当第一次加载（由 $O$ 点开始）至已经发生塑性变形的 $J$ 点后完全卸载至 $O'$ 点；当再次加载时 $\sigma-\varepsilon$ 曲线大致将按卸载时的原有曲线 $O'J$ 回升，荷载更大时再沿原来的钢材一次加载情况 $\sigma-\varepsilon$ 曲线的 $JGH$ 路径，表现为钢材的屈服强度提高、弹性范围增加、塑性变形和伸长率降低。钢材的这一性质称为冷作（加工）硬化或应变硬化。

钢材在制造时一般须经过冷拉、冷拔、冷弯、冲孔、剪切等冷加工过程，因而产生冷作硬化，冷作硬化虽然可以提高钢材的屈服强度，但同时降低塑性和韧性，增加了脆性破坏的危险，对钢结构特别是承受动力荷载的钢结构是不利的。因此，钢结构设计中一般不利用冷作硬化提高钢材的屈服强度，而且对重要结构（如重级工作制吊车梁）还应消除其不利影响，如刨去因剪切形成的冷作硬化边缘部分。

钢材随时间历程将使屈服强度和抗拉强度提高、伸长率和冲击韧性降低，称为时效硬化，如图 2-8（b）$\sigma-\varepsilon$ 曲线由 $a$ 转变为 $b$。这是由于钢在高温时溶于其纯铁体中极少量的氮等，随着时间的延长从纯铁体中析出，并形成自由氮化物而存在于纯铁体晶粒间的滑动面上，阻止了纯铁体晶粒间的滑移，从而约束了钢材的塑性发展。不同种类钢材的时效硬化过程有长有短，可从几小时到几十年，为加快测定钢材时效后的机械性能，常使钢材在产生 10% 的塑性变形后，再加热到一定温度进行试验，这样大大缩短时效的过程，称之为人工时效。图 2-8（b）中的 $c$ 曲线为应变硬化及时效硬化后的 $\sigma-\varepsilon$ 曲线，即先加载（自 $O$ 点开始）至发展塑性变形的 $J$ 点，然后卸载到 $O'$ 点；经过一段时间的时效硬化后，再加载时 $\sigma-\varepsilon$ 曲线将沿 $O'JH'$ 曲线，这种应变硬化又加时效硬化的现象也称为钢的应变时效。

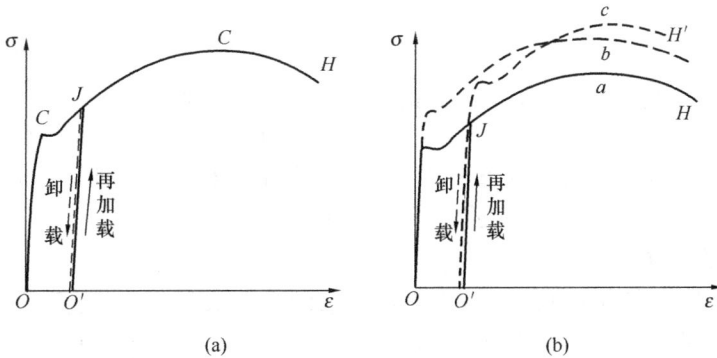

图 2-8　重复或反复加载时钢的 $\sigma-\varepsilon$ 图

### 2.3.4　温度影响

钢材性能随温度变动而有所变化。总的趋势是：温度升高，钢材强度降低，应变增大；反之，温度降低，钢材强度会略有增加，塑性和韧性却会降低而变脆（图 2-9）。

温度升高，在 200℃ 以内钢材性能没有很大变化，430～540℃ 之间强度急剧下降，600℃ 时强度很低不能承担荷载。但在 250℃ 左右，钢材的强度反而略有提高，同时塑性和韧性均下降，材料有转脆的倾向，钢材表面氧化膜呈现蓝色，称为蓝脆现象。钢材应避免在蓝脆温度范围内进行热加工。当温度在 260～320℃ 时，在应力持续不变的情况下，

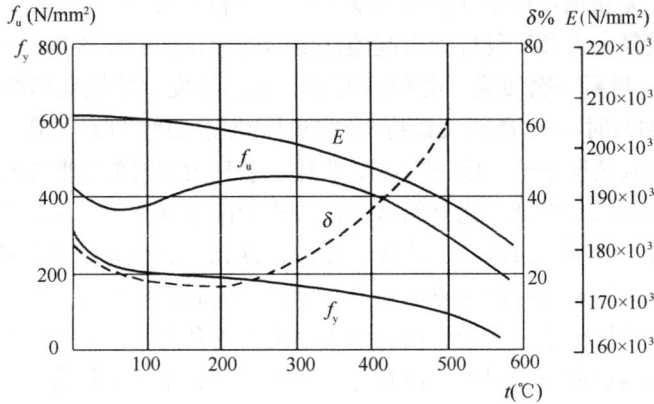

图 2-9　温度对钢材机械性能的影响

钢材以很缓慢的速度继续变形，此种现象称为徐变现象。

当温度从常温开始下降，特别是在负温度范围内时，钢材强度虽有提高，但其塑性和韧性降低，材料逐渐变脆，这种性质称为低温冷脆。图 2-10 是钢材冲击韧性与温度的关系曲线。由图可见，随着温度的降低冲击断裂功 $C_v$ 值迅速下降，材料将由塑性破坏转变为脆性破坏，同时可见这一转变是在一个温度区间 $T_1 T_2$ 内完成的，此温度区 $T_1 T_2$ 称为钢材的脆性转变温度区，在此区内曲线的反弯点（最陡点）所对应的温度 $T_0$ 称为转变温度。如果把低于 $T_0$ 完全脆性破坏的最高温度

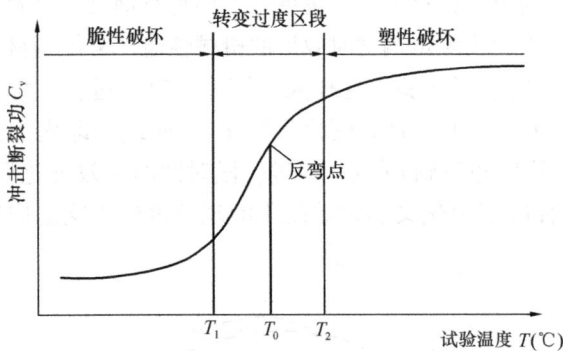

图 2-10　冲击韧性与温度的关系曲线

$T_1$ 作为钢材的脆断设计温度即可保证钢结构低温工作的安全。每种钢材的脆性转变温度区及脆断设计温度需要由大量的实验资料和使用经验统计分析确定。

### 2.3.5　应力集中

钢材的工作性能和力学性能指标都是以轴心受拉杆件中应力沿截面均匀分布的情况作为基础的。实际上在钢结构的构件中有时存在着孔洞、槽口、凹角、截面突然改变以及钢材内部缺陷等。此时，构件中的应力分布将不再保持均匀，而是在某些区域产生局部高峰应力，在另外一些区域则应力降低，形成所谓应力集中现象（图 2-11）。高峰区的最大应力与净截面的平均应力之比称为应力集中系数。研究表明，在应力高峰区域总是存在着同号的双

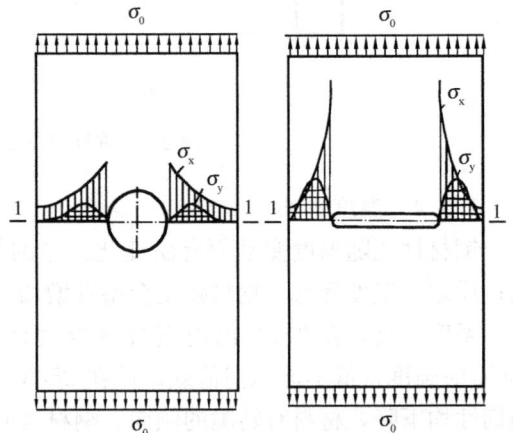

图 2-11　孔洞及槽孔处的应力集中

向或三向应力，这是因为由高峰拉应力引起的截面横向收缩受到附近低应力区的阻碍而引起垂直于内力方向的拉应力 $\sigma_y$，在较厚的构件里还产生厚度方向的应力 $\sigma_z$，使材料处于复杂受力状态，由能量强度理论得知，这种同号的平面或立体应力场有使钢材变脆的趋势。应力集中系数越大，变脆的倾向亦越严重。

由于建筑钢材塑性较好，在一定程度上能促使应力进行重分配，使应力分布严重不均的现象趋于平缓。故受静荷载作用的构件在常温下工作时，在计算中可不考虑应力集中的影响。但在负温下或动力荷载作用下工作的结构，应力集中的不利影响将十分突出，往往是引起脆性破坏的根源，故在设计中应采取措施避免或减小应力集中，并选用质量优良的钢材。

## 2.4 钢结构用钢材的种类和钢材规格

### 2.4.1 钢材的种类

钢按用途可分为结构钢、工具钢和特殊钢（如不锈钢等）。结构钢又分建筑用钢和机械用钢。建筑结构中，按照脱氧方法，钢材可以分为沸腾钢（代号 F）、半镇静钢（代号 b）、镇静钢（代号 Z）和特殊镇静钢（代号 TZ）；按照成型方法，钢又分为轧制钢（包括热轧、冷轧）、锻制钢和铸钢；按照化学成分，钢可分为碳素钢和合金钢两类。在建筑钢结构中采用的钢材主要有碳素结构钢和低合金高强度结构钢，下面分别论述它们的钢号和性能。

（1）碳素结构钢（GB/T 700）

碳素结构钢含碳量一般为 0.05%～0.70%，个别可高达 0.90%。普通碳素结构钢含杂质较多，强度较低，但塑性、韧性、冷变形性能好，一般直接使用不作热处理。

碳素结构钢的牌号由代表屈服点的字母"Q"、屈服点数值、质量等级符号、脱氧方法符号等四个部分按顺序组成。其中"Q"为屈服点"屈"字的汉语拼音字首；屈服点数值取厚度（直径）小于等于 16mm 时钢材的屈服强度值，单位为"N/mm²"，例如 Q255 表示屈服点为 255 N/mm²；钢材的质量等级用字母表示，普通碳素结构钢的质量等级分为 A、B、C、D 四级，S、P 含量依次降低，钢材质量依次提高，质量等级主要按冲击韧性指标划分，对冷弯性能也有所区别，对 A 级钢，冲击韧性不作为交货条件，冷弯试验也只在需方有要求时才进行，而 B、C、D 各等级则都要求冲击韧性，但试验温度有所不同，B 级要求常温（20℃）的试验值，C 和 D 级则分别要求 0℃ 和 −20℃ 的试验值，B、C、D 级尚需要求冷弯试验合格；钢材的脱氧方法用字母表示："F"则为沸腾钢，标注"b"为半镇静钢，不标注"F"或"b"者为镇静钢。例如 Q235−B·F 表示屈服点为 235N/mm² 的 B 级沸腾钢，Q235−C 则表示屈服点为 235 N/mm² 的 C 级镇静钢或特殊镇静钢。

《碳素结构钢》GB/T 700 中的产品有 Q195、Q215、Q235、Q255、Q275，强度由低到高排列，碳含量也逐级增加，《钢结构设计标准》GB 50017—2017 推荐采用 Q235。

（2）低合金高强度结构钢（GB/T 1591）

低合金高强度结构钢是在钢的冶炼过程中适量添加一种或几种合金元素，从而改变钢材的某项性能，合金元素总量一般不超过 5%。低合金高强度结构钢的牌号表示方法与碳素结构钢相同，但质量等级有 A、B、C、D、E 五级，E 级钢要求保证 −40℃ 时的冲击韧性和相应的冷弯性能；脱氧方法没有沸腾钢，只有镇静钢和特殊镇静钢两种。由于低合金高强度结构钢具有较高的屈服强度和抗拉强度，也有良好的塑性性能和冲击韧性（尤其是低温冲击韧性），并具有较强的耐腐蚀、耐低温性能，因此采用低合金钢可以节约钢材，减轻结构重量，延长结构使用寿命。

《低合金高强度结构钢》GB/T 1591 中的产品有 Q345、Q390、Q420、Q460、Q500、Q550、Q620、Q690，《钢结构设计标准》GB 50017 推荐采用 Q345、Q390、Q420、Q460。

（3）建筑结构用钢板（GB/T 19879）

建筑结构用钢板（又称高性能建筑结构用钢板，简称"高建钢"）是为高层钢结构或其他重要建（构）筑物专门研发的产品，产品标准为《建筑结构用钢板》GB/T 19879，牌号与低合金高强度结构钢类似，但在屈服点数值后面加上代表建筑结构用钢板的字母"GJ"，质量等级取消 A 级，只有 B、C、D、E 四级。如 Q345GJC 为屈服强度为 345N/mm$^2$ 的 C 级高建钢。

《建筑结构用钢板》GB/T 19879 中的产品有 Q235GJ、Q345GJ、Q390GJ、Q420GJ、Q460GJ、Q500GJ、Q550GJ、Q620GJ、Q690GJ，《钢结构设计标准》GB 50017 推荐采用 Q345GJ。

高建钢与普通低合金高强度结构钢相比：降低了硫、磷含量和焊接碳当量，焊接性能更加优良；缩小了屈服强度的波动范围，屈强比限值更加严格；钢材的厚度效应（钢材强度随板件厚度降低的趋势）减小；提高了钢板的 Z 向性能。因此，采用 Q345GJ 钢替代 Q345 钢，对于设计而言可靠度更高，特别是有冷加工成型要求（如方矩管）或抗震要求的构件，以及钢板厚度较大的构件，宜优先采用高建钢。

（4）优质碳素结构钢（GB/T 699）

优质碳素结构钢是含碳量小于 0.8% 的碳素钢，与普通碳素结构钢相比，优质碳素结构钢的有害化学成分被严格控制，硫、磷及其他非金属夹杂物的含量较低，钢质纯净，杂质少，因此其塑性和韧性力学性能较为优良，并可通过热处理强化。优质碳素结构钢主要用来制造较为重要的机件。优质碳素结构钢的牌号用两位数字表示，即钢中平均含碳量的万分位数，例如，20 牌号钢表示平均含碳量为 0.20% 的优质碳素钢。

优质碳素结构钢中 08、10、15、20、25 等牌号含碳量在 0.25% 以下，属于低碳钢，其塑性好，易于拉拔、冲压、挤压、锻造和焊接，其中 20 牌号钢用途最广，常用来制造螺钉、螺母、垫圈、焊接件、活塞销等。含碳量在 0.25%～0.60% 之间的属于中碳钢，如 30、35、40、45、50、55 等牌号，不仅强度、硬度较高，且兼有较好的塑性和韧性，即综合性能优良，其中 45 牌号钢用途最广，常用来制造各种机械零件及紧固件等，钢结构中的高强度螺栓一般采用 45 牌号钢加工而成。含碳量超过 0.60% 的属于高碳钢，如 65、70、85、65Mn、70Mn 等，多用于制造弹簧、齿轮、轧辊等。

（5）耐腐蚀钢

对处在腐蚀性介质中的结构，可按国家标准《耐候结构钢》GB/T 4171 采用耐腐蚀钢。这种钢通过添加少量合金元素铜（Cu）、磷（P）、铬（Cr）、镍（Ni）等，在其金属基体表面形成保护层，提高耐大气腐蚀性能，具有较高的抗锈能力，称为耐候钢。我国现行生产的这类钢分为高耐候结构钢和焊接结构用耐候钢两类，高耐候结构钢具有较好的耐大气腐蚀性能，而焊接结构用耐候钢具有较好的焊接性能。耐候结构钢的耐大气腐蚀性能为普通钢的 2～8 倍。因此，当有技术经济依据时，将耐候钢用于外露大气环境或有中度侵蚀性介质环境中的重要钢结构，可取得较好的效果。

高耐候性结构钢牌号表示方法与低合金高强度结构钢类似，但在屈服点数值后面加上

"GNH"，含 Cr、Ni 的高耐候钢在牌号后加代号"L"，如 Q345GNHL，表示屈服点为 345N/mm² 且含有铬镍的高耐候钢；焊接结构用耐候钢牌号在屈服点数值后面加上"NH"，如 Q355NHC，表示屈服点为 355N/mm² 的焊接结构用耐候钢。

（6）Z 向性能钢板

钢板在三个方向的机械性能有差异，沿轧制方向性能最好，垂直于轧制方向的性能稍差，沿厚度方向性能则又次之。用一般质量的钢轧成的钢材，尤其是厚钢板，由于钢中的硫、磷偏析和非金属夹杂等缺陷，局部性的分层现象往往难以避免。在钢结构制造中，由于钢材质量和焊接构造等原因，当构件沿厚度方向产生较大应变时，厚板容易出现层状撕裂，沿厚度方向受拉的接头更为不利。重要的焊接结构，为避免焊接时产生层状撕裂，需要时可以采用《厚度方向性能钢板》GB/T 5313 中的厚度方向性能钢板，亦称"Z 向钢"。"Z 向钢"是在某一级结构钢（称为母级钢）的基础上，经过特殊冶炼、处理的钢材，其含硫量为一般钢材的 1/5 以下，截面收缩率在 15% 以上。我国生产的 Z 向钢板的标志是在母级钢钢号后面加上 Z 向钢板等级标志 Z15、Z25、Z35，Z 字后面的数字为截面收缩率的指标（百分数），如数字 35 即表示钢板厚度方向断面收缩率为 35%。高层和超高层建筑钢框架柱的翼缘板往往需用 Z15 或 Z25 钢，若从经济条件考虑，也可在柱与梁刚性连接范围内用 Z 向钢，柱的其他部位采用一般钢材。对于受动力荷载作用和大气环境恶劣的重要结构，如海上采油平台的关键构件和重要构件，在承受较大板厚方向拉力的部位，有可能需要采用 Z35 钢。

**2.4.2　钢材的选择**

2.4.2.1　钢材选择应考虑的因素

（1）结构的重要性

钢材的选用应视建筑结构的重要性而定，对重型工业建筑结构、大跨度结构、高层或超高层的民用建筑结构或构筑物等重要结构，应考虑选用质量好的钢材。对一般工业与民用建筑结构，可按工作性质分别选用普通质量的钢材。结构的重要性一般以安全等级体现，按《建筑结构可靠度设计统一标准》GB 50068 规定的安全等级，把建筑物分为一级（重要的）、二级（一般的）和三级（次要的）。安全等级不同，要求的钢材质量也应不同。

（2）荷载情况

结构所受的荷载可分为静力和动力荷载，经常作用、有时作用或偶然作用（如地震），经常满载或不经常满载等。钢材的选用应考虑荷载的上述特点，如对直接承受动力荷载的结构和强烈地震区的结构，应选用综合性能（主要指塑性和韧性）较好的钢材。对需要验算疲劳的结构或构件对钢材的综合性能要求更高，对承受静力荷载或间接承受动力荷载的结构构件则可采用一般质量的钢材。

（3）应力特征

因为拉应力容易使构件产生断裂破坏，危险性较大，所以对受拉和受弯的构件应选用质量较好的钢材，而对受压或受压弯的构件就可选用一般质量的钢材。

（4）连接方法

钢结构的连接方法有焊接和非焊接（螺栓或铆钉连接）两种。由于在焊接过程中会产生焊接变形、焊接应力以及其他焊接缺陷，如咬肉、气孔、裂纹、夹渣等，这些损伤使结构易产生裂缝或脆性断裂的危险；同时，焊接时的不均匀加热和冷却常使构件内产生很高的焊接残余应力。因此，焊接结构对材质的要求应严格一些。例如，在化学成分方面，焊接结构必须严格控制碳、硫、磷的极限含量，而非焊接结构对含碳量可降低要求。

（5）结构所处的温度和环境

钢材的塑性和韧性会随温度的下降而降低，在低温尤其是脆性转变温度区时韧性急剧降低，容易发生脆性断裂。因此，对经常处于或可能处于低温条件下工作的结构，尤其是焊接结构，应选用具有良好抗低温脆断性能的镇静钢。

露天环境下工作的结构钢材容易产生时效，在有害介质作用下的钢材容易腐蚀。若有一定大小的拉应力（包括残余拉应力）存在，将产生应力腐蚀现象，经过一定时期后会发生脆断，即延迟断裂。延迟断裂现象主要发生于高强度钢（如高强度螺栓），钢材的碳含量越高塑性和韧性越差，越容易发生延迟断裂。

（6）钢材厚度

薄钢材辊轧次数多，轧制的压缩比大，钢的内部组织致密；而厚度大的钢材压缩比小。所以厚度大的钢材不但强度较低，而且塑性、冲击韧性和焊接性能也较差。因此，厚度大的焊接结构应采用材质较好的钢材。

2.4.2.2 钢材选用的建议

结构钢材的选用应遵循技术可靠、经济合理的原则，综合考虑结构重要性、荷载特征、结构形式、应力状态、连接方法、工作环境、钢材厚度和价格等因素，选用合适的钢材牌号和材性保证项目，其选用原则可以参考我国国家标准。

（1）对一般承重结构推荐采用 Q235、Q345、Q390、Q420、Q460、Q345GJ 钢材，其质量应分别符合现行国家标准《碳素结构钢》GB/T 700、《低合金高强度结构钢》GB/T 1591 和《建筑结构用钢板》GB/T 19879 的规定。

（2）承重结构所用的钢材应具有力学性能和化学成分等合格保证项目，如屈服强度、抗拉强度、断后伸长率和硫、磷含量的合格保证等，对焊接结构尚应具有碳当量的合格保证。焊接承重结构以及重要的非焊接承重结构采用的钢材还应具有冷弯试验的合格保证。

在焊接结构中，建筑钢的焊接性能主要取决于碳当量，因此尚应具有碳当量的合格保证。由于 Q235A 钢的含碳量不作为交货条件，因而不宜用于焊接结构，且仅可用于结构工作温度高于 0℃ 的不需要验算疲劳的结构。

（3）钢材质量等级的选用，需考虑是否直接承受动力荷载或是否需验算疲劳，对这类构件所用钢材应具有冲击韧性的合格保证。由于钢材的冲击韧性可间接反映材料抵抗低温、应力集中、加荷速率和重复荷载等因素导致脆断的能力，选用时可根据工作温度及构件厚度参考表 2-2 的要求选择合适的钢材质量等级，如需要验算疲劳的焊接结构，常温条件下，一般可采用 B 级；低温环境下则当工作温度低于 0℃ 但高于 −20℃ 时，Q235、Q345 钢不应低于 C 级，Q390、Q420 及 Q460 钢不应低于 D 级；当工作温度低于 −20℃时，Q235 钢和 Q345 钢不应低于 D 级，Q390 钢、Q420 钢、Q460 钢应选用 E 级。

需验算疲劳的非焊接结构，其钢材质量等级要求可较焊接结构降低一级但不应低于 B 级。吊车起重量不小于 50t 的中级工作制吊车梁，其质量等级要求应与需要验算疲劳的构件相同。

（4）工作温度低于 −20℃ 的受拉构件及承重构件的受拉板材，为防止低温冷脆，所用钢材厚度或直径不宜大于 40mm，其质量等级不宜低于 C 级；当钢材厚度或直径不小于

40mm 时，其质量等级不宜低于 D 级；重要承重结构的受拉板材宜满足现行国家标准《建筑结构用钢板》GB/T 19879 的要求。

由于钢板厚度增大，硫、磷含量过高会对钢材的冲击韧性和抗脆断性能造成不利影响，因此承重结构在低于－20℃环境下工作时，钢材的硫、磷含量不宜大于 0.030%；焊接构件宜采用较薄的板件；重要承重结构的受拉厚板宜选用细化晶粒的钢板。

钢材质量等级选用 　　　　表 2-2

| | | 工作温度（℃） | | | |
|---|---|---|---|---|---|
| | | $T>0$ | $-20<T\leqslant0$ | $-40<T\leqslant-20$ | |
| 不需验算疲劳 | 非焊接结构 | B（允许用 A） | B | B | 受拉构件及承重结构的受拉板件：<br>1. 板厚或直径小于 40mm：C；<br>2. 板厚或直径不小于 40mm：D；<br>3. 重要承重结构的受拉板材宜选建筑结构用钢板 |
| | 焊接结构 | B（允许用 Q345A～Q420A） | | | |
| 需验算疲劳 | 非焊接结构 | B | Q235B、Q390C、Q345GJC、Q420C、Q345B、Q460C | Q235C、Q390D、Q345GJC、Q420D、Q345C、Q460D | |
| | 焊接结构 | B | Q235C、Q390D、Q345GJC、Q420D、Q345C、Q460D | Q235D、Q390E、Q345GJD、Q420E、Q345D、Q460E | |

（5）为防止钢材的层状撕裂，对板厚较大的焊接承重结构可以采用 Z 向钢，其材质应符合现行国家标准《厚度方向性能钢板》GB/T 5313—2010 的规定。

（6）处于外露环境，且对耐腐蚀有特殊要求或处于侵蚀性介质环境中的承重结构，可采用耐腐蚀性能较好的 Q235NH、Q355NH 和 Q415NH 牌号的耐候结构钢，其质量要求应符合现行国家标准《耐候结构钢》GB/T 4171—2008 的规定。

（7）一般内力较大由强度控制设计的受弯构件和受拉构件、内力很大的粗短柱，采用强度高的钢材较为经济。相反，细长压杆以及由整体稳定、疲劳强度或刚度控制设计的构件，以采用 Q235 钢、Q345 钢较宜。

### 2.4.3 钢材的规格

钢结构采用的型材有热轧成型的钢板、型钢以及冷弯（或冷压）成型的薄壁型钢。

热轧钢板有厚钢板（厚度 4.5～200mm）和薄钢板（厚度 0.35～4mm），还有扁钢（厚度 4～60mm，宽度 30～200mm，此钢板宽度小）。钢板的表示方法为，在符号"—"后加"宽度×厚度×长度"，如－600×10×1200，表示一块宽度为 600mm、厚度为 10mm、长度为 1200mm 的钢板。

热轧型钢有 H 型钢、角钢、工字钢、槽钢和钢管（图 2-12）。

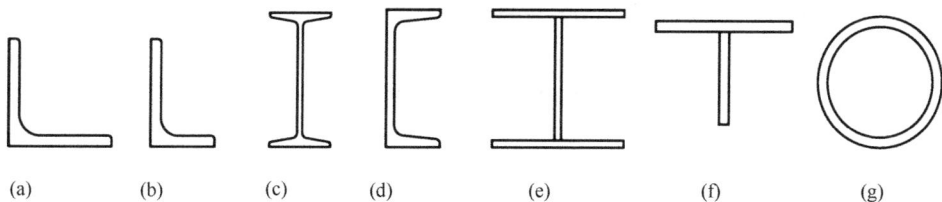

　(a)　　　(b)　　　(c)　　　(d)　　　(e)　　　(f)　　　(g)

图 2-12　热轧型钢截面

角钢分等边和不等边两种。不等边角钢（图 2-12b）的表示方法为，在符号"L"后加"长边宽×短边宽×厚度"，如 L100×80×8，对于等边角钢（图 2-12a）则以边宽和厚度表示，如 L100×8，单位皆为"mm"。

工字钢（图 2-12c）有普通工字钢和轻型工字钢之分，用工字形符号加号数表示，号数即为其截面高度的厘米数。20 号以上的工字钢，同一号数有三种腹板厚度，分别为 a、b、c 三类，如 I30a、I30b、I30c，由于 a 类腹板较薄，用作受弯构件较为经济。轻型工字钢的腹板和翼缘均较普通工字钢薄，因而在相同重量下其截面模量和回转半径均较大。

槽钢（图 2-12d）有普通槽钢和轻型槽钢两种，也以槽形符号加其截面高度的厘米数编号，如 [30a。号码相同的轻型槽钢，其翼缘较普通槽钢宽而薄，腹板也较薄，回转半径较大，重量较轻。

H 型钢（图 2-12e）是世界各国使用很广泛的热轧型钢，与普通工字钢相比，其翼缘内外两侧平行，便于与其他构件相连。它可分为宽翼缘 H 型钢（代号 HW，翼缘宽度 $B$ 与截面高度 $H$ 相等）、中翼缘 H 型钢（代号 HM，$B \approx 2/3H$）和窄翼缘 H 型钢［代号 HN，$B=（1/3\sim1/2）H$］。各种 H 型钢均可剖分为 T 型钢（图 2-12f）供应，对应于宽翼缘、中翼缘、窄翼缘，其代号分别为 TW、TM 和 TN。H 型钢和剖分 T 型钢的规格标记均采用高度 $H$×宽度 $B$×腹板厚度 $t_1$×翼缘厚度 $t_2$ 表示。例如 HM340×250×9×14，其剖分 T 型钢为 TM170×250×9×14，单位均为"mm"。

钢管（图 2-12g）有无缝钢管和高频焊接钢管两种，用符号"$\phi$"后面加"外径×厚度"表示，如 $\phi$400×6，单位为"mm"。

冷弯型钢（图 2-13a~i）是用 1.5~12mm 厚的薄钢板经模压或弯曲冷加工制成。冷弯型钢的壁厚并无特别的限制，主要取决于加工设备的能力，在国外，冷弯型钢所用钢板厚度有加大范围的趋势，如澳大利亚用到高强钢（690MPa）超薄壁 0.4mm 厚、美国用到 1 英寸（25.4mm）厚。冷弯型钢能充分利用钢材的强度节约钢材，在轻钢结构中得到广泛应用。

有防锈涂层的彩色压型钢板（图 2-13j），所用钢板厚度为 0.4~1.6mm，一般用作轻型屋面及墙面等围护结构。

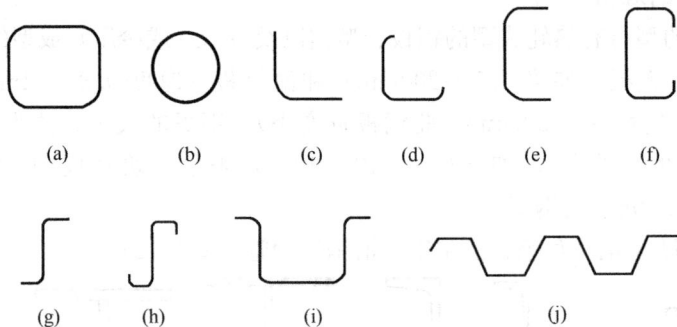

图 2-13　冷弯型钢截面

# 3 钢结构的失效形式及设计计算方法

钢结构的工作性能，主要取决于钢材性能、加工过程、结构体系、连接的构造、安装偏差、荷载条件、气象条件、所处环境等因素。

钢结构设计计算的过程，就是针对其建造期以及存续使用期内所可能出现的各种预期破坏形式，依据科学有效的方法、手段，合理地控制这些破坏发生的可能性。

## 3.1 钢材的破坏形式

建筑钢结构选用的钢材，主要根据其强度或要求的特殊性予以分类。钢材有两种完全不同的破坏形式，即塑性破坏和脆性破坏。由于钢材具备良好的塑性性能，钢结构的理想破坏形式一般为塑性破坏。

### 3.1.1 塑性破坏

塑性破坏是由于结构或构件的变形过大，超过了材料或构件的应变能力而产生的。塑性破坏仅在构件的应力达到了钢材的抗拉强度 $f_u$ 后才发生，破坏前构件产生较大的塑性变形，断裂后的断口呈纤维状，色泽发暗。塑性破坏前，由于总有较大的塑性变形发生，且变形发展的时间较长，容易及时发现而采取措施予以补救，不致引起严重后果。另外，塑性变形后出现内力重分布，使结构中的应力分布趋于饱满，因而提高了结构的承载能力。

建筑钢材的塑性性能在一定条件下可以加以利用。如简支钢梁可以容许塑性在最大弯矩截面上有一定的发展，连续梁以及钢框架结构按塑性方法设计时允许结构中出现塑性铰等。

### 3.1.2 脆断

钢材在拉应力状态下没有出现警示性的塑性变形而突然发生的断裂称为脆断。钢结构所用的材料虽然有较高的塑性和韧性，但在一定的条件下，仍然有脆性破坏的可能性。

构件脆性破坏前塑性变形很小，甚至没有塑性变形，计算应力可能小于钢材的屈服点 $f_y$，断裂从应力集中处开始。影响钢材脆性的因素有很多，如钢材的质量（如硫、磷、碳等的含量）、钢材的硬化、应力集中、使用温度和力的作用性质等。冶金和机械加工中产生的缺陷，特别是缺口和裂纹处，常是断裂的发源地。结构或构件脆性破坏前没有明显的预兆，无法及时觉察和采取补救措施，同时，由于个别构件的破坏常引起整个结构的倒塌，后果严重。在设计、施工和使用钢结构时，要特别注意防止出现脆性破坏。《钢结构设计标准》GB 50017 规定，在低温（通常指不高于－20℃）下工作或制作安装的钢结构构件应进行防脆断设计。对于厚板及高强度钢材，高于－20℃时，也宜进行防脆断设计。

## 3.2 钢结构的失效方式

### 3.2.1 强度不足

材料在外力作用下抵抗破坏的能力称为材料的强度，其值为在一定的受力状态或工作条件下材料所能承受的最大应力。建筑钢结构设计中，为避免出现不适于继续承载的过大变形，常将屈服强度 $f_y$ 作为钢材强度的极限，以应力达到屈服强度 $f_y$ 作为其承载能力的临界控制条件，屈服强度 $f_y$ 与抗拉强度 $f_u$ 之间的差值被视为结构的安全储备。

### 3.2.2 失稳

与其他建筑结构材料如木材、天然石材、混凝土相比，钢材的强度要高得多，因此在相同的结构体系和荷载情况下，钢结构构件相对细长，组成钢构件的板件相对纤薄。纤薄而细长的构件存在受压区时，有可能在强度仍有盈余的情况下，由于内外力间平衡的稳定性不足，导致几何形状的急剧改变而丧失承载能力，称为失稳。根据失稳变形形式的不同，钢构件的失稳有整体失稳、局部失稳、畸变失稳等类型，例如整体失稳时构件发生弯曲、扭转等变形（图 3-1a），而局部失稳时，构件纵轴位形无变化，但组成构件的板件发生鼓曲（图 3-1b）。不同类型失稳的性质存在显著区别，例如整体失稳一旦发生，则构件承载能力迅速丧失；但局部失稳发生后，在一定条件下，构件承载能力仍有可能继续发展。

图 3-1　破坏类型举例
（a）受压构件的整体失稳；（b）板件的局部失稳；（c）疲劳断裂面电镜图

### 3.2.3 损伤累积及疲劳

钢结构的疲劳破坏，是指在重复或交变荷载作用下，裂纹不断发展，最终达到其临界尺寸而产生的脆性断裂。例如工业建筑中供厂房内桥式吊车行走的吊车梁，就有可能出现结构疲劳问题。

疲劳破坏是累积损伤的结果。疲劳破坏一般要经历裂纹形成、裂纹缓慢扩展、最后突然断裂三个阶段（图 3-1c）。建筑钢结构不可避免地存在微观缺陷，这些缺陷包含或类似于微裂纹，在反复荷载作用下，材料先在其缺陷处产生塑性变形和硬化而生成一些极小的裂痕，此后这种微观裂痕逐渐发展成宏观裂纹，致使构件截面削弱，且在裂纹根部出现应力集中现象，使材料处于三向拉应力状态，塑性变形受到限制。当反复荷载达到一定的循环次数时，材料最终破坏，并表现为突然的脆性断裂。因此，建筑钢结构疲劳破坏过程实际上只经历后两个阶段。

### 3.2.4 刚度不足

结构或结构件由于刚度设计不恰当可能造成受荷后变形过大、在动力荷载作用下出现振动并削弱结构或结构件的稳定性能。刚度不足不一定必然导致结构破坏而"不能使用"，其直接影响主要是与结构适用性有关的"不好使用"问题，如吊车梁变形过大导致卡轨、楼板振动显著导致舒适性不足等。钢结构由于材料强度高，在跨度比较大、层高比较高的情况下，由强度设计所选择的构件往往较细长，因而刚度不足的问题比较突出。

## 3.3 概率极限状态设计法及设计表达式

结构计算的目的，是保证所设计的结构和结构构件在施工期间及使用过程中，能满足预期的安全性、经济性、适用性、耐久性要求。因此，结构设计准则可以这样来表述：结构由各种荷载所产生的效应（内力和变形）不大于结构（包括连接）由材料性能和几何因素等所决定的抗力或规定限值。假如影响结构功能的各种因素，如荷载大小、材料强度、截面尺寸、计算模式、施工质量等都是确定性的，则按上述准则进行结构计算应该说是非常容易的。但是，这里提到的影响结构功能的诸因素都程度不同地具有不确定性。要想恰当地描述这些变量，目前首选的数学工具是随机变量（或随机过程）。因此，在一定条件下，荷载效应存在超越设计抗力的可能性。那么，结构的安全，只能在一定的概率意义下作出保证。

遵照现行国家标准《建筑结构可靠度设计统一标准》GB 50068，钢结构的设计计算，除疲劳计算外，一般采用以概率理论为基础的极限状态设计方法。至于钢结构的疲劳计算，由于疲劳极限状态的概念还不够确切，对各种有关因素研究不充分，只能沿用过去传统的容许应力设计法。

本节介绍钢结构设计计算所采用的概率极限状态设计法。

### 3.3.1 极限状态

参照国际标准《General Principles on Reliability for Structures》ISO 2394，我国现行工程类国家标准《建筑结构可靠度设计统一标准》GB 50068 给出了极限状态的概念：当结构或其组成部分超过某一特定状态就不能满足设计规定的某一功能要求时，此特定状态就称为该功能的极限状态。

结构的极限状态一般分为下面两类：

（1）承载能力极限状态，对应于结构或结构构件达到最大承载能力或是出现不适于继续承载的变形,包括:构件或连接的强度破坏、脆性断裂,因过度变形而不适用于继续承载,结构或构件丧失稳定,结构转变为机动体系和结构倾覆。

(2)正常使用极限状态,对应于结构或结构构件达到正常使用或耐久性能的某项规定限值,包括:影响结构、构件、非结构构件正常使用或外观的变形,影响正常使用的振动,影响正常使用或耐久性能的局部损坏。

在处理某些问题时,极限状态还可以描述为不可逆极限状态与可逆极限状态两类。不可逆极限状态是指:当产生超越极限状态的作用被移去后,仍将永久地保持超越效应(如结构损坏或功能失常)状态,除非结构被重新修复,承载能力极限状态一般被认为是不可逆的,正常使用极限状态若被超越,如结构产生永久性局部损坏和永久性不可接受的变形,也是不可逆的;可逆极限状态是指:产生超越极限状态的作用被移去后不再保持超越效应状态,正常使用极限状态若被超越后并无永久性局部损坏和永久性不可接受的变形产生,则其是可逆的。

### 3.3.2 概率极限状态设计方法

结构设计问题一直为人们所重视,是因为一个建筑物的破坏很可能带来生命和财产的重大损失。人类建造历史上,对于结构需要进行设计以及怎样进行设计,大体经历了由直接经验阶段、安全系数阶段,逐步向基于现代概率统计学理论的概率方法阶段过渡的一个过程。依靠直接经验进行建造并力图避免结构倒塌的可能,是早期相当粗略的也是唯一的选择;用一个安全系数综合考虑建造及使用过程面对的风险,尚属以经验为基础的定性处理措施;当前世界多数国家采用的概率极限状态设计法,则是通过对结构安全可能产生影响的各个设计变量统计特征的计算分析,以一个概率(计算值)来刻画和衡量结构的安全工作性能。

结构的工作性能可以用结构的功能函数进行描述。设影响结构可靠性的设计变量(随机变量)有 $n$ 个,写成 $x_1$, $x_2$, …, $x_n$,分别表示材料强度、构件的截面尺寸及力学特征、荷载效应及其组合等,则在这 $n$ 个随机变量之间通常可以建立起某种特定的函数关系:

$$Z = g(x_1, x_2, \cdots, x_n) \tag{3-1}$$

式(3-1)通常称为结构的功能函数。该式还可表示为仅考虑结构构件抗力 $R$ 和荷载效应 $S$ 两个基本变量的函数关系:

$$Z = g(R, S) = R - S \tag{3-2}$$

上式中 $R$ 和 $S$ 与随机变量 $x_1$, $x_2$, …, $x_n$ 相关,所以 $R$ 和 $S$ 也是随机变量,其函数 $Z$ 也是一个随机变量。在工程实践中,可能出现下列三种情况:

$Z = g(R, S) = R - S > 0$,结构处于安全状态;

$Z = g(R, S) = R - S = 0$,结构达到临界状态,即极限状态;

$Z = g(R, S) = R - S < 0$,结构处于失效状态。

由于设计基本变量普遍具有程度不一的不确定性,如作用于结构的荷载有出现潜在高值的可能,材料性能也存在出现潜在低值的可能,即使设计者采用了相当保守的结构设计方案,但在结构建造期或投入使用后,也不能保证其绝对安全可靠。因此,对所设计结构的安全性能只能给出一定的概率保证。这和进行其他有风险的工作一样,只要安全的概率足够大,或者说,失效概率足够小,便可以认为所设计的结构是安全的。

按照概率极限状态设计方法，结构的可靠度定义为："结构在规定的时间内，在规定的条件下，完成预定功能的概率。"这里所说"完成预定功能"就是对于结构设计规范规定的设计时必须考虑的某种功能（如强度条件、裂纹宽度、整体稳定等）来说，结构处于安全状态（$Z \geqslant 0$）的概率要足够大。这样若以 $P_s$ 表示结构的安全概率（结构的可靠度），则上述定义可表达为：

$$P_s = P(Z \geqslant 0) \tag{3-3}$$

若用 $P_f$ 表示结构的失效概率（结构的不可靠度），则：

$$P_f = P(Z < 0) \tag{3-4}$$

由于事件 $Z < 0$ 与事件 $Z \geqslant 0$ 是对立的，所以结构可靠度 $P_s$ 与结构的失效概率 $P_f$ 之间存在以下关系：

$$P_s + P_f = 1 \tag{3-5}$$

或写成：

$$P_s = 1 - P_f \tag{3-6}$$

因此，结构可靠度的计算可以转换为结构失效概率的计算。而可靠的结构设计则是指设计控制目标要使结构的失效概率"足够小"，小到人们普遍可以接受的程度。实际上，绝对安全可靠的结构，即安全概率 $P_s = 1$ 或失效概率 $P_f = 0$ 的结构是没有的。

为了方便地计算结构的失效概率 $P_f$，需要获得关于功能函数随机变量 $Z$ 的分布信息。以图 3-2 所示概率密度 $f_Z(Z)$ 曲线为例，纵坐标左边区域 $Z < 0$，结构处于失效状态；纵坐标以右区域 $Z > 0$，结构处于安全状态；而在 $Z = 0$ 处，结构处于极限状态。图中阴影部分的面积之值表示事件 $Z < 0$ 的概率，也即是结构的失效概率 $P_f$，理论上可用下式求得：

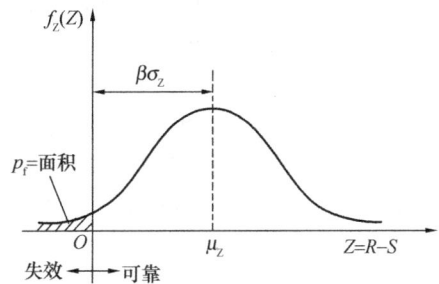

图 3-2　$Z$ 的概率密度 $f_Z(Z)$ 曲线

$$P_f = P(Z < 0) = \int_{-\infty}^{0} f_Z(Z) \mathrm{d}Z \tag{3-7}$$

就工程实践的大多数情况来说，$Z$ 的分布规律很难求出。这使得概率极限状态设计法一直不能付诸实用。20 世纪 60 年代末期，美国学者康奈尔（Cornell, C.A）提出比较系统的一次二阶矩计算方法，才使得概率设计法变通进入了实用阶段。

一次二阶矩方法不直接计算结构的失效概率 $P_f$，而是将图 3-2 中 $Z$ 的平均值 $\mu_Z$ 用 $Z$ 的标准差 $\sigma_Z$ 来度量，引进 $\beta$，则有：

$$\mu_Z = \beta \sigma_Z \tag{3-8}$$

由此得：

$$\beta = \mu_Z / \sigma_Z \tag{3-9}$$

式中，$\beta$ 称为结构的可靠指标或安全指标。显然，只要 $Z$ 的分布一定，$\beta$ 与 $P_f$ 就有一一对应的关系。而且，随 $\beta$ 增大，$P_f$ 减小；$\beta$ 减小时，$P_f$ 增大。

特别地，当 $Z$ 服从正态分布时，$\beta$ 与 $P_f$ 的关系式为：

$$\beta = \Phi^{-1}(1 - P_f) \tag{3-10}$$

$$P_f = \Phi(-\beta) \tag{3-11}$$

式中 $\Phi(\cdot)$——标准正态分布函数；

$\Phi^{-1}(\cdot)$——标准正态分布反函数。

正态分布条件下，$\beta$ 与 $P_f$ 的对应关系如表 3-1 所示。

| 可靠指标 $\beta$ | 4.2 | 4.0 | 3.7 | 3.5 | 3.2 | 3.0 | 2.7 |
|---|---|---|---|---|---|---|---|
| 失效概率 $P_f$ | $1.34 \times 10^{-6}$ | $3.17 \times 10^{-5}$ | $1.08 \times 10^{-4}$ | $2.33 \times 10^{-4}$ | $6.87 \times 10^{-4}$ | $1.35 \times 10^{-3}$ | $3.47 \times 10^{-3}$ |

如果 $Z$ 为非正态分布变量，目前国际上通行的解决办法是，用"当量正态化方法"将非正态变量转化为正态变量，然后再按上述同样方法处理或进行相关计算。

可靠指标 $\beta$（或失效概率 $P_f$）的计算避开了 $Z$ 的全分布的推求，只利用其分布的特征值，即一阶原点矩（均值）$\mu_Z$ 和二阶中心矩（方差）$\sigma_Z^2$，这两者对于任何分布皆可按下式求得（设 $R$ 和 $S$ 是统计独立的）：

$$\mu_Z = \mu_R - \mu_S \tag{3-12}$$

$$\sigma_Z^2 = \sigma_R^2 + \sigma_S^2 \tag{3-13}$$

式中 $\mu_R$、$\mu_S$——抗力 $R$ 和荷载效应 $S$ 的平均值；

$\sigma_R$、$\sigma_S$——抗力 $R$ 和荷载效应 $S$ 的均方差。

按一定要求经实测取得足够的数据，便可通过统计分析，获得 $R$ 和 $S$ 的各自的均值 $\mu_R$、$\mu_S$ 与方差 $\sigma_R^2$、$\sigma_S^2$，进而由式（3-9）～式（3-11）求得可靠指标 $\beta$（或失效概率 $P_f$）的计算值。

式（3-2）表达的功能函数是线性的较简单的情形，当 $Z$ 为非线性函数时，可将此函数展开成泰勒级数而只保留其线性项，由式（3-15）、式（3-16）计算有关均值和方差，再用式（3-9）～式（3-11）求得可靠指标 $\beta$ 或失效概率 $P_f$。非线性函数

$$Z = g(x_1, x_2, \cdots, x_n) \tag{3-14}$$

展成泰勒级数只保留一次项，则得到：

$$\mu_Z = g(\mu_{x_1}, \mu_{x_2}, \cdots, \mu_{x_n}) \tag{3-15}$$

$$\sigma_Z^2 = \sum_{i=1}^{n} \left( \frac{\partial g}{\partial x_i} \Big|_{\mu} \right)^2 \sigma_{x_i}^2 \tag{3-16}$$

式中，$\mu_{x_i}$ 为随机变量 $x_i$ 的均值，下标 $\mu$ 表示计算偏导数时各个变量均用各自的平均值赋值。

仍然考虑两个设计变量情况，有：

$$\beta = \frac{\mu_Z}{\sigma_Z} = \frac{\mu_R - \mu_S}{\sqrt{\sigma_R^2 + \sigma_S^2}} \tag{3-17}$$

将式（3-17）写成下式：

$$\mu_R = \mu_S + \beta \sqrt{\sigma_R^2 + \sigma_S^2} \tag{3-18}$$

令：

$$\alpha_R = \frac{\sigma_R}{\sqrt{\sigma_R^2 + \sigma_S^2}} \tag{3-19}$$

$$\alpha_S = \frac{\sigma_S}{\sqrt{\sigma_R^2 + \sigma_S^2}} \tag{3-20}$$

得到：

$$\mu_R - \alpha_R \beta \sigma_R = \mu_S + \alpha_S \beta \sigma_S \tag{3-21}$$

如果令：
$$R^* = \mu_R - \alpha_R \beta \sigma_R \qquad (3\text{-}22)$$
$$S^* = \mu_S + \alpha_S \beta \sigma_S \qquad (3\text{-}23)$$

则式（3-21）写成设计式：
$$R^* \geqslant S^* \qquad (3\text{-}24)$$

式（3-24）就是概率极限状态方法的设计式，式中 $R^*$、$S^*$ 分别为变量 $R$ 和 $S$ 的设计验算点坐标。由于这种设计（处理方式）不需要考虑 $Z$ 的全分布而只用到设计变量的二阶矩，对非线性功能函数采用泰勒级数展开仅保留一次项进行线性化，故此法被称为一次二阶矩法。

对于可靠指标 $\beta$ 的合理取值，各国均倾向用校准法求得。所谓"校准法"，就是对现有结构构件进行反演计算和综合分析求得其平均可靠指标，以此作为确定今后设计时应采用的目标可靠指标的基础。我国《建筑结构可靠度设计统一标准》GB 50068 按破坏类型（延性或脆性破坏倾向）与安全等级（根据破坏后果和建筑物类型分为一、二、三级，级数越高，破坏后果越不严重）规定了结构构件按承载能力极限状态的可靠度指标 $\beta$，见表3-2。

**结构构件承载能力极限状态的可靠指标表**　　　　　　　　表 3-2

| 破　坏　类　型 | 安全等级 | | |
| --- | --- | --- | --- |
| | 一级 | 二级 | 三级 |
| 延性破坏 | 3.7 | 3.2 | 2.7 |
| 脆性破坏 | 4.2 | 3.7 | 3.2 |

### 3.3.3　设计表达式

现行《钢结构设计标准》GB 50017 除疲劳计算外，采用以概率理论为基础的极限状态设计方法，用分项系数的设计表达式进行计算。这是考虑到用概率法的设计式，许多基本统计参数还不完善，不能列出，因此，《建筑结构可靠度设计统一标准》GB 50068 建议采用分项系数设计表达式。但这与以往的安全系数设计方法不同，这些分项系数不是凭经验确定的，而是以可靠指标 $\beta$ 为基础用概率方法求出，也就是将式（3-21）或式（3-24）转化为等效的以基本变量标准值和分项系数表达的形式。

现以简单的荷载（$G+Q$）组合情况为例，分项系数设计式（3-24）可写成：
$$R^* \geqslant S_G^* + S_Q^* \qquad (3\text{-}25)$$

即
$$\frac{R_K}{\gamma_R} \geqslant \gamma_G S_{GK} + \gamma_Q S_{QK} \qquad (3\text{-}26)$$

式中　$R_K$——抗力标准值（按规范设计公式由材料强度标准值和截面公称尺寸计算而得）；

　　$S_{GK}$——永久荷载（$G$）效应标准值；

　　$S_{QK}$——可变荷载（$Q$）效应标准值；

　　$\gamma_R$——抗力分项系数；

　　$\gamma_G$——永久荷载的荷载分项系数；

　　$\gamma_Q$——可变荷载的荷载分项系数。

为使式（3-25）与式（3-26）等价，必须满足：

$$\gamma_R = R_K / R^* \tag{3-27}$$

$$\gamma_G = S_G^* / S_{GK} \tag{3-28}$$

$$\gamma_Q = S_Q^* / S_{QK} \tag{3-29}$$

根据式（3-21），可知 $R^*$、$S_G^*$、$S_Q^*$ 之值不仅与可靠指标 $\beta$ 有关，而且与各设计基本变量的统计参数（平均值、标准值）有关。因此，对每一种基本构件来说，在给定 $\beta$ 目标值的情况下，$\gamma_R$、$\gamma_G$、$\gamma_Q$ 值将随荷载效应比值 $\rho = S_{QK} / S_{GK}$ 变动而变动，这对于设计来说显然是不方便的。如果分别取 $\gamma_G$、$\gamma_Q$ 为定值，$\gamma_R$ 亦按各基本构件取不同的定值，则所设计的结构构件的实际可靠指标 $\beta$ 就不可能与给定的目标 $\beta$ 值完全一致。为此，可用优化法寻求最佳的分项系数值，使这两个 $\beta$ 的差值最小，并考虑工程经验来确定。

在荷载分项系数确定后，按照使所设计的结构构件的实际 $\beta$ 值与规范规定的目标 $\beta$ 值总体差值最小的要求，对钢结构构件抗力分项系数进行分析，结合工程经验，《钢结构设计标准》GB 50017 规定：Q235 钢的抗力分项系数 $\gamma_R = 1.090$；Q345 和 Q390 钢的抗力分项系数 $\gamma_R = 1.125$；Q420、Q460 钢根据厚度分组的不同，$\gamma_R$ 取为 1.125（6mm$\leqslant t \leqslant$40mm）和 1.180（40mm$< t \leqslant$100mm）；Q345GJ 钢根据厚度分组的不同，$\gamma_R$ 取为 1.059（6mm$\leqslant t \leqslant$50mm）和 1.120（50mm$< t \leqslant$100mm）。

《钢结构设计标准》GB 50017 规定，按承载能力极限状态设计钢结构时，应考虑荷载效应的基本组合，必要时尚应考虑荷载效应的偶然组合。按正常使用极限状态设计钢结构时，应考虑荷载效应的标准组合。

（1）对于持久设计状况和短暂设计状况，承载能力极限状态设计表达式是：

$$\gamma_0 S \leqslant R \tag{3-30}$$

式中　$\gamma_0$——结构重要性系数，对安全等级为一级、二级、三级的结构构件分别取不小于 1.1、1.0、0.9；

　　$S$——荷载组合的效应设计值；

　　$R$——结构构件的承载力设计值。

荷载基本组合的效应设计值 $S$，应从下列荷载组合值中取用最不利的效应设计值确定：

$$S = \sum_{j=1}^{m} \gamma_{G_j} S_{G_j k} + \gamma_{Q_1} \gamma_{L_1} S_{Q_1 k} + \sum_{i=2}^{n} \gamma_{Q_i} \gamma_{L_i} \psi_{c_i} S_{Q_i k} \tag{3-31}$$

式中　$S_{G_j k}$——按第 $j$ 个永久荷载标准值 $G_{jk}$ 计算的荷载效应值；

　　$S_{Q_1 k}$——按起控制作用的第一个可变荷载标准值 $Q_{1k}$ 计算的荷载效应值；

　　$S_{Q_i k}$——按其他第 $i$ 个可变荷载标准值 $Q_{ik}$ 计算的荷载效应值；

　　$\gamma_{G_j}$——第 $j$ 个永久荷载的分项系数，当永久荷载效应对结构构件的承载能力不利时取 1.3，当永久荷载效应对结构构件的承载能力有利时，取值不应大于 1.0；

　　$\gamma_{Q_1}$、$\gamma_{Q_i}$——可变荷载分项系数，当可变荷载效应对结构构件的承载能力不利时，取 1.5；有利时，取为 0；

　　$\gamma_{L_1}$、$\gamma_{L_i}$——可变荷载考虑设计使用年限的调整系数，结构设计使用年限为 5 时，取 0.9，为 50 时，取 1.0，为 100 时，取 1.1；

　　$\psi_{c_i}$——可变荷载的组合值系数。

（2）对于多遇地震的地震设计状况，承载能力极限状态的设计表达式是：

$$S \leqslant R/\gamma_{RE} \tag{3-32}$$

式中　$\gamma_{RE}$——承载力抗震调整系数，按现行国家标准《建筑抗震设计规范》GB 50011 的规定取值；

　　　　$S$——按作用的地震组合计算的效应设计值；

结构构件的地震作用效应和其他荷载效应的基本组合 $S$，应按下式计算：

$$S = \gamma_G S_{GE} + \gamma_{Eh} S_{Ehk} + \gamma_{Ev} S_{Evk} + \psi_w \gamma_w S_{wk} \tag{3-33}$$

式中　$\gamma_G$——重力荷载分项系数，一般情况应采用 1.3，当重力荷载效应对构件承载能力有利时，不应大于 1.0；

　$\gamma_{Eh}$、$\gamma_{Ev}$——分别为水平、竖向地震作用分项系数，当仅计算水平地震作用或竖向地震作用时，分别应采用 1.3；同时计算水平与竖向地震作用时，其中主要作用的该系数应采用 1.3，另一作用的该系数应采用 0.5；

　　　$\gamma_w$——风荷载分项系数，应采用 1.4；

　　　$S_{GE}$——重力荷载代表值的效应，有吊车时，尚应包括悬吊物重力标准值的效应；

$S_{Ehk}$、$S_{Evk}$——水平、竖向地震作用标准值的效应，当有规定时尚应乘以相应的效应调整系数（如突出屋面的小建筑、天窗架、高低跨厂房交接处的柱子、框架柱等）；

　　　$S_{wk}$——风荷载标准值的效应；

　　　$\psi_w$——风荷载组合值系数，一般结构取 0.0，风荷载起控制作用的建筑应采用 0.2。

（3）对于偶然状况，用于承载能力极限状态计算的效应设计值表达式及其各种系数，应符合专门规范的规定。

（4）对于正常使用极限状态，按《建筑结构可靠性设计统一标准》GB 50068 的规定要求分别采用荷载的标准组合、频遇组合和准永久组合进行设计，并使变形等设计不超过相应的规定限值。钢结构只考虑荷载的标准组合，其设计式为：

$$\sum_{j=1}^{m} v_{G_j k} + v_{Q_1 k} + \sum_{i=2}^{n} \psi_{c_i} v_{Q_i k} \leqslant [v] \tag{3-34}$$

式中　$v_{G_j k}$——第 $j$ 个永久荷载的标准值在结构或结构构件中产生的变形值；

　　　$v_{Q_1 k}$——起控制作用的第一个可变荷载的标准值在结构或结构构件中产生的变形值；

　　　$v_{Q_i k}$——其他第 $i$ 个可变荷载标准值在结构或结构构件中产生的变形值；

　　　$[v]$——结构或结构构件变形的容许值，按《钢结构设计标准》GB 50017 相关规定采用。

# 3.4　容许应力法和疲劳计算

### 3.4.1　容许应力法

容许应力设计法是以结构构件的计算应力 $\sigma$ 不大于有关规范所给定的材料容许应力 $[\sigma]$ 的原则来进行设计的方法，一般的设计表达式为 $\sigma \leqslant [\sigma]$。结构构件的计算应力 $\sigma$ 按荷载标准值以线性弹性理论计算；容许应力 $[\sigma]$ 由规定的材料弹性极限除以大于 1 的安全系数而得。

容许应力设计法以线性弹性理论为基础，以构件危险截面的某一点或某一局部的计算应力小于或等于材料的容许应力为准则。在应力分布不均匀的情况下，如受弯构件、受扭构件，用这种设计方法比较保守。

容许应力设计应用简便，是工程结构中的一种传统设计方法，目前在公路、铁路工程设计中仍在应用。它的主要缺点在于：单一安全系数是一个笼统的经验系数，给定的容许应力不能保证各种结构具有比较一致的安全水平，也未考虑荷载增大的不同比率或具有异号荷载效应情况对结构安全的影响。

### 3.4.2 钢材疲劳的特点及其计算思路

在连续反复荷载作用下，应力远低于抗拉强度时构件发生的突然破坏现象称为钢材的疲劳，其特点表现为破坏前没有明显的塑性变形。

钢材的疲劳断裂是微观裂纹在连续重复荷载作用下不断扩展直至断裂的脆性破坏。钢材的疲劳强度取决于应力集中（或缺口效应）和应力循环次数。截面几何形状突然改变处的应力集中，对疲劳很为不利。在高峰应力处形成双向或三向同号拉应力场，在反复应力作用下，首先在应力高峰出现微观裂纹，然后逐渐开展形成宏观裂缝。在反复荷载的继续作用下，裂缝不断开展，有效截面面积相应减小，应力集中现象越来越严重，这就促使裂缝的继续开展。同时，由于是双向或三向同号拉应力场，材料的塑性变形受到限制。因此，当反复循环荷载达到一定的循环次数时，裂缝的开展使截面削弱过多经受不住外力作用，就会发生脆性断裂，出现钢材的疲劳破坏。如果钢材中存在着残余应力，在交变荷载作用下将更加剧疲劳破坏的倾向。

观察表明，钢材疲劳破坏后的截面断口一般具有光滑的和粗糙的两个区域（如图 3-1c），光滑部分表现出裂缝的扩张和闭合过程是由裂缝逐渐发展引起的，说明疲劳破坏也经历了一个缓慢的转变过程，而粗糙部分表明钢材最终断裂一瞬间的脆性破坏性质，与拉伸试验的断口颇为相似，破坏是突然的，几乎以 2km/s 的速度断裂，因而比较危险。

通常钢结构的疲劳破坏属高周低应变疲劳，即总应变幅小，破坏前荷载循环次数多。疲劳强度的大小与应力循环的次数有关，参见图 3-5。《钢结构设计标准》GB 50017 规定，对直接承受动力荷载重复作用的钢结构构件及其连接，当应力变化的循环次数 $n$ 等于或大于 $5 \times 10^4$ 次时，应进行疲劳强度计算。

根据应力循环中应力幅是否发生变化，将疲劳问题分为常幅疲劳和变幅疲劳两种。如果在所有应力循环内的应力幅保持常量，谓之常幅疲劳。下面先以常幅疲劳为对象，介绍钢结构疲劳计算基本思路。

由于现阶段对基于可靠度理论的疲劳极限状态设计方法的基础性研究还比较缺乏，所以仍沿用传统的按弹性状态计算"容许应力幅"的设计方法计算疲劳强度。应力幅 $\Delta\sigma$ 为应力谱（如图 3-3 中的实线所示，拉应力为正、压应力为负）中最大应力 $\sigma_{max}$ 与最小应力 $\sigma_{min}$ 之差，即 $\Delta\sigma = \sigma_{max} - \sigma_{min}$，$\sigma_{max}$ 为每次应力循环中的最大拉应力，$\sigma_{min}$ 为每次应力循环中的最小应力。

应力循环特征也可用应力比 $\rho$ 来表示，其含义为 $\sigma_{max}$ 和 $\sigma_{min}$ 两者（拉应力取正值，压应力取负值）中，绝对值较小者与绝对值较大者之比。图 3-3（a）的 $\rho = -1$，称为完全对称循环；图 3-3（b）的 $\rho = 0$ 称为脉冲循环；图 3-3（c）、（d）的 $\rho$ 在 0 与 -1 之间，称为不完全对称循环，但图 3-3（c）以拉应力为主，而图 3-3（d）则以压应力为主。

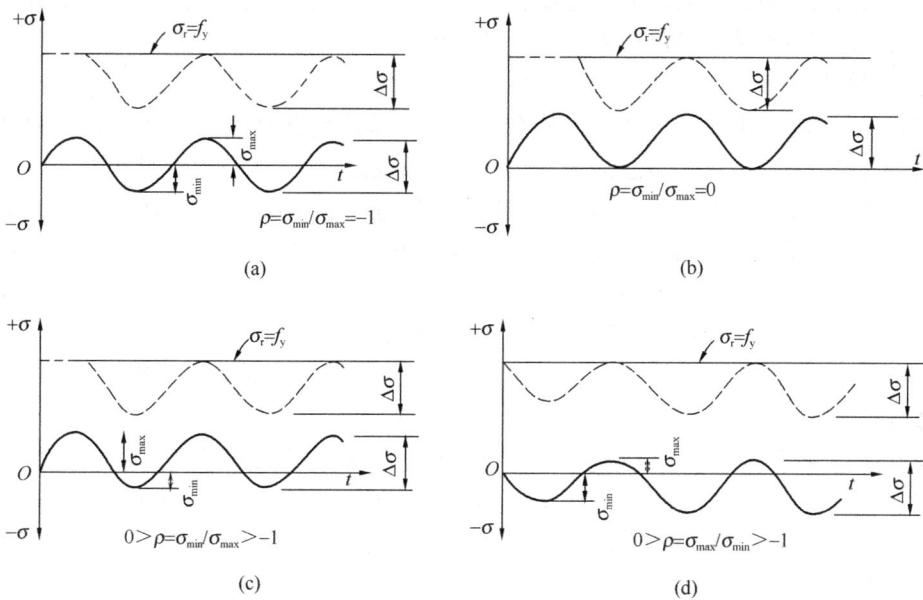

图 3-3 循环应力谱

对轧制钢材或非焊接结构，在循环次数 $N$ 一定的情况下，根据试验资料可绘出 $N$ 次循环的疲劳图，即 $\sigma_{max}$ 和 $\sigma_{min}$ 的关系曲线。由于此曲线的曲率不大，可近似用直线来代替，所以只要求得两个试验点便可决定疲劳图。

图 3-4 为 $N=2\times10^6$ 次的疲劳图。当 $\rho=0$ 和 $\rho=-1$ 时的疲劳强度分别为 $\sigma_0$ 和 $\sigma_{-1}$，由此便可决定 $B$ $(-\sigma_{-1}, \sigma_{-1})$ 和 $C$ $(0, \sigma_0)$ 两点，并通过 $B$、$C$ 两点得直线 $ABCD$。$D$ 点的水平线代表钢材的屈服强度，即使 $\sigma_{max}$ 不超过 $f_y$。当坐标为 $\sigma_{max}$ 和 $\sigma_{min}$ 的点落在直线 $ABCD$ 上或其上方，则这组应力循环达到 $N$ 次时，将发生疲劳破坏，线段 $BCD$ 以受拉为主，线段 $AB$ 以受压为主，$ABCD$ 直线的方程为：

$$\sigma_{max} - k\sigma_{min} = \sigma_0 \tag{3-35}$$

或 
$$\sigma_{max}(1-k\rho) = \sigma_0 \tag{3-36}$$

式中，$k=(\sigma_0-\sigma_{-1})/\sigma_{-1}$，为直线 $ABCD$ 的斜率。

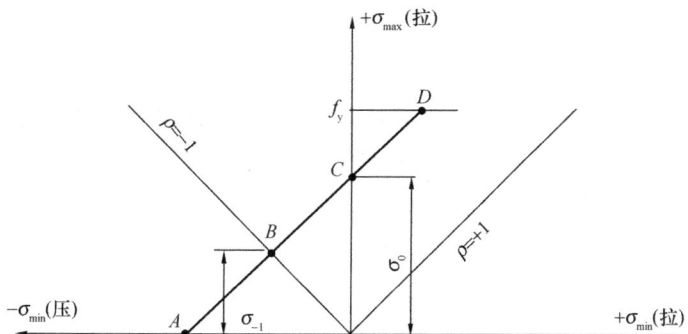

图 3-4 非焊接结构的疲劳图

从上面的推导可知，对轧制钢材或非焊接结构，疲劳强度与最大应力、应力比、循环次数和缺口效应（构造类型的应力集中情况）有关。

对焊接结构并不是这样，由于焊接加热及随后的冷却，将在截面上产生垂直于截面的残余应力。在焊缝及其附近主体金属残余拉应力通常达到钢材的屈服点 $f_y$，而此部位正是形成和发展疲劳裂纹最为敏感的区域。在重复荷载作用下，循环内应力开始处于增大阶段时，焊缝附近的高峰应力将不再增加（只是塑性范围加大），最大实际应力为 $f_y$，之后循环应力下降到最低 $f_y - \Delta\sigma$。再之后的实际应力循环范围仍在这两个值之间。因此，不论应力比 $\rho$ 值如何，焊缝附近的实际应力循环情况均形成在 $(f_y - \Delta\sigma) \sim f_y$ 之间的拉应力循环（图 1-2 中的虚线所示）。所以疲劳强度与名义最大应力和应力比无关，而与应力幅 $\Delta\sigma$ 有关。此观点已为国内外的大量疲劳试验所证实。图 3-3 中的实线为名义应力循环应力谱，虚线为实际应力谱。

根据试验数据可以画出构件或连接的应力幅 $\Delta\sigma$ 与相应的致损循环次数 $N$ 的关系曲线（图 3-5a），按试验数据回归的 $\Delta\sigma - N$ 曲线为平均值曲线。目前国内外都常用双对数坐标轴的方法使曲线改为直线（或分段直线）以便于简化（图 3-5b）。在双对数坐标图中，疲劳直线方程为：

$$\lg N = b_1 - \beta \lg(\Delta\sigma) \tag{3-37}$$

或

$$N(\Delta\sigma)^{\beta} = 10^{b_1} = C \tag{3-38}$$

式中　$\beta$——疲劳直线对纵坐标的斜率；

$b_1$——疲劳直线在横坐标轴上的截距；

$N$——循环次数。

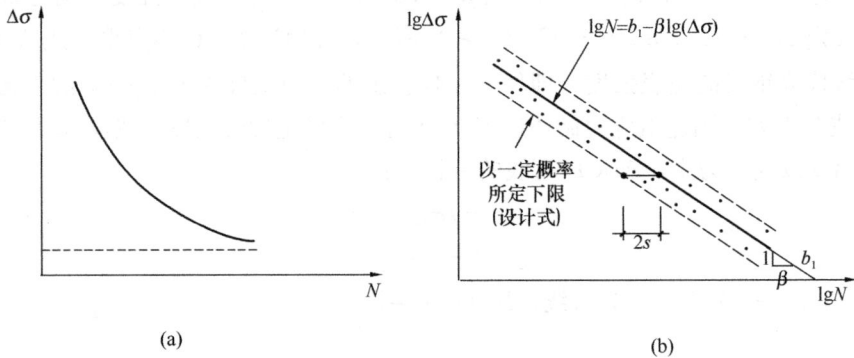

图 3-5　$\Delta\sigma - N$ 曲线

考虑到试验数据的离散性，取平均值减去 2 倍 $\lg N$ 的标准差（$2s$）作为疲劳强度下限值（图 3-5b 实线下方之虚线），如果 $\lg\Delta\sigma$ 为正态分布，从构件或连接抗力方面来讲，保证率为 97.7%。下限值的直线方程为：

$$\lg N = b_1 - \beta\lg(\Delta\sigma) - 2s = b_2 - \beta\lg(\Delta\sigma) \tag{3-39}$$

或

$$N(\Delta\sigma)^{\beta} = 10^{b_2} = C \tag{3-40}$$

取此 $\Delta\sigma$ 作为容许应力幅：

$$[\Delta\sigma] = \left(\frac{C}{N}\right)^{1/\beta} \tag{3-41}$$

疲劳计算的基本计算思路，就是保证构件或连接所计算部位的应力幅不得超过容许应力幅，容许应力幅根据构件和连接类别、结构使用寿命期内应力循环次数等因素确定。

### 3.4.3 正应力常幅疲劳的计算

对于不同焊接构件和连接形式，按试验数据回归的直线方程其斜率不尽相同。为了设计的方便，我国《钢结构设计标准》GB 50017 按连接方式、受力特点和疲劳强度，再适当考虑 $S-N$ 曲线（即应力幅值与该应力幅下发生疲劳破坏时所经历的应力循环次数的关系曲线）簇的等间距布置、归纳分类，将正应力作用下的构件和连接分为 14 类（见附录5），各类别的 $S-N$ 曲线见图 3-6，对应的疲劳计算参数见表 3-3。

研究表明，低应力幅在高周循环阶段的疲劳损伤程度有所降低，且存在一个不会疲劳损伤的截止限。对于正应力幅疲劳强度问题，当应力幅大于 $N=5\times10^6$ 对应的应力幅时，$S-N$ 曲线的斜率为 $\beta_Z$，应力幅处于 $N=5\times10^6 \sim 1\times10^8$ 对应的应力幅之间时，斜率为 $\beta_Z+2$（见图 3-6）。对于正应力幅疲劳问题，取 $N=1\times10^8$ 次对应的应力幅为疲劳截止限。

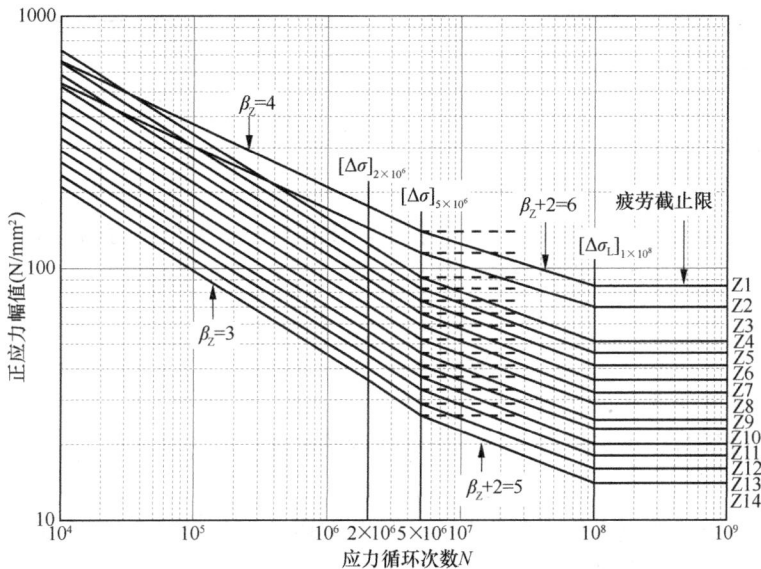

图 3-6 关于正应力幅的疲劳强度 $S-N$ 曲线

**正应力幅的疲劳计算参数表** 表 3-3

| 构件与连接类别 | 构件与连接相关系数 | | 循环次数 $n$ 为 $2\times10^6$ 次的容许正应力幅 $[\Delta\sigma]_{2\times10^6}$ (N/mm²) | 循环次数 $n$ 为 $5\times10^6$ 次的容许正应力幅 $[\Delta\sigma]_{5\times10^6}$ (N/mm²) | 疲劳截止限 $[\Delta\sigma_L]_{1\times10^8}$ (N/mm²) |
| --- | --- | --- | --- | --- | --- |
| | $C_Z$ | $\beta_Z$ | | | |
| Z1 | $1920\times10^{12}$ | 4 | 176 | 140 | 85 |
| Z2 | $861\times10^{12}$ | 4 | 144 | 115 | 70 |
| Z3 | $3.91\times10^{12}$ | 3 | 125 | 92 | 51 |
| Z4 | $2.81\times10^{12}$ | 3 | 112 | 83 | 46 |
| Z5 | $2.00\times10^{12}$ | 3 | 100 | 74 | 41 |
| Z6 | $1.46\times10^{12}$ | 3 | 90 | 66 | 36 |

| 构件与连接类别 | 构件与连接相关系数 | | 循环次数 $n$ 为 $2\times10^6$ 次的容许正应力幅 $[\Delta\sigma]_{2\times10^6}$ (N/mm²) | 循环次数 $n$ 为 $5\times10^6$ 次的容许正应力幅 $[\Delta\sigma]_{5\times10^6}$ (N/mm²) | 疲劳截止限 $[\Delta\sigma_L]_{1\times10^8}$ (N/mm²) |
|---|---|---|---|---|---|
| | $C_Z$ | $\beta_Z$ | | | |
| Z7 | $1.02\times10^{12}$ | 3 | 80 | 59 | 32 |
| Z8 | $0.72\times10^{12}$ | 3 | 71 | 52 | 29 |
| Z9 | $0.50\times10^{12}$ | 3 | 63 | 46 | 25 |
| Z10 | $0.35\times10^{12}$ | 3 | 56 | 41 | 23 |
| Z11 | $0.25\times10^{12}$ | 3 | 50 | 37 | 20 |
| Z12 | $0.18\times10^{12}$ | 3 | 45 | 33 | 18 |
| Z13 | $0.13\times10^{12}$ | 3 | 40 | 29 | 16 |
| Z14 | $0.09\times10^{12}$ | 3 | 36 | 26 | 14 |

正应力常幅疲劳的计算步骤如下：

（1）确定应力幅 $\Delta\sigma$

对于焊接部位：

$$\Delta\sigma = \sigma_{\max} - \sigma_{\min} \tag{3-42}$$

对于非焊接部位，注意到式（3-35）表明，疲劳寿命不仅与应力幅有关，也与名义最大应力有关。因此采用由该式确定的折算应力幅，以考虑 $\sigma_{\max}$ 的影响。经试验数据统计分析，取 $k=0.7$，即：

$$\Delta\sigma = \sigma_{\max} - 0.7\sigma_{\min} \tag{3-43}$$

（2）疲劳强度快速计算

当应力幅较低时，可采用下式进行疲劳强度的快速验算：

$$\Delta\sigma < \gamma_t [\Delta\sigma_L]_{1\times10^8} \tag{3-44}$$

低于疲劳截止限的应力幅一般不会导致疲劳破坏，因此若式（3-44）得到满足，则疲劳强度满足要求，无需做进一步计算。

式（3-44）中的 $\gamma_t$ 是考虑厚板效应对焊缝疲劳强度影响及大直径螺栓尺寸效应对螺栓疲劳强度影响的修正系数，按下面规定计算。

对于横向角焊缝或对接焊缝连接，当连接板厚 $t$（mm）大于 25mm 时，按下式计算：

$$\gamma_t = \left(\frac{25}{t}\right)^{0.25} \tag{3-45}$$

对于螺栓轴向受拉连接，当螺栓的公称直径 $d$（mm）大于 30mm 时，按下式计算：

$$\gamma_t = \left(\frac{30}{d}\right)^{0.25} \tag{3-46}$$

（3）应力幅高于疲劳截止限时的计算

若式（3-44）不满足，表明应力幅高于疲劳截止限，需进一步根据结构预期使用寿命，按下式进行计算：

$$\Delta\sigma \leqslant \gamma_t[\Delta\sigma] \tag{3-47}$$

式（3-47）中，常幅疲劳的容许正应力幅 $[\Delta\sigma]$ 计算如下：

当 $n \leqslant 5 \times 10^6$ 时

$$[\Delta\sigma] = \left(\frac{C_Z}{n}\right)^{1/\beta_Z} \tag{3-48}$$

当 $5 \times 10^6 < n \leqslant 1 \times 10^8$ 时

$$[\Delta\sigma] = \left[ ([\Delta\sigma]_{5 \times 10^6}) \frac{C_Z}{n} \right]^{1/(\beta_Z + 2)} \tag{3-49}$$

当 $n > 1 \times 10^8$ 时

$$[\Delta\sigma] = [\Delta\sigma_L]_{1 \times 10^8} \tag{3-50}$$

### 3.4.4 剪应力常幅疲劳的计算

剪应力作用下的构件和连接分为 3 类（见附录 5），各类别的 $S$-$N$ 曲线见图 3-7，对应的疲劳计算参数见表 3-4。剪应力常幅疲劳的计算方法与前述正应力常幅疲劳的计算方法基本一致，简要说明如下：

（1）确定剪力幅 $\Delta\tau$

对于焊接部位：

$$\Delta\tau = \tau_{max} - \tau_{min} \tag{3-51}$$

对于非焊接部位：

$$\Delta\tau = \tau_{max} - 0.7\tau_{min} \tag{3-52}$$

（2）疲劳强度快速计算

对于剪应力幅疲劳问题，仍取 $N = 1 \times 10^8$ 次对应的应力幅为疲劳截止限。当应力幅低于剪应力幅疲劳截止限时，即

$$\Delta\tau < [\Delta\tau_L]_{1 \times 10^8} \tag{3-53}$$

则认为不会产生疲劳损伤，疲劳强度满足要求。

（3）应力幅高于疲劳截止限时的计算

当剪应力幅不满足式（3-53）要求时，需进一步按下式验算：

$$\Delta\tau \leqslant [\Delta\tau] \tag{3-54}$$

式（3-54）中，常幅疲劳的容许剪应力幅 $[\Delta\tau]$ 根据应力循环次数 $n$ 及构件和连接的类别计算如下：

当 $n \leqslant 1 \times 10^8$ 时

$$[\Delta\tau] = \left(\frac{C_J}{n}\right)^{1/\beta_J} \tag{3-55}$$

当 $n > 1 \times 10^8$ 时

$$[\Delta\tau] = [\Delta\tau_L]_{1 \times 10^8} \tag{3-56}$$

对于剪应力幅疲劳强度问题，当应力幅大于 $N = 1 \times 10^8$ 对应的应力幅时，斜率保持不变，为 $\beta_J$（见图 3-7）。

剪应力幅的疲劳计算参数表 表 3-4

| 构件与连接类别 | 构件与连接相关系数 | | 循环次数 $n$ 为 $2 \times 10^6$ 次的容许剪应力幅 $[\Delta\tau]_{2 \times 10^6}$ (N/mm²) | 疲劳截止限 $[\Delta\tau_L]_{1 \times 10^8}$ (N/mm²) |
|---|---|---|---|---|
| | $C_J$ | $\beta_J$ | | |
| J1 | $4.10 \times 10^{11}$ | 3 | 59 | 16 |
| J2 | $2.00 \times 10^{16}$ | 5 | 100 | 46 |
| J3 | $8.61 \times 10^{21}$ | 8 | 90 | 55 |

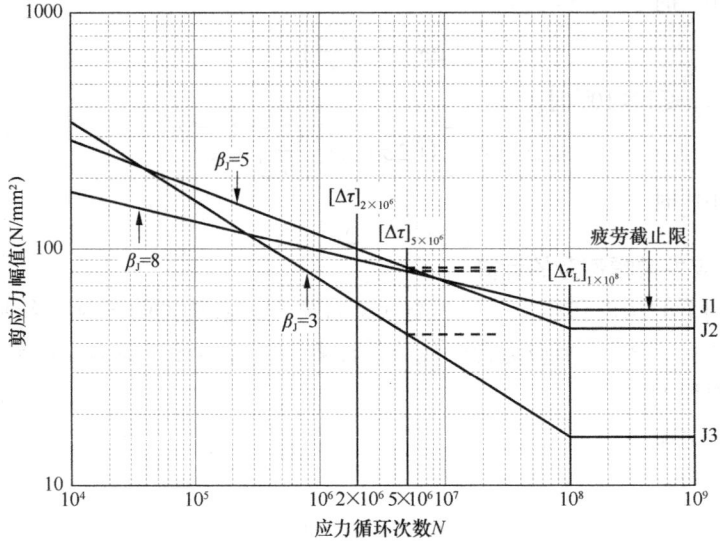

图 3-7　关于剪应力幅的疲劳强度 $S-N$ 曲线

### 3.4.5　变幅疲劳和吊车梁的欠载效应系数

（1）变幅疲劳

上面的分析皆属于常幅疲劳的情况，实际结构（如厂房吊车梁）所受荷载常小于计算荷载，且各次应力循环中，应力幅并非固定值，即性质为变幅的，或称随机荷载。变幅疲劳的应力谱如图 3-8 所示。

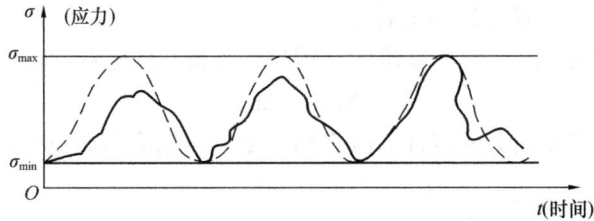

图 3-8　变幅疲劳的应力谱

变幅疲劳问题同样可以按公式（3-44）和式（3-54）进行快速计算，对于变幅疲劳，式中的 $\Delta\sigma$ 和 $\Delta\tau$ 为最大正应力幅和最大剪应力幅。当计算不满足时，可将变幅疲劳等效为常幅疲劳问题计算疲劳强度。

欲将常幅疲劳的研究结果推广到变幅疲劳，须引入累积损伤法则。当前通用的是 Palmgren-Miner 方法，简称 Miner 方法。

从设计应力谱可知应力幅水平 $\Delta\sigma_1$，$\Delta\sigma_2$，…，$\Delta\sigma_i$，…和对应的循环次数 $n_1$，$n_2$，…，$n_i$，…，假设应力幅水平分别为 $\Delta\sigma_1$，$\Delta\sigma_2$，…，$\Delta\sigma_i$，…的常幅疲劳寿命分别是 $N_1$，$N_2$，…，$N_i$，…。其中 $N_i$ 表示在常幅疲劳中 $\Delta\sigma_i$ 循环作用 $N_i$ 次后，构件或连接发生疲劳破坏，则在应力幅 $\Delta\sigma_i$ 作用下的一次循环所引起的损伤为 $1/N_i$，$n_i$ 次循环为 $n_i/N_i$。按累积损伤法则，将总的损伤按线性叠加计算，则得发生疲劳破坏的条件为：

$$\frac{n_1}{N_1} + \frac{n_2}{N_2} + \cdots + \frac{n_i}{N_i} + \cdots = \Sigma\frac{n_i}{N_i} = 1 \tag{3-57}$$

或写成

$$\sum \frac{n_i}{\sum n_i} \cdot \frac{\sum n_i}{N_i} = 1 \tag{3-58}$$

若认为变幅疲劳与同类常幅疲劳有相同的曲线，则根据式（3-40），任一级应力幅水平均有：

$$N_i (\Delta \sigma_i)^{\beta} = C \tag{3-59}$$

或

$$N_i = \frac{C}{(\Delta \sigma_i)^{\beta}} \tag{3-60}$$

按照图 3-6 与图 3-7 及 Miner 损伤定律，可将变幅疲劳问题换算成应力循环总次数为 $2 \times 10^6$ 的等效常幅疲劳进行计算。以变幅疲劳的等效正应力幅为例（图 3-6），推导过程如下。

设有一变幅疲劳，其应力谱由 $(\Delta \sigma_i，n_i)$ 和 $(\Delta \sigma_j，n_j)$ 两部分组成，分别对应于应力谱中 $\Delta \sigma \geqslant [\Delta \sigma]_{5 \times 10^6}$ 和 $[\Delta \sigma]_{1 \times 10^8} \leqslant \Delta \sigma < [\Delta \sigma]_{5 \times 10^6}$ 范围内的正应力幅（$N/mm^2$）及频次。总的应力循环 $\sum n_i + \sum n_j$ 次后发生疲劳破坏，则按照 $S-N$ 曲线的方程，分别对每 $i$ 级的应力幅 $\Delta \sigma_i$、频次 $n_i$ 和 $j$ 级的应力幅 $\Delta \sigma_j$、频次 $n_j$ 有：

$$N_i = C_Z / (\Delta \sigma_i)^{\beta_Z} \tag{3-61}$$

$$N_j = C'_Z / (\Delta \sigma_j)^{\beta_Z + 2} \tag{3-62}$$

$$\sum \frac{n_i}{N_i} + \sum \frac{n_j}{N_j} = 1 \tag{3-63}$$

式中　$C_Z$、$C'_Z$——分别为斜率 $\beta_Z$ 和 $\beta_Z + 2$ 的 $S\text{-}N$ 曲线参数。

由于斜率 $\beta_Z$ 和 $\beta_Z + 2$ 的两条 $S\text{-}N$ 曲线在 $N = 5 \times 10^6$ 处交汇，则满足下式：

$$C'_Z = \frac{(\Delta \sigma_{5 \times 10^6})^{\beta_Z + 2}}{(\Delta \sigma_{5 \times 10^6})^{\beta_Z}} C_Z = (\Delta \sigma_{5 \times 10^6})^2 C_Z \tag{3-64}$$

设想上述的变幅疲劳破坏与常幅疲劳（应力幅为 $\Delta \sigma_e$，循环 $2 \times 10^6$ 次）的疲劳破坏具有等效的疲劳损伤效应，则：

$$C_Z = 2 \times 10^6 (\Delta \sigma_e)^{\beta_Z} \tag{3-65}$$

将式（3-61）、式（3-62）、式（3-64）和式（3-65）代入式（3-63），可得到常幅疲劳 $2 \times 10^6$ 次的等效正应力幅表达式：

$$\Delta \sigma_e = \left[ \frac{\sum n_i (\Delta \sigma_i)^{\beta_Z} + ([\Delta \sigma]_{5 \times 10^6})^{-2} \sum n_j (\Delta \sigma_j)^{\beta_Z + 2}}{2 \times 10^6} \right]^{1/\beta_Z} \tag{3-66}$$

对于剪应力变幅疲劳，根据图 3-7，采用类似方法经简单推导，可得到常幅疲劳 $2 \times 10^6$ 次的等效剪应力幅表达式：

$$\Delta \tau_e = \left[ \frac{\sum n_i (\Delta \tau_i)^{\beta_J}}{2 \times 10^6} \right]^{1/\beta_J} \tag{3-67}$$

算得变幅疲劳的等效正应力幅和等效剪应力幅后，可分别按下式进行疲劳计算：

$$\Delta \sigma_e \leqslant \gamma_t [\Delta \sigma]_{2 \times 10^6} \tag{3-68}$$

$$\Delta \tau_e \leqslant [\Delta \tau]_{2 \times 10^6} \tag{3-69}$$

（2）吊车梁的欠载效应系数

为方便计算，《钢结构设计标准》GB 50017 在计算重级工作制吊车梁和重级、中级工作制吊车桁架的变幅疲劳时，以 $n=2\times10^6$ 次的疲劳强度为基准，计算出变幅疲劳等效应力幅与应力循环中最大应力幅之比（称为欠载效应系数 $\alpha_f$），采用等效应力幅进行疲劳验算，从而将变幅疲劳问题等效为常幅疲劳问题。正应力幅和剪应力幅的疲劳计算应分别满足式（3-70）和式（3-71）的要求。

$$\alpha_f \Delta\sigma_{max} \leqslant \gamma_t [\Delta\sigma]_{2\times10^6} \tag{3-70}$$

$$\alpha_f \Delta\tau_{max} \leqslant [\Delta\tau]_{2\times10^6} \tag{3-71}$$

式中    $\Delta\sigma_{max}$——正应力变幅疲劳中的最大应力幅；

       $\Delta\tau_{max}$——剪应力变幅疲劳中的最大应力幅；

   $[\Delta\sigma]_{2\times10^6}$——循环次数 $n$ 为 $2\times10^6$ 的容许正应力幅，根据构件和连接的类别，按表 3-3 取值；

   $[\Delta\tau]_{2\times10^6}$——循环次数 $n$ 为 $2\times10^6$ 的容许剪应力幅，根据构件和连接的类别，按表 3-4 取值；

         $\alpha_f$——变幅荷载的欠载效应系数，按表 3-5 采用。

**吊车梁和吊车桁架欠载效应的等效系数 $\alpha_f$ 表**        表 3-5

| 吊 车 类 型 | $\alpha_f$ |
|---|---|
| A6、A7 工作级别（重级）的硬钩吊车 | 1.0 |
| A6、A7 工作级别（重级）的软钩吊车 | 0.8 |
| A4、A5 工作级别（中级）吊车 | 0.5 |

疲劳强度计算中，有下列问题应予注意：

（1）目前，按概率极限状态方法进行疲劳强度计算尚处于研究阶段，因此，疲劳强度计算用容许应力幅法，容许应力幅[$\Delta\sigma$]是根据试验结果得到的，故应采用荷载标准值进行计算。另外，疲劳计算中采用的计算数据大部分是根据实测应力或疲劳试验所得，已包含了荷载的动力影响，因此，不应再乘动力系数。

（2）对于非焊接的构件和连接，在完全压应力（不出现拉应力）循环作用下，可不计算疲劳强度。焊接部位由于存在较大的残余拉应力，造成名义上受压应力的部位仍旧会疲劳开裂，只是裂纹扩展的速度比较缓慢，裂纹扩展的长度有限，当裂纹扩展到残余拉应力释放后便会停止。考虑到疲劳破坏通常发生在焊接部位，而鉴于钢结构连接节点的重要性和受力的复杂性，一般不容许开裂，因此《钢结构设计标准》GB 50017 规定完全压应力循环作用下的焊接部位仍需计算疲劳强度。

（3）根据试验，不同钢种的不同静力强度对焊接部位的疲劳强度无显著影响。只是轧制钢材（因其残余应力较小）、经焰切的钢材和经过加工的对接焊缝（因其残余应力因加工而大为改善），疲劳强度有随钢材强度提高而稍微增加的趋势，但这些连接和主体金属一般不在构件疲劳计算中起控制作用，故可认为疲劳容许应力幅与钢种无关，即疲劳强度所控制的构件采用强度较高的钢材是不经济的。

# 4 钢结构的连接

钢结构是由若干构件组合而成的，组成结构的构件往往又是由一定数量的零件（包括板件或型钢）组合而成的。不管是零件组合成构件还是构件组合成结构，都必须通过一定的连接方式使其形成一个共同工作的整体。连接的合理设计与合理施工对于结构能否安全承载非常重要。

钢结构常用的连接方式有焊缝连接和螺栓连接（图 4-1），本章将对这两种连接的工作性能和设计计算进行讲解。

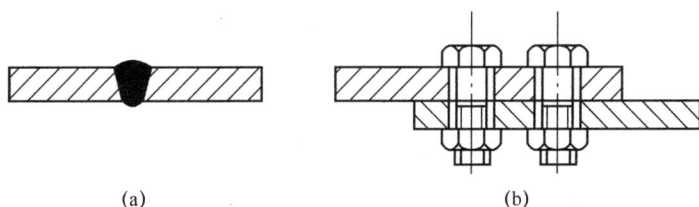

图 4-1　钢结构的连接方法
（a）焊缝连接；（b）螺栓连接

## 4.1　焊缝连接的基本知识

### 4.1.1　焊缝连接的特点

焊缝连接是钢结构主要的连接方式之一。其优点是：构造简单，任何形式的构件都可直接相连；用料经济，不削弱截面；制作加工方便，可实现自动化操作；连接的密闭性好，结构刚度大。其缺点是：在焊缝附近的热影响区内，钢材的金相组织发生改变，导致局部材质变脆；焊接残余应力和焊接变形使受压构件承载力降低；焊接结构对裂纹很敏感，局部裂纹一旦发生，就容易扩展到整体，低温冷脆问题较为突出。

### 4.1.2　焊缝连接的形式

焊缝有两种受力特性不同的形式，一类是角焊缝，另一类是对接焊缝。

（1）角焊缝

角焊缝是最常用的焊缝，按截面形式的不同，角焊缝可分为直角角焊缝（图 4-2）和斜角角焊缝（图 4-3）。

直角角焊缝通常做成表面微凸的等腰直角三角形截面（图 4-2a）。在直接承受动力荷载的结构中，正面角焊缝的截面常采用图 4-2（b）所示的坦式，侧面角焊缝的截面常做成凹面式（图 4-2c）。

两焊脚边的夹角 $\alpha > 90°$ 或 $\alpha < 90°$ 的焊缝称为斜角角焊缝（图 4-3）。斜角角焊缝常用于钢漏斗和钢管连接中。

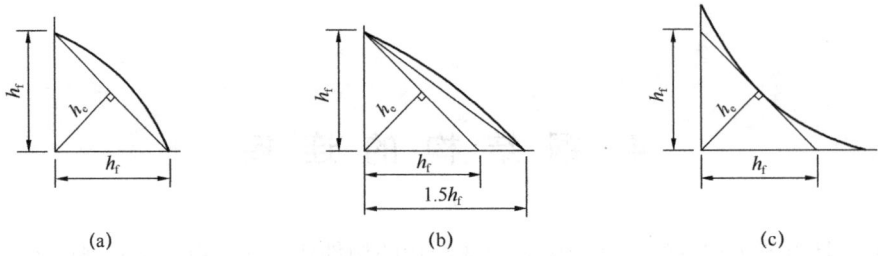

图 4-2　直角角焊缝截面

（a）等腰直角三角形焊缝；（b）坦式焊缝；（c）凹面式焊缝

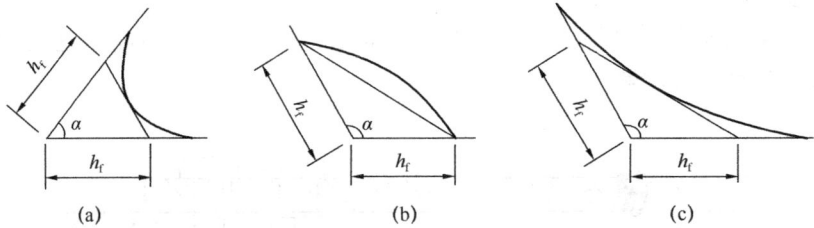

图 4-3　斜角角焊缝截面

按作用力与焊缝之间位置关系的不同，角焊缝可分为：正面角焊缝（作用力与焊缝垂直）、侧面角焊缝（作用力与焊缝平行）、斜焊缝（作用力与焊缝呈 $\alpha$ 角，$0°<\alpha<90°$），见图 4-4。

（2）对接焊缝

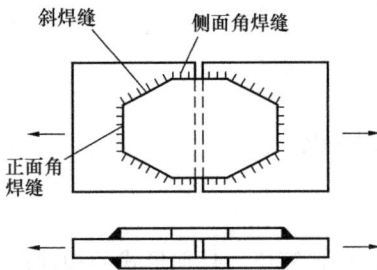

图 4-4　角焊缝与作用力的关系

为了保证焊透，对接焊缝的焊件常需做成坡口（图 4-5b～f），其中斜坡口和根部间隙 $b$ 共同组成一个焊条能够运转的施焊空间，使焊缝易于焊透；钝边 $p$ 有托住熔化金属的作用。仅当焊件厚度较小（手工焊：$t\leqslant6\text{mm}$，埋弧焊：$t\leqslant10\text{mm}$）时，可用直边缝（图 4-5a）。

采用坡口的对接焊缝其坡口形式与焊件厚度有关，当焊件厚度 $t\leqslant20\text{mm}$ 时，可采用具有斜坡口的单边 V 形（图 4-5b）或 V 形坡口（图 4-5c）；对于较厚的焊件（$t>20\text{mm}$），

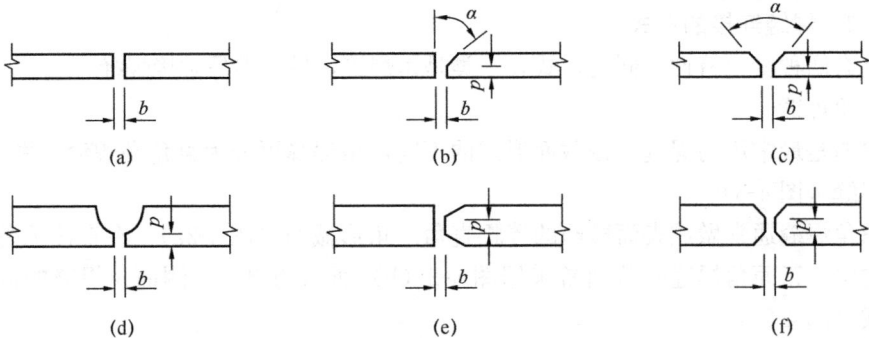

图 4-5　对接焊缝的坡口形式

（a）直边缘；（b）单边 V 形坡口；（c）V 形坡口；（d）U 形坡口；（e）K 形坡口；（f）X 形坡口

42

则通常采用 U 形、K 形和 X 形坡口
（图 4-5d、e、f）。对于 V 形坡口和
U 形坡口须对焊缝根部进行补焊。
对接焊缝坡口形式的选用，可根据
板厚和施工条件参照《钢结构焊接
规范》GB 50661 的要求进行。

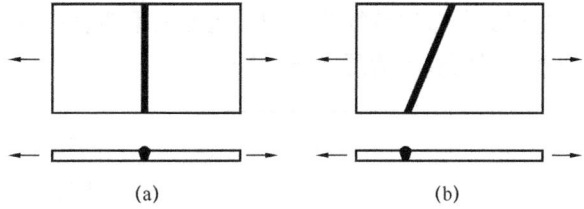

图 4-6　对接焊缝与作用力的关系

(a) 正对接焊缝；(b) 斜对接焊缝

1）对接焊缝按作用力与焊缝的
位置关系分为：正对接焊缝（图 4-6a）、斜对接焊缝（图 4-6b）。

2）对接焊缝按焊缝焊透与否分为焊透的对接焊缝（图 4-5）以及部分焊透的对接焊
缝（图 4-7）。部分焊透的对接焊缝主要起联系作用，用于一些受力较小的连接处。

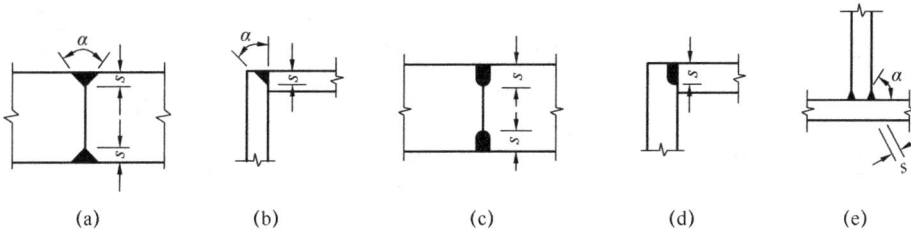

图 4-7　部分焊透对接焊缝的截面

(a) V 形坡口；(b) 单边 V 形坡口；(c) U 形坡口；(d) J 形坡口；(e) K 形坡口

### 4.1.3　焊缝符号表示

焊缝符号一般由基本符号及指引线组成，必要时还可以加上补充符号和焊缝尺寸等。
基本符号表示焊缝的横截面形状，如用"◺"表示角焊缝，用"V"表示 V 形坡口的对接
焊缝；补充符号则补充说明焊缝的某些特征，如用"▶"表示现场安装焊缝，用"["表
示焊件三面带有焊缝。

指引线一般由横线和带箭头的斜线组成，箭头指到图形相应焊缝处，横线的上方和下
方用来标注基本符号和焊缝尺寸。当引出线的箭头指向焊缝所在的一面时，应将基本符号
和焊缝尺寸等标注在水平横线的上方；当箭头指向对应焊缝所在的另一面时，则应将基本
符号和焊缝尺寸标注在水平横线的下方。

表 4-1 列出了一些常用焊缝符号，可供设计时参考。

常用焊缝符号　　　　　　　　　　　　　　　　　　　表 4-1

| 形式 | 角焊缝 | | | | 对接焊缝 | 塞焊缝 | 三面围焊 |
|---|---|---|---|---|---|---|---|
| | 单面焊缝 | 双面焊缝 | 安装焊缝 | 相同焊缝 | | | |
| 形式 |  | | | | | | |
| 标注方法 |  | | | | | | |

当焊缝分布比较复杂或用上述方法不能表达清楚时，可在标注焊缝符号的同时在图形上加栅线以便表示清楚（图4-8）。

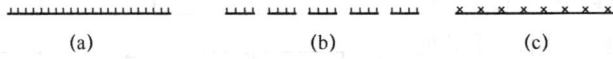

(a)       (b)       (c)

图 4-8 用栅线表示焊缝
（a）正面焊缝；（b）背面焊缝；（c）安装焊缝

### 4.1.4 焊缝施焊的位置

焊缝按施焊位置可分为平焊、横焊、立焊及仰焊（图4-9）。平焊（或称俯焊）施焊方便，焊接质量容易保证，是最常用的焊位。立焊和横焊要求焊工的操作技术比平焊高一些，仰焊的操作条件最差，焊缝质量不易保证，因此应尽量避免采用仰焊。

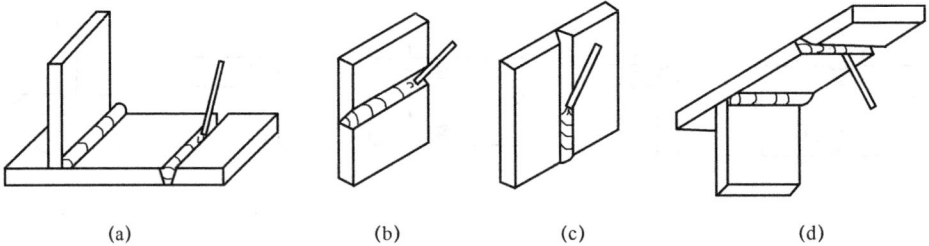

(a)       (b)       (c)       (d)

图 4-9 焊缝施焊位置
（a）平焊；（b）横焊；（c）立焊；（d）仰焊

### 4.1.5 焊缝施焊的方法

钢结构通常采用电弧焊。电弧焊有手工电弧焊、埋弧焊（埋弧自动焊或半自动焊）以及气体保护焊等。

（1）手工电弧焊

手工电弧焊是很常用的一种焊接方法（图4-10）。通电后，在涂有药皮的焊丝与焊件之间产生电弧，电弧的温度可高达3000℃。在高温作用下，电弧周围的焊件金属变成液态形成熔池；同时焊条中的焊丝熔化滴落入熔池中，与焊件的熔融金属相互结合，冷却后即形成焊缝。焊条药皮则在焊接过程中产生气体，保护电弧和熔化金属，并形成熔渣覆盖着焊缝，防止空气中的氧、氮等有害气体与熔化金属接触而形成易脆的化合物。

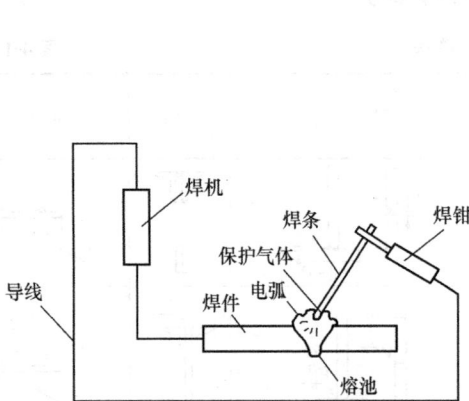

图 4-10 手工电弧焊

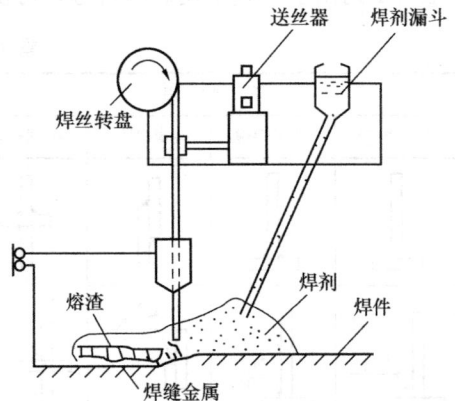

图 4-11 埋弧自动焊

44

手工电弧焊的设备简单，操作灵活方便，适于任意空间位置的焊接，特别适于焊接短焊缝。但其生产效率低，劳动强度大，焊接质量不稳定，一般用于工地焊接。

建筑钢结构中常用的焊条型号有 E43、E50、E55 和 E60 系列，其中字母"E"表示焊条，后两位数字表示熔敷金属抗拉强度的最小值，单位为"N/mm$^2$"，例如 E43 型焊条，其抗拉强度即为 430N/mm$^2$。手工电弧焊所用焊条应与焊件钢材（或称主体金属）强度相适应。

相同钢种的钢材之间焊接时，对 Q235 钢采用 E43 型焊条；对 Q345、Q390 钢采用 E50 或 E55 型焊条；对 Q420、Q460 钢采用 E55 或 E60 型焊条。不同钢种的钢材之间焊接时采用低组配方案，即采用与低强度钢材相适应的焊条。根据试验，Q235 钢与 Q345（Q345GJ）钢之间焊接时，若用 E50 型焊条，焊缝强度比用 E43 型焊条时提高不多，设计时只能取用 E43 型焊条的焊缝强度设计值。此外，从连接的韧性和经济方面考虑，故规定宜采用与低强度钢材相适应的焊接材料。

（2）埋弧焊（自动或半自动）

埋弧焊是电弧在焊剂层下燃烧的一种电弧焊方式。埋弧焊的焊丝不涂药皮，但施焊端被焊剂（主要起保护焊缝的作用）所覆盖。如果焊丝送进以及电弧按焊接方向的移动有专门机构控制完成的称为埋弧自动电弧焊（图 4-11）；如果焊丝送进有专门机构，而电弧按焊接方向的移动靠人手工操作完成的称为埋弧半自动电弧焊。埋弧焊一般用于工厂焊接。

埋弧焊能对较细的焊丝采用大电流，电弧热量集中，熔深大。由于采用自动或半自动化操作，生产效率高，焊接工艺条件稳定，焊缝成形良好、化学成分均匀；同时较高的焊速减少了热影响区的范围，从而减小了焊件变形。但埋弧焊对焊件边缘的装配精度（如间隙）要求比手工焊高。

（3）气体保护焊

气体保护焊是利用二氧化碳气体或其他惰性气体作为保护介质的一种电弧熔焊方法。它直接依靠保护气体在电弧周围形成局部的保护层，以防止有害气体的侵入并保证焊接过程的稳定性。

气体保护焊的焊缝熔化区没有熔渣，焊工能够清楚地看到焊缝成型的过程；保护气体呈喷射状有助于熔滴的过渡，适用于全位置的焊接；由于焊接时热量集中，焊件熔深大，形成的焊缝质量比手工电弧焊好；但风较大时保护效果不好。

### 4.1.6 焊缝缺陷及检验

（1）焊缝缺陷

焊缝缺陷指焊接过程中产生于焊缝金属或附近热影响区钢材表面或内部的缺陷。常见的缺陷有裂纹、焊瘤、烧穿、弧坑、气孔、夹渣、咬边、未熔合、未焊透（图 4-12）以及焊缝尺寸不符合要求、焊缝成形不良等。裂纹是焊缝连接中最危险的缺陷，产生裂纹的原因很多，如钢材的化学成分不当；焊接工艺条件（如电流、电压、焊速、施焊次序等）选择不合理；焊件表面油污未清除干净等。

（2）焊缝检验

焊缝缺陷的存在将削弱焊缝的受力面积，在缺陷处引起应力集中，故对连接的强度、冲击韧性及冷弯性能等均有不利影响，因此焊缝质量检验非常重要。

焊缝质量检验一般可用外观检查及内部无损检验，前者检查外观缺陷和几何尺寸，后

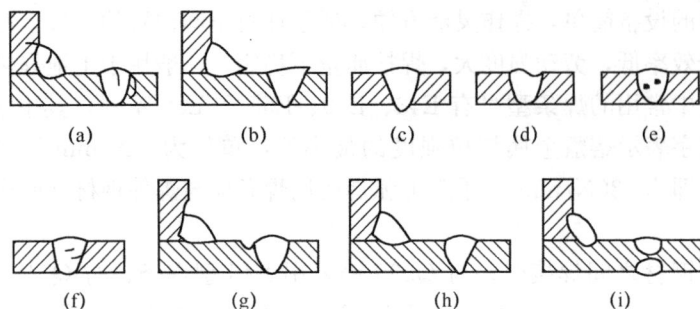

图 4-12 焊缝缺陷

(a) 裂纹；(b) 焊瘤；(c) 烧穿；(d) 弧坑；(e) 气孔；(f) 夹渣；(g) 咬边；(h) 未熔合；(i) 未焊透

者检查内部缺陷。内部无损检验目前广泛采用超声波检验，使用灵活、经济，对内部缺陷反应灵敏，但不易识别缺陷性质；有时还用磁粉检验、荧光检验等较简单的方法作为辅助。此外还可采用 X 射线或 γ 射线透照拍片，但其应用不及超声波探伤广泛。

《钢结构工程施工质量验收规范》规定焊缝按其检验方法和质量要求分为一级、二级和三级。三级焊缝只要求对全部焊缝作外观检查且符合三级质量标准；一级、二级焊缝则除外观检查外，还要求一定数量的超声波检验并符合相应级别的质量标准，其中一级焊缝探伤比例为 100%，二级焊缝探伤比例为 20%，三级焊缝可不做探伤检查。角焊缝由于连接处钢板之间存在有未熔合的部位，故一般按三级质量等级，特殊情况下可以要求二级外观检查。

## 4.2　角焊缝连接的设计

### 4.2.1　角焊缝的工作性能

（1）侧面角焊缝（图 4-13）

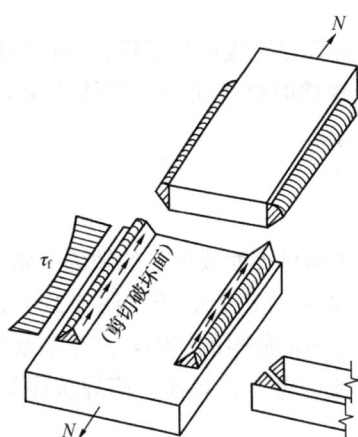

图 4-13　侧面角焊缝的应力

大量试验结果表明，侧面角焊缝主要承受剪应力，弹性模量较低，强度也较低，但塑性较好。传力线通过侧面角焊缝时产生弯折，因而应力沿焊缝长度方向的分布不均匀，呈两端大而中间小的状态。焊缝越长，应力分布不均匀性越显著，但在届临塑性工作阶段时，产生应力重分布，可使应力分布的不均匀现象渐趋缓和。

（2）正面角焊缝（图 4-14）

正面角焊缝受力复杂，截面中的各面均存在正应力和剪应力，焊根处存在着很严重的应力集中。这一方面是由于力线弯折，另一方面则是因为在焊根处正好是两焊件接触面的端部，相当于裂缝的尖端。正面角焊缝的受力以正应力为主，因而刚度较大，强度较高，故其破坏强度高于侧面角焊缝（是侧面焊缝的 1.35～1.55 倍），但塑性变形要差一些。

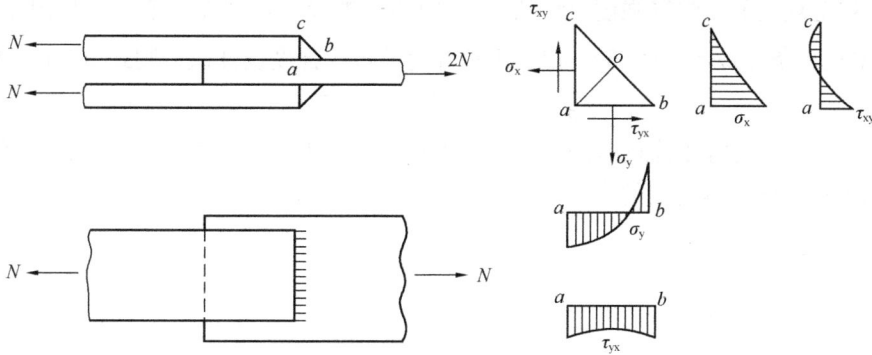

图 4-14　正面角焊缝的应力

（3）斜焊缝

受力性能和强度值介于正面角焊缝和侧面角焊缝之间。

## 4.2.2　直角角焊缝强度计算的基本公式

直角角焊缝的截面如图 4-15 所示，其中直角边边长 $h_f$ 称为角焊缝的焊脚尺寸。试验表明角焊缝的破坏常发生在焊喉，故取直角角焊缝 45°方向的最小厚度 $h_e = \frac{\sqrt{2}}{2} h_f \approx 0.7 h_f$ 为角焊缝的有效厚度，即以有效厚度与焊缝计算长度的乘积作为角焊缝破坏时的有效截面（或计算截面）。

作用于焊缝有效截面上的应力如图 4-16 所示，这些应力包括：垂直于焊缝有效截面的正应力 $\sigma_\perp$，有效截面上垂直于焊缝长度方向的剪应为 $\tau_\perp$，以及有效截面上平行于焊缝长度方向的剪应力 $\tau_{//}$。

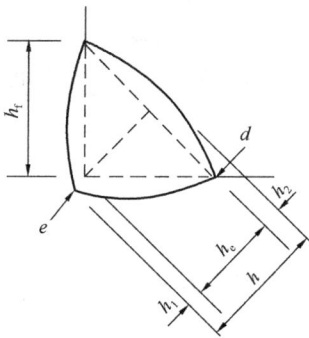

图 4-15　直角角焊缝的截面

$h$—焊缝厚度；$h_f$—焊脚尺寸；$h_e$—焊缝有效厚度（焊喉部位）；$h_1$—熔深；$h_2$—凸度；$d$—焊趾；$e$—焊根

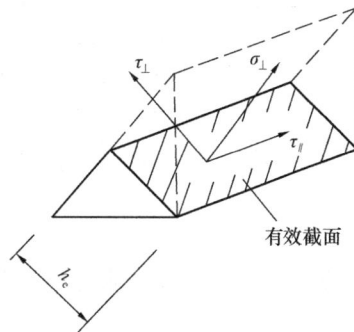

图 4-16　焊缝有效截面上的应力

《钢结构设计标准》GB 50017 在对角焊缝进行计算时，假定焊缝在有效截面处破坏，各应力分量满足折算应力公式（4-1）：

$$\sqrt{\sigma_\perp^2 + 3(\tau_\perp^2 + \tau_{//}^2)} = f_u^w \tag{4-1}$$

式中　$f_u^w$——焊缝金属的抗拉强度。

47

由于规范规定的角焊缝强度设计值 $f_\mathrm{f}^\mathrm{w}$（即侧面焊缝的强度设计值，详见附录附表 1-2）是根据抗剪条件确定，而 $\sqrt{3}f_\mathrm{f}^\mathrm{w}$ 相当于角焊缝的抗拉强度设计值，则式（4-1）变为：

$$\sqrt{\sigma_\perp^2 + 3(\tau_\perp^2 + \tau_{//}^2)} = \sqrt{3}f_\mathrm{f}^\mathrm{w} \tag{4-2}$$

以图 4-17 所示受斜向轴心力 $2N$（互相垂直的分力为 $2N_\mathrm{y}$ 和 $2N_\mathrm{x}$）作用的直角角焊缝为例，说明角焊缝基本公式的推导。

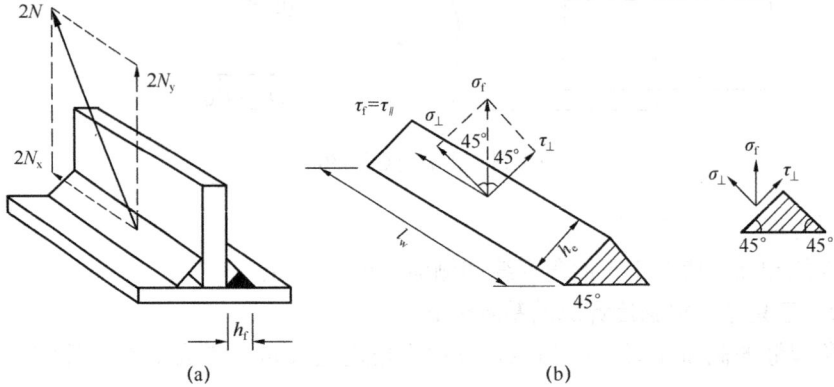

图 4-17　直角角焊缝的计算

考虑一条焊缝的受力，$N_\mathrm{y}$ 在焊缝有效截面（$h_\mathrm{e}l_\mathrm{w}$）上引起垂直于焊缝一个直角边的应力 $\sigma_\mathrm{f}$（该应力是 $\sigma_\perp$ 和 $\tau_\perp$ 的合应力）：

$$\sigma_\mathrm{f} = \frac{N_\mathrm{y}}{h_\mathrm{e}l_\mathrm{w}} \tag{4-3}$$

式中　$N_\mathrm{y}$——垂直于焊缝长度方向的轴心力；

$h_\mathrm{e}$——直角角焊缝的有效厚度（图 4-2），当两焊件间隙 $b \leqslant 1.5\mathrm{mm}$ 时，$h_\mathrm{e} = 0.7h_\mathrm{f}$；$1.5\mathrm{mm} < b \leqslant 5\mathrm{mm}$ 时，$h_\mathrm{e} = 0.7(h_\mathrm{f} - b)$，$h_\mathrm{f}$ 为焊脚尺寸；

$l_\mathrm{w}$——焊缝的计算长度，考虑起灭弧缺陷，按各条焊缝的实际长度每端（即起灭弧处）减去 $h_\mathrm{f}$ 计算。

由图 4-17（b）知，对直角角焊缝有：

$$\sigma_\perp = \tau_\perp = \frac{\sigma_\mathrm{f}}{\sqrt{2}} \tag{4-4}$$

$N_\mathrm{x}$ 在焊缝有效截面上引起平行于焊缝长度方向的剪应力 $\tau_\mathrm{f} = \tau_{//}$：

$$\tau_\mathrm{f} = \tau_{//} = \frac{N_\mathrm{x}}{h_\mathrm{e}l_\mathrm{w}} \tag{4-5}$$

将式（4-4）、式（4-5）代入式（4-2）可得：

$$\sqrt{4\left(\frac{\sigma_\mathrm{f}}{\sqrt{2}}\right)^2 + 3\tau_\mathrm{f}^2} \leqslant \sqrt{3}f_\mathrm{f}^\mathrm{w} \tag{4-6}$$

化简后就得到直角角焊缝强度计算的基本公式：

$$\sqrt{\left(\frac{\sigma_\mathrm{f}}{\beta_\mathrm{f}}\right)^2 + \tau_\mathrm{f}^2} \leqslant f_\mathrm{f}^\mathrm{w} \tag{4-7}$$

式中　$\beta_\mathrm{f}$——正面角焊缝的强度增大系数，$\beta_\mathrm{f} = \sqrt{\dfrac{3}{2}} \approx 1.22$。

对正面角焊缝，此时 $\tau_f = 0$，由式（4-7）可得：

$$\sigma_f = \frac{N}{h_e l_w} \leqslant \beta_f f_f^w \qquad (4\text{-}8)$$

对侧面角焊缝，此时 $\sigma_f = 0$，由式（4-7）可得：

$$\tau_f = \frac{N}{h_e l_w} \leqslant f_f^w \qquad (4\text{-}9)$$

式（4-7）～式（4-9）即为角焊缝强度的基本计算公式。只要将焊缝应力分解为垂直于焊缝长度方向的应力 $\sigma_f$ 和平行于焊缝长度方向的应力 $\tau_f$，上述基本公式就可适用于任何受力状态。

对于直接承受动力荷载结构中的焊缝，虽然正面角焊缝的强度试验值比侧面角焊缝高，但判别结构或连接的工作性能，除是否具有较高的强度指标外，还需检验其延性指标（也即塑性变形能力）。由于正面角焊缝的刚度大、韧性差，应力集中现象较严重，应将其强度降低使用，故对于直接承受动力荷载结构中的角焊缝，取 $\beta_f = 1.0$，相当于按 $\sigma_f$ 和 $\tau_f$ 的合应力进行计算，即 $\sqrt{\sigma_f^2 + \tau_f^2} \leqslant f_f^w$。

### 4.2.3 斜角角焊缝的计算

斜角角焊缝一般用于腹板倾斜的 T 形接头（图 4-18），采用与直角角焊缝相同的计算公式进行计算。考虑到斜角角焊缝的受力复杂性，因此对斜角角焊缝不论其有效截面上的应力情况如何，均不考虑焊缝的方向，一律取 $\beta_f = 1.0$，即计算公式采用如下形式：

$$\sqrt{\sigma_f^2 + \tau_f^2} \leqslant f_f^w \qquad (4\text{-}10)$$

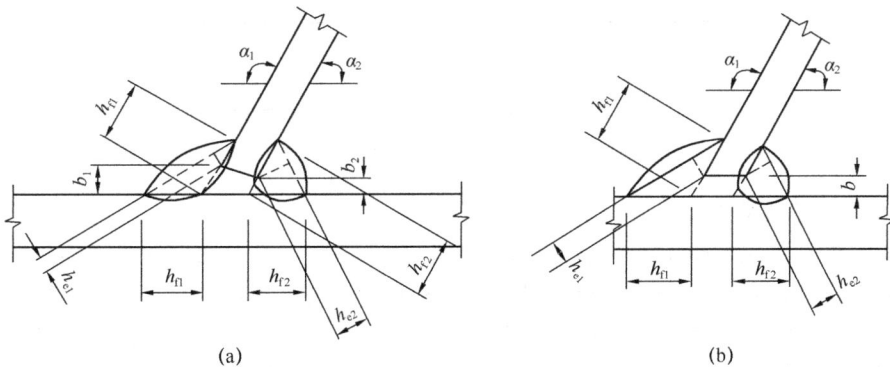

(a)　　　　　　　　　　　　　　　　(b)

图 4-18　斜角角焊缝

在确定斜角角焊缝的有效厚度时（图 4-3），假定焊缝在其所呈夹角的最小斜面上发生破坏，因此当两焊边夹角 $60° \leqslant \alpha \leqslant 90°$，即图 4-18 中的 $60° \leqslant \alpha_2 < 90°$ 或 $90° < \alpha_1 \leqslant 135°$，且根部间隙（$b$、$b_1$ 或 $b_2$）不大于 1.5mm 时，焊缝有效厚度 $h_e$ 为：

$$h_e = h_f \cos\frac{\alpha}{2} \qquad (4\text{-}11)$$

当根部间隙（$b$、$b_1$ 或 $b_2$）大于 1.5mm 时，焊缝有效厚度计算时应扣除根部间隙，即应取为：

$$h_e = \left( h_f - \frac{b(\text{或 } b_1、b_2)}{\sin\alpha} \right) \cos\frac{\alpha}{2} \qquad (4\text{-}12)$$

任何根部间隙不得大于 5mm，当图 4-18（a）中的 $b_1>5$mm 时，可将板边切割成图 4-18（b）的形式。

当 $30°≤α≤60°$ 或 $α<30°$ 时，斜角角焊缝计算厚度 $h_e$ 应按现行国家标准《钢结构焊接规范》GB 50661 的有关规定计算取值。

### 4.2.4 角焊缝的等级要求

由于角焊缝的内部质量不易探测，故规定其质量等级一般为三级，只对直接承受动力荷载且需要验算疲劳和起重量 $Q≥50$t 的中级工作制吊车梁以及梁柱、牛腿等重要节点才规定角焊缝的外观质量应符合二级。

### 4.2.5 角焊缝的构造要求

（1）最大焊脚尺寸

焊缝在施焊后，由于冷却引起了收缩应力，施焊的焊脚尺寸越大，则收缩应力越大。因此，为了避免焊缝区的基本金属"过烧"，减小焊件的焊接残余应力和焊接变形，焊脚尺寸不必过于加大。

对板件边缘的角焊缝（图 4-19），当板件厚度 $t>6$mm 时，根据焊工的施焊经验，不易焊满全厚度，故取 $h_f≤t-（1～2）$mm；当 $t≤6$m 时，通常采用小焊条施焊，易于焊满全厚度，则取 $h_f≤t$。

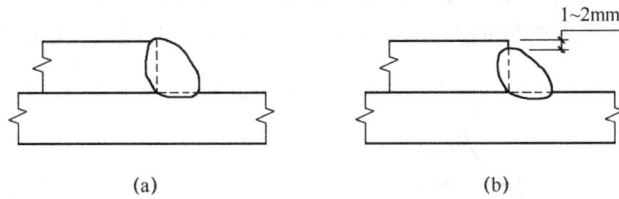

图 4-19　搭接角焊缝沿母材棱边的最大焊脚尺寸

（a）母材厚度小于等于 6mm 时；（b）母材厚度大于 6mm 时

（2）最小焊脚尺寸

角焊缝的焊脚尺寸也不能过小，否则焊缝因输入能量过小，而焊件厚度相对较大，以致施焊时冷却速度过快，产生淬硬组织导致母材开裂。规范规定的角焊缝最小焊脚尺寸如表 4-2 所示，其中母材厚度 $t$ 的取值与焊接方法有关。当采用不预热的非低氢焊接方法进行焊接时，$t$ 等于焊接连接部位中较厚件厚度，并宜采用单道焊缝；当采用预热的非低氢焊接方法或低氢焊接方法进行焊接时，$t$ 等于焊接连接部位中较薄件厚度。此外，对于承受动荷载的角焊缝最小焊脚尺寸不宜小于 5mm。

角焊缝最小焊脚尺寸（mm）　　　　　　　　　　　　　　表 4-2

| 母材厚度 | 角焊缝最小焊脚尺寸 $h_f$ |
| --- | --- |
| $t≤6$ | 3 |
| $6<t≤12$ | 5 |
| $12<t≤20$ | 6 |
| $t>20$ | 8 |

（3）侧面角焊缝的最大计算长度

前已述及，搭接焊接连接中的侧面角焊缝在弹性阶段沿长度方向受力不均匀，两端大而中间小。在静力荷载作用下，如果焊缝长度不过大，当焊缝两端点处的应力达到屈服强度后，由于焊缝材料的塑性变形性能，继续加载则应力会渐趋均匀。但如果焊缝长度超过某一限值时，由于焊缝越长，应力不均匀现象越显著，有可能首先在焊缝的两端破坏，为避免发生这种情况，故一般规定侧面角焊缝的计算长度 $l_w \leqslant 60h_f$。当实际长度大于上述限值时，其超过部分在计算中可以不予考虑；或者也可采用对全长焊缝的承载力设计值乘以折减系数来处理，折减系数 $\alpha_f = 1.5 - \dfrac{l_w}{120h_f}$，且不小于 0.5，式中的有效焊缝计算长度 $l_w$ 不应超过 $180h_f$。

若内力沿侧面角焊缝全长分布，比如焊接梁翼缘板与腹板的连接焊缝，屋架中弦杆与节点板的连接焊缝，以及梁的支承加劲肋与腹板连接焊缝等，其计算长度可不受最大计算长度要求的限制。

（4）角焊缝的最小计算长度

角焊缝的焊脚尺寸大而长度较小时，焊件的局部加热严重，焊缝起灭弧所引起的缺陷相距太近以及焊缝中可能产生的其他缺陷（气孔、非金属夹杂等），使焊缝不够可靠。另外对搭接连接的侧面角焊缝而言，如果焊缝长度过小，由于力线弯折大也会造成严重应力集中。因此，为了使焊缝能够具有一定的承载能力，根据使用经验，侧面角焊缝或正面角焊缝的计算长度不得小于 $8h_f$ 和 40mm；焊缝计算长度应为扣除引弧、收弧长度后的焊缝长度。

（5）搭接连接的构造要求

当板件端部仅有两条侧面角焊缝连接时（图 4-20），试验结果表明，连接的承载力与 $b/l_w$ 的比值有关。$b$ 为两侧焊缝的距离，$l_w$ 为侧焊缝长度。当 $b/l_w > 1$ 时，连接的承载力随着 $b/l_w$ 比值的增大而明显下降，这主要是由于应力传递的过分弯折使构件中应力分布不均匀所致。为使连接强度不致过分降低，应使每条侧焊缝的长度不宜小于两侧焊缝之间的距离，即 $b/l_w \leqslant 1$。两侧角焊缝之间的距离 $b$ 还不应大于 200mm，当宽度大于 200mm 时，应加横向角焊缝或中间塞焊，以免因焊缝横向收缩，引起板件向外发生较大拱曲。

在搭接连接中，当仅采用正面角焊缝时（图 4-21），其搭接长度不得小于焊件较小厚度的 5 倍，也不得小于 25mm。采用角焊缝焊接连接时，不宜将厚板焊接到较薄板上。

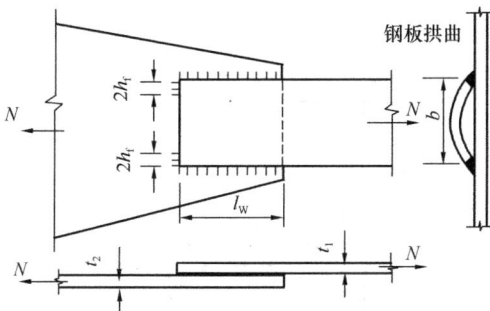

图 4-20　焊缝长度及两侧焊缝间距

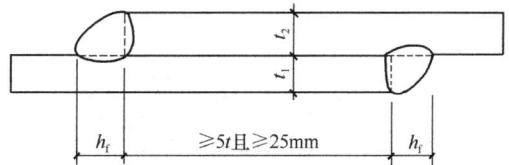

图 4-21　搭接连接双角焊缝的要求

杆件端部搭接采用三面围焊时，在转角处截面突变，会产生应力集中，如在此处起灭弧，可能出现弧坑或咬边等缺陷，从而加大应力集中的影响，故所有围焊的转角处必须连续施焊。对于非围焊情况，当角焊缝的端部在构件转角处时，可连续地做长度为 $2h_f$ 的绕角焊（图 4-20）。

（6）断续角焊缝

在次要构件或次要焊接连接中，可采用断续角焊缝。断续角焊缝焊段的长度不得小于 $10h_f$ 或 50mm，其净距不应大于 $15t$（对受压构件）或 $30t$（对受拉构件），$t$ 为较薄焊件厚度。腐蚀环境中板件间需要密闭，因而不宜采用断续角焊缝。承受动荷载时，严禁采用断续坡口焊缝和断续角焊缝。

### 4.2.6 直角角焊缝连接计算的应用举例

4.2.6.1 承受轴心力作用（例 4-1～例 4-3）

【例 4-1】试验算图 4-22 所示直角角焊缝的强度。已知焊缝承受的静态斜向力设计值 $N = 280$kN，$\theta = 60°$，角焊缝的焊脚尺寸 $h_f = 8$mm，实际长度 $l'_w = 155$mm，钢材为 Q235B，手工焊，焊条为 E43 型。

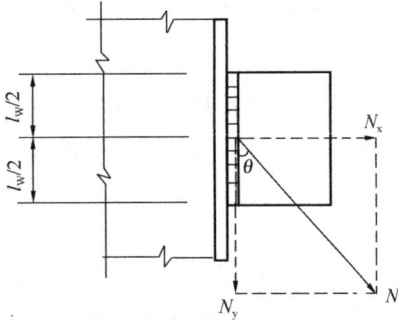

图 4-22 例 4-1 图

【解】将斜向力 $N$ 分解为垂直于焊缝的分力 $N_x$ 和平行于焊缝的分力 $N_y$，即：

$$N_x = N \cdot \sin\theta = N \cdot \sin 60° = 280 \times \frac{\sqrt{3}}{2} = 242.5\text{kN}$$

$$N_y = N \cdot \cos\theta = N \cdot \cos 60° = 280 \times \frac{1}{2} = 140.0\text{kN}$$

$$\sigma_f = \frac{N_x}{2 \times 0.7 h_f l_w} = \frac{242.5 \times 10^3}{2 \times 0.7 \times 8 \times (155 - 16)} = 155.8\text{N/mm}^2$$

$$\tau_f = \frac{N_y}{2 \times 0.7 h_f l_w} = \frac{140.0 \times 10^3}{2 \times 0.7 \times 8 \times (155 - 16)} = 89.9\text{N/mm}^2$$

角焊缝同时承受 $\sigma_f$ 和 $\tau_f$ 的作用，可用基本公式（4-7）验算：

$$\sqrt{\left(\frac{\sigma_f}{\beta_f}\right)^2 + \tau_f^2} = \sqrt{\left(\frac{155.8}{1.22}\right)^2 + 89.9^2} = 156.2\text{N/mm}^2 < f_f^w = 160\text{N/mm}^2$$

【例 4-2】试设计两块拼接盖板的对接连接（图 4-23）。已知钢板宽 $B = 270$mm，厚度

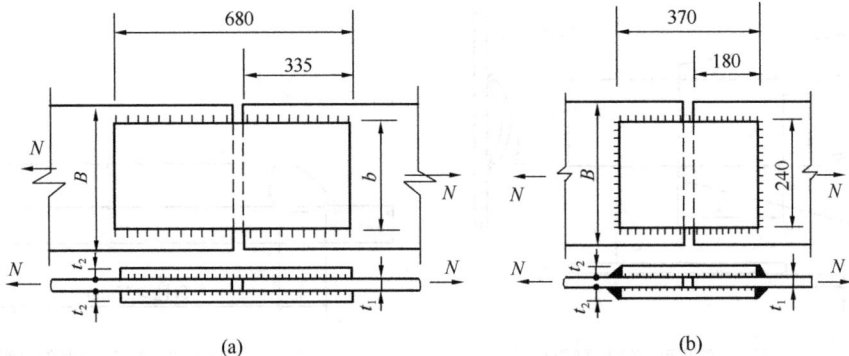

图 4-23 例 4-2 图

$t_1=28$mm，拼接盖板厚度 $t_2=16$mm。该连接承受的静态轴心力设计值 $N=1400$kN，钢材为 Q235B，手工焊，焊条为 E43 型的非低氢型焊条，焊前不预热。

【解】设计拼接盖板的对接连接时可以先假定焊脚尺寸求焊缝长度，再由焊缝长度确定拼接盖板的尺寸。

角焊缝的最大焊脚尺寸：$h_{f\max}=t_2-(1\sim2)$mm$=16-(1\sim2)=14\sim15$mm。焊接采用不预热的非低氢型焊接方法，焊接连接部位中较厚板件厚度 $t_1=28$mm$>20$mm，由表 4-2 可查得角焊缝的最小焊脚尺寸为 8mm。故可取 $h_f=10$mm。

（1）采用两面侧焊（图 4-23a）

按式（4-9）可得连接一侧所需焊缝的总长度：

$$\sum l_w=\frac{N}{h_e f_f^w}=\frac{1400\times10^3}{0.7\times10\times160}=1250\text{mm}$$

此对接连接采用上下两块拼接盖板，共有 4 条侧焊缝，故一条侧焊缝实际的长度为：

$$l_w'=\frac{\sum l_w}{4}+2h_f=\frac{1250}{4}+20=333\text{mm}<60h_f=60\times10=600\text{mm}$$

考虑两块被连接钢板间的间隙 10mm 后，所需拼接盖板长度为：

$$L=2l_w'+10=2\times333+10=676\text{mm，取 680mm}$$

拼接盖板的宽度 $b$ 就是两条侧面角焊缝之间的距离，应根据强度条件（等强）和构造要求确定。

强度条件：在钢材种类相同的情况下，拼接盖板的截面积 $A'$ 应等于或大于被连接钢板的截面面积。可知：

$$A=270\times28=7560\text{mm}^2，b>7560/(2\times16)=236.3\text{mm，取 }b=240\text{mm 可满足强度}$$
条件。

构造要求：$b=240$mm$<l_w=315$mm，但 $b>200$mm，不满足构造要求，应对连接盖板加横向角焊缝或中间塞焊方能满足设计要求。考虑到需要增设横向角焊缝，因此本例题可直接采用三面围焊方式进行设计。

（2）采用三面围焊（图 4-23b）

三面围焊形式可以减小两侧侧面角焊缝长度，从而减小拼接盖板的尺寸。设拼接盖板的宽度与采用两面侧焊时相同，故仅需求得盖板长度。考虑到正面角焊缝的强度及刚度均较侧面角焊缝大，所以采用三面围焊连接时先计算正面角焊缝所能够承受的最大内力 $N'$，余下内力（$N-N'$）再由侧面角焊缝承担。

正面角焊缝所能承受的内力：

$$N'=2h_e l_w\beta_f f_f^w=2\times0.7\times10\times240\times1.22\times160=655.9\text{kN}$$

连接一侧侧面角焊缝的总长度为：

$$\sum l_w=\frac{N-N'}{h_e f_f^w}=\frac{1400\times10^3-655.9\times10^3}{0.7\times10\times160}=664\text{mm}$$

连接一侧共有 4 条侧面角焊缝，则一条侧面角焊缝长度为：

$$l_w'=\frac{\sum l_w}{4}+h_f=\frac{664}{4}+10=176\text{mm，取 180mm}$$

所需拼接盖板的长度为：

$$L=2l_w'+10=2\times180+10=370\text{mm}$$

**【例 4-3】** 如图 4-24 所示钢桁架中角钢腹杆与节点板的连接，承受静态轴心力，采用三面围焊连接，试确定该连接的承载力及肢尖焊缝长度。已知角钢为 2L125×10，与厚度 8mm 的节点板连接，搭接长度（肢背焊缝长度）为 300mm，焊脚尺寸 $h_f=8$mm，钢材为 Q235B，手工焊，焊条为 E43 型。

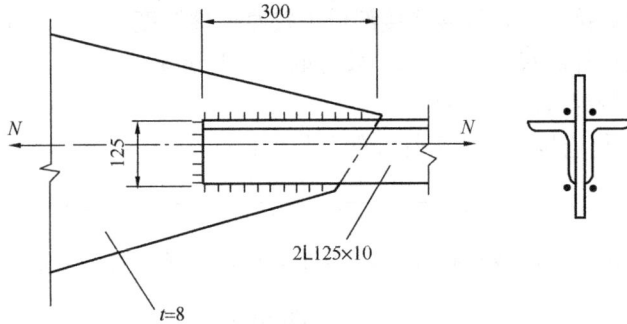

图 4-24  例 4-3 图

**【分析】** 在钢桁架中，角钢腹杆与节点板的连接焊缝一般采用两面侧焊（图 4-25a），也可采用三面围焊（图 4-25b），特殊情况也允许采用 L 形围焊（图 4-25c）。桁架角钢腹杆受轴心力作用，为了避免杆端焊缝连接出现偏心受力，连接设计时应考虑将焊缝群所传递的合力作用线与角钢杆件轴线相重合。

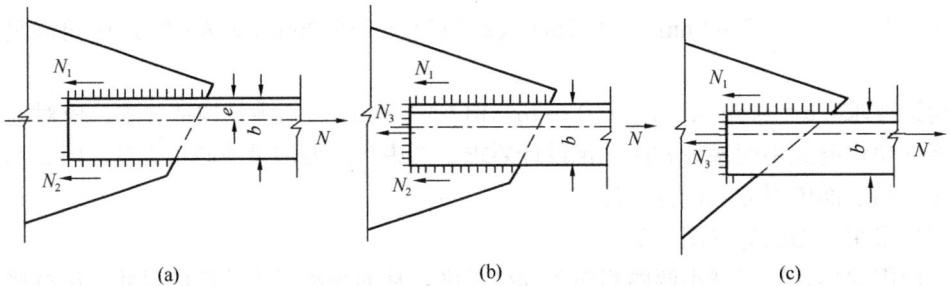

图 4-25  桁架腹杆与节点板的连接

（1）对于三面围焊（图 4-25b），已知正面角焊缝的计算长度 $l_{w3}$ 等于角钢肢宽 $b$，故先假定正面角焊缝的焊脚尺寸 $h_{f3}$，求出正面角焊缝所分担的轴心力 $N_3$ 为：

$$N_3 = 2 \times 0.7 h_{f3} l_{w3} \beta_f f_f^w \tag{4-13}$$

由平衡条件（$\Sigma M=0$）可分别求得角钢肢背和肢尖侧面角焊缝所分担的轴力：

$$N_1 = \frac{N(b-e)}{b} - \frac{N_3}{2} = \alpha_1 N - \frac{N_3}{2} \tag{4-14}$$

$$N_2 = \frac{Ne}{b} - \frac{N_3}{2} = \alpha_2 N - \frac{N_3}{2} \tag{4-15}$$

式中　$N_1$、$N_2$——角钢肢背和肢尖上的侧面角焊缝所分担的轴力；

　　　　$e$——角钢的形心距；

　　　　$\alpha_1$、$\alpha_2$——角钢肢背和肢尖焊缝的内力分配系数，设计时可近似取 $\alpha_1 = \frac{2}{3}$，

$$\alpha_2 = \frac{1}{3}。$$

（2）对于两面侧焊（图 4-25a），因 $N_3 = 0$，由式（4-14）和式（4-15）可得：

$$N_1 = \alpha_1 N \qquad (4-16)$$

$$N_2 = \alpha_2 N \qquad (4-17)$$

由式（4-14）~式（4-17）求得各条侧面角焊缝所受的内力后，按构造要求（角焊缝的尺寸限制）假定肢背和肢尖焊缝的焊脚尺寸，即可求出两侧面角焊缝的计算长度：

$$l_{w1} = \frac{N_1}{2 \times 0.7 h_{f1} f_f^w} \qquad (4-18)$$

$$l_{w2} = \frac{N_2}{2 \times 0.7 h_{f2} f_f^w} \qquad (4-19)$$

式中　$h_{f1}$、$l_{w1}$——一个角钢肢背上侧面角焊缝的焊脚尺寸及计算长度；

　　　$h_{f2}$、$l_{w2}$——一个角钢肢尖上侧面角焊缝的焊脚尺寸及计算长度。

对于三面围焊，由于在杆件端部转角处必须连续施焊，每条侧面角焊缝只有一端可能起灭弧，故侧面角焊缝实际长度为计算长度加 $h_f$。对于两面侧焊，如果在杆件端部转角处连续做 $2h_f$ 的绕角焊，则侧面角焊缝实际长度为计算长度加 $h_f$；如果在杆件端部未做绕角焊，则侧面角焊缝实际长度为计算长度加 $2h_f$。

（3）对于 L 形围焊（图 4-25c），L 形围焊仅当杆件受力很小时采用。由于只有正面角焊缝和角钢肢背上的侧面角焊缝，可令式（4-15）中的 $N_2 = 0$，得：

$$N_3 = 2\alpha_2 N \qquad (4-20)$$

$$N_1 = N - N_3 \qquad (4-21)$$

角钢肢背上的角焊缝计算长度可按式（4-18）计算，由于在杆件端部转角处必须连续施焊，侧面角焊缝只有一端可能起灭弧，故侧面角焊缝的实际长度为计算长度加 $h_f$。角钢端部的正面角焊缝的长度已知，可按下式计算其焊脚尺寸：

$$h_{f3} = \frac{N_3}{2 \times 0.7 l_{w3} \beta_f f_f^w} \qquad (4-22)$$

式中，$l_{w3} = b$（采用 $2h_f$ 的绕角焊）或 $l_{w3} = b - h_{f3}$（未采用绕角焊）。

【解】由式（4-13）得正面角焊缝所能承担的内力 $N_3$ 为：

$$N_3 = 2 \times 0.7 h_f b \beta_f f_f^w = 2 \times 0.7 \times 8 \times 125 \times 1.22 \times 160 = 273.3 \text{kN}$$

肢背角焊缝承受的内力 $N_1$ 为：

$$N_1 = 2 \times 0.7 h_f l_{w1} f_f^w = 2 \times 0.7 \times 8 \times (300 - 8) \times 160 = 523.3 \text{kN}$$

由式（4-14）知：

$$N_1 = \alpha_1 N - \frac{N_3}{2} = 0.67N - \frac{273.3}{2} = 523.3 \text{kN}，可求得 N = 985.0 \text{kN}$$

由式（4-15）计算肢尖焊缝承受的内力 $N_2$ 为：

$$N_2 = \alpha_2 N - \frac{N_3}{2} = 0.33 \times 985.0 - \frac{273.3}{2} = 188.4 \text{kN}$$

由此可算出肢尖焊缝的实际长度为：

$$l'_{w2} = \frac{N_2}{2 \times 0.7 h_f f_f^w} + h_f = \frac{188.4 \times 10^3}{2 \times 0.7 \times 8 \times 160} + 8 = 113 \text{mm}，可取成 115 \text{mm}$$

#### 4.2.6.2 承受弯矩、剪力或轴力作用（例 4-4）

（1）图 4-26(a) 所示的双面角焊缝连接承受偏心斜拉力 $N$ 作用，将作用力 $N$ 分解为 $N_x$ 和 $N_y$ 两个分力后，可知角焊缝同时受轴心力 $N_x$、剪力 $N_y$ 以及偏心弯矩 $M = N_x \cdot e$ 的共同作用。从焊缝计算截面上的应力分布（图 4-26b）可以看出，$A$ 点应力最大为控制设计点，此时对整个角焊缝连接的计算就转化为对 $A$ 点应力的验算，如果该点强度满足要求，则角焊缝连接即可以安全承载。

$A$ 点处垂直于焊缝长度方向的应力由轴心拉力 $N_x$ 产生的应力 $\sigma_N$ 以及由弯矩 $M$ 产生的应力 $\sigma_M$ 两部分组成，这两部分应力在 $A$ 点处的方向相同可直接叠加，故 $A$ 点垂直于焊缝长度方向的应力为：

$$\sigma_f = \sigma_N + \sigma_M = \frac{N_x}{A_e} + \frac{M}{W_e} = \frac{N_x}{2h_e l_w} + \frac{6M}{2h_e l_w^2} \tag{4-23}$$

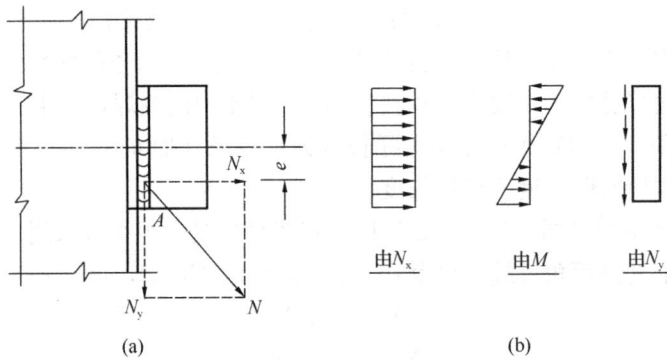

图 4-26　承受偏心斜拉力的角焊缝

$A$ 点处平行于焊缝长度方向的应力由剪力 $N_y$ 产生：

$$\tau_f = \frac{N_y}{A_e} = \frac{N_y}{2h_e l_w} \tag{4-24}$$

将 $\sigma_f$、$\tau_f$ 代入式（4-7）即可验算焊缝 $A$ 点处的强度，即

$$\sqrt{\left(\frac{\sigma_f}{\beta_f}\right)^2 + \tau_f^2} \leqslant f_f^w$$

（2）图 4-27(a) 所示的工字形梁（或牛腿）与钢柱翼缘的角焊缝连接，承受弯矩 $M$

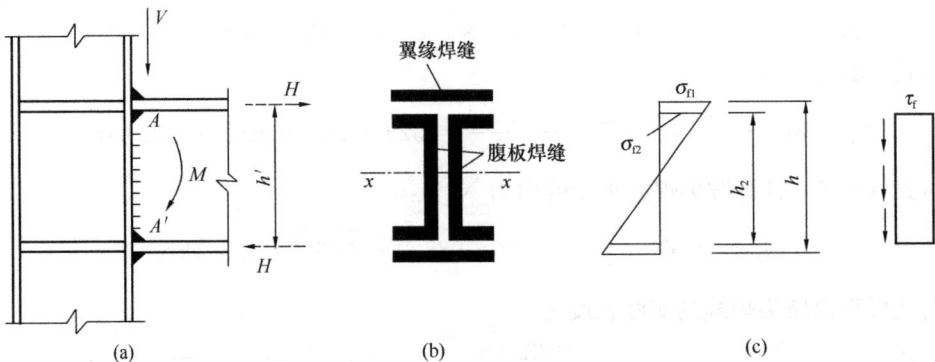

图 4-27　工字形梁（或牛腿）的角焊缝连接

和剪力 $V$ 的联合作用。在计算该类连接焊缝应力时有两种方法，方法一：假设腹板焊缝承受全部剪力，全部焊缝承受弯矩；方法二：假设腹板焊缝承受全部剪力，翼缘焊缝承受全部弯矩。

方法一：假设腹板焊缝承受全部剪力，全部焊缝承受弯矩。由于翼缘焊缝只承受垂直于焊缝长度方向的弯曲应力，此弯曲应力沿梁高呈三角形分布（图 4-27c），最大应力发生在翼缘焊缝的最外纤维处，故该处的应力需满足角焊缝的强度条件为：

$$\sigma_{f1} = \frac{M}{I_w} \cdot \frac{h}{2} \leqslant \beta_f f_f^w \tag{4-25}$$

式中　$h$——上下翼缘焊缝有效截面最外纤维之间的距离；

　　　$I_w$——全部焊缝有效截面对中和轴的惯性矩。

腹板焊缝承受两种应力的联合作用，即垂直于焊缝长度方向并沿梁高呈三角形分布的弯曲应力，以及平行于焊缝长度方向并沿焊缝截面均匀分布的剪应力。设计控制点为翼缘焊缝与腹板焊缝的交点处 $A$（或 $A'$），此处的弯曲应力和剪应力分别按下式计算：

$$\sigma_{f2} = \frac{M}{I_w} \cdot \frac{h_2}{2} \tag{4-26}$$

$$\tau_f = \frac{V}{\sum(h_{e2} l_{w2})} \tag{4-27}$$

式中　$h_2$——腹板焊缝的实际长度；

　$\sum(h_{e2} l_{w2})$——腹板焊缝有效截面积之和。

则腹板焊缝在 $A$ 点（或 $A'$ 点）的强度验算式为：

$$\sqrt{\left(\frac{\sigma_{f2}}{\beta_f}\right)^2 + \tau_f^2} \leqslant f_f^w \tag{4-28}$$

方法二：假设腹板焊缝承受全部剪力，翼缘焊缝承受全部弯矩。由于翼缘焊缝承担全部弯矩，故可以将弯矩 $M$ 化为一对水平力 $H = M/h'$（$h'$ 为翼缘板中心间的距离，详图 4-27a），则翼缘焊缝的强度计算式为：

$$\sigma_f = \frac{H}{h_{e1} l_{w1}} \leqslant \beta_f f_f^w \tag{4-29}$$

腹板焊缝的强度计算式为：

$$\tau_f = \frac{V}{2h_{e2} l_{w2}} \leqslant f_f^w \tag{4-30}$$

式中　$h_{e1} l_{w1}$——一个翼缘上的角焊缝有效截面积；

　　$2h_{e2} l_{w2}$——两条腹板焊缝的有效截面积。

【例 4-4】如图 4-28 所示牛腿与钢柱连接节点，静态荷载设计值 $N = 365kN$，偏心距 $e = 350mm$，焊脚尺寸 $h_{f1} = 8mm$，$h_{f2} = 6mm$，试验算连接角焊缝的强度。钢材为 Q235B，焊条为 E43 型，手工焊。图 4-28(b) 为焊缝有效截面的示意图。

【解】竖向力 $N$ 在角焊缝形心处引起剪力 $V = N = 365kN$ 和弯矩 $M = Ne = 365 \times 0.35 = 127.8kN \cdot m$。

（1）方法一：考虑腹板焊缝参与传递弯矩。

全部焊缝有效截面对中和轴的惯性矩为：

$$I_x = 2 \times \frac{4.2 \times 348.8^3}{12} + 2 \times 210 \times 5.6 \times 202.8^2 + 4 \times 100 \times 5.6 \times 177.2^2 = 196.8 \times 10^6 \, mm^4$$

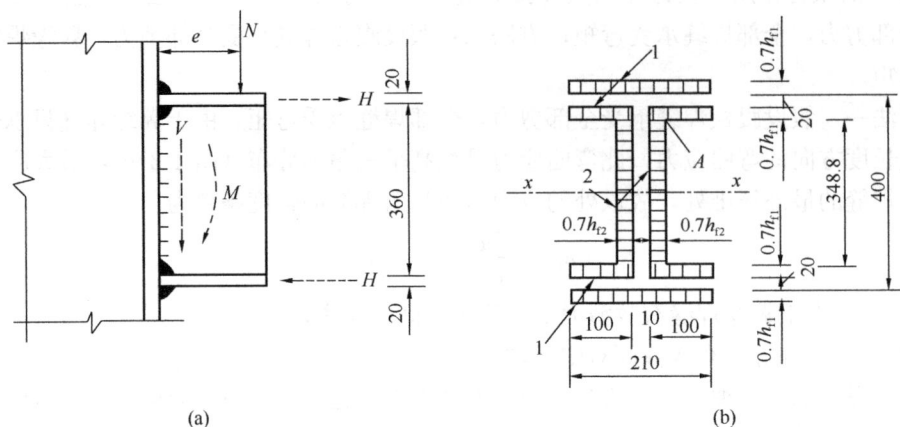

图 4-28  例 4-4 图

由式（4-25），翼缘焊缝的最大应力为：

$$\sigma_{f1} = \frac{M}{I_x} \cdot \frac{h}{2} = \frac{127.8 \times 10^6}{196.8 \times 10^6} \times 205.6 = 133.5\text{N/mm}^2 < \beta_f f_f^w = 1.22 \times 160 = 195\text{N/mm}^2$$

可见翼缘焊缝满足强度要求。

由比例关系得腹板焊缝由弯矩 $M$ 引起的最大应力（图中"$A$"点处）为：

$$\sigma_{f2} = 133.5 \times \frac{174.4}{205.6} = 113.2\text{N/mm}^2$$

由式（4-27），剪力 $V$ 在腹板焊缝中产生的平均剪应力为：

$$\tau_f = \frac{V}{\Sigma(h_{e2} l_{w2})} = \frac{365 \times 10^3}{2 \times 0.7 \times 6 \times 348.8} = 124.6\text{N/mm}^2$$

将求得的 $\sigma_{f2}$、$\tau_f$ 带入式（4-28），得腹板焊缝的强度（$A$ 点为设计控制点）为：

$$\sqrt{\left(\frac{\sigma_{f2}}{\beta_f}\right)^2 + \tau_f^2} = \sqrt{\left(\frac{113.2}{1.22}\right)^2 + 124.6^2} = 155.4\text{N/mm}^2 < f_f^w = 160\text{N/mm}^2$$

可见腹板焊缝也满足强度要求。

（2）方法二：不考虑腹板焊缝参与传递弯矩。

翼缘焊缝所承担的水平力为：

$$H = \frac{M}{h} = \frac{127.8 \times 10^6}{380} = 336.3\text{kN}（h \text{ 值近似取为翼缘板中线间距离}）$$

由式（4-29），翼缘焊缝的强度：

$$\sigma_f = \frac{H}{h_{e1} l_{w1}} = \frac{336.3 \times 10^3}{0.7 \times 8 \times (210 + 2 \times 100)} = 146.5\text{N/mm}^2 < \beta_f f_f^w = 195\text{N/mm}^2，满足。$$

腹板焊缝仅承担剪力，方法一中已计算，满足要求。

### 4.2.6.3  承受扭矩与剪力作用（例 4-5）

图 4-29 所示三面围焊的角焊缝连接，承受静态竖向剪力 $V = F$ 以及扭矩 $T = F(e_1 + e_2)$ 作用。

计算焊缝群在扭矩 $T$ 作用下产生的应力时，可基于下列假定：

（1）假设角焊缝是弹性的，被连接件是绝对刚性并有绕焊缝形心 $O$ 旋转的趋势；

（2）焊缝群上任一点的应力方向垂直于该点与焊缝形心的连线，且应力大小与连线长度 $r$ 成正比。

由以上假设，求解焊缝群在扭矩 $T$ 作用下的剪应力可采用如下公式：

$$\tau_{\mathrm{T}} = \frac{T \cdot r}{I_{\mathrm{P}}} \tag{4-31}$$

式中　$I_{\mathrm{P}}$——焊缝有效截面的极惯性矩，$I_{\mathrm{P}} = I_{\mathrm{x}} + I_{\mathrm{y}}$。

由图 4-29 中可知 $A$ 点（或 $A'$ 点）距形心 $O$ 点最远，由扭矩 $T$ 引起的剪应力 $\tau_{\mathrm{T}}$ 最大，故 $A$ 点（或 $A'$ 点）为设计控制点。

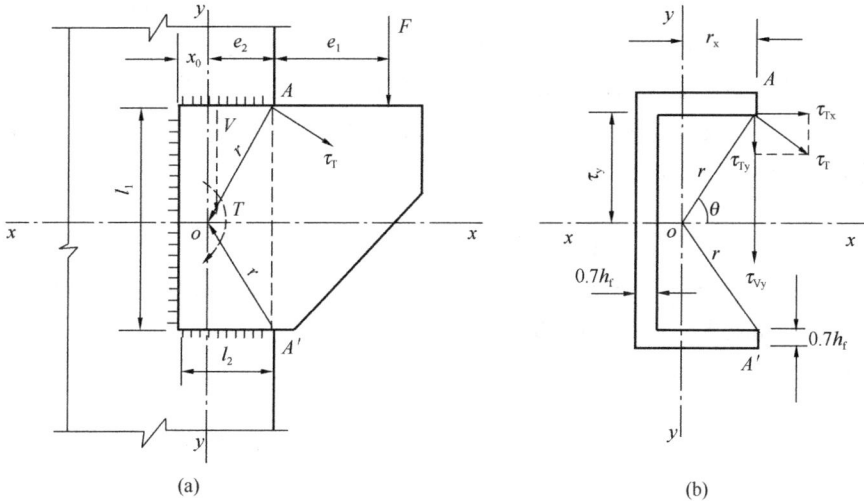

图 4-29　受扭矩与剪力作用的角焊缝

在扭矩 $T$ 作用下 $A$ 点（或 $A'$ 点）的应力为：

$$\tau_{\mathrm{T}} = \frac{T \cdot r}{I_{\mathrm{P}}} = \frac{T \cdot r}{I_{\mathrm{x}} + I_{\mathrm{y}}} \tag{4-32}$$

将 $\tau_{\mathrm{T}}$ 沿 $x$ 轴和 $y$ 轴分解为：

$$\tau_{\mathrm{Tx}} = \tau_{\mathrm{T}} \cdot \sin\theta = \frac{T \cdot r}{I_{\mathrm{P}}} \cdot \frac{r_{\mathrm{y}}}{r} = \frac{T \cdot r_{\mathrm{y}}}{I_{\mathrm{P}}} \tag{4-33}$$

$$\tau_{\mathrm{Ty}} = \tau_{\mathrm{T}} \cdot \cos\theta = \frac{T \cdot r}{I_{\mathrm{P}}} \cdot \frac{r_{\mathrm{x}}}{r} = \frac{T \cdot r_{\mathrm{x}}}{I_{\mathrm{P}}} \tag{4-34}$$

由剪力 $V$ 在焊缝群引起的剪应力 $\tau_{\mathrm{V}}$ 按均匀分布考虑，$A$ 点（或 $A'$ 点）引起的应力 $\tau_{\mathrm{Vy}}$ 为：

$$\tau_{\mathrm{Vy}} = \frac{V}{\sum (h_{\mathrm{e}} l_{\mathrm{w}})} \tag{4-35}$$

则 $A$ 点（或 $A'$ 点）受到垂直于焊缝长度方向的应力为 $\sigma_{\mathrm{f}} = \tau_{\mathrm{Ty}} + \tau_{\mathrm{Vy}}$，$A$ 点（或 $A'$ 点）沿焊缝长度方向的应力为 $\tau_{\mathrm{Tx}}$；最后得到 $A$ 点（或 $A'$ 点）合应力应满足的强度条件为：

$$\sqrt{\left( \frac{\tau_{\mathrm{Ty}} + \tau_{\mathrm{Vy}}}{\beta_{\mathrm{f}}} \right)^2 + \tau_{\mathrm{Tx}}^2} \leqslant f_{\mathrm{f}}^{\mathrm{w}} \tag{4-36}$$

当连接直接承受动态荷载时，取 $\beta_{\mathrm{f}} = 1.0$。

需要注意的是，为了便于设计上述计算方法存在一定的近似性：

（1）在求剪力 $V$ 引起的 $\tau_{Vy}$ 时，假设剪力 $V$ 在焊缝群引起的剪应力均匀分布。事实上由于正面角焊缝（即图 4-29 中水平焊缝）与侧面角焊缝（即图 4-29 中竖向焊缝）的强度不同，在轴心力作用下两者单位长度分担的应力是不同的，前者较大而后者较小，因此假设轴心力产生的应力为平均分布与前面基本公式推导中考虑焊缝方向的思路不符。

（2）在确定焊缝形心位置以及计算扭矩作用下产生的应力时，同样也没有考虑焊缝方向对计算结果的影响，但是最后却又在验算式（4-36）中考虑焊缝的方向而引进了系数 $\beta_f$。

【例 4-5】如图 4-29 所示，钢板长度 $l_1 = 400\text{mm}$，搭接长度 $l_2 = 300\text{mm}$，静态荷载设计值 $F = 217\text{kN}$，荷载至柱边缘的偏心距离 $e_1 = 300\text{mm}$，焊缝焊脚尺寸均为 $h_f = 8\text{mm}$，试验算该角焊缝群的强度。钢材为 Q235B，焊条为 E43 型，手工焊。

【解】图 4-29 三段焊缝组成的围焊共同承受剪力 $V = F$ 和扭矩 $T = F(e_1 + e_2)$ 的作用。焊缝有效截面的重心位置为：

$$x_0 = \frac{2l_2 \cdot l_2/2}{2l_2 + l_1} = \frac{300^2}{2 \times 300 + 400} = 90\text{mm}$$

在计算形心距 $x_0$ 时，由于焊缝的实际长度稍大于 $l_1$ 和 $l_2$，故焊缝的计算长度直接采用 $l_1$ 和 $l_2$，不再扣除水平焊缝的端部缺陷。

焊缝有效截面的极惯性矩：

$$I_x = \frac{1}{12} \times 0.7 \times 8 \times 400^3 + 2 \times 0.7 \times 8 \times 300 \times 200^2 = 164.3 \times 10^6 \text{mm}^4$$

$$I_y = \frac{1}{12} \times 2 \times 0.7 \times 8 \times 300^3 + 2 \times 0.7 \times 8 \times 300 \times (150 - 90)^2 + 0.7 \times 8 \times 400 \times 90^2$$

$$= 55.4 \times 10^6 \text{mm}$$

$$I_P = I_x + I_y = 219.7 \times 10^6 \text{mm}^4$$

$$r_x = e_2 = l_2 - x_0 = 300 - 90 = 210\text{mm}, \quad r_y = 200\text{mm}$$

在扭矩 $T = F(e_1 + e_2) = 217 \times (0.3 + 0.21) = 110.7\text{kN} \cdot \text{m}$ 作用下，$A$ 点（或 $A'$ 点）的应力分量 $\tau_{Tx}$ 与 $\tau_{Ty}$ 为：

由式（4-33），$\tau_{Tx} = \dfrac{T \cdot r_y}{I_P} = \dfrac{110.7 \times 10^6 \times 200}{219.7 \times 10^6} = 100.8\text{N/mm}^2$

由式（4-34），$\tau_{Ty} = \dfrac{T \cdot r_x}{I_P} = \dfrac{110.7 \times 10^6 \times 210}{219.7 \times 10^6} = 105.8\text{N/mm}^2$

在剪力 $V = 217\text{kN}$ 作用下 $A$ 点（或 $A'$ 点）的应力 $\tau_{Vy}$ 为：

由式（4-35），$\tau_{Vy} = \dfrac{V}{\sum h_e l_w} = \dfrac{217 \times 10^3}{0.7 \times 8 \times (2 \times 300 + 400)} = 38.8\text{N/mm}^2$

由图 4-29(b) 可知，$\tau_{Ty}$ 与 $\tau_{Vy}$ 在 $A$ 点（或 $A'$ 点）的作用方向相同且垂直于焊缝长度方向，则 $\sigma_f = \tau_{Ty} + \tau_{Vy} = 105.8 + 38.8 = 144.6\text{N/mm}^2$；$\tau_{Tx}$ 平行于焊缝长度方向，则 $\tau_f = \tau_{Tx}$。

最后由式（4-36）得：

$$\sqrt{\left(\frac{\sigma_f}{\beta_f}\right)^2 + \tau_f^2} = \sqrt{\left(\frac{144.6}{1.22}\right)^2 + 100.8^2} = 155.6 \text{N/mm}^2 < f_f^w = 160 \text{N/mm}^2,$$

故焊缝强度满足要求。

## 4.3 对接焊缝连接的设计

### 4.3.1 焊透的对接焊缝连接设计

（1）等级要求及强度计算

焊透的对接焊缝在连接处为完全熔透焊，如果焊缝中不存在任何缺陷的话，焊缝金属通常都高于母材强度。但由于焊接技术问题，焊缝中可能有气孔、夹渣、咬边、未焊透等缺陷。实验证明，焊接缺陷对受压、受剪的对接焊缝影响不大，故可认为受压、受剪的对接焊缝与母材强度相等；但受拉的对接焊缝对缺陷甚为敏感，当缺陷面积与焊件截面积之比超过 5% 时，对接焊缝的抗拉强度将明显下降。由于三级检验的对接焊缝允许存在的缺陷较多，故其抗拉强度取为母材强度的 85%，而一、二级检验的对接焊缝其抗拉强度可认为与母材强度相等。

由于焊透的对接焊缝已经成为焊件截面的组成部分，所以焊透的对接焊缝其计算方法与构件的强度计算一样（只是在计算三级焊缝的抗拉连接时，其强度设计值有所降低），即：

$$\sigma = \frac{N}{l_w h_e} \leqslant f_t^w \text{ 或 } f_c^w \tag{4-37}$$

式中　$l_w$——对接焊缝的计算长度，当未采用引弧（出）板时，取实际长度减去 $2t$；

$h_e$——对接焊缝的计算厚度，在对接连接节点中取连接件的较小厚度；

$f_t^w$、$f_c^w$——对接焊缝的抗拉、抗压强度设计值。

对于需进行疲劳验算的构件，为提高连接可靠性，要求垂直于作用力方向的横向对接焊缝受拉时应为一级，受压时不应低于二级，平行于作用力方向的纵向对接焊缝不应低于二级。对于不需要计算疲劳的构件，其要求可适当降低，此时受拉对接焊缝不应低于二级，受压对接焊缝不宜低于二级。

（2）构造要求

在对接焊缝的拼接处，当焊件的宽度不同或厚度在一侧相差 4mm 以上时，宜分别在宽度方向或厚度方向从一侧或两侧做成坡度不大于 1:2.5 的斜角（图 4-30），以使截面过渡平缓，减小应力集中。对于不同板厚的对接连接承受动载时，均应按此要求做成平缓

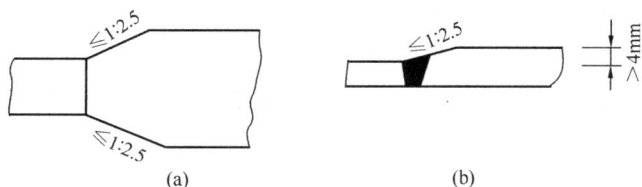

图 4-30　不等宽和不等厚钢板的拼接

(a) 改变宽度；(b) 改变厚度

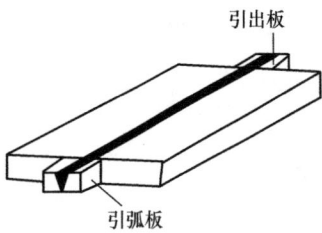

图 4-31 用引弧板和引出板焊接

过渡。

在对接焊缝的起灭弧处常会出现弧坑等缺陷，这些缺陷对连接承载力影响很大，故焊接时一般应设置引弧板和引出板（图 4-31），焊后将它割除。凡要求等强的对接焊缝施焊时均应采用引弧板和引出板，以避免焊缝两端的起、落弧缺陷。承受静力荷载的结构当设置引弧（出）板有困难时，允许不设置引弧（出）板，此时可令焊缝计算长度等于实际长度减去 $2t$（$t$ 为较薄板件厚度）。

### 4.3.2 焊透的对接焊缝连接应用举例

#### 4.3.2.1 承受轴心力作用（例 4-6）

【例 4-6】如图 4-32 所示，两块钢板通过对接焊缝连接成为一个整体，钢板宽度 $a=540$mm，厚度 $t=22$mm，轴拉力设计值为 $N=2150$kN。钢材为 Q235B，手工焊，焊条为 E43 型，对接焊缝为三级，施焊时加引弧（出）板，试验算该对接焊缝的强度。（注：由于对接焊缝一般均采用焊透的对接焊缝形式，故如果不作特别说明，对接焊缝就是指焊透的对接焊缝。）

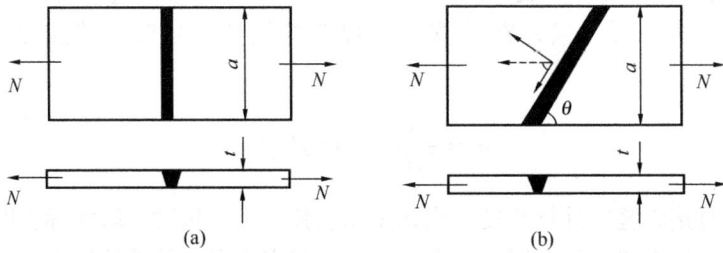

图 4-32 对接焊缝受轴心力

【分析】焊透的对接焊缝与构件的强度计算方法相同，而构件的应力 $\sigma=2150\times10^3/(540\times22)=181.0$N/mm$^2$ $\leqslant f=205$N/mm$^2$，所以如果该焊缝采用一级或二级对接焊缝（焊缝强度与母材等强），则该连接可以不必计算。

由于本题为三级对接焊缝受拉，故需验算受拉时的对接焊缝强度（三级对接焊缝受压也不必计算），计算公式如下，式中 $t$ 为对接接头中连接件的较小厚度。

$$\sigma=\frac{N}{l_w t}\leqslant f_t^w \tag{4-38}$$

如果图 4-32(a) 的直缝形式不能满足强度要求时，可采用图 4-32(b) 所示的斜对接焊缝。计算表明：当焊缝与作用力间的夹角 $\theta$ 满足 $\tan\theta\leqslant1.5$（即 $\theta\leqslant56°$）时，斜焊缝的强度不低于母材强度，可不再进行验算。

【解】直对接焊缝的计算长度 $l_w=540$mm，由式（4-38）得焊缝正应力为：

$$\sigma=\frac{N}{l_w t}=\frac{2150\times10^3}{540\times22}=181.0\text{N/mm}^2>f_t^w=175\text{N/mm}^2$$

由计算可知采用直对接焊缝不满足要求，改用斜对接焊缝并取 $\theta=56°$，则焊缝计算长度 $l_w=540/\sin56°=651$mm。斜对接焊缝计算应力如下：

正应力：$\sigma = \dfrac{N\sin\theta}{l_w t} = \dfrac{2150 \times 10^3 \times \sin 56°}{651 \times 22} = 124.5\text{N/mm}^2 < f_t^w = 175\text{N/mm}^2$

剪应力：$\tau = \dfrac{N\cos\theta}{l_w t} = \dfrac{2150 \times 10^3 \times \cos 56°}{651 \times 22} = 83.9\text{N/mm}^2 < f_v^w = 120\text{N/mm}^2$

此例题也印证了当三级焊缝受拉采用斜对接焊缝并取 $\tan\theta \leqslant 1.5$ 时，对接焊缝能够满足强度要求，故可不必验算。

### 4.3.2.2 承受弯矩、剪力或轴力作用（例 4-7）

【例 4-7】如图 4-33 所示，工字形截面牛腿与钢柱通过对接焊缝连接在一起，竖向集中力设计值 $F = 550\text{kN}$，偏心距 $e = 300\text{mm}$。钢材为 Q235B，手工焊，焊条为 E43 型，对接焊缝为三级，上、下翼缘施焊时加引弧（出）板，试验算该对接焊缝的强度。

【分析】先讨论对接焊缝受弯矩、剪力或轴力作用时的一般情况。

（1）受弯剪的钢板对接焊缝（图 4-34a）

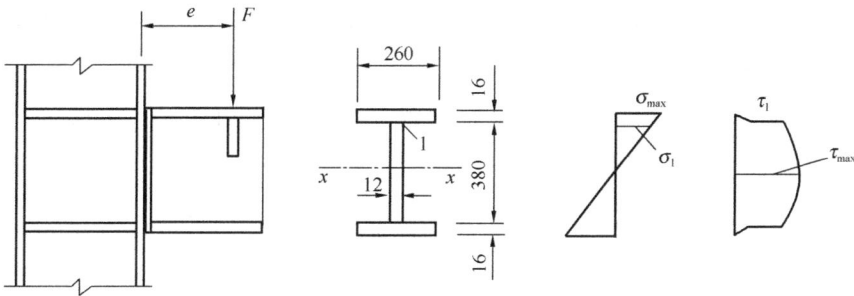

图 4-33　例 4-7 图

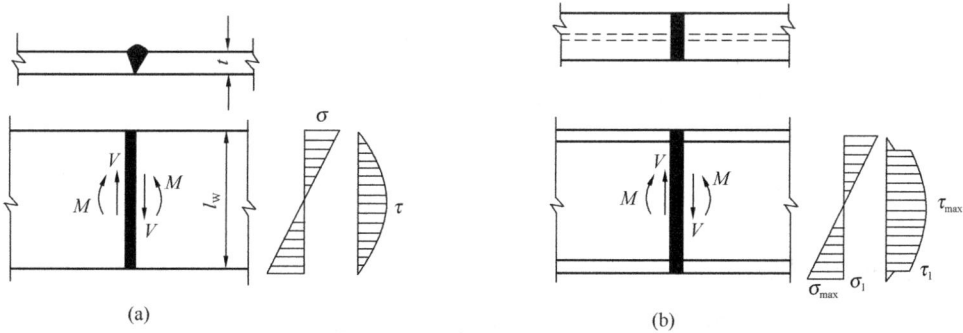

图 4-34　对接焊缝受弯矩和剪力联合作用

由于焊缝截面是矩形，根据材料力学的知识可知，正应力与剪应力图形分别为三角形与抛物线形，其最大值应分别满足下列强度条件：

$$\sigma_{\max} = \frac{M}{W_w} = \frac{6M}{l_w^2 t} \leqslant f_t^w \tag{4-39}$$

$$\tau_{\max} = \frac{VS_w}{I_w t} = \frac{3}{2} \cdot \frac{V}{l_w t} \leqslant f_v^w \tag{4-40}$$

式中　$W_w$——焊缝截面模量；

$\quad\ \ S_w$——焊缝中和轴以上截面对中和轴的面积矩；

$I_w$ ——焊缝截面惯性矩。

（2）受弯剪的工字形截面对接焊缝（图 4-34b）

焊缝除应分别验算最大正应力 $\sigma_{max} = M/W_w \leqslant f_t^w$ 和最大剪应力 $\tau_{max} = VS_w/I_w t \leqslant f_v^w$ 外，对于同时受有较大正应力和较大剪应力的位置（例如腹板与翼缘的交接点处），还应按下式验算折算应力（即材料力学中的第四强度理论）：

$$\sigma_{red} = \sqrt{\sigma_1^2 + 3\tau_1^2} \leqslant 1.1 f_t^w \tag{4-41}$$

式中　$\sigma_1$、$\tau_1$ ——验算点处的焊缝正应力和剪应力；

1.1——考虑最大折算应力只在局部位置出现，而将强度设计值适当提高。

（3）受弯剪以及轴力共同作用的对接焊缝

当轴力与弯矩、剪力共同作用时，焊缝的最大正应力即为轴力和弯矩引起的正应力之和，最大剪应力按式 $\tau_{max} = VS_w/I_w t \leqslant f_v^w$ 验算，折算应力仍按式（4-41）验算。

【解】本题即上述分析中的情况（2），故需验算 $\sigma_{max}$、$\tau_{max}$ 以及"1"点的 $\sigma_{red}$（因为上翼缘和腹板交接处"1"点同时受有较大的正应力和剪应力）。由于对接焊缝计算截面与牛腿截面相同，可求得焊缝截面特性如下：

$$I_x = \frac{1}{12} \times 12 \times 380^3 + 2 \times 16 \times 260 \times 198^2 = 381.0 \times 10^6 \, mm^4$$

$$S_{x1} = 260 \times 16 \times 198 = 823.7 \times 10^3 \, mm^3$$

$$V = F = 550kN, \quad M = 550 \times 0.3 = 165kN \cdot m$$

最大正应力：

$$\sigma_{max} = \frac{M}{I_x} \cdot \frac{h}{2} = \frac{165 \times 10^6 \times 206}{381.0 \times 10^6} = 89.2N/mm^2 < f_t^w = 185N/mm^2$$

最大剪应力：

$$\tau_{max} = \frac{VS_x}{I_x t} = \frac{550 \times 10^3}{381.0 \times 10^6 \times 12} \times \left( 260 \times 16 \times 198 + 190 \times 12 \times \frac{190}{2} \right)$$

$$= 125.1N/mm^2 \approx f_v^w = 125N/mm^2$$

"1"点的正应力：

$$\sigma_1 = \sigma_{max} \cdot \frac{190}{206} = 82.3N/mm^2$$

"1"点的剪应力：

$$\tau_1 = \frac{VS_{x1}}{I_x t} = \frac{550 \times 10^3 \times 823.7 \times 10^3}{381.0 \times 10^6 \times 12} = 99.1N/mm^2$$

"1"点的折算应力：

$$\sigma_{red} = \sqrt{82.3^2 + 3 \times 99.1^2} = 190.4N/m^2 < 1.1 \times 185 = 203.5N/mm^2$$

由上述计算可知，该对接焊缝连接的强度满足承载力要求。

### 4.3.3　部分焊透的对接焊缝连接设计

对于受力较小的对接焊缝，采用焊透的方式没有必要，此时可采用部分焊透的对接焊缝（图 4-7）。部分焊透对接焊缝的坡口形式分 V 形（图 4-7a）、单边 V 形（图 4-7b）、U 形（图 4-7c）、J 形（图 4-7d）和 K 形（图 4-7e）。

部分焊透的对接焊缝实际上可视为在坡口内焊接的角焊缝，故其强度计算方法与前述直角角焊缝相同，除在垂直于焊缝长度方向的压力作用下取 $\beta_f=1.22$ 外，其他情况均偏安全地取 $\beta_f=1.0$。由于焊缝熔合线上的强度略低，而对于图 4-7(b)、(d)、(e) 这三种情况，熔合线处焊缝截面边长等于或接近于最短距离 $s$，故对这三种情况的抗剪强度设计值应按角焊缝的强度设计值乘以 0.9。

相应于角焊缝的有效厚度 $h_e$，部分焊透对接焊缝 $h_e$ 的取法规定如下：

（1）对 U 形、J 形和坡口角 $\alpha\geq60°$ 的 V 形坡口，$h_e$ 取为焊缝根部至焊缝表面（不考虑余高）的最短距离 $s$，即 $h_e=s$；

（2）对于 $\alpha<60°$ 的 V 形坡口焊缝，考虑到焊缝根部处不易焊满，因此将 $h_e$ 降低，取 $h_e=0.75s$；

（3）对 K 形和单边 V 形坡口焊缝，当 $\alpha=45°\pm5°$ 时，取 $h_e=s-3$（mm）。

## 4.4　焊接残余应力和焊接变形

### 4.4.1　焊接残余应力的分类

焊接过程是一个不均匀加热和冷却的过程。施焊时焊件上产生不均匀的温度场，焊缝及附近温度最高，可达 1600℃ 以上，而邻近区域温度则急剧下降，如图 4-35(a)、(b) 所示。不均匀的温度场产生不均匀的膨胀，温度高的钢材膨胀大，但受到周围温度较低、膨胀量较小的钢材所限制，产生了热态塑性压缩。焊缝冷却时，被塑性压缩的焊缝区趋向于缩短，但受到周围钢材限制而产生拉应力。在低碳钢和低合金钢中，这种拉应力经常达到钢材的屈服强度。焊接残余应力是一种无荷载作用下的内应力，因此会在焊件内部自相平衡，这就必然在距焊缝稍远区段内产生压应力。

焊接残余应力分为：沿焊缝长度方向的纵向残余应力、垂直于焊缝长度方向的横向残余应力以及沿钢板厚度方向的残余应力。

（1）纵向焊接残余应力

纵向焊接残余应力是由焊缝的纵向收缩引起的。一般情况下，焊缝区及近焊缝两侧的纵向应力为拉应力区，远离焊缝的两侧为压应力区，如图 4-35(c) 所示。

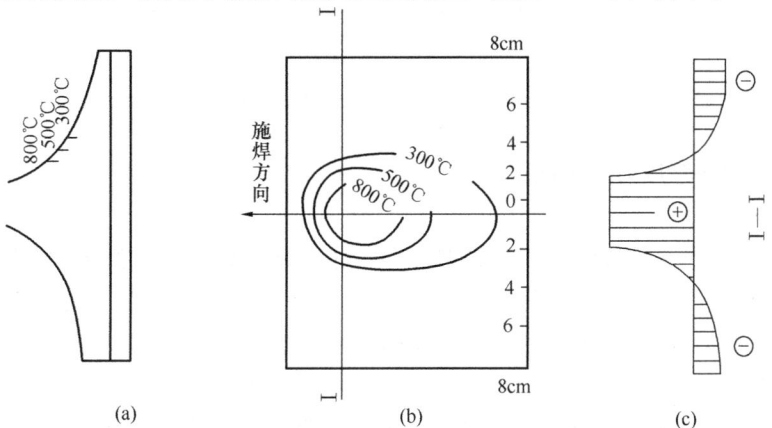

图 4-35　施焊时焊缝及附近的温度场和焊接残余应力

(a)、(b) 施焊时焊缝及其附近的温度场；(c) 钢板上的纵向焊接残余应力

（2）横向焊接残余应力

横向焊接残余应力是由两部分收缩力引起的。一是由于焊缝纵向收缩，使两块钢板趋向于形成反方向的弯曲变形，但实际上焊缝将两块钢板连成整体不能分开，于是两块板的中间产生横向拉应力，而两端则产生压应力（图 4-36a、b）；二是由于先焊的焊缝已经凝固，阻止后焊焊缝在横向自由膨胀，使后焊焊缝发生横向的塑性压缩变形。当后焊焊缝冷却时，其收缩受到已凝固的先焊焊缝限制而产生横向拉应力，而先焊部分则产生横向压应力，因应力自相平衡，更远处的另一端焊缝则受拉应力（图 4-36c）。焊缝的横向应力就是上述两部分应力合成的结果（图 4-36d）。

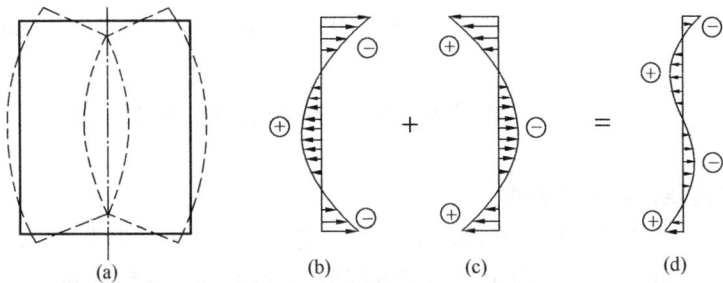

图 4-36　焊缝的横向焊接残余应力

（3）厚度方向的焊接残余应力

在厚钢板的焊接连接中，焊缝需要多层施焊。因此除有纵向和横向残余应力 $\sigma_x$、$\sigma_y$ 外，还存在着沿钢板厚度方向的焊接残余应力 $\sigma_z$（图 4-37）。这三种应力形成三向拉应力场，将大大降低连接的塑性。

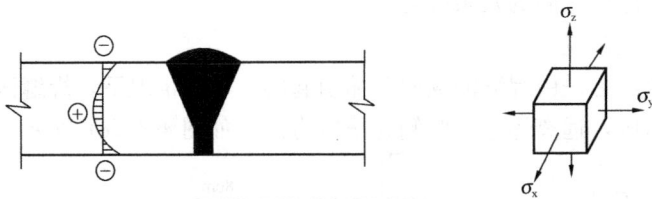

图 4-37　厚板中的焊接残余应力

### 4.4.2　焊接残余应力的影响

（1）结构静力强度

对在常温下工作并具有一定塑性的钢材，在静荷载作用下，焊接残余应力不会影响结构的强度。设轴心受拉构件在受荷前（$N=0$）截面上就存在纵向焊接残余应力，并假设其分布如图 4-38（a）所示。由于截面 $A_t=b \times t$ 部分的焊接残余拉应力已达屈服点 $f_y$，在轴心力 $N$ 作用下该区域的应力将不再增加，如果钢材具有一定的塑性，拉力 $N$ 就仅由受压的弹性区 $A_c$ 承担。两侧受压区应力由原来受压逐渐变为受拉，最后应力也达到屈服点 $f_y$，这时全截面应力都达到 $f_y$（图 4-38b）。

由于焊接残余应力自相平衡，故受拉区应力面积 $A_t$ 必然和受压区应力面积 $A_c$ 相等，

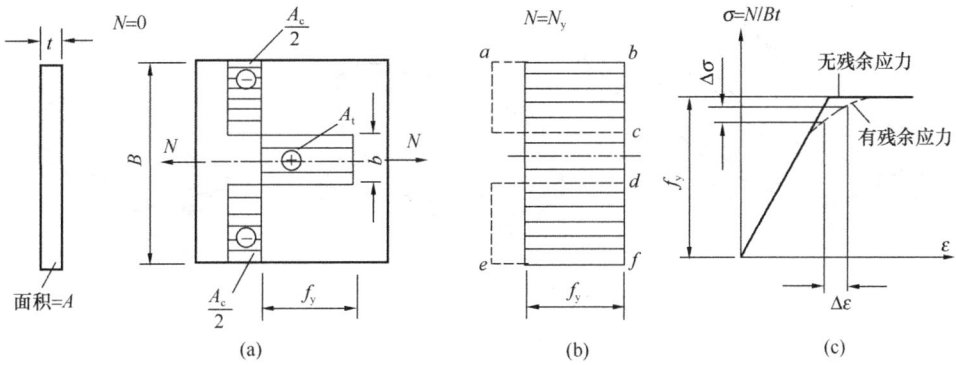

图 4-38 具有焊接残余应力的轴心受拉杆加荷时应力的变化情况

即 $A_t = A_c = btf_y$。则构件全截面达到屈服点 $f_y$ 时所承受的外力 $N_y = A_c + (B-b)tf_y = Btf_y$，而 $Btf_y$ 也就是无焊接残余应力且无应力集中现象的轴心受拉构件，当全截面上的应力达到 $f_y$ 时所承受的外力。由此可知，有焊接残余应力构件的承载能力和无焊接残余应力者完全相同，即焊接残余应力不影响结构的静力强度。

（2）结构刚度

构件内存在焊接残余应力会降低结构的刚度。现仍以轴心受拉构件为例加以说明（图 4-38a）。由于受荷前截面 $b \times t$ 部分的拉应力已达到 $f_y$，这部分截面的弹性模量为零，因而构件在拉力 $N$ 作用下的应变增量为 $\Delta\varepsilon_1 = \Delta N/(B-b)tE$；如果构件上无焊接残余应力存在，则在拉力作用下的应变增量为 $\Delta\varepsilon_2 = \Delta N/BtE$，显然 $\Delta\varepsilon_1 > \Delta\varepsilon_2$（图 4-38c）。因此焊接残余应力的存在增大了结构的变形，降低了结构的刚度。对于轴心受压构件，焊接残余应力使其挠曲刚度减小，将导致压杆稳定承载力的降低，这方面的内容将在轴压构件章节中详细讨论。

（3）低温冷脆

在厚板焊接处或具有交叉焊缝（图 4-39）的部位，将产生三向焊接残余拉应力，阻碍这些区域塑性变形的发展，增加钢材在低温下的脆断倾向。因此，降低或消除焊缝中的焊接残余应力是改善结构低温冷脆性能的重要措施之一。

（4）疲劳强度

在焊缝及其附近的主体金属焊接残余拉应力通常达到钢材的屈服点，此部位正是形成和发展疲劳裂纹最为敏感的区域，因此焊接残余应力对结构的疲劳强度有明显不利影响。

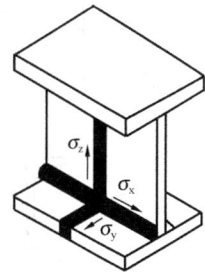

图 4-39　三向焊接残余应力

### 4.4.3　焊接变形的形式

在焊接过程中由于不均匀的加热和冷却，焊接区沿纵向和横向收缩时，势必导致构件产生焊接变形。焊接变形包括纵、横收缩变形、弯曲变形、角变形和扭曲变形（图 4-40），通常表现为几种变形的组合。任一焊接变形超过《钢结构工程施工质量验收规范》GB 50205 的规定时，必须进行校正，以免影响构件在正常使用条件下的承载能力。

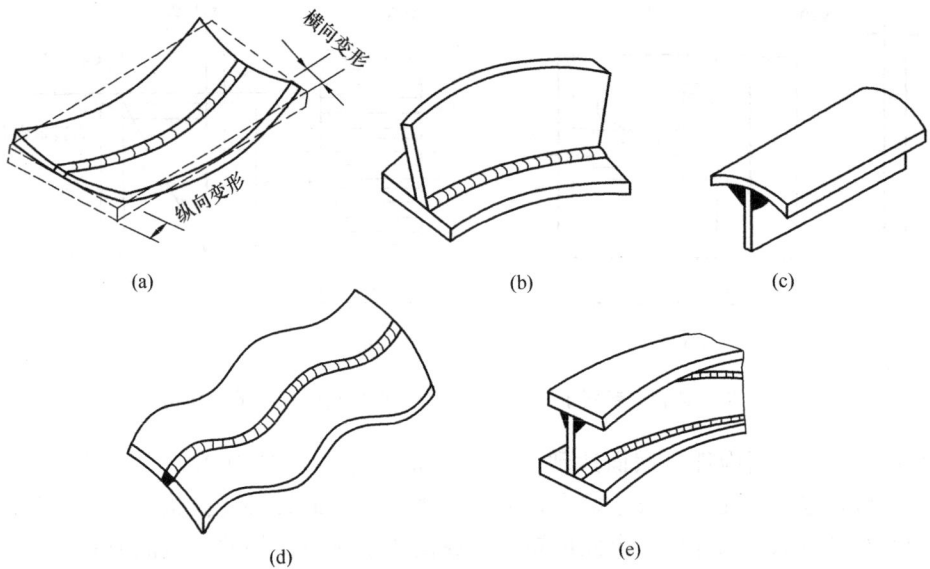

图 4-40 焊接变形
(a) 纵、横收缩；(b) 弯曲变形；(c) 角变形；(d) 波浪变形；(e) 扭曲变形

### 4.4.4 减少焊接应力和焊接变形的方法

（1）设计上的措施

① 焊接位置安排要合理。只要结构上允许，焊缝的布置宜对称于构件截面的形心轴，以减小焊接变形。图 4-41(a)、(c) 所示的焊接处理措施就分别优于图 4-41(b)、(d)。

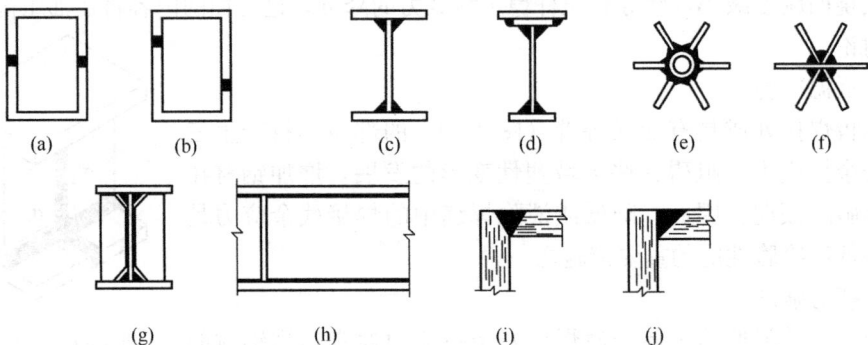

图 4-41 减少焊接应力和焊接变形影响的设计措施

② 焊缝尺寸要适当。在保证安全的前提下，不得随意加大焊缝厚度。焊缝尺寸过大容易引起过大的焊接残余应力，且在施焊时易发生焊穿、过烧等缺陷，未必有利于连接的强度。

③ 焊缝不宜过分集中。当几块钢板交汇一处进行连接时，宜采取图 4-41(e) 的方式；如采用图 4-41(f) 的方式，由于热量高度集中会引起过大的焊接变形。

④ 避免焊缝双向、三向交叉。如图 4-41(g)、(h) 所示，梁腹板加劲肋与腹板及翼缘的连接焊缝，就应通过切角的方式予以中断，以保证主要焊缝（翼缘与腹板的连接焊缝）

连续通过。

⑤ 避免板厚方向的焊接应力。厚度方向的焊接收缩应力易引起板材层状撕裂，如图 4-41(i) 所示的焊接处理方式对于防止层状撕裂就比图 4-41(j) 的方式要好。

（2）工艺上的措施

① 采取合理的施焊次序。如图 4-42 所示，钢板对接采用分段退焊，厚焊缝采用分层焊，工字形截面采用对角跳焊，钢板拼接时采用分块拼接。

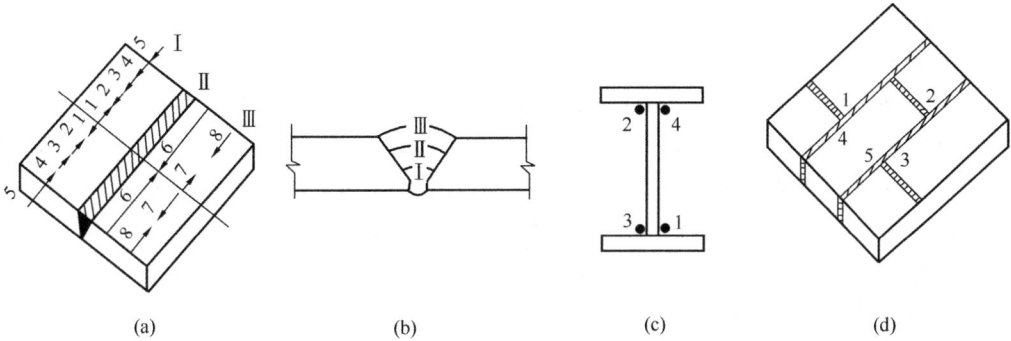

图 4-42　合理的施焊次序
（a）分段退焊；（b）沿厚度分层焊；（c）对角跳焊；（d）钢板分块拼接

② 采用反变形。施焊前给构件一个与焊接变形反方向的预变形，使之与焊接所引起的变形相抵消，从而达到减小焊接变形的目的（图 4-43）。

③ 对于小型焊件，焊前预热或焊后回火（加热至 600℃ 左右然后缓慢冷却）可以部分消除焊接应力和焊接变形；也可采用刚性固定法将构件加以固定来限制焊接变形，但却增加了焊接应力。

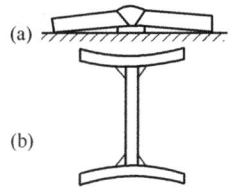

图 4-43　焊接前的反变形

# 4.5　螺栓连接的基本知识

## 4.5.1　螺栓连接的形式及特点

螺栓连接有普通螺栓连接和高强度螺栓连接两大类。

（1）普通螺栓连接

普通螺栓分为 A、B、C 三级，其中 A 级和 B 级为精制螺栓，C 级为粗制螺栓。A 级和 B 级普通螺栓的性能等级有 5.6 级和 8.8 级两种，C 级普通螺栓的性能等级有 4.6 级和 4.8 级两种。螺栓性能等级的含义是（以常用的 4.6 级 C 级普通螺栓为例）：小数点前的数字"4"表示螺栓的最低抗拉强度为 400MPa，小数点及小数点后面的数字".6"表示其屈强比（屈服强度与抗拉强度之比）为 0.6。

A 级与 B 级普通螺栓是由毛坯在车床上经过切削加工精制而成，其表面光滑、尺寸准确，A、B 级普通螺栓的孔径 $d_0$ 仅比螺栓公称直径 $d$ 大 0.2～0.5mm，对成孔质量要求高（Ⅰ类孔）。由于 A 级与 B 级普通螺栓有较高的精度，因而受剪性能好，但制作和安装复杂，造价偏高，较少在钢结构中采用。

C 级普通螺栓由未经加工的圆钢压制而成，其表面粗糙，一般采用在单个零件上一次冲成或不用钻模钻成设计孔径的孔（Ⅱ类孔），螺栓孔径比螺栓杆直径大 1.0～1.5mm。由于螺栓杆与螺栓孔壁之间有较大的间隙，故 C 级螺栓连接受剪力作用时将会产生较大的剪切滑移；但 C 级螺栓安装方便，且能有效传递拉力，宜用于沿其杆轴方向受拉的连接，如承受静力荷载或间接承受动力荷载结构中的次要连接、承受静力荷载的可拆卸结构的连接、临时固定构件用的安装连接。

（2）高强度螺栓连接

高强度螺栓一般采用 45 号钢、40B 钢和 20MnTiB 钢并经热处理加工而成，其性能等级有 8.8 级和 10.9 级两种，分别对应螺栓的抗拉强度不低于 830MPa 和 1040MPa。

高强度螺栓根据外形来分有大六角头型（图 4-44a）和扭剪型（图 4-44b）。两种高强度螺栓都是通过拧紧螺帽使螺杆受到拉伸产生很大的预拉力，以使被连接板层间产生压紧力。但两种螺栓对预拉力的控制方法各不相同：大六角头型高强度螺栓是通过控制拧紧力矩或转动角度来控制预拉力；而扭剪型高强度螺栓采用特制电动扳手，将螺杆顶部的十二角体拧断则连接达到所要求的预拉力（图 4-45）。

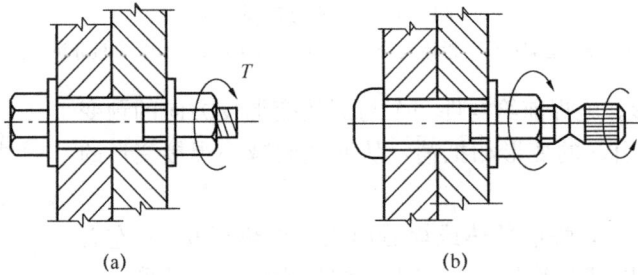

（a）　　　　　　　　　　　　　（b）

图 4-44　高强度螺栓

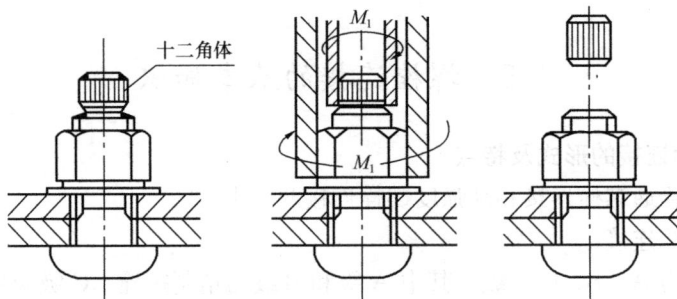

图 4-45　扭剪型高强度螺栓安装过程

高强度螺栓根据设计准则来分有高强度螺栓摩擦型连接和高强度螺栓承压型连接。高强度螺栓摩擦型连接只依靠板层间的摩擦阻力传力，并以剪力不超过接触面摩擦力作为设计准则，其连接的剪切变形小，弹性性能好，耐疲劳，特别适于直接承受动力荷载构件的连接。对于直接承受动力荷载构件的抗剪螺栓连接应采用高强度螺栓摩擦型连接。而高强度螺栓承压型连接允许连接达到破坏前接触面滑移，以螺栓杆被剪断或板件被挤压破坏时的极限承载力作为设计准则，其连接的剪切变形比摩擦型大，故只适于承受静力荷载或间接承受动力荷载的结构。

高强度螺栓孔应采用钻成孔（一般为Ⅱ类孔）。当高强度螺栓承压型连接采用标准圆孔时，其孔径 $d_0$ 可按表 4-3 采用；高强度螺栓摩擦型连接可采用标准孔、大圆孔和槽孔，孔型尺寸可按表 4-3 采用。采用扩大孔连接时，同一连接面只能在盖板和芯板其中之一的板上采用大圆孔或槽孔，其余仍采用标准孔。高强度螺栓摩擦型连接盖板按大圆孔、槽孔制孔时，应增大垫圈厚度或采用连续型垫板，其孔径与标准垫圈相同，对 M24 及以下的螺栓，厚度不宜小于 8mm；对 M24 以上的螺栓，厚度不宜小于 10mm。对垫圈或垫板提出厚度构造要求，主要是为了保证非标准孔时螺栓连接处垫圈或垫板有较好的刚度。

需要注意的是，根据设计的要求，大六角头型和扭剪型高强度螺栓均可设计用于摩擦型连接或承压型连接。

高强度螺栓连接的孔型尺寸匹配（mm）　　　　　　表 4-3

| 螺栓公称直径（mm） | | | M12 | M16 | M20 | M22 | M24 | M27 | M30 |
|---|---|---|---|---|---|---|---|---|---|
| 孔型 | 标准孔 | 直径 | 13.5 | 17.5 | 22 | 24 | 26 | 30 | 33 |
| | 大圆孔 | 直径 | 16 | 20 | 24 | 28 | 30 | 35 | 38 |
| | 槽孔 | 短向 | 13.5 | 17.5 | 22 | 24 | 26 | 30 | 33 |
| | | 长向 | 22 | 30 | 37 | 40 | 45 | 50 | 55 |

### 4.5.2　螺栓的排列要求

螺栓在构件上的排列应符合简单整齐、规格统一、布置紧凑的原则，其连接中心宜与被连接构件截面的重心相一致。常用的排列方式有并列（图 4-46a）和错列（图 4-46b）两种形式，并列简单整齐，连接板尺寸较小，但对构件截面削弱较大；而错列对截面削弱较小，但螺栓排列不如并列紧凑，连接板尺寸较大。

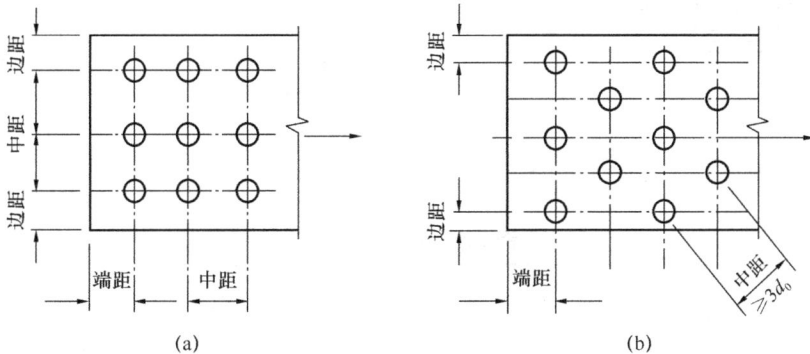

(a)　　　　　　　　　　　(b)

图 4-46　钢板的螺栓排列

螺栓在构件上排列的距离要求应符合表 4-4 的要求，规定螺栓的最小中心距和边距（端距）的取值是基于受力要求和施工安装要求而定，规定螺栓的最大中心距和边距（端距）是为了保证钢板间的紧密贴合。

| 名称 | 位置和方向 | | | 最大容许距离（取两者的较小值） | 最小容许距离 |
|---|---|---|---|---|---|
| 中心间距 | 外排（垂直内力方向或顺内力方向） | | | $8d_0$ 或 $12t$ | $3d_0$ |
| | 中间排 | 垂直内力方向 | | $16d_0$ 或 $24t$ | |
| | | 顺内方向 | 构件受压力 | $12d_0$ 或 $18t$ | |
| | | | 构件受拉力 | $16d_0$ 或 $24t$ | |
| | 沿对角线方向 | | | — | |
| 中心至构件边缘距离 | 顺内力方向 | | | $4d_0$ 或 $8t$ | $2d_0$ |
| | 垂直内力方向 | 剪切边或手工气割边 | | | $1.5d_0$ |
| | | 轧制边、自动气割或锯割边 | 高强度螺栓 | | $1.5d_0$ |
| | | | 其他螺栓 | | $1.2d_0$ |

表 4-4 中的 $d_0$ 为螺栓孔直径，$t$ 为外层较薄板件的厚度。钢板边缘与刚性构件（如角钢、槽钢等）相连的高强度螺栓的最大间距，可按中间排的数值采用。计算螺栓孔引起的截面削弱时可取 $d+4$mm 和 $d_0$ 的较大值。

根据表 4-4 的排列要求，螺栓在型钢（图 4-47）上排列的间距应满足表 4-5、表 4-6 和表 4-7 的要求。在 H 型钢截面上排列螺栓（图 4-47d），腹板上的 $c$ 值可参照普通工字钢，翼缘上的 $e$ 值或 $e_1$、$e_2$ 值可根据其外伸宽度参照角钢。

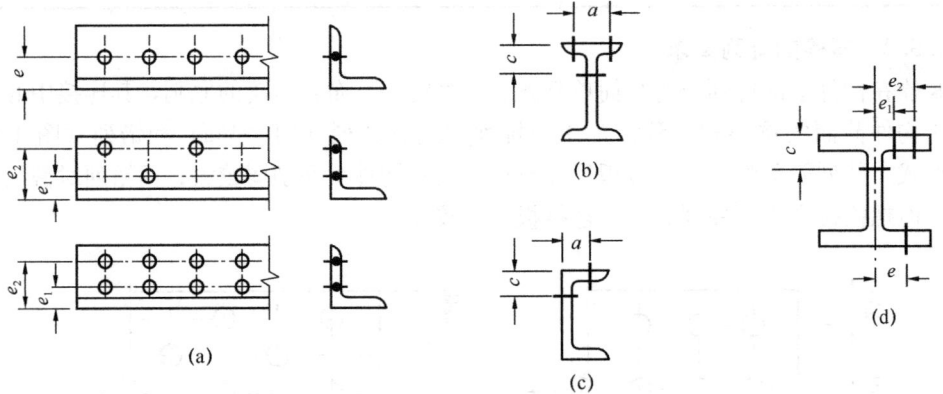

图 4-47　型钢的螺栓排列

角钢上螺栓间距表（mm）　　　　　　　　　　　　表 4-5

| 单行排列 | 角钢肢宽 | 40 | 45 | 50 | 56 | 63 | 70 | 75 | 80 | 90 | 100 | 110 | 125 |
|---|---|---|---|---|---|---|---|---|---|---|---|---|---|
| | 线距 $e$ | 25 | 25 | 30 | 30 | 35 | 40 | 40 | 45 | 50 | 55 | 60 | 70 |
| | 螺孔最大直径 | 11.5 | 13.5 | 13.5 | 15.5 | 17.5 | 20 | 22 | 22 | 24 | 24 | 26 | 26 |

| 双行错排 | 角钢肢宽 | 125 | 140 | 160 | 180 | 200 | 双行并列 | 角钢肢宽 | 160 | 180 | 200 |
|---|---|---|---|---|---|---|---|---|---|---|---|
| | $e_1$ | 55 | 60 | 70 | 70 | 80 | | $e_1$ | 60 | 70 | 80 |
| | $e_2$ | 90 | 100 | 120 | 140 | 160 | | $e_2$ | 130 | 140 | 160 |
| | 螺孔最大直径 | 24 | 24 | 26 | 26 | 26 | | 螺孔最大直径 | 24 | 24 | 26 |

**工字钢和槽钢腹板上的螺栓间距表（mm）** 表 4-6

| 工字钢型号 | 12 | 14 | 16 | 18 | 20 | 22 | 25 | 28 | 32 | 36 | 40 | 45 | 50 | 56 | 63 |
|---|---|---|---|---|---|---|---|---|---|---|---|---|---|---|---|
| 线距 $c_{min}$ | 40 | 45 | 45 | 45 | 50 | 50 | 55 | 60 | 60 | 65 | 70 | 75 | 75 | 75 | 75 |
| 槽钢型号 | 12 | 14 | 16 | 18 | 20 | 22 | 25 | 28 | 32 | 36 | 40 | — | — | — | — |
| 线距 $c_{min}$ | 40 | 45 | 50 | 50 | 55 | 55 | 55 | 60 | 65 | 70 | 75 | — | — | — | — |

**工字钢和槽钢翼缘上的螺栓间距表（mm）** 表 4-7

| 工字钢型号 | 12 | 14 | 16 | 18 | 20 | 22 | 25 | 28 | 32 | 36 | 40 | 45 | 50 | 56 | 63 |
|---|---|---|---|---|---|---|---|---|---|---|---|---|---|---|---|
| 线距 $a_{min}$ | 40 | 40 | 50 | 55 | 60 | 65 | 65 | 70 | 75 | 80 | 80 | 85 | 90 | 95 | 95 |
| 槽钢型号 | 12 | 14 | 16 | 18 | 20 | 22 | 25 | 28 | 32 | 36 | 40 | — | — | — | — |
| 线距 $a_{min}$ | 30 | 35 | 35 | 40 | 45 | 45 | 45 | 50 | 56 | 60 | — | — | — | — | — |

#### 4.5.3 螺栓连接的构造要求

螺栓连接除满足排列的容许距离外，根据不同情况尚应满足下列构造要求：

（1）为使连接可靠，螺栓连接或拼接节点中，每一杆件一端的永久性的螺栓数不宜少于2个。对组合构件的缀条，其端部连接可采用1个螺栓，某些塔桅结构的腹杆也有用一个螺栓的情况。

（2）对直接承受动力荷载构件的普通螺栓受拉连接，应采用双螺帽或其他能防止螺帽松动的有效措施，比如采用弹簧垫圈或将螺帽和螺杆焊死等方法。

（3）当型钢构件拼接采用高强度螺栓连接时，由于构件本身抗弯刚度较大，为了保证高强度螺栓摩擦面的紧密贴合，拼接件宜采用刚度较弱的钢板。

（4）沿杆轴方向受拉的螺栓连接中的端板（法兰板），应适当加大其刚度（如加设加劲肋），以减少撬力对螺栓抗拉承载力的不利影响。

#### 4.5.4 螺栓的符号表示

螺栓及其孔眼图例见表4-8，在钢结构施工图上需要将螺栓及其孔眼的施工要求用图例表示清楚，以免引起混淆。

**螺栓及其孔眼图例** 表 4-8

| 名称 | 永久螺栓 | 高强度螺栓 | 安装螺栓 | 圆形螺栓孔 | 长圆形螺栓孔 |
|---|---|---|---|---|---|
| 图例 | | | | | |

# 4.6 普通螺栓连接的设计

#### 4.6.1 螺栓抗剪的工作性能

抗剪连接是最常见的螺栓连接形式。图4-48（a）所示的螺栓连接试件做抗剪试验，可得出试件上 $a$、$b$ 两点之间的相对位移 $\delta$ 与作用力 $N$ 之间的关系曲线，如图4-48（b）所示。

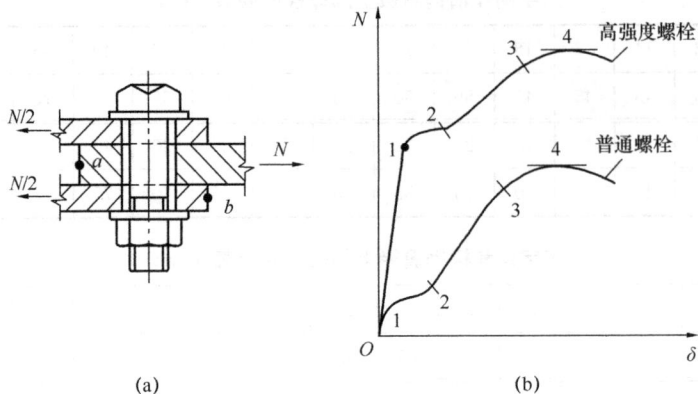

图 4-48　单个螺栓抗剪试验结果

由此关系曲线可知，试件由零载一直加载至连接破坏的全过程，经历了以下四个阶段：

（1）摩擦传力的弹性阶段

在施加荷载的最初阶段荷载较小，连接中的剪力也较小，荷载靠板层间接触面的摩擦力传递，螺栓杆与孔壁之间的间隙保持不变，连接处于弹性工作阶段，在 $N-\delta$ 图中呈现出 0～1 斜直线段。但由于板件间摩擦力的大小取决于拧紧螺帽时施加于螺杆中的初始拉力，而普通螺栓的初拉力一般很小，故此阶段很短可略去不计。

（2）滑移阶段

当荷载增大，连接中的剪力达到板件间摩擦力的最大值，板件间突然产生相对滑移直至螺栓杆与孔壁接触，其最大滑移量即为螺栓杆与孔壁之间的间隙，该阶段在 $N-\delta$ 图中表现为 1～2 的近似水平线段。

（3）螺杆直接传力的弹性阶段

当荷载继续增加，连接所承受的外力就主要靠螺栓杆与孔壁之间的接触传递。此时螺栓杆除主要受剪力外，还有弯矩作用，而孔壁则受到挤压。由于接头材料的弹性性质，$N-\delta$ 图呈直线上升状态，达到弹性极限"3"点后此阶段结束。

（4）弹塑性阶段

当荷载进一步增大，在此阶段即使给荷载很小的增量，连接的剪切变形也迅速加大，直到连接最后破坏。$N-\delta$ 图中曲线的最高点"4"对应的荷载即为螺栓抗剪连接的极限荷载。

### 4.6.2　普通螺栓的抗剪连接

普通螺栓抗剪连接达到极限承载力时可能发生的破坏形式有：

①当螺杆直径较小而板件较厚时，螺杆可能先被剪断（图 4-49a），该种破坏形式称为螺栓杆受剪破坏；

②当螺杆直径较大而板件较薄时，板件可能先被挤坏（图 4-49b），该种破坏形式称为孔壁承压破坏，由于螺杆和板件的挤压是相互的，故也把这种破坏叫作螺栓承压破坏；

③当板件净截面面积因螺栓孔削弱太多时，板件可能被拉断（图 4-49c），这种破坏形式可以通过构件的强度计算来保证（详第 4 章），故不将其纳入连接设计范畴；

④当螺栓排列的端距太小，端距范围内的板件有可能被螺杆冲剪破坏（图 4-49d），但如果满足规范规定的螺栓排列要求（端距大于等于 $2d_0$），这种破坏形式就不会发生。

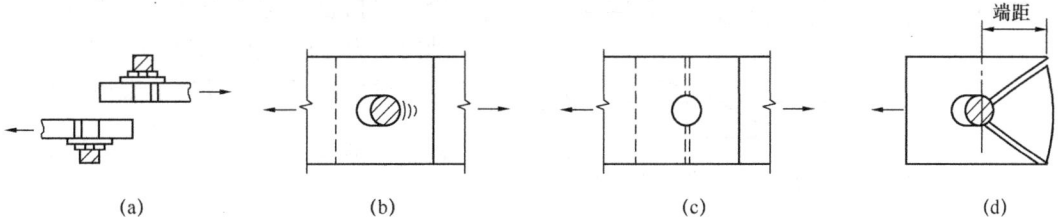

端距

图 4-49　普通螺栓抗剪连接的破坏形式

由普通螺栓抗剪连接可能发生的破坏形式可以知道，连接计算只须考虑第①种（螺栓杆受剪破坏）、第②种（孔壁承压破坏）两种情况。设计时可以分别求得螺栓杆受剪承载力 $N_v^b$、孔壁承压承载力 $N_c^b$，取二者之中较小的承载力作为单个普通螺栓抗剪连接的承载力设计值，即 $N_{min}^b = \min(N_v^b, N_c^b)$。

（1）螺栓杆受剪承载力 $N_v^b$

假定螺栓杆受剪面上的剪应力是均匀分布的，则螺栓杆受剪承载力设计值计算公式为：

$$N_v^b = n_v \frac{\pi d^2}{4} f_v^b \tag{4-42}$$

式中　　$n_v$——受剪面数目，单剪 $n_v=1$，双剪 $n_v=2$，四剪 $n_v=4$；

　　　　$d$——螺栓杆直径；

　　　　$f_v^b$——螺栓抗剪强度设计值。

（2）孔壁承压承载力 $N_c^b$

由于螺栓的实际承压应力分布情况较难确定，为简化计算，假定螺栓承压应力分布于螺栓直径平面上（图 4-50），而且假定该承压面上的应力为均匀分布，则螺栓承压（或孔壁承压）承载力设计值为：

$$N_c^b = d \sum t \cdot f_c^b \tag{4-43}$$

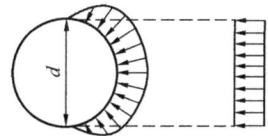

图 4-50　孔壁承压的计算承压面积

式中　　$\sum t$——在同一受力方向的承压构件的较小总厚度；

　　　　$f_c^b$——螺栓承压强度设计值。

试验表明，螺栓群（包括普通螺栓和高强度螺栓）的抗剪连接承受轴心力时，螺栓群在长度方向上的各螺栓受力不均匀（图 4-51），表现为两端螺栓受力大而中间螺栓受力小。

当连接长度 $l_1 \leqslant 15d_0$（$d_0$ 为螺孔直径）时，由于连接工作进入弹塑性阶段后内力发生重分布，螺栓群中各螺栓受力逐渐接近，故可认为轴心力 $N$ 由每个螺栓平均分担。

当连接长度 $l_1 > 15d_0$ 时，由于接头较长，连接工作进入弹塑性阶段后各螺栓所受内力也不易均匀，端部螺栓首先达到极限强度而破坏，随后由外向里依次破坏。根据试验资料得出的抗剪连接折减系数与 $l_1/d_0$ 的关系曲线可知，当 $l_1/d_0 > 15$ 后连接强度折减系数明显下降，开始下降较快，当 $l_1 > 60d_0$ 后逐渐缓和并趋于常值 0.7。

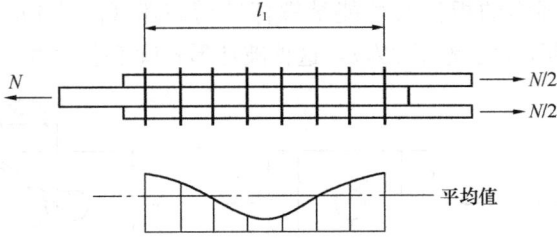

图 4-51  长接头螺栓的内力分布

由上述分析，故规范规定：在构件的节点处或拼接接头的一端，当螺栓（包括普通螺栓和高强度螺栓）沿轴向受力方向的连接长度 $l_1 > 15d_0$ 时，应将螺栓的承载力设计值乘以长接头折减系数 $\eta = 1.1 - \dfrac{l_1}{150d_0}$；当 $l_1 > 60d_0$ 时，折减系数取为定值 0.7。

### 4.6.3  普通螺栓的抗拉连接

抗拉螺栓连接在外力作用下，构件的接触面有脱开趋势。此时螺栓受到沿杆轴方向的拉力作用，故抗拉螺栓连接的破坏形式表现为螺栓杆被拉断。

单个抗拉螺栓的承载力设计值为：

$$N_t^b = A_e f_t^b = \frac{\pi d_e^2}{4} f_t^b \tag{4-44}$$

式中  $A_e$——螺栓在螺纹处的有效截面积（见附表 7-1）；

$d_e$——螺栓在螺纹处的有效直径；

$f_t^b$——螺栓抗拉强度设计值。

螺栓受拉时，通常不可能使拉力正好作用在每个螺栓轴线上，而是通过与螺杆垂直的板件传递。如图 4-52 所示的 T 形连接，如果连接件的刚度较小，受力后与螺栓垂直的连接件总会有变形，因而形成杠杆作用，螺栓有被撬开的趋势，使螺杆中的拉力增加并产生弯曲现象。

考虑杠杆作用时，螺杆的轴心力为：

$$N_t = N + Q$$

式中  $Q$——由于杠杆作用对螺栓产生的撬力。

撬力的大小与连接件的刚度有关，连接件的刚度越小撬力越大；同时撬力也与螺栓直径和螺栓所在位置等因素有关。由于确定撬力比较复杂，为了简化计算，可将普通螺栓抗拉强度设计值 $f_t^b$ 取为螺栓钢材抗拉强度设计值 $f$ 的 0.8 倍（即 $f_t^b = 0.8f$），以考虑撬力的影响。此外，在构造上也可采取一些措施加强连接件的刚度，如设置加劲肋（图 4-53），可以减小甚至消除撬力的影响。

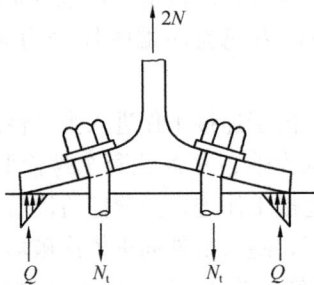

图 4-52  受拉螺栓的撬力

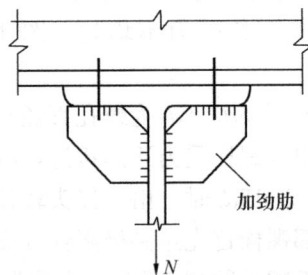

图 4-53  T 形连接中螺栓受拉

### 4.6.4 普通螺栓受拉剪共同作用

如图 4-54 所示连接，螺栓群承受剪力 $V$ 和偏心拉力 $N$（偏心拉力 $N$ 可以看作轴心拉力 $N$ 和弯矩 $M = N \cdot e$ 的合成）的联合作用。承受剪力和拉力联合作用的普通螺栓应考虑两种可能的破坏形式：一是螺杆受剪兼受拉破坏；二是孔壁承压破坏。

（1）螺栓杆受剪兼受拉计算

根据试验结果可知，兼受剪力和拉力的螺杆，将剪力和拉力分别除以各自单独作用时的承载力，这样无量纲化后的相关关系近似为一圆曲线。故螺栓杆受剪兼受拉的计算式为：

$$\left(\frac{N_{\mathrm{v}}}{N_{\mathrm{v}}^{\mathrm{b}}}\right)^2 + \left(\frac{N_{\mathrm{t}}}{N_{\mathrm{t}}^{\mathrm{b}}}\right)^2 \leqslant 1 \tag{4-45}$$

或

$$\sqrt{\left(\frac{N_{\mathrm{v}}}{N_{\mathrm{v}}^{\mathrm{b}}}\right)^2 + \left(\frac{N_{\mathrm{t}}}{N_{\mathrm{t}}^{\mathrm{b}}}\right)^2} \leqslant 1 \tag{4-46}$$

图 4-54 螺栓群受剪力和拉力联合作用

式中　$N_{\mathrm{v}}$——单个螺栓所受的剪力设计值，一般假定剪力 $V$ 由每个螺栓平均承担，即 $N_{\mathrm{v}} = N/n$，$n$ 为螺栓个数；

　　　$N_{\mathrm{t}}$——单个螺栓所受的拉力设计值，由偏心拉力引起的螺栓最大拉力 $N_{\mathrm{t}}$ 按后面例题讲述的方法进行计算；

　　$N_{\mathrm{v}}^{\mathrm{b}}$、$N_{\mathrm{t}}^{\mathrm{b}}$——单个螺栓的抗剪和抗拉承载力设计值。

需要注意的是，在式（4-46）左侧加根号数学上没有意义，但加根号后可以更明确地看出计算结果的富余量或不足量。假如按式（4-45）左侧算出的数值为 0.9，不能误认为富余量为 10%，实际上应为式（4-46）算出的数值 0.95，富余量仅为 5%。

（2）孔壁承压计算

孔壁承压的计算式为：

$$N_{\mathrm{v}} \leqslant N_{\mathrm{c}}^{\mathrm{b}} \tag{4-47}$$

式中　$N_{\mathrm{c}}^{\mathrm{b}}$——单个螺栓的孔壁承压承载力设计值，按式（4-43）计算。

### 4.6.5 普通螺栓连接计算的应用举例

#### 4.6.5.1 普通螺栓群承受轴心剪力作用（例 4-8）

【例 4-8】设计两块钢板用普通螺栓连接的盖板拼接。已知轴心拉力设计值 $N = 325\mathrm{kN}$，钢材为 Q235A，螺栓直径 $d = 20\mathrm{mm}$（粗制螺栓）。

【解】单个螺栓抗剪连接的承载力设计值：

螺栓杆受剪承载力设计值：

$$N_{\mathrm{v}}^{\mathrm{b}} = n_{\mathrm{v}} \frac{\pi d^2}{4} f_{\mathrm{v}}^{\mathrm{b}} = 2 \times \frac{3.14 \times 20^2}{4} \times 140 = 87.9\mathrm{kN}$$

孔壁承压承载力设计值：

$$N_{\mathrm{c}}^{\mathrm{b}} = d \sum t \cdot f_{\mathrm{c}}^{\mathrm{b}} = 20 \times 8 \times 305 = 48.8\mathrm{kN}$$

在轴心剪力作用下可认为每个螺栓平均受力，则连接一侧所需螺栓数：

$$n = N/N_{\mathrm{min}}^{\mathrm{b}} = 325/48.8 = 6.7$$

取 8 个，按图 4-55 排列。

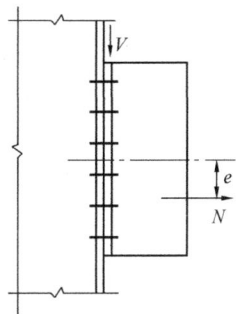

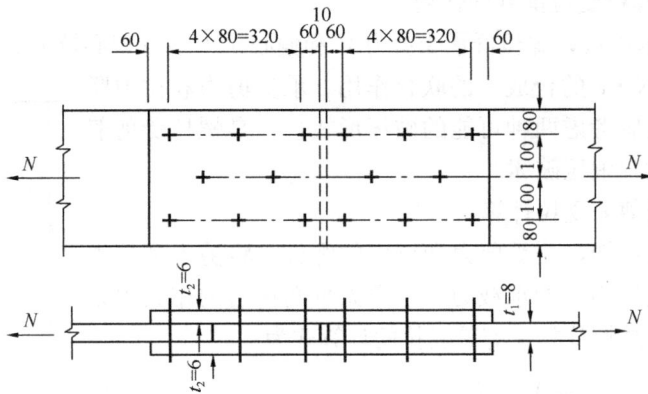

图 4-55 例 4-8 图

### 4.6.5.2 普通螺栓群承受偏心剪力作用（例 4-9）

图 4-56 所示即为螺栓群承受偏心剪力的情形，剪力 $F$ 的作用线至螺栓群中心线的距离为 $e$，故螺栓群同时受到轴心剪力 $F$ 和扭矩 $T = F \cdot e$ 的联合作用。

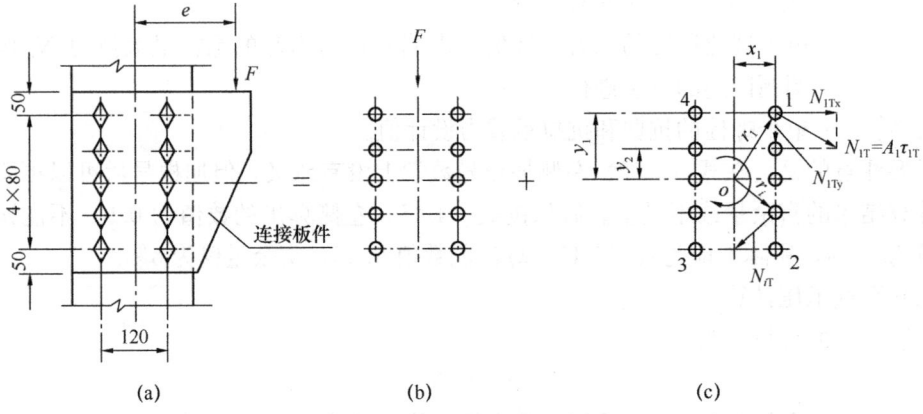

图 4-56 螺栓群偏心受剪

在轴心剪力 $F$ 作用下每个螺栓平均承受竖直向下的剪力，则

$$N_{1F} = \frac{F}{n} \tag{4-48}$$

在扭矩 $T = F \cdot e$ 作用下每个螺栓均受剪，但承受的剪力大小或方向均有所不同。为了便于设计，连接计算从弹性设计法的角度出发，并基于下列假设计算扭矩 $T$ 作用下的螺栓剪力：

① 连接板件为绝对刚性，螺栓为弹性体；

② 连接板件绕螺栓群形心旋转，各螺栓所受剪力大小与该螺栓至形心距离 $r_i$ 成正比，剪力方向则与连线 $r_i$ 垂直（图 4-56c）。

螺栓 1 距形心 $O$ 最远，其所受剪力 $N_{1T}$ 最大：

$$N_{1T} = A_1 \tau_{1T} = A_1 \frac{T \cdot r_1}{I_p} = A_1 \frac{T \cdot r_1}{A_1 \cdot \sum r_i^2} = \frac{T \cdot r_1}{\sum r_i^2} \tag{4-49}$$

式中  $A_1$——单个螺栓的截面积；

$\tau_{1T}$——螺栓 1 的剪应力；

$I_p$——螺栓群对形心 $O$ 的极惯性矩；

$r_i$——任一螺栓至形心的距离。

将 $N_{1T}$ 分解为水平分力 $N_{1Tx}$ 和垂直分力 $N_{1Ty}$：

$$N_{1Tx} = N_{1T} \cdot \frac{y_1}{r_1} = \frac{T \cdot y_1}{\sum r_i^2} = \frac{T \cdot y_1}{\sum x_i^2 + \sum y_i^2} \qquad (4\text{-}50)$$

$$N_{1Ty} = N_{1T} \cdot \frac{x_1}{r_1} = \frac{T \cdot x_1}{\sum r_i^2} = \frac{T \cdot x_1}{\sum x_i^2 + \sum y_i^2} \qquad (4\text{-}51)$$

由此可得螺栓群偏心受剪时，受力最大的螺栓 1 所受合力为：

$$\sqrt{N_{1Tx}^2 + (N_{1Ty} + N_{1F})^2} = \sqrt{\left(\frac{T \cdot y_1}{\sum x_i^2 + \sum y_i^2}\right)^2 + \left(\frac{T \cdot x_1}{\sum x_i^2 + \sum y_i^2} + \frac{F}{n}\right)^2} \leqslant N_{min}^b \quad (4\text{-}52)$$

当螺栓群布置在一个狭长带，例如 $y_1 > 3x_1$ 时，可取 $x_i = 0$ 以简化计算，则上式为：

$$\sqrt{\left(\frac{T \cdot y_1}{\sum y_i^2}\right)^2 + \left(\frac{F}{n}\right)^2} \leqslant N_{min}^b \qquad (4\text{-}53)$$

设计时通常是先按构造要求排好螺栓，再用式（4-52）验算受力最大的螺栓。由于连接是由受力最大螺栓的承载力控制，而其他大多数螺栓受力较小，不能充分发挥作用，因此这是一种偏安全的弹性设计法。

【例 4-9】试验算图 4-56(a) 所示的普通螺栓连接。柱翼缘板厚度为 10mm，连接板厚度为 8mm，钢材为 Q235B，荷载设计值 $F = 150$kN，偏心距 $e = 250$mm，螺栓为 M22 粗制螺栓。

【解】$\sum x_i^2 + \sum y_i^2 = 10 \times 60^2 + (4 \times 80^2 + 4 \times 160^2) = 0.164 \times 10^6 \text{mm}^2$

$$T = F \cdot e = 150 \times 0.25 = 37.5 \text{kN} \cdot \text{m}$$

$$N_{1Tx} = \frac{T \cdot y_1}{\sum x_i^2 + \sum y_i^2} = \frac{37.5 \times 10^6 \times 160}{0.164 \times 10^6} = 36.6 \text{kN}$$

$$N_{1Ty} = \frac{T \cdot x_1}{\sum x_i^2 + \sum y_i^2} = \frac{37.5 \times 10^6 \times 60}{0.164 \times 10^6} = 13.7 \text{kN}$$

$$N_{1F} = \frac{F}{n} = \frac{150}{10} = 15 \text{kN}$$

$$N_1 = \sqrt{N_{1Tx}^2 + (N_{1Ty} + N_{1F})^2} = \sqrt{36.6^2 + (13.7 + 15)^2} = 46.5 \text{kN}$$

螺栓直径 $d = 22$mm，单个螺栓的设计承载力为：

螺栓杆抗剪：$N_v^b = n_v \dfrac{\pi d^2}{4} f_v^b = 1 \times \dfrac{3.14 \times 22^2}{4} \times 140 = 53.2 \text{kN} > 46.5 \text{kN}$

孔壁承压：$N_c^b = d \sum t \cdot f_c^b = 22 \times 8 \times 305 = 53.7 \text{kN} > 46.5 \text{kN}$

故该连接强度满足要求。

4.6.5.3　普通螺栓群轴心受拉

图 4-57 所示螺栓群在轴心力作用下的抗拉连接，通常假定每个螺栓平均受力，则连接所需螺栓数为：

$$n = \frac{N}{N_t^b} \qquad (4\text{-}54)$$

式中　$N_t^b$——单个螺栓的抗拉承载力设计值。

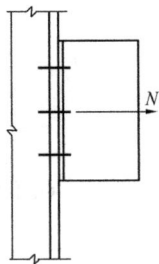

图 4-57 螺栓群承
受轴心拉力

#### 4.6.5.4 普通螺栓群弯矩受拉（例 4-10）

图 4-58 所示为螺栓群在弯矩作用下的抗拉连接（图中的剪力 $V$ 通过承托板传递）。设中和轴至端板受压边缘的距离为 $c$，在弯矩作用下，离中和轴越远的螺栓所受拉力越大，而压应力则由弯矩指向一侧的部分端板承受。

这种连接的受力有如下特点：受拉螺栓截面只是孤立的几个螺栓点；而端板受压区则是宽度较大的实体矩形截面（图 4-58c）。当计算其形心位置并将形心轴作为中和轴时，所求得的端板受压区高度 $c$ 总是很小，中和轴通常在弯矩指向一侧最外排螺栓附近的某个位置。因此弯矩作用方向如图 4-58(a) 所示时，实际计算时可近似取中和轴位于最下排螺栓 $O$ 处，即认为连接变形为绕 $O$ 处水平轴转动，螺栓拉力与 $O$ 点算起的纵坐标 $y$ 成正比。

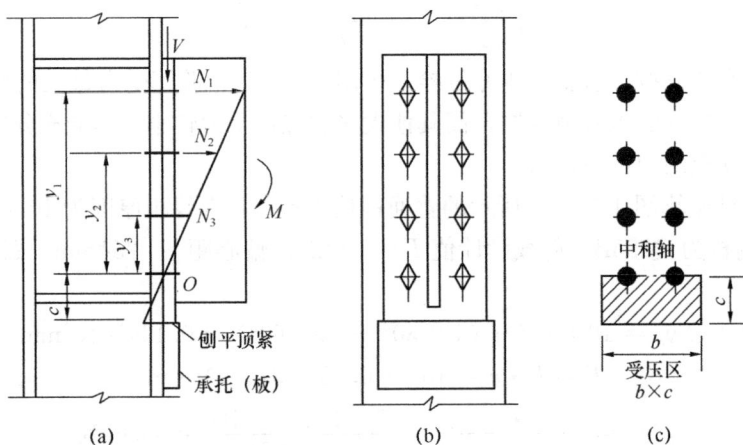

图 4-58 普通螺栓群弯矩受拉

按弹性设计法，仿式（4-49）推导时的基本假设，并在对 $O$ 处水平轴列弯矩平衡方程时，偏安全地忽略力臂很小的端板受压区部分的力矩而只考虑受拉螺栓部分，则得（各 $y_i$ 均自 $O$ 点算起）：

$$N_1/y_1 = N_2/y_2 = \cdots = N_i/y_i = \cdots = N_n/y_n$$

$$
\begin{aligned}
M &= N_1 y_1 + N_2 y_2 + \cdots + N_i y_i + \cdots + N_n y_n \\
&= (N_1/y_1) y_1^2 + (N_2/y_2) y_2^2 + \cdots + (N_i/y_i) y_i^2 + \cdots + (N_n/y_n) y_n^2 \\
&= (N_i/y_i) \sum y_i^2
\end{aligned}
$$

故得螺栓 $i$ 的拉力为：

$$N_i = M y_i / \sum y_i^2 \tag{4-55}$$

设计时要求受力最大的最外排螺栓 1 的拉力不超过单个螺栓的抗拉承载力设计值：

$$N_1 = M y_1 / \sum y_i^2 \leqslant N_t^b \tag{4-56}$$

**【例 4-10】** 如图 4-59 所示，牛腿通过 C 级普通螺栓以及承托与柱连接，该连接承受竖向荷载设计值 $F = 220\text{kN}$，偏心距 $e = 200\text{mm}$，钢材采用 Q235B，螺栓为 M20 粗制螺栓，试设计该螺栓连接。

【解】牛腿的剪力 $V = F = 220\text{kN}$，由端板刨平顶紧于承托传递；弯矩 $M = F \cdot e = 220 \times 0.2 = 44\text{kN} \cdot \text{m}$，由螺栓群连接传递，使螺栓受拉。

初步假定螺栓布置如图 4-59 所示，对最下排螺栓 $O$ 轴取矩，最大受力螺栓（最上排螺栓 1）的拉力为：

$$N_1 = My_1/\sum y_i^2 = (44 \times 10^3 \times 320)/$$
$$[2 \times (80^2 + 160^2 + 240^2 + 320^2)]$$
$$= 36.7\text{kN}$$

单个螺栓的抗拉承载力设计值为：

$$N_t^b = A_e f_t^b = 245 \times 170 = 41.7\text{kN} > N_1$$
$$= 36.7\text{kN}$$

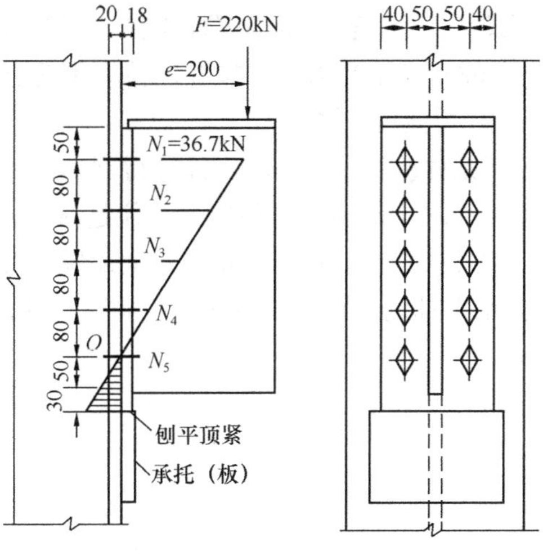

图 4-59　例 4-10 图

故所设计的螺栓连接满足承载力要求，确定采用。

4.6.5.5　普通螺栓群偏心受拉（例 4-11、例 4-12）

由图 4-60(a) 可知，螺栓群偏心受拉相当于连接承受轴心拉力 $N$ 和弯矩 $M = N \cdot e$ 的联合作用。按弹性设计法，根据偏心距的大小可能出现小偏心受拉和大偏心受拉两种情况。

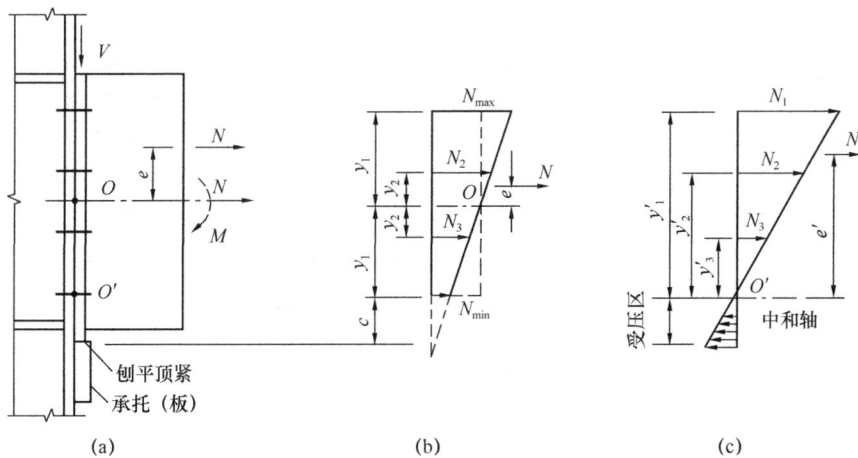

图 4-60　螺栓群偏心受拉

（1）小偏心受拉

对于小偏心受拉情况（图 4-60b），所有螺栓均承受拉力作用，端板与柱翼缘有分离趋势，故轴心拉力 $N$ 由各螺栓均匀承受；而弯矩 $M$ 则引起以螺栓群形心 $O$ 处水平轴为中和轴的三角形应力分布（图 4-60b），表现为上部螺栓受拉，下部螺栓受压；与轴心拉力叠加后全部螺栓均为受拉（图 4-60b）。这样可得受力最小和最大螺栓的拉力计算公式如下（各 $y_i$ 均自 $O$ 点算起）：

$$N_{\min} = N/n - Ney_1/\sum y_i^2 \geqslant 0 \tag{4-57}$$

$$N_{\max} = N/n + Ney_1/\sum y_i^2 \leqslant N_t^b \tag{4-58}$$

式（4-57）表示全部螺栓受拉，不存在受压区，该式也是小偏心受拉的条件验算式；式（4-58）表示受力最大螺栓的拉力不超过单个螺栓的承载力设计值。

（2）大偏心受拉

当条件验算式（4-57）计算得到 $N_{\min} = N/n - Ney_1/\sum y_i^2 < 0$ 时，则端板底部将出现受压区（图 4-60c），这种情况往往是在偏心距 $e$ 比较大时出现，故称为大偏心受拉。

仿式（4-55）的推导并偏安全地取中和轴位于最下排螺栓 $O'$ 处，按相似步骤列出对 $O'$ 处水平轴的弯矩平衡方程，可得（$e'$ 和各 $y_i'$ 均自 $O'$ 点算起，最上排螺栓 1 的拉力 $N_1$ 最大）：

$$N_1/y_1' = N_2/y_2' = \cdots = N_i/y_i' = \cdots = N_n/y_n'$$
$$Ne' = N_1 y_1' + N_2 y_2' + \cdots + N_i y_i' + \cdots + N_n y_n'$$
$$= (N_1/y_1')y_1'^2 + (N_2/y_2')y_2'^2 + \cdots + (N_i/y_i')y_i'^2 + \cdots$$
$$+ (N_n/y_n')y_n'^2 = (N_i/y_i')\sum y_i'^2$$
$$N_1 = Ne'y_1'/\sum y_i'^2 \leqslant N_t^b$$

任意一点的螺栓拉力为：

$$N_i = Ne'y_i'/\sum y_i'^2 \tag{4-59}$$

【例 4-11】 图 4-61 为一刚接屋架下弦节点，螺栓布置如图 4-61(a)、(b) 所示，竖向力由承托承受，偏心拉力设计值 $N=250\text{kN}$，$e=100\text{mm}$，螺栓为 C 级。试确定该连接的螺栓大小。

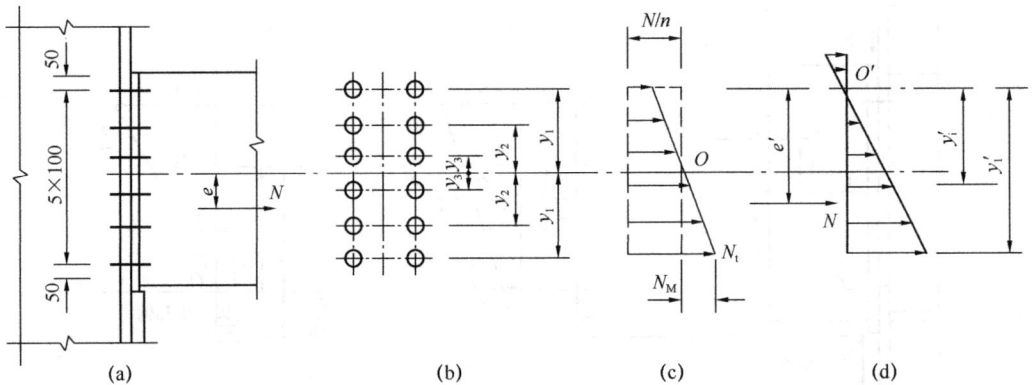

图 4-61　例 4-11、例 4-12 图

【解】 由条件式（4-57）可得：

$$N_{\min} = N/n - Ney_1/\sum y_i^2$$

$$= \frac{250 \times 10^3}{12} - \frac{250 \times 10^3 \times 100 \times 250}{4 \times (50^2 + 150^2 + 250^2)} = 3.0\text{kN} \geqslant 0$$

故该连接属小偏心受拉（图 4-61c），应由式（4-58）进行计算：

$$N_{\max} = N/n + Ney_1/\sum y_i^2$$

$$= \frac{250 \times 10^3}{12} + \frac{250 \times 10^3 \times 100 \times 250}{4 \times (50^2 + 150^2 + 250^2)} = 38.7\text{kN}$$

则需要的螺栓有效面积：

$$A_e = \frac{38.7 \times 10^3}{170} = 228\text{mm}^2$$

故采用 M20 螺栓，$A_e = 245\text{mm}^2$。

【例 4-12】同例 4-11，但取 $e = 200\text{mm}$。

【解】由条件式（4-57）可得：

$$N_{\min} = N/n - Ney_1/\sum y_i^2 \text{（注：各 } y_i \text{ 均自 } O \text{ 点算起）}$$

$$= \frac{250 \times 10^3}{12} - \frac{250 \times 10^3 \times 200 \times 250}{4 \times (50^2 + 150^2 + 250^2)} = -14.9\text{kN} < 0$$

故该连接属大偏心受拉（图 4-61d），应由式（4-59）进行计算：

$$N_1 = Ne'y'_1/\sum y'^2_i \text{（注：} e' \text{ 和各 } y'_i \text{ 均自 } O' \text{ 点算起）}$$

$$= \frac{250 \times 10^3 \times (200 + 250) \times 500}{2 \times (500^2 + 400^2 + 300^2 + 200^2 + 100^2)} = 51.1\text{kN}$$

则需要的螺栓有效面积：

$$A_e = \frac{51.1 \times 10^3}{170} = 301\text{mm}^2$$

故采用 M22 螺栓，$A_e = 303\text{mm}^2$。

4.6.5.6  普通螺栓群受拉剪共同作用（例 4-13）

【例 4-13】图 4-62 为短横梁与柱翼缘的连接，剪力设计值 $V = 250\text{kN}$，$e = 120\text{mm}$，螺栓为 C 级，钢材为 Q235B，手工焊，焊条 E43 型，按考虑设承托和不设承托两种情况分别设计此连接。

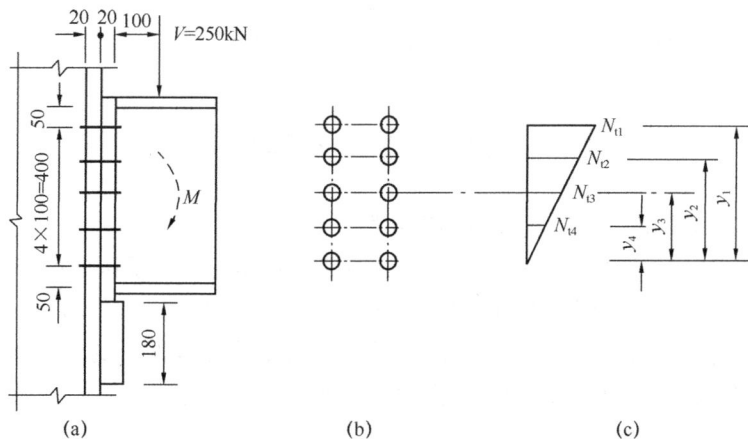

图 4-62  例 4-13 图

【解】

（1）当设承托时考虑承托传递全部剪力 $V = 250\text{kN}$，则螺栓群只承受由偏心力引起的弯矩 $M = V \cdot e = 250 \times 0.12 = 30\text{kN} \cdot \text{m}$。按弹性设计法，可假定螺栓群旋转中心在弯矩指向一侧最下排螺栓的轴线上。螺栓排列如图 4-62 所示，设螺栓为 M20（$A_e = 245\text{mm}^2$），则单个螺栓的抗拉承载力设计值为：

$$N_t^b = A_e f_t^b = 245 \times 170 = 41.6\text{kN}$$

由式（4-56），受力最大的螺栓承受的拉力为：

$$N_1 = My_1 / \sum y_i^2 = \frac{30 \times 10^3 \times 400}{2 \times (100^2 + 200^2 + 300^2 + 400^2)}$$
$$= 20\text{kN} < N_t^b = 41.6\text{kN}$$

剪力 $V$ 由承托板承受，需要验算承托板的连接焊缝，设承托与柱翼缘的连接角焊缝为两面侧焊，并取焊脚尺寸 $h_f = 10\text{mm}$，则焊缝应力为：

$$\tau_f = \frac{1.35V}{\sum h_e l_w} = \frac{1.35 \times 250 \times 10^3}{2 \times 0.7 \times 10 \times (180 - 2 \times 10)}$$
$$= 150.7\text{N/mm}^2 < f_f^w = 160\text{N/mm}^2$$

式中的常数 1.35 是为了考虑剪力 $V$ 对承托与柱翼缘连接角焊缝的偏心影响。

(2) 当不设承托时，则螺栓群同时承受剪力 $V = 250\text{kN}$ 和弯矩 $M = 30\text{kN} \cdot \text{m}$ 作用。

单个螺栓承载力设计值为：

$$N_v^b = n_v \frac{\pi d^2}{4} f_v^b = 1 \times \frac{3.14 \times 20^2}{4} \times 140 = 44.0\text{kN}$$

$$N_c^b = d \sum t \cdot f_c^b = 20 \times 20 \times 305 = 122\text{kN}$$

$$N_t^b = 41.6\text{kN}$$

由前计算可知，单个螺栓的最大拉力 $N_t = 20\text{kN}$。

单个螺栓的剪力：

$$N_v = \frac{V}{n} = \frac{250}{10} = 25\text{kN} < N_c^b = 44.0\text{kN}$$

在剪力和拉力联合作用下：

$$\sqrt{\left(\frac{N_v}{N_v^b}\right)^2 + \left(\frac{N_t}{N_t^b}\right)^2} = \sqrt{\left(\frac{25}{44.0}\right)^2 + \left(\frac{20}{41.6}\right)^2} = 0.744 < 1$$

## 4.7 高强度螺栓连接的设计

### 4.7.1 高强度螺栓的预拉力及抗滑移系数

前已述及，高强度螺栓连接按其设计准则分为摩擦型连接和承压型连接两种类型。摩擦型连接是依靠被连接件之间的摩擦阻力传递内力，并以荷载设计值引起的剪力不超过摩擦阻力这一条件作为设计准则。高强度螺栓的预拉力 $P$（即板件间的法向压紧力）、摩擦面间的抗滑移系数等因素直接影响到高强度螺栓连接的承载力。

(1) 高强度螺栓的预拉力

高强度螺栓的设计预拉力 $P$ 由下式计算得到：

$$P = \frac{0.9 \times 0.9 \times 0.9}{1.2} A_e f_u \tag{4-60}$$

式中　$A_e$——螺纹处的有效面积；

$f_u$——螺栓材料经热处理后的最低抗拉强度，对 8.8 级螺栓，$f_u = 830\text{N/mm}^2$；对 10.9 级螺栓，$f_u = 1040\text{N/mm}^2$。

式（4-60）中的系数考虑了以下几个因素：

① 拧紧螺帽时螺栓同时受到预拉力引起的拉应力 $\sigma$ 和由螺纹力矩引起的扭转剪应力 $\tau$ 共同作用，其折算应力为：

$$\sqrt{\sigma^2 + 3\tau^2} = \eta\sigma$$

根据试验分析，系数 $\eta$ 在 $1.15\sim1.25$ 之间，取平均值为 $1.2$。式（4-60）中分母的 $1.2$ 即为考虑拧紧螺栓时扭矩对螺杆的不利影响系数。

②施工时为了补偿高强度螺栓预拉力的松弛损失，一般超张拉 $5\%\sim10\%$，故式（4-60）右端分子中考虑了一个超张拉系数 $0.9$。

③考虑螺栓材质不均匀性，式（4-60）分子中引入一个折减系数 $0.9$。

④由于以螺栓的抗拉强度 $f_u$ 而非通常情况下的屈服强度为基准（高强度螺栓没有明显的屈服点），为安全起见式（4-60）分子中再引入一个附加安全系数 $0.9$。

各种规格高强度螺栓预拉力的取值见表4-9。

**一个高强度螺栓的设计预拉力值（kN）**　　　　表 4-9

| 螺栓的承载性能等级 | 螺栓公称直径（mm） | | | | | |
|---|---|---|---|---|---|---|
| | M16 | M20 | M22 | M24 | M27 | M30 |
| 8.8 级 | 80 | 125 | 150 | 175 | 230 | 280 |
| 10.9 级 | 100 | 155 | 190 | 225 | 290 | 355 |

（2）高强度螺栓的抗滑移系数

国内外研究和工程实践表明，摩擦型连接的摩擦面抗滑移系数 $\mu$ 主要与钢材表面处理工艺和涂层厚度有关，表 4-10 规定了对应不同接触面处理方法的抗滑移系数值。根据工程实践及相关研究，限制抗滑移系数最大值不超过 $0.45$。试验表明，此系数会随着被连接构件接触面间的压紧力减小而降低，故与物理学中的摩擦系数有区别。

**摩擦面的抗滑移系数 $\mu$ 值**　　　　表 4-10

| 连接处构件接触面的处理方法 | 构件的钢材牌号 | | |
|---|---|---|---|
| | Q235 钢 | Q345 钢或 Q390 钢 | Q420 钢或 460 钢 |
| 喷硬质石英砂或铸钢棱角砂 | 0.45 | 0.45 | 0.45 |
| 抛丸（喷砂） | 0.40 | 0.40 | 0.40 |
| 钢丝刷清除浮锈或未经处理的干净轧制表面 | 0.30 | 0.35 | — |

在对摩擦面进行处理时，钢丝刷除锈方向应与受力方向垂直；当连接构件采用不同钢材牌号时，摩擦面抗滑移系数按相应较低强度者取值；如摩擦面采用其他方法处理时，其处理工艺及抗滑移系数值均需经试验确定。考虑到高强度钢材连接需要较高的连接强度，故表 4-10 中未列入接触面处理为钢丝刷清除浮锈或未经处理的干净轧制面的抗滑移系数。试验证明，摩擦面涂红丹防锈漆后 $\mu<0.15$，即使经处理后仍然很低，故严禁在摩擦面上涂刷防锈漆。另外连接在潮湿或淋雨条件下拼装，也会降低 $\mu$ 值，故应采取有效措施保证连接处表面的干燥。

### 4.7.2 高强度螺栓的抗剪连接

（1）高强度螺栓摩擦型连接

高强度螺栓在拧紧时，螺杆中产生了很大的预拉力，而被连接板件间则产生很大的预压力。如图 4-48（b）所示，连接受力后由于接触面上产生的摩擦力，能在相当大的荷载情况下阻止板件间的相对滑移，因而摩擦传力的弹性工作阶段较长。当外力超过接触面摩擦力后，板件间即产生相对滑动。高强度螺栓摩擦型连接以板件间出现滑动为抗剪承载力极限状态，故它的最大承载力不能取图 4-48(b) 的最高点，而应取板件产生相对滑动的起始点"1"。

摩擦型连接的承载力取决于构件接触面的摩擦力，而此摩擦力的大小与螺栓所受预拉力、摩擦面的抗滑移系数以及连接的传力摩擦面数有关。因此单个高强度螺栓摩擦型连接的抗剪承载力设计值由式（4-61）给出。当高强度螺栓摩擦型连接采用大圆孔或槽孔时，由于连接的摩擦面面积有所减少，应对抗剪承载力进行折减，因此式（4-61）右侧乘以孔型折减系数 $k$。本书在未对孔型作特别注明情况时，均指标准孔。

$$N_v^b = 0.9kn_f\mu P \tag{4-61}$$

式中　0.9——抗力分项系数 $\gamma_R$（$\gamma_R = 1.111$）的倒数；

$\quad$ $k$——孔型系数，标准孔取 1.0；大圆孔取 0.85；内力与槽孔长向垂直时取 0.7；内力与槽孔长向平行时取 0.6；

$\quad$ $n_f$——传力摩擦面数目：单剪时 $n_f = 1$；双剪时 $n_f = 2$；

$\quad$ $P$——单个高强度螺栓的设计预拉力，按表 4-9 采用；

$\quad$ $\mu$——摩擦面抗滑移系数，按表 4-10 采用。

试验证明，低温对高强度螺栓摩擦型连接抗剪承载力无明显影响，但当环境温度 $t=100\sim150℃$时，螺栓的预拉力将产生温度损失，故应将高强度螺栓连接的抗剪承载力设计值降低 10%；当高强度螺栓连接长期受热达 150℃ 以上时，应采用加耐热隔热涂层、热辐射屏蔽等隔热防护措施。

（2）高强度螺栓承压型连接

按承压型连接设计的高强度螺栓安装时同样也按表 4-9 施加预拉力，当螺栓受剪时，从受力直至破坏的荷载—位移（$N$-$\delta$）曲线如图 4-48(b) 所示。由于它允许接触面滑动并以连接达到破坏（螺栓杆被剪断或板件承压破坏）的极限状态作为设计准则，接触面的摩擦力只起着延缓滑动的作用，因此承压型连接的最大抗剪承载力应取图 4-48(b) 曲线的最高点"4"。连接达到极限承载力时，由于螺杆伸长预拉力几乎全部消失，故高强度螺栓承压型连接的计算方法与普通螺栓连接相同，仍可采用式（4-42）和式（4-43）计算单个螺栓的抗剪承载力，只是应采用承压型连接中的高强度螺栓强度设计值。抗剪承压型连接在正常使用极限状态下尚应符合摩擦型连接的设计要求。值得注意的是，只有采用标准孔时，高强度螺栓摩擦型连接的极限状态才可转变为承压型连接。

对不同螺栓剪切面的取法需要区别：当剪切面在螺纹处时，高强度螺栓承压型连接的抗剪承载力应按螺纹处的有效截面 $A_e$ 计算；但对于普通螺栓，其抗剪承载力是根据连接的试验数据统计而定，试验时未分剪切面是否在螺纹处，故计算普通螺栓的抗剪承载力时直接采用公称直径。

由于高强度螺栓承压型连接的计算准则与摩擦型连接不同，故前者对构件接触面的要求较低，连接处构件接触面清除油污及浮锈即可，仅承受拉力的高强度螺栓承压型连接，可不要求对接触面进行抗滑移处理。

### 4.7.3　高强度螺栓的抗拉连接

（1）高强度螺栓摩擦型连接

高强度螺栓在承受外拉力前，螺杆中存在很大的预拉力 $P$，板层间存在与之平衡的

压紧力 $C$，拉力 $P$ 与压力 $C$ 是等值反向的（图 4-63a）。

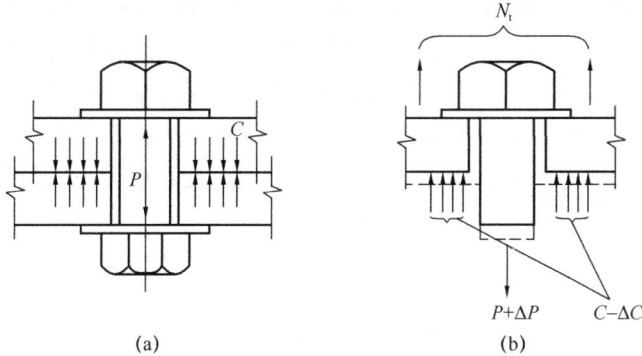

图 4-63　高强度螺栓受拉

(a) $P=C$；(b) $P+\Delta P = N_t + (C-\Delta C)$

当对螺栓连接施加外拉力 $N_t$ 后，栓杆被拉长，此时螺杆中拉力增量为 $\Delta P$，同时压紧的板件被拉松，使压力 $C$ 减少了 $\Delta C$（图 4-63b）。计算表明，即使当外拉力 $N_t$ 为预拉力 $P$ 的 80％时，螺杆拉力增加却很少（$\Delta P\approx 0$），因此可认为此时螺杆的预拉力基本不变，但同时接触面间仍能保持一定的压紧力（压紧力约为 $P-N_t$），整个板面始终处于紧密接触状态。

同时由实验得知，当外拉力 $N_t$ 大于螺栓预拉力 $P$ 时，卸荷后螺杆中的预拉力会变小，即发生松弛现象；但如果外拉力小于螺栓预拉力的 80％时，则无松弛现象发生。

由上述分析，故沿杆轴方向受拉的高强度螺栓摩擦型连接中，单个高强度螺栓抗拉承载力设计值可取为：

$$N_t^b = 0.8P \tag{4-62}$$

应当注意（4-62）的取值没有考虑杠杆作用引起的撬力影响。研究表明，当螺栓连接所受外拉力 $N_t\leqslant 0.5P$ 时，连接不出现撬力；撬力 $Q$ 大约在 $N_t$ 达到 $0.5P$ 时开始出现，起初增加缓慢，以后逐渐加快，到临近破坏时因螺栓开始屈服而又有所下降。

由于撬力 $Q$ 的存在，使得高强度螺栓的抗拉承载力有所下降。因此如果在设计中不计算撬力 $Q$，应使 $N_t\leqslant 0.5P$ 或者增大 T 形连接件翼缘板的刚度。分析表明当翼缘板的厚度 $t_1$ 不小于 2 倍螺栓直径时，螺栓中一般不产生撬力，但实际工程中很难满足这一条件，故一般采用设置加劲肋（图 4-53）来增大 T 形连接件翼缘板的刚度。

在直接承受动力荷载的结构中，由于高强度螺栓连接受拉时的疲劳强度较低，每个高强度螺栓的外拉力不宜超过 $0.6P$，当需考虑撬力影响时外拉力还应降低。

（2）高强度螺栓承压型连接

尽管高强度螺栓承压型连接的预拉力 $P$ 的施拧工艺和设计预拉力值大小与高强度螺栓摩擦型连接相同，但考虑到高强度螺栓承压型连接的设计准则与普通螺栓类似，故其抗拉承载力设计值 $N_t^b$ 采用与普通螺栓相同的计算公式 $N_t^b = A_e f_t^b$（注意强度设计值 $f_t^b$ 取值不同），不过按此式计算得到的结果与 $0.8P$ 相差不大。

### 4.7.4　高强度螺栓受拉剪共同作用

（1）高强度螺栓摩擦型连接

如前所述，当螺栓连接所受外拉力 $N_t \leqslant 0.8P$ 时，螺杆中的预拉力 $P$ 基本不变，但板层间压力将减小到 $P-N_t$。试验研究表明，这时接触面的抗滑移系数 $\mu$ 也有所降低，而且 $\mu$ 值随 $N_t$ 的增大而减小。将 $N_t$ 乘以 1.125 的系数来考虑 $\mu$ 值降低的不利影响，故采用标准孔时，单个高强度螺栓摩擦型连接有拉力作用时的抗剪承载力设计值为：

$$N_v^b = 0.9 n_f \mu (P - 1.125 \times 1.111 N_t) = 0.9 n_f \mu (P - 1.25 N_t) \tag{4-63}$$

式中的 1.111 为抗力分项系数 $\gamma_R$。式（4-63）通过变化后，可以简化成下列直线相关公式（4-64）的形式：

$$\frac{N_v}{N_v^b} + \frac{N_t}{N_t^b} \leqslant 1 \tag{4-64}$$

式中　$N_v$、$N_t$——单个高强度螺栓所承受的剪力和拉力；

$N_v^b$——单个高强度螺栓抗剪承载力设计值，$N_v^b = 0.9 n_f \mu P$，对于非标准孔引入孔型系数 $k$ 得：$N_v^b = 0.9 k n_f \mu P$；

$N_t^b$——单个高强度螺栓抗拉承载力设计值，$N_t^b = 0.8P$。

将 $N_v^b$ 和 $N_t^b$ 代入公式（4-64），并令推导得出的 $0.9 n_f \mu (P - 1.25 N_t)$ 为 $N_{v,t}^b$，即可得到公式（4-63），可见二者是等效的，《钢结构设计标准》GB 50017 中采用公式（4-64）进行计算。

（2）高强度螺栓承压型连接

同时承受剪力和杆轴方向拉力的高强度螺栓承压型连接的计算方法与普通螺栓相同，即：

$$\sqrt{\left(\frac{N_v}{N_v^b}\right)^2 + \left(\frac{N_t}{N_t^b}\right)^2} \leqslant 1 \tag{4-65}$$

高强度螺栓承压型连接只承受剪力时，由于板层间存在着由高强度螺栓预拉力产生的强大压紧力，当板层间的摩擦力被克服，螺杆与孔壁接触挤压时，板件孔前区形成三向压应力场，因而高强度螺栓承压型连接的承压强度比普通螺栓高得多（两者相差约 50%）。但当高强度螺栓承压型连接同时受有沿杆轴方向的拉力时，由于板层间压紧力随外拉力的增加而减小，因而其承压强度设计值也随之降低。

为了计算简便，《钢结构设计标准》GB 50017 规定只要有外拉力存在，就将承压强度设计值除以 1.2 予以降低，而忽略承压强度设计值随外拉力大小而变化这一因素。因为所有高强度螺栓的外拉力一般均不大于 $0.8P$，此时整个板层间始终处于紧密接触状态，采用统一除以 1.2 的做法来降低承压强度，一般能保证安全。

因此对于兼受剪力和杆轴方向拉力的高强度螺栓承压型连接，除按式（4-65）计算螺栓的强度外，尚应按下式计算孔壁承压：

$$N_v \leqslant N_c^b / 1.2 = \frac{1}{1.2} d \sum t \cdot f_c^b \tag{4-66}$$

式中　$N_c^b$——只承受剪力时孔壁承压承载力设计值；

$f_c^b$——高强度螺栓承压型连接的承压强度设计值，按附录附表 1-3 取值。

### 4.7.5　单个螺栓连接承载力设计值公式汇总

根据前述分析，现将各种受力情况的单个螺栓连接（包括普通螺栓和高强度螺栓）承载力设计值的计算式汇总于表 4-11 中以便对照和应用。

| 序号 | 连接种类 | 受力状态 | 计算式 | 备注 |
|---|---|---|---|---|
| 1 | 普通螺栓连接 | 受剪 | $N_v^b = n_v \dfrac{\pi d^2}{4} f_v^b$ <br> $N_c^b = d \sum t \cdot f_c^b$ | 取 $N_v^b$ 与 $N_c^b$ 中较小值 |
| | | 受拉 | $N_t^b = \dfrac{\pi d_e^2}{4} f_t^b$ | |
| | | 兼受剪拉 | $\sqrt{\left(\dfrac{N_v}{N_v^b}\right)^2 + \left(\dfrac{N_t}{N_t^b}\right)^2} \leqslant 1$ <br> $N_v \leqslant N_c^b$ | |
| 2 | 高强度螺栓摩擦型连接 | 受剪 | $N_v^b = 0.9 k n_f \mu P$ | |
| | | 受拉 | $N_t^b = 0.8P$ | |
| | | 兼受剪拉 | $\dfrac{N_v}{N_v^b} + \dfrac{N_t}{N_t^b} \leqslant 1$ <br> $N_t \leqslant 0.8P$ | |
| 3 | 高强度螺栓承压型连接 | 受剪 | $N_v^b = n_v \dfrac{\pi d^2}{4} f_v^b$ <br> $N_c^b = d \sum t \cdot f_c^b$ | 当剪切面在螺纹处时 <br> $N_v^b = n_v \dfrac{\pi d_e^2}{4} f_v^b$ |
| | | 受拉 | $N_t^b = \dfrac{\pi d_e^2}{4} f_t^b$ | |
| | | 兼受剪拉 | $\sqrt{\left(\dfrac{N_v}{N_v^b}\right)^2 + \left(\dfrac{N_t}{N_t^b}\right)^2} \leqslant 1$ <br> $N_v \leqslant N_c^b / 1.2$ | |

### 4.7.6 高强度螺栓连接计算的应用举例

4.7.6.1 高强度螺栓群承受轴心剪力作用（例 4-14）

【例 4-14】试设计一双盖板拼接的钢板连接。钢材为 Q235B，高强度螺栓为 8.8 级的 M20，螺孔为标准孔，连接处构件接触面采用喷砂处理，作用在螺栓群连接形心处的轴心拉力设计值 $N = 800\text{kN}$，试设计此连接。

【解】（1）采用摩擦型连接时

由表 4-9 查得 8.8 级 M20 高强度螺栓的预拉力 $P = 125\text{kN}$，由表 4-10 查得对于 Q235 钢材接触面作喷砂处理时 $\mu = 0.40$。

单个螺栓的抗剪承载力设计值为：

$$N_v^b = 0.9 k n_f \mu P = 0.9 \times 1 \times 2 \times 0.40 \times 125 = 90.0 \text{kN}$$

所需螺栓数：

$$n = \frac{N}{N_v^b} = \frac{800}{90.0} = 8.9，取 9 个。$$

螺栓排列如图 4-64（a）所示。

（2）采用承压型连接时

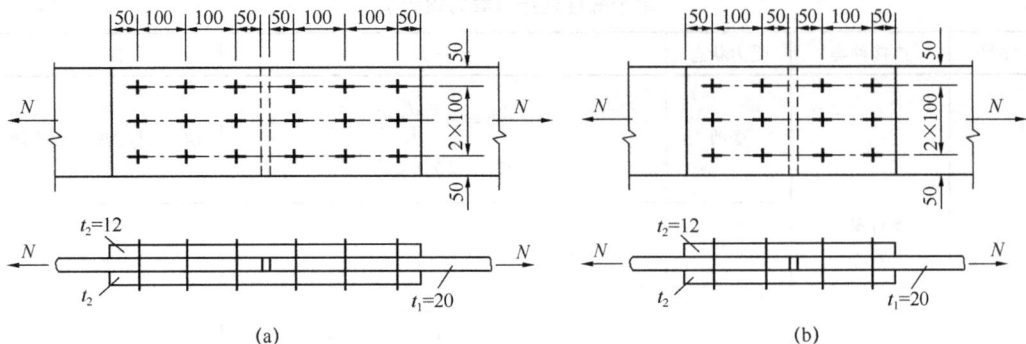

图 4-64　例 4-14 图

(a) 摩擦型连接；(b) 承压型连接

单个螺栓的抗剪承载力设计值为：

$$N_v^b = n_v \frac{\pi d^2}{4} f_v^b = 2 \times \frac{3.14 \times 20^2}{4} \times 250 = 157.0 \text{kN}$$

$$N_c^b = d \sum t \cdot f_c^b = 20 \times 20 \times 470 = 188.0 \text{kN}$$

所需螺栓数：

$$n - \frac{N}{N_{min}^b} - \frac{800}{157.0} - 5.1，取 6 个$$

螺栓排列如图 4-64(b) 所示。

4.7.6.2　高强度螺栓群承受扭矩作用或扭矩、剪力共同作用

高强度螺栓群在扭矩作用或扭矩、剪力共同作用时的抗剪计算方法与普通螺栓群相同，但应采用高强度螺栓承载力设计值进行计算。

4.7.6.3　高强度螺栓群承受轴心拉力作用

高强度螺栓群承受轴心拉力作用时所需螺栓数目：

$$n \geqslant \frac{N}{N_t^b}$$

式中　$N_t^b$——沿杆轴方向受拉力时，单个高强度螺栓（摩擦型连接或承压型连接）的承载力设计值（见表 4-11）。

4.7.6.4　高强度螺栓群弯矩受拉

高强度螺栓连接（包括摩擦型和承压型）的外拉力 $N_t$ 设计要求总是小于等于 $0.8P$，在连接受弯矩而使螺栓沿螺杆方向受力时，被连接构件的接触面仍一直保持紧密贴合，因此可认为中和轴在螺栓群的形心轴上（图 4-65），而最外排螺栓受力最大。按照普通螺栓群小偏心受拉中关于弯矩使螺栓产生最大拉力的推导方法，同样可得高强度螺栓群弯矩受拉时的最大拉力及其计算式为：

$$N_1 = \frac{M y_1}{\sum y_i^2} \leqslant N_t^b \tag{4-67}$$

式中　$y_1$——螺栓群形心轴至最外排螺栓的距离；

$\sum y_i^2$——形心轴上、下每个螺栓至形心轴距离的平方和。

需要明确的是，式（4-67）计算的 $N_1$ 实际上是由弯矩产生的作用于高强度螺栓连接

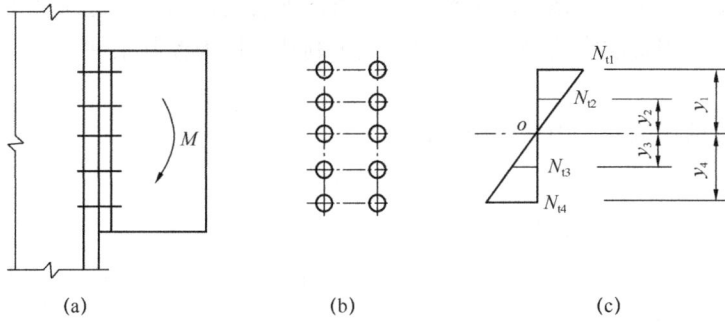

图 4-65　承受弯矩的高强度螺栓连接

的最大外拉力，而不是螺栓杆实际受到的拉力。由前述可知，此时螺栓杆受到的拉力基本上保持着预拉力 $P$ 的大小不变。式（4-67）计算的目的就是为了确保在外拉力作用下，每个螺栓环周边区域板件间的压紧力仍然存在，而不是直接验算螺栓杆本身。

#### 4.7.6.5　高强度螺栓群偏心受拉

高强度螺栓群偏心受拉时，螺栓的最大设计外拉力不会超过 $0.8P$，板层间始终保持紧密贴合，端板不会被拉开，故高强度螺栓摩擦型连接和高强度螺栓承压型连接均可按普通螺栓连接小偏心受拉计算，即：

$$N_1 = \frac{N}{n} + \frac{Ne}{\sum y_i^2} y_1 \leqslant N_t^b \tag{4-68}$$

#### 4.7.6.6　高强度螺栓群受拉弯剪共同作用（例 4-15）

（1）高强度螺栓摩擦型连接

图 4-66 所示为高强度螺栓摩擦型连接承受拉力、弯矩和剪力共同作用时的情况。由前述可知，高强度螺栓摩擦型连接承受剪力和拉力联合作用时，其单个螺栓的承载力计算可按相关公式（4-64）：

$$\frac{N_v}{N_v^b} + \frac{N_t}{N_t^b} \leqslant 1$$

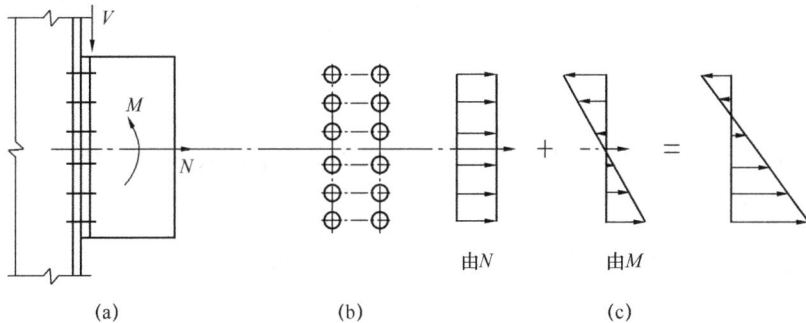

图 4-66　高强度螺栓摩擦型连接的应力

在剪力 $V$ 作用下，各螺栓平均受剪力 $N_v = V/n$，$n$ 为螺栓数量；在弯矩 $M$ 及拉力 $N$ 共同作用下，由图 4-66(c) 可知，每行螺栓所受外拉力 $N_{ti}$ 各不相同。对此连接螺栓群可找出其受拉最大处的最不利螺栓，将该螺栓的拉力 $N_{t1}$ 以及平均剪力 $N_{v1}$ 带入公式（4-64）

进行计算。如果受力最不利螺栓满足承载力要求，则表明该高强度螺栓群在拉弯剪共同作用下也满足要求。需要注意的是，该方法以最不利螺栓作为控制条件，对于整个螺栓群而言是偏安全的。

此外，螺栓的最大外拉力尚应满足：

$$N_{ti} \leqslant N_t^b$$

（2）高强度螺栓承压型连接

对高强度螺栓承压型连接，应按表 4-11 中的相应公式计算螺栓杆的抗拉、抗剪强度，即按式（4-65）计算：

$$\sqrt{\left(\frac{N_v}{N_v^b}\right)^2 + \left(\frac{N_t}{N_t^b}\right)^2} \leqslant 1$$

同时还应按式（4-66）验算孔壁承压：

$$N_v \leqslant N_c^b / 1.2$$

式中的 1.2 为承压强度设计值降低系数。

【例 4-15】图 4-67 所示高强度螺栓摩擦型连接，图中内力均为设计值。被连接构件的钢材为 Q235B，螺栓为 10.9 级 M20，螺孔为标准孔，接触面采用喷砂处理，试验算此连接的承载力。

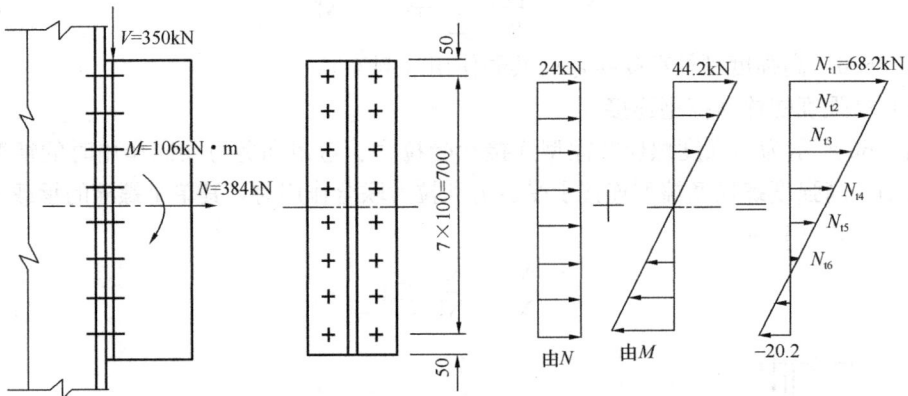

图 4-67 例 4-15 图

【解】由表 4-9 和表 4-10 查得预拉力 $P = 155$kN，抗滑系数 $\mu = 0.40$。

单个螺栓的最大外拉力为：

$$N_{t1} = \frac{N}{n} + \frac{My_1}{\sum y_i^2} = \frac{384 \times 10^3}{16} + \frac{106 \times 10^6 \times 350}{2 \times 2 \times (350^2 + 250^2 + 150^2 + 50^2)}$$

$$= 24.0\text{kN} + 44.2\text{kN} = 68.2\text{kN} < 0.8P = 124\text{kN}$$

对受力最不利的单个螺栓进行验算，可知最不利螺栓为螺栓群上部最外排螺栓，其对应的内力设计值及单个螺栓承载力为：

$$N_{v1} = 350/16 = 21.9\text{kN}$$

$$N_{t1} = 68.2\text{kN}$$

$$N_t^b = 0.8P = 0.8 \times 155 = 124.0 \text{kN}$$

$$N_v^b = 0.9 k n_f \mu P = 0.9 \times 1 \times 1 \times 0.40 \times 155 = 55.8 \text{kN}$$

将以上计算结果代入式（4-64）计算，可得：

$$\frac{N_{v1}}{N_v^b} + \frac{N_{t1}}{N_t^b} = \frac{21.9}{55.8} + \frac{68.2}{124.0} = 0.94 < 1,$$

满足要求。

## 习　题

4.1　试设计双角钢与节点板的角焊缝连接（图 4-68）。钢材为 Q235B，焊条为 E43 型的非低氢型焊条，手工焊，焊前不预热。轴心力设计值 $N = 1000 \text{kN}$，分别采用三面围焊和两面侧焊进行设计。

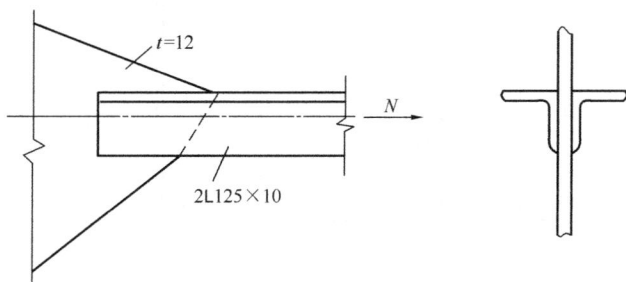

图 4-68　习题 4.1 图

4.2　试求图 4-69 所示连接的最大设计荷载。钢材 Q235B，焊条 E43 型，手工焊，角焊缝焊脚尺寸 $h_f = 8 \text{mm}$，$e_1 = 300 \text{mm}$。

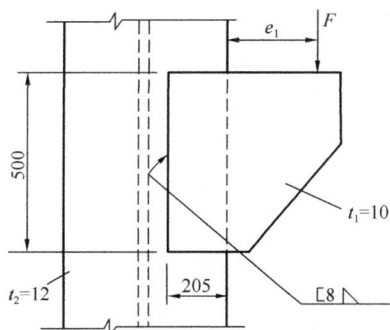

图 4-69　习题 4.2 图

4.3　试设计如图 4-70 所示牛腿与连接角焊缝①、②、③。钢材为 Q235B，焊条 E43 型的非低氢型焊条，手工焊，焊前不预热。

4.4　习题 4.3 的连接中，如将焊缝②及焊缝③改为对接焊缝（按三级质量标准检验），试求该连接的最大荷载。

4.5　焊接工字形梁在腹板上设一道拼接的对接焊缝（图 4-71），拼接处作用有弯矩设计值 $M = 1122 \text{kN} \cdot \text{m}$，剪力设计值 $V = 374 \text{kN}$，钢材为 Q235B，焊条 E43 型，半自动焊，三级检验标准，试验算该焊缝的强度。

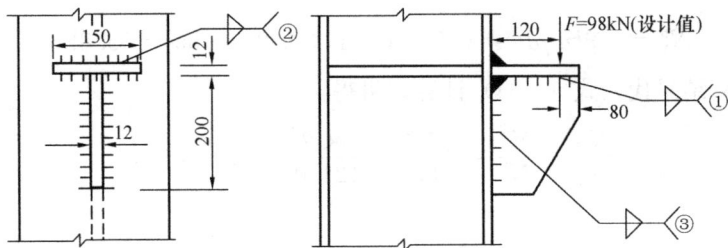

图 4-70 习题 4.3 图

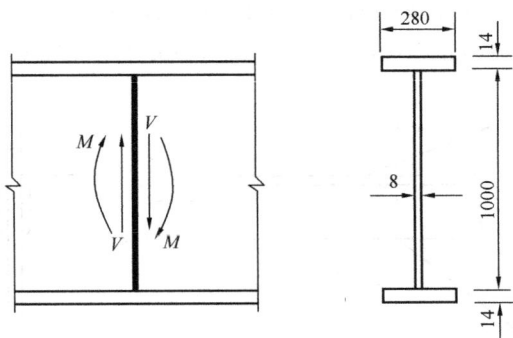

图 4-71 习题 4.5 图

4.6 试设计图 4-69 的粗制螺栓连接，$F=100$kN（设计值），$e_1=300$mm。

4.7 如图 4-72 所示构件连接，钢材为 Q235B，螺栓为粗制螺栓，$d_1=d_2=170$mm。试设计：
① 角钢与连接板的螺栓连接；
② 竖向连接板与柱翼缘板的螺栓连接。

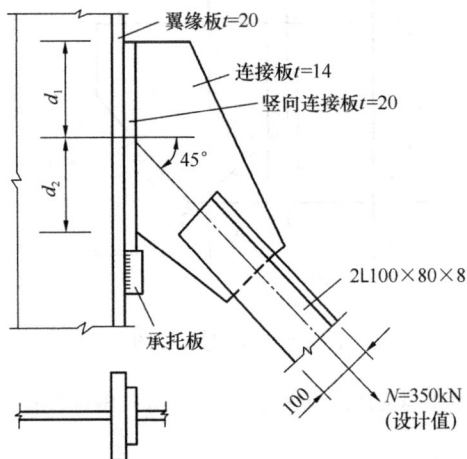

图 4-72 习题 4.7 图

4.8 按高强度螺栓摩擦型连接设计习题 4.7 中所要求的连接（取消承托板），螺栓强度级别及接触面处理方式自选。试分别按①$d_1=d_2=170$mm；②$d_1=150$mm，$d_2=190$mm 两种情况进行设计。

4.9 按高强度螺栓承压型连接设计习题 4.7 中角钢与连接板的连接。螺栓强度级别及接触面处理方式自选。

4.10 图 4-73 的牛腿用 2L100×20（由大角钢截得）及 10.9 级 M22 高强度螺栓与柱相连，要求按摩擦型连接设计，构件钢材为 Q235B，接触面采用喷砂处理，要求确定连接角钢两个肢上的螺栓数目。

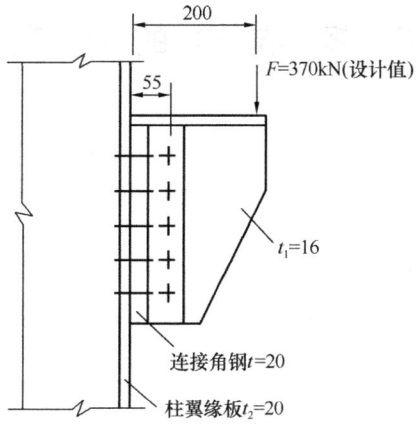

图 4-73 习题 4.10 图

# 5 钢 结 构 的 稳 定

在荷载作用下，钢结构的外力和内力必须保持平衡。但平衡状态有稳定和不稳定之分，当为不稳定平衡时，轻微扰动将使结构或其组成构件产生很大的变形而最后丧失承载能力，这种现象就称为失去稳定性。在钢结构工程事故中，因失稳导致破坏者较为常见。近几十年来，由于结构形式的不断发展和较高强度钢材的应用，使构件更超轻型而薄壁，更容易出现失稳现象，因而对结构稳定性的研究以及对结构稳定知识的掌握也就更有必要。

## 5.1 受压构件的弯曲失稳

### 5.1.1 理想轴心受压构件的弯曲屈曲

所谓理想轴心压杆就是假定杆件完全挺直、荷载沿杆件形心轴作用，杆件在受荷之前没有初始应力，也没有初弯曲和初偏心等缺陷，截面沿杆件是均匀的。如果此种杆件失稳，可叫作发生屈曲。屈曲形式可分为三种，即：

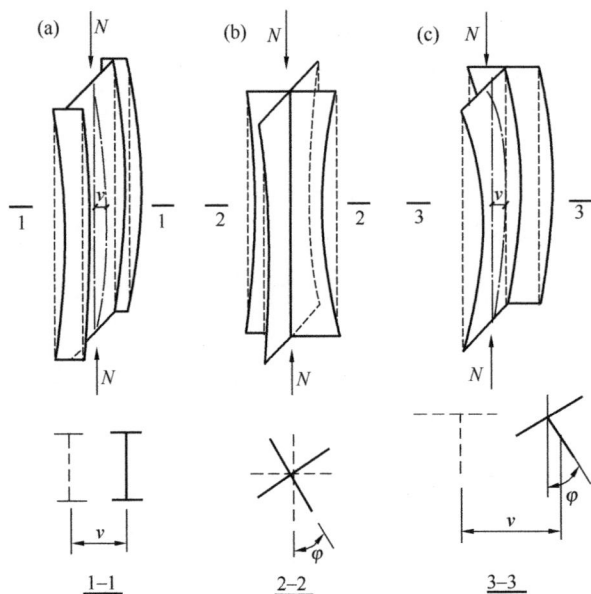

图 5-1 轴心压杆的屈曲变形
(a) 弯曲屈曲；(b) 扭转屈曲；(c) 弯扭屈曲

（1）弯曲屈曲：屈曲时只发生弯曲变形，杆件的截面只绕一个主轴旋转，杆的纵轴由直线变为曲线，这是双轴对称截面最常见的屈曲形式。图 5-1(a) 就是两端铰支（即支承端能自由绕截面主轴转动但不能侧移和扭转）工字形截面压杆发生绕弱轴（$y$ 轴）的弯曲屈曲情况。

（2）扭转屈曲：失稳时杆件除支承端外的各截面均绕纵轴扭转，这是某些双轴对称截面压杆可能发生的屈曲形式。图 5-1(b) 为长度较小的十字形截面杆件可能发生的扭转屈曲情况。

（3）弯扭屈曲：单轴对称截面绕对称轴屈曲时，杆件在发生弯曲变形的同时必然伴随着扭转。图 5-1(c) 即 T 字形截面的弯扭屈曲情况。

这三种屈曲形式中最基本的而且是最简单的屈曲形式是弯曲屈曲。这一节主要叙述轴心受压构件的弯曲屈曲问题。轴心受压构件的扭转屈曲和弯扭屈曲将在本章 5.3 节加以阐述。

### 5.1.1.1 轴心压杆的弹性弯曲屈曲

如图 5-2 所示两端铰支的理想细长压杆，当压力 $N$ 较小时，杆件只有轴向压缩变形，杆轴保持平直。如有干扰使之微弯，干扰撤去后，杆件就恢复原来的直线状态，这表示荷载对微弯杆各截面的外力矩小于各截面的抵抗力矩，直线状态的平衡是稳定的。当逐渐加大 $N$ 到某一数值时，如有干扰，杆件就可能微弯，而撤去此干扰后，杆件仍然保持微弯状态不再恢复其原有的直线状态（图 5-2），这时除直线形式的平衡外，还存在微弯状态下的平衡位置。这种现象称为平衡的"分枝"，而且此时外力和内力的平衡是随遇的，叫作随遇平衡或中性平衡。当外力 $N$ 超过此数值时，微小的干扰将使杆件产生很大的弯曲变形随即破坏，此时的平衡是不稳定的，即杆件"屈曲"。中性平衡状态是从稳定平衡过渡到不稳定平衡的一个临界状态，所以称此时的外力 $N$ 值为临界力。此临界力可定义为理想轴心压杆呈微弯状态的轴心压力。

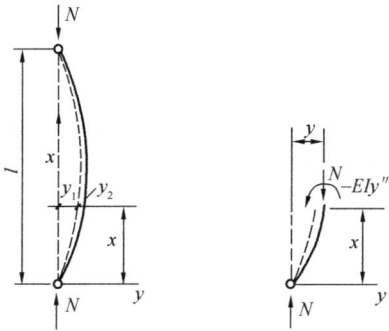

图 5-2 两端铰支轴心压杆的临界状态

轴心压杆发生弯曲时，截面中将引起弯矩 $M$ 和剪力 $V$，任一点由弯矩产生的变形为 $y_1$，由剪力产生的变形为 $y_2$（图 5-2），则总变形为 $y = y_1 + y_2$。

由材料力学知：

$$\frac{\mathrm{d}^2 y_1}{\mathrm{d}x^2} = -\frac{M}{EI} \tag{5-1}$$

而剪力 $V$ 产生的轴线转角为：

$$\gamma = \frac{\mathrm{d}y_2}{\mathrm{d}x} = \frac{\beta}{GA} \cdot V = \frac{\beta}{GA} \cdot \frac{\mathrm{d}M}{\mathrm{d}x} \tag{5-2}$$

式中　$A$、$I$——杆件截面积和惯性矩；

　　　$E$、$G$——材料弹性模量和剪变模量；

　　　$\beta$——与截面形状有关的系数。

因为 $\dfrac{\mathrm{d}^2 y_2}{\mathrm{d}x^2} = \dfrac{\beta}{GA} \cdot \dfrac{\mathrm{d}^2 M}{\mathrm{d}x^2}$，所以

$$\frac{\mathrm{d}^2 y}{\mathrm{d}x^2} = \frac{\mathrm{d}^2 y_1}{\mathrm{d}x^2} + \frac{\mathrm{d}^2 y_2}{\mathrm{d}x^2} = -\frac{M}{EI} + \frac{\beta}{GA} \cdot \frac{\mathrm{d}^2 M}{\mathrm{d}x^2} \tag{5-3}$$

由于 $M = N \cdot y$，得：

$$\frac{\mathrm{d}^2 y}{\mathrm{d}x^2} = -\frac{N}{EI} \cdot y + \frac{\beta N}{GA} \cdot \frac{\mathrm{d}^2 y}{\mathrm{d}x^2}$$

$$y''\left(1 - \frac{\beta N}{GA}\right) + \frac{N}{EI} \cdot y = 0 \tag{5-4}$$

令 $k^2 = \dfrac{N}{EI\left(1 - \dfrac{\beta N}{GA}\right)}$，则：

$$y'' + k^2 y = 0 \tag{5-5}$$

这是常系数线性二阶齐次方程，其通解为：

$$y = A\sin kx + B\cos kx \tag{5-6}$$

将边界条件 $x = 0$ 时 $y = 0$ 代入，得 $B = 0$，从而

$$y = A\sin kx \tag{5-7}$$

又由边界条件 $x = l$ 时 $y = 0$，得：

$$A\sin kl = 0 \tag{5-8}$$

使此式成立的条件：一是 $A = 0$；二是 $\sin kl = 0$。$A = 0$ 叫明显解，由式（5-7）知 $y = 0$，杆件保持挺直，这与微弯的前提相悖，不是我们所需要的解。所以应取 $\sin kl = 0$ 为解，从而得 $kl = n\pi (n = 1, 2, 3, \cdots)$，取最小值 $n = 1$，得 $kl = \pi$，即 $k^2 = \pi^2/l^2$，由

$$k^2 = \frac{N}{EI\left(1 - \dfrac{\beta N}{GA}\right)} = \frac{\pi^2}{l^2} \tag{5-9}$$

解出 $N$ 即为中性平衡（或屈曲）的临界力 $N_{cr}$：

$$N_{cr} = \frac{\pi^2 EI}{l^2} \cdot \frac{1}{1 + \dfrac{\pi^2 EI}{l^2} \cdot \dfrac{\beta}{GA}} = \frac{\pi^2 EI}{l^2} \cdot \frac{1}{1 + \dfrac{\pi^2 EI}{l^2} \cdot \gamma_1} \tag{5-10}$$

式中　$\gamma_1$——单位剪力时的轴线转角，$\gamma_1 = \beta/(GA)$；

　　　$l$——两端铰支杆的长度。

又由式（5-7）得到两端铰支杆的挠曲曲线方程为：

$$y = A \cdot \sin \pi x / l \tag{5-11}$$

式中　$A$——杆长中点挠度，是很微小的不定值。

临界状态时的截面平均应力称为临界应力 $\sigma_{cr}$：

$$\sigma_{cr} = \frac{N_{cr}}{A} = \frac{\pi^2 E}{\lambda^2} \cdot \frac{1}{1 + \dfrac{\pi^2 EA}{\lambda^2} \cdot \gamma_1} \tag{5-12}$$

式中　$\lambda$——杆件的长细比，$\lambda = l/i$；

　　　$i$——截面对应于屈曲轴的回转半径，$i = \sqrt{I/A}$。

通常剪切变形的影响较小，分析认为，对实腹构件略去剪切变形，临界力或临界应力只相差3‰左右。若只考虑弯曲变形，则上述临界力和临界应力一般称为欧拉临界力 $N_E$ 和欧拉临界应力 $\sigma_E$，它们的表达式为：

$$N_{cr} = N_E = \frac{\pi^2 EI}{l^2} = \frac{\pi^2 EA}{\lambda^2} \tag{5-13}$$

$$\sigma_{cr} = \sigma_E = \frac{\pi^2 E}{\lambda^2} \tag{5-14}$$

在上述临界力和临界应力的推导中，假定 $E$ 为常量（即材料符合虎克定律），因此要求临界应力 $\sigma_{cr}$ 不超过材料的比例极限 $f_p$，即：

$$\sigma_{cr} = \frac{\pi^2 E}{\lambda^2} \leqslant f_p \tag{5-15}$$

或长细比

$$\lambda \geqslant \lambda_p = \pi \sqrt{\frac{E}{f_p}} \tag{5-16}$$

### 5.1.1.2 轴心压杆的弹塑性弯曲屈曲

当杆件的长细比 $\lambda < \lambda_p$ 时，临界应力超过了材料的比例极限 $f_p$，进入弹塑性阶段。由于截面的应力—应变关系是非线性的，确定杆件的临界力较为困难。对于这个问题，历史上曾出现过两种理论来解决。

（1）双模量理论

图 5-3 表示材料的应力—应变曲线，在比例极限 $f_p$ 以前为一直线，其斜率为一常量，即弹性模量 $E$；在 $f_p$ 以后为一曲线，其切线斜率随应力的大小而变化，令斜率为 $d\sigma/d\varepsilon = E_t$，叫切线模量。

双模量理论认为理想轴心压杆在微弯的中性平衡时，截面的平均应力（临界应力 $\sigma_{cr}$）要叠加上弯曲应力。若 $\sigma_{cr}$ 已超过钢材的比例极限，则构件的凹边应力由于构件弯曲将有所增加，而凸边应力由于构件的弯曲将有所减少，也就是由于构件的弯曲使凹边"加载"，使凸边"卸载"。弯曲受压侧的纤维所增加的应力应遵循相应于切线模量 $E_t$ 的规律，其分布图形如图 5-4(c) 虚线的左侧所示。但因杆件是微弯，弯曲应力与轴心应力 $\sigma_{cr}$ 相比是微小的，可近似取为直线分布，即取相应于 $\sigma_{cr}$ 时的 $d\sigma/d\varepsilon$ 作为整个弯曲压应力区域的 $E_t$。弯曲受拉侧的纤维则发生了应力的退降，而应力退降是遵循着弹性规律的，因而其弯曲拉应力的图形（图 5-4c 右侧）将具有相应于弹性模量 $E$ 的变化规律。因为 $E_t < E$，而两侧弯曲应力拉、压之和绝对值应相等，所以中和轴应由形心轴向受拉纤维一侧移动。

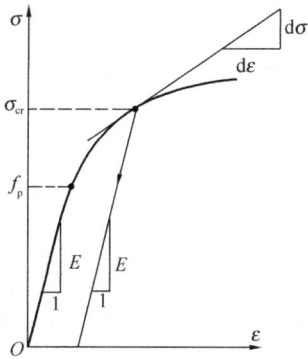

图 5-3　应力—应变曲线图　　　　图 5-4　双模量理论

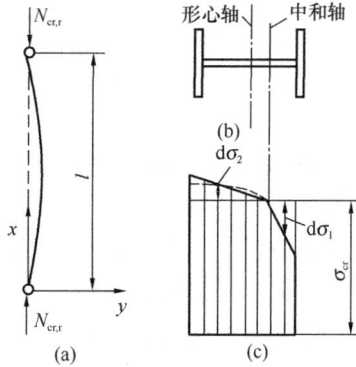

令 $I_1$ 为应力退降区截面对中和轴的惯性矩，$I_2$ 为弯曲受压区截面对中和轴的惯性矩，则可像弹性屈曲那样建立微分方程。若忽略剪切变形的影响，内外弯矩的平衡方程为：

$$-(EI_1 + E_t I_2) y'' = N \cdot y \tag{5-17}$$

解此微分方程，得理想轴心压杆微弯状态的弹塑性临界力为：

$$N_{cr,r} = \frac{\pi^2 (EI_1 + E_t I_2)}{l^2} = \frac{\pi^2 E_r I}{l^2} \tag{5-18}$$

式中　$E_r$——折算模量，$E_r = (EI_1 + E_tI_2)/I$。

（2）切线模量理论

切线模量理论假设，当轴心力达到临界压力 $N_{cr,t}$ 时，杆件还保持顺直，但微弯时，轴心力增加了 $\Delta N$；同时还假设，虽然 $\Delta N$ 很小，但所增加的平均压应力恰好等于截面凸侧所产生的弯曲拉应力。因此认为全截面各处都是应变和应力增加，没有退降区，这就使切线模量 $E_t$ 通用于全截面（图5-5）。

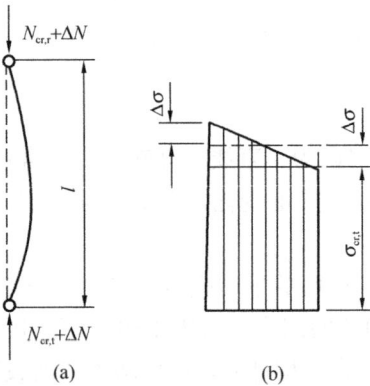

图 5-5　切线模量理论

由于 $\Delta N$ 可以比 $N_{cr,t}$ 小得多，故仍取 $N_{cr,t}$ 作为本理论的临界力，又由于整个截面采用了同一个切线模量，所以中和轴与形心轴重合。与弹性屈曲情况相比，切线模量理论可只用切线模量 $E_t$ 代替弹性模量 $E$，因此得临界力和临界应力分别为：

$$N_{cr,t} = \frac{\pi^2 E_t I}{l^2} \qquad (5-19)$$

$$\sigma_{cr,t} = \frac{\pi^2 E_t}{\lambda^2} \qquad (5-20)$$

由于切线模量 $E_t$ 小于折算模量 $E_r$，所以切线模量临界力 $N_{cr,t}$ 肯定小于双模量临界力 $N_{cr,r}$。

切线模量理论是由德国科学家恩格赛尔（F. Engesser）于 1889 年首先提出，随后他于 1895 年根据雅辛斯基的建议，考虑"弹性卸载"提出了双模量理论。此后几十年一直认为双模量理论是正确的，但是许多柱子试验的结果却又与切线模量的计算结果更为接近。这个问题长期得不到满意的解释。直到 1947 年香来（Shanley）才利用其有名的模型成功地解释了这个问题。他认为到达切线模量荷载后，柱子开始屈曲，在屈曲过程中轴心压力仍有微小的增加，柱子凸边由于弯曲引起的纤维拉应力若小于继续加荷时引起的轴心压应力，则在柱子的凸边不存在如折算模量理论中所谓的"卸载"现象。因此在理想轴心压杆弹塑性阶段，切线模量理论更有实用价值。

### 5.1.2　初始缺陷对压杆稳定的影响

以上介绍的轴心压杆屈曲都是针对理想的直杆并承受绝对沿轴心的压力，又毫无初始应力的前提下进行分析的。实际的压杆与理想的压杆不一样，不可避免地存在初始缺陷。这些缺陷有力学缺陷和几何缺陷两种。力学缺陷包括残余应力和截面各部分屈服点不一致等；几何缺陷包括初弯曲和加载偏心等。其中对压杆弯曲失稳影响最大的是残余应力、初弯曲和初偏心。

5.1.2.1　残余应力的影响

我们知道，建筑钢材小试件的应力—应变曲线可认为是理想弹塑性形状，即可假定比例极限 $f_p$ 与屈服点 $f_y$ 相等（图5-6a），也就是在屈服点 $f_y$ 之前为完全弹性，应力达到 $f_y$ 就呈完全塑性。从理论上来说，压杆临界应力与长细比的关系曲线（柱子曲线）应如图5-6(b) 所示，即：

当 $\lambda \geqslant \pi\sqrt{E/f_y}$ 时为欧拉曲线；当 $\lambda < \pi\sqrt{E/f_y}$ 时，则由屈服条件 $\sigma_{cr} = f_y$ 控制，为一水平线。

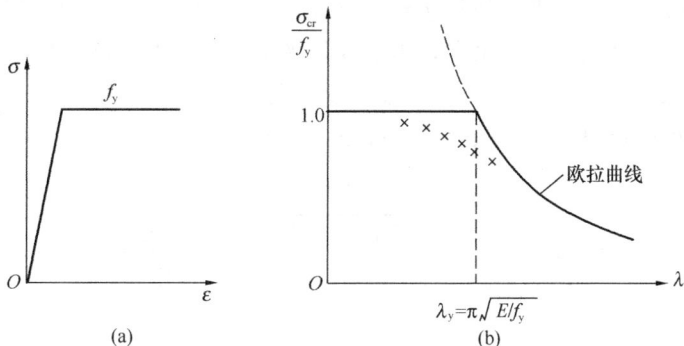

图 5-6 理想弹塑性材料的应力—应变曲线和柱子曲线

但是，一般压杆的试验结果却常处于图 5-6(b) 用"×"标出的位置，它们明显地比上述理论值低。在一个时期内，人们用试件的初弯曲和初偏心来解释这些试验结果，后来在 20 世纪 50 年代初期，人们才发现试验结果偏低的原因还有残余应力的影响，而且对有些压杆残余应力的影响是最主要的。

（1）残余应力产生原因和分布

残余应力是杆件截面内存在的自相平衡的初始应力。其产生的原因有：①焊接时的不均匀加热和不均匀冷却，这是焊接结构最主要的残余应力，在第 3 章已作过介绍；②型钢热轧后的不均匀冷却；③板边缘经火焰切割后的热塑性收缩；④构件经冷校正产生的塑性变形。

残余应力有平行于杆轴方向的纵向残余应力、垂直于杆轴方向的横向残余应力及沿板件厚度方向分布的残余应力 3 种。厚度方向的残余应力一般只对板厚大于 40mm 的厚板截面有影响，横向残余应力的绝对值一般很小，而且对杆件承载力的影响甚微，故通常只考虑纵向残余应力。图 5-7 为轧制 H 型钢量测得到的纵向残余应力示例。拉应力取正值，压应力取负值。

根据实际情况测定的残余应力分布图一般是比较复杂而离散的，不便于分析时采用。因此，通常是将残余应力分布图进行简化，得出其计算简图。结构分析时采用的纵向残余应力计算简图，一般由直线或简单的曲线组成，如图 5-8 所示。其中图 5-8(a) 是轧制普通工字钢，腹板较薄，热轧后首先冷却；翼缘在冷却收缩过程中受到腹板的约束，因此翼缘中产生纵向残余拉应力，而腹板中部受到压缩作用产生纵向压应力。图 5-8(b) 是轧制 H 型钢，由于翼缘较宽，其端部先冷却，因此具有残余压应力，其值为 $\sigma_{rc} = 0.3f_y$ 左右（$f_y$ 为钢材屈服点），而残余应力在翼缘宽度上的分布，西欧各国常假设为抛物线，而美国则常取为直线。图 5-8(c) 为翼缘是轧制边或剪切边的焊接工字形截面，其

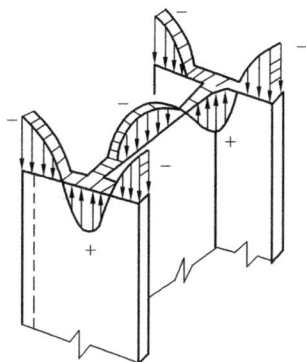

图 5-7　H 型钢的纵向
残余应力示例

残余应力分布情况与轧制 H 型钢类似，但翼缘与腹板连接处的残余拉应力通常达到钢材屈服点。图 5-8(d) 为翼缘是火焰切割边的焊接工字形截面，翼缘端部和翼缘与腹板连接

101

处都产生残余拉应力，而后者也经常达到钢材屈服点。图 5-8（e）是焊接箱形截面，焊缝处的残余拉应力也达到钢材的屈服点，为了互相平衡，板的中部自然产生残余压应力。图 5-8(f) 是轧制等边角钢。以上的残余应力一般假设沿厚度方向不变，板内外都是同样的分布图形。但此种假设只在板件较薄的情况下才能成立。

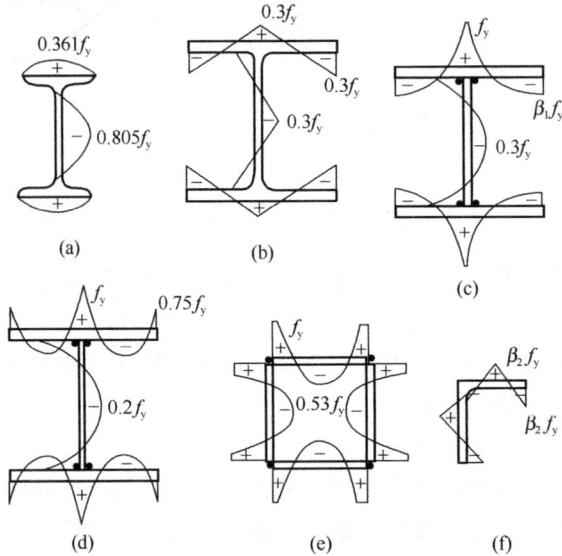

图 5-8　纵向残余应力简化图（$\beta_1 = 0.3 \sim 0.6$，$\beta_2 \approx 0.25$）

对厚板组成的截面，残余应力沿厚度方向有较大变化，不能忽视。图 5-9（a）为轧制厚板焊接的工字形截面，翼缘板外表面具有残余压应力，端部压应力可能达到屈服点；翼缘板的内表面与腹板连接焊缝处有较高的残余拉应力（达 $f_y$）；而在板厚的中部则介于内、外表面之间，随板件宽厚比和焊缝大小而变化。图 5-9（b）是轧制无缝圆管，由于外表面先冷却，后冷却的内表面受到外表面的约束，故有残余拉应力，而外表面具有残余压应力，从而产生沿厚度变化的残余应力，但其值不大。

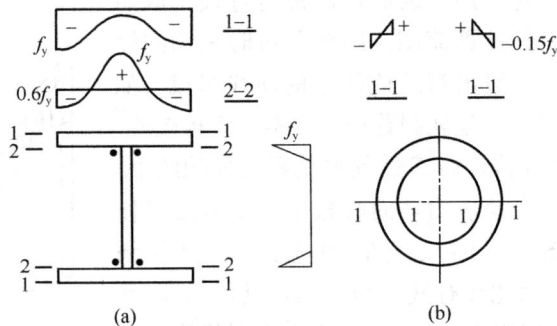

图 5-9　厚板（或厚壁）截面的残余应力

（2）短柱的平均应力—应变曲线

残余应力的存在也可用短柱试验来验证，就是从杆件截取一短段（其长细比不大于10，使受压时不会失稳）进行压力试验，可以绘出平均应力 $\sigma = N/A$ 与应变 $\varepsilon$ 的关系曲线。现以图 5-8(b) 的 H 型钢为例说明残余应力的影响。图 5-10(a) 是将对受力性能影响不大的腹板部分略去，假设柱截面集中于两翼缘，这是为了说明问题的方便。

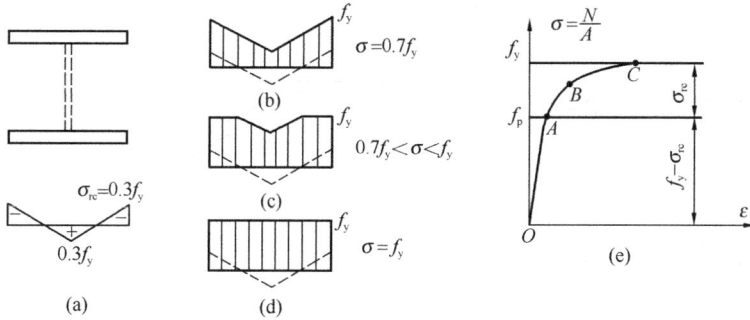

图 5-10　轧制 H 型钢短柱试验应力变化和 $\sigma$-$\varepsilon$ 曲线

假设翼缘端部残余压应力 $\sigma_{rc} = 0.3f_y$，当外力产生的应力 $\sigma = N/A < 0.7 f_y$ 时，截面全部为弹性的；如外力增加使 $\sigma$ 达到 $0.7f_y$ 以后，翼缘端部开始屈服并逐渐向内发展，能继续抵抗增加外力的弹性区逐渐缩小（图 5-10b、c）。所以，在应力—应变曲线（图 5-10e）中，当 $\sigma = 0.7f_y$ 之点（图 5-10e 中 $A$ 点）即为最大残余压应力为 $0.3f_y$ 的有效比例极限 $f_p$ 所在点。由此可知，残余应力的存在降低了构件的比例极限，使构件提前进入弹塑性工作，相应于 $A$ 点的应力称为有效比例极限，记作 $f_p$，其值为：

$$f_p = f_y - \sigma_{rc} \tag{5-21}$$

式中　$\sigma_{rc}$——截面中绝对值最大的残余压应力。

（3）仅考虑残余应力的轴心受压直杆的临界应力

根据轴心压杆的屈曲理论，当屈曲时的平均应力 $\sigma = N/A \leqslant f_p$ 或长细比 $\lambda \geqslant \lambda_p = \pi\sqrt{E/f_p}$ 时，可采用欧拉公式计算临界应力。

当 $\sigma > f_p$ 或 $\lambda < \lambda_p$ 时，杆件截面内将出现部分塑性区和部分弹性区（图 5-10c）。由切线模量理论知，微弯时无应变变号，即弯曲应力都是增加。由于截面塑性区应力不可能再增加，能够产生抵抗力矩的只是截面的弹性区，此时的临界力和临界应力为：

$$N_{cr} = \frac{\pi^2 E I_e}{l^2} = \frac{\pi^2 EI}{l^2} \cdot \frac{I_e}{I} \tag{5-22}$$

$$\sigma_{cr} = \frac{\pi^2 E}{\lambda^2} \cdot \frac{I_e}{I} \tag{5-23}$$

式中　$I_e$——弹性区的截面惯性矩（或有效惯性矩）；

　　　$I$——全截面的惯性矩。

仍以忽略腹板部分的轧制 H 型钢（图 5-10a）为例，推求其弹塑性阶段的临界应力值。当 $\sigma = N/A > f_p$ 时，翼缘中塑性区和应力分布如图 5-11(a)、(b) 所示，翼缘宽度为 $b$，弹性区宽度为 $kb$。

对 $x$-$x$ 轴（强轴）屈曲时：

$$\sigma_{crx} = \frac{\pi^2 E}{\lambda_x^2} \cdot \frac{I_{ex}}{I_x} = \frac{\pi^2 E}{\lambda_x^2} \cdot \frac{2t(kb)h^2/4}{2tbh^2/4} = \frac{\pi^2 E}{\lambda_x^2} \cdot k \tag{5-24}$$

对于 $y$-$y$ 轴（弱轴）屈曲时：

103

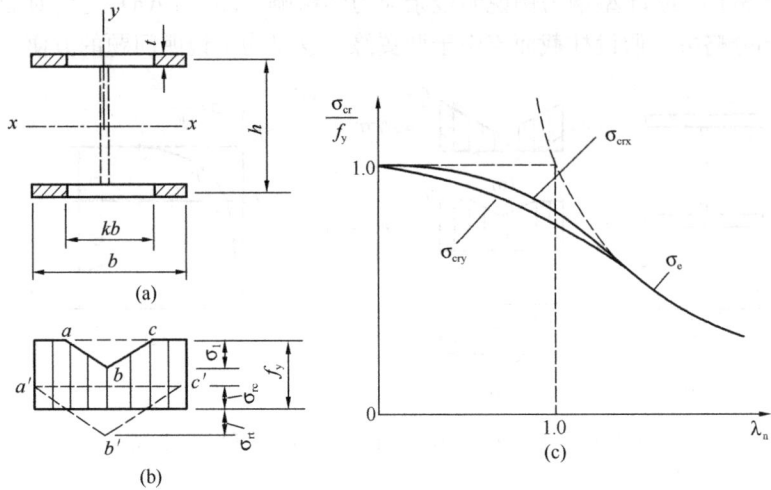

图 5-11　仅考虑残余应力的柱子曲线

$$\sigma_{cry} = \frac{\pi^2 E}{\lambda_y^2} \cdot \frac{I_{ey}}{I_y} = \frac{\pi^2 E}{\lambda_y^2} \cdot \frac{2t\,(kb)^3/12}{2tb^3/12} = \frac{\pi^2 E}{\lambda_y^2} \cdot k^3 \tag{5-25}$$

由于 $k < 1.0$，故知残余应力对弱轴的影响比对强轴的影响要大得多。

因为 $k$ 为未知量，还不能用式（5-24）和式（5-25）直接求临界应力，需要根据力的平衡条件再建立一个平均应力（$\sigma_{cr}$）的计算公式。由图 5-11(b) 的应力分布情况，如残余应力为直线分布，因 $\Delta abc \sim \Delta a'b'c'$，故：

$$\frac{\sigma_1}{\sigma_{rc} + \sigma_{rt}} = \frac{kb}{b} \tag{5-26}$$

即

$$\sigma_1 = k(\sigma_{rc} + \sigma_{rt}) \tag{5-27}$$

集合阴影区的力，除以面积，可以得到平均应力，即：

$$\sigma_{crx}（或\ \sigma_{cry}） = \frac{2bt f_y - 2kbt \times 0.5k(\sigma_{rc} + \sigma_{rt})}{2bt} = f_y - \frac{\sigma_{rc} + \sigma_{rt}}{2} \cdot k^2 \tag{5-28}$$

联合求解式（5-24）和式（5-28）即可求得 $\sigma_{crx}$；再联合求解式（5-25）和式（5-28）可得到 $\sigma_{cry}$。可以画成如图 5-11(c) 所示的无量纲曲线，纵坐标是屈曲应力 $\sigma_{cr}$ 与屈服强度 $f_y$ 的比值，横坐标是相对长细比（正则化长细比）$\lambda_n = \dfrac{\lambda}{\pi}\sqrt{f_y/E}$。由图 5-11(c) 可知，在 $\lambda_n = 1.0$ 处残余应力对挺直轴心压杆影响最大。

#### 5.1.2.2　初弯曲的影响

实际的压杆不可能完全挺直，总会有微小的初始弯曲。初弯曲的形式多种多样，对两端铰支杆，通常假设初弯曲沿全长呈正弦曲线分布，即距原点为 $x$ 处的初始挠度为（图 5-12a）：

$$y_0 = v_0 \sin \frac{\pi x}{l} \tag{5-29}$$

式中　$v_0$——长度中点的最大初始挠度。验收规范规定 $v_0$ 不得大于 $l/1000$。

当压力 $N$ 作用时，杆的挠度增加，今用 $y$ 表示沿杆件任一点增加的挠度。这样，在

离原点 $x$ 处，外力产生力矩为 $N(y_0+y)$，而内部应力形成的抵抗弯矩为 $-EIy''$（这里不能计入 $-EIy_0''$，是因为 $y_0$ 为初弯曲，杆件在初弯曲状态下没有应力，不能提供抵抗弯矩）。于是图 5-12（b）的杆段的平衡条件为：

$$-EIy'' = N(y+y_0) \qquad (5\text{-}30)$$

将式（5-29）代入得：

$$EIy'' + N\left(y+\upsilon_0\sin\frac{\pi x}{l}\right) = 0 \qquad (5\text{-}31)$$

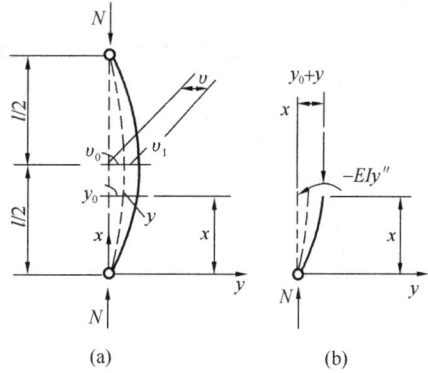

图 5-12　有初弯曲的轴心压杆

根据前述有关两端铰支的理想直杆情况，可以推想得到，在弹性阶段，增加的挠度也呈正弦曲线分布，即：

$$y = \upsilon_1 \cdot \sin\frac{\pi x}{l} \qquad (5\text{-}32)$$

式中　$\upsilon_1$——杆件长度中点所增加的最大挠度。

将式（5-32）的 $y$ 和两次微分后的 $y'' = -\upsilon_1\dfrac{\pi^2}{l^2}\sin\dfrac{\pi x}{l}$ 代入式（5-31）中，得：

$$\sin\frac{\pi x}{l}\left[-\upsilon_1\frac{\pi^2 EI}{l^2} + N(\upsilon_1+\upsilon_0)\right] = 0 \qquad (5\text{-}33)$$

由于 $\sin\dfrac{\pi x}{l} \neq 0$，必然方括号中数值为零，再令 $\dfrac{\pi^2 EI}{l^2} = N_\mathrm{E}$，即欧拉临界力得：

$$-\upsilon_1 N_\mathrm{E} + N(\upsilon_1+\upsilon_0) = 0 \qquad (5\text{-}34)$$

因而

$$\upsilon_1 = \frac{N\upsilon_0}{N_\mathrm{E}-N} \qquad (5\text{-}35)$$

杆长中点的总挠度为：

$$\upsilon = \upsilon_1+\upsilon_0 = \frac{N\upsilon_0}{N_\mathrm{E}-N} + \upsilon_0 = \frac{N_\mathrm{E}\cdot\upsilon_0}{N_\mathrm{E}-N} = \frac{\upsilon_0}{1-N/N_\mathrm{E}} \qquad (5\text{-}36)$$

即具有初挠度为 $\upsilon_0$ 的轴心压杆，在压力 $N$ 作用下，挠度增加为 $\upsilon$，而 $1/(1-N/N_\mathrm{E})$ 通常称为挠度放大系数。

图 5-13 中的实线为根据式（5-36）画出的压力—挠度曲线，它们都建立在材料为无限弹性体的基础上，有如下特点：

① 具有初弯曲的压杆，一经加载就产生挠度的增加，而总挠度 $\upsilon$ 不是随着压力 $N$ 按比例增加的，开始挠度增加慢，随后增加较快，当压力 $N$ 接近 $N_\mathrm{E}$ 时，中点挠度 $\upsilon$ 趋于无限大。这与理想直杆 $(\upsilon_0=0)N=N_\mathrm{E}$ 时杆件才挠曲不同。

② 压杆的初挠度 $\upsilon_0$ 值愈大，相同压力 $N$ 情况下，杆的挠度愈大。

③ 初弯曲即使很小，轴心压杆的承载力总是低于欧拉临界力。所以欧拉临界力是弹性压杆承载力的上限。

由于实际压杆并非无限弹性体，只要挠度增大到一定程度，杆件中点截面在轴心力

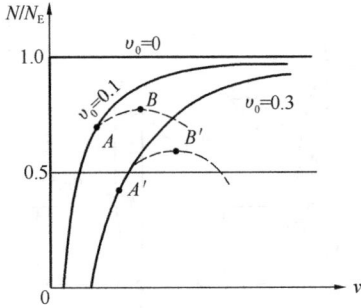

图 5-13 有初弯曲的压杆
的压力—挠度曲线
($\upsilon_0$ 和 $\upsilon$ 为相对数值)

$N$ 和弯矩 $N\upsilon$ 作用下边缘开始屈服（图 5-13 中的 $A$ 点或 $A'$ 点），随后截面塑性区不断增加，杆件即进入弹塑性阶段，致使压力还未达到 $N_E$ 之前就丧失承载能力。图 5-13 中的虚线即为弹塑性阶段的压力—挠度曲线。虚线的最高点（$B$ 点和 $B'$ 点）为压杆弹塑性阶段的极限压力点。

对无残余应力仅有初弯曲的轴心压杆，截面开始屈服的条件为：

$$\frac{N}{A} + \frac{N \cdot \upsilon}{W} = \frac{N}{A} + \frac{N \cdot \upsilon_0}{W} \cdot \frac{N_E}{N_E - N} = f_y$$

$$\frac{N}{A}\left(1 + \upsilon_0 \frac{A}{W} \cdot \frac{\sigma_E}{\sigma_E - \sigma}\right) = f_y$$

$$\sigma\left(1 + \varepsilon_0 \cdot \frac{\sigma_E}{\sigma_E - \sigma}\right) = f_y \tag{5-37}$$

式中　$\varepsilon_0$——初弯曲率，$\varepsilon_0 = \upsilon_0 \cdot A/W$；

$\sigma_E$——欧拉临界应力；

$W$——截面模量。

式（5 37）为以 $\sigma$ 为元的二次方程，解出其有效根，就是以截面边缘屈服作为准则的临界应力 $\sigma_{cr}$。

$$\sigma_{cr} = \frac{f_y + (1 + \varepsilon_0)\sigma_E}{2} - \sqrt{\left[\frac{f_y + (1 + \varepsilon_0)\sigma_E}{2}\right]^2 - f_y \sigma_E} \tag{5-38}$$

上式称为柏利（Perry）公式，它由"边缘屈服准则"导出，实际上已成为考虑压力二阶效应的强度计算式。

如果取初弯曲的 $\upsilon_0 = l/1000$（验收规范规定的最大允许值），则初弯曲率为：

$$\varepsilon_0 = \frac{l}{1000} \cdot \frac{A}{W} = \frac{l}{1000} \cdot \frac{1}{\rho} = \frac{\lambda}{1000} \cdot \frac{i}{\rho} \tag{5-39}$$

式中　$\rho$——截面核心距，$\rho = W/A$；

$i$——回转半径；

$\lambda = l/i$——杆件长细比。

对各种截面及其对应轴，$i/\rho$ 值各不相同，因此由柏利公式确定的 $\sigma_{cr} - \lambda$ 曲线就有高低。例如焊接工字形截面，绕弱轴 $i/\rho \approx 2.10$，绕强轴 $i/\rho \approx 1.16$，在相同初弯曲 $\upsilon_0$ 的情况下，绕弱轴（$y$ 轴）的柱子曲线就低于绕强轴的柱子曲线（图 5-14）。

### 5.1.2.3　初偏心的影响

由于杆件尺寸的偏差和安装误差会产生作用力的初始偏心。图 5-15 表示两端均有最不利的相同初偏心距 $e_0$ 的铰支柱。假设杆轴在受力前是顺直的，在弹性工作阶段，微弯状态建立的微分方程为：

$$EIy'' + N(e_0 + y) = 0 \tag{5-40}$$

引入 $k^2 = N/(EI)$ 后得：

$$y'' + k^2 y = -k^2 e_0 \tag{5-41}$$

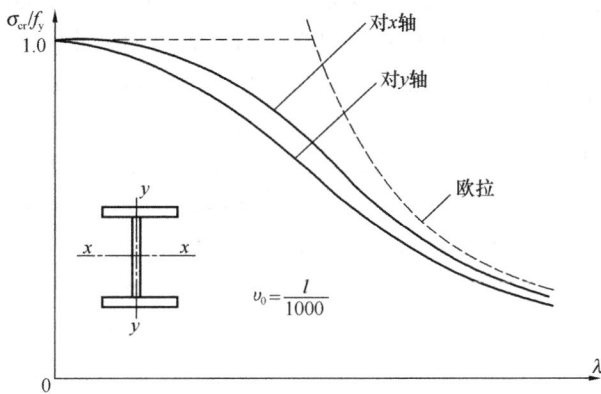

图 5-14 仅考虑初弯曲时的柱子曲线

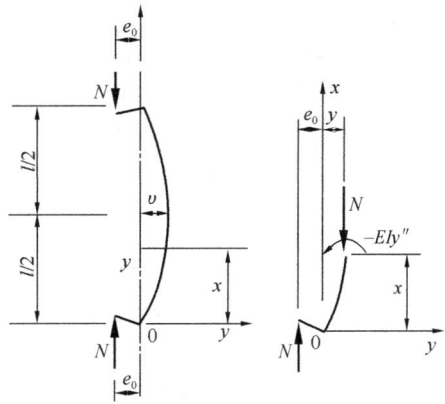

图 5-15 有初偏心的压杆图
（$e_0$ 和 $\upsilon$ 是相对数值）

解此微分方程：
$$y = c_1 \sin kx + c_2 \cos kx - e_0$$

由 $y(0) = 0$，$y(l) = 0$，得 $c_2 = e_0$，$c_1 = \dfrac{1 - \cos kl}{\sin kl} e_0$

$$y = \left( \frac{1 - \cos kl}{\sin kl} \sin kx + \cos kx - 1 \right) e_0 \tag{5-42}$$

可得杆长中点挠度 $\upsilon$ 的表达式为：

$$\upsilon = y \big|_{x = \frac{l}{2}} = \left( \frac{1 - \cos kl}{\sin kl} \sin \frac{kl}{2} + \cos \frac{kl}{2} - 1 \right) e_0 = e_0 \left( \sec \frac{kl}{2} - 1 \right)$$

或

$$\upsilon = e_0 \left( \sec \frac{\pi}{2} \sqrt{\frac{N}{N_E}} - 1 \right) \tag{5-43}$$

根据式（5-43）画出的压力—挠度曲线如图 5-16 所示，与图 5-13 对比可知，具有初偏心的轴心压杆，其压力—挠度曲线与初弯曲压杆的特点相同，只是图 5-13 的曲线不通过原点，而图 5-16 的曲线都通过原点。可以认为，初偏心影响与初弯曲影响类似，但影响的程度却有差别。初弯曲对中等长细比杆件的不利影响较大；初偏心的数值通常较小，除了对短杆有较明显的影响外，杆件越长影响越小。图 5-16 的虚线表示压杆弹塑性阶段的压力—挠度曲线。

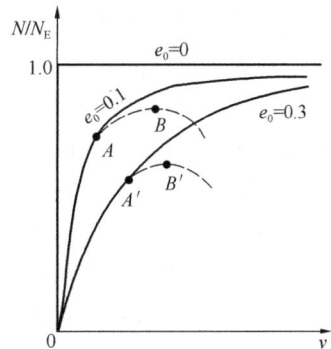

图 5-16 有初偏心的压杆的
压力—挠度曲线

由于初偏心与初弯曲的影响类似，各国在制订设计标准时，通常只考虑其中一个缺陷来模拟两个缺陷都存在的影响。

### 5.1.3 轴心压杆的极限承载力

以上介绍了理想轴心受压直杆和分别考虑各种缺陷压杆的临界力或临界应力。确定轴心压杆整体稳定临界应力的方法，一般有下列四种：

（1）屈服准则。屈服准则是建立在理想轴心压杆的假定的基础上，弹性弯曲屈曲的压

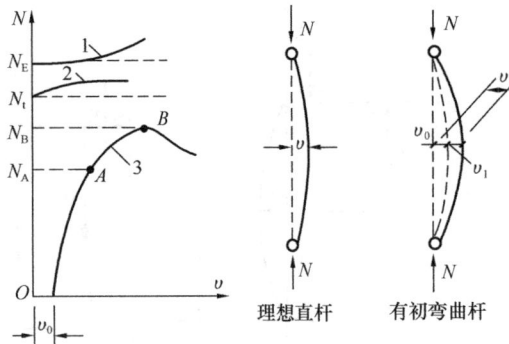

图 5-17　轴心压杆的压力—挠度曲线

力—挠度曲线如图 5-17 中的曲线 1，临界力为欧拉临界力 $N_E$。弹塑性弯曲屈曲的压力—挠度曲线如图 5-17 中的曲线 2，临界力为切线模量临界力 $N_t$。这两种屈曲都属于分枝屈曲，即当杆件屈曲时才会产生挠度。以此为基础，通过提高安全系数来考虑初偏心、初弯曲等的不利影响。

（2）边缘屈服准则。具有初始缺陷的实际轴心压杆，一经压力作用就产生挠度，其压力—挠度曲线如图 5-17 中的曲线 3，截面上的内力除轴力外，还存在弯矩，图中 A 点表示压杆跨中截面在轴力和弯矩作用下，截面边缘屈服。边缘屈服准则以 A 点对应的轴力 $N_A$ 作为临界力。

（3）最大强度准则。从图 5-17 中的曲线 3 可以看到，压力达到 $N_A$ 后，还可以继续增加，只是构件进入弹塑性阶段，随着截面塑性区的不断扩展，$v$ 值增加得更快，到达曲线顶点 B 之后，压杆的抵抗能力开始小于外力的作用，不能维持稳定平衡。最大强度准则以 B 点对应的轴力 $N_B$ 作为临界力。

（4）经验公式。临界应力主要根据试验资料确定，这是由于早期对柱弹塑性阶段的稳定理论研究得很少，只能从实验数据中提取出经验公式。

实际压杆中往往各种初始缺陷同时存在，但从概率统计观点，各种缺陷同时达到最不利的可能性极小。由热轧钢板和型钢组成的普通钢结构，通常只考虑影响最大的残余应力和初弯曲两种缺陷。采用最大强度准则计算时，如果同时考虑残余应力和初弯曲缺陷，则沿横截面的各点以及沿杆长方向各截面，其应力—应变关系都是变数，很难列出临界力的解析式，只能借助计算机用数值方法求解。求解方法常用数值积分法。由于运算方法不同，又分为压杆挠曲线法（CDC 法）和逆算单元长度法等。

现以图 5-18（a）一具有初弯曲、考虑截面残余应力及材料弹塑性的轴心压杆为例，简单介绍 CDC 法计算绕截面 $x$ 轴的弯曲稳定极限承载力的求解过程。

先将杆件分为 $m$ 段，各段长度不一定相等，如图 5-18（b）所示；并将截面分成 $n$ 块小单元，如图 5-18（c）所示，同时输入杆件受力前的初始数据，如初弯曲（通常假设为正弦曲线，矢高 $l/1000$）、残余应力、应力—应变关系等。然后指定一级压力 $N$，并假定 $a$ 端由压力 $N$ 产生转角 $\theta_a$，开始由 $a$ 端向 $b$ 端逐段计算。各段中点的内、外力平衡条件为：

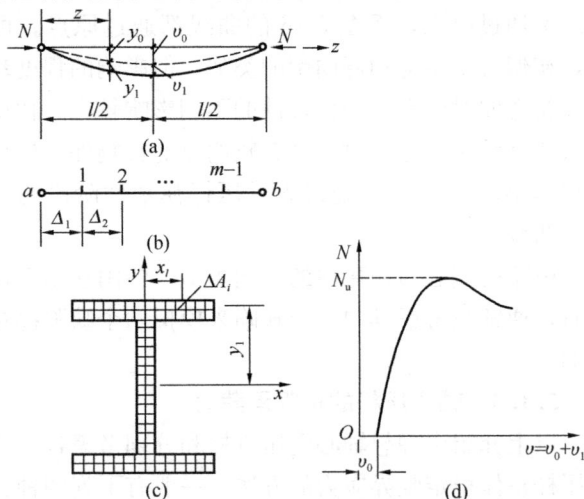

图 5-18　数值积分法——CDC 法求弯曲稳定极限承载力

$$-N+\sum_{i=1}^{n}\sigma_i\Delta A_i=0 \tag{5-44}$$

$$-M_i+N(y+y_0)=0 \tag{5-45}$$

式中  $M_i$ ——内弯矩，$M_i=\sum_{i=1}^{n}\sigma_i y_i\cdot\Delta A$；

$y$ ——由压力产生的附加挠度。

先给定压力 $N$ 并假定由 $N$ 产生的 $a$ 端转角为 $\theta_a$，计算各段中点的内力，使之能满足式（5-44）和式（5-45）的要求，直至计算到 $b$ 点的变形亦能满足支承条件 $y_b=0$ 为止（如不满足，则调整 $\theta_a$ 值重新计算），便可得到图 5-18(d) 中 $N$—$v$ 关系曲线的一点。然后再给定下一级压力，重复上述步骤，即可逐步得到 $N$—$v$ 曲线。曲线的顶点值就是此压杆的极限承载力 $N_u$。

由极限承载力 $N_u$ 和对应的杆件长度 $l$，可以得到临界应力 $N_u/A$ 与 $\lambda=l/i$ 的关系曲线（柱子曲线）上的一点。然后给定各种不同长度重新按上述步骤计算，即可完成此截面绕 $x$ 轴的柱子曲线。

上述计算方法每一步或某几步都有重复计算问题，不借助计算机是不可能完成的。

### 5.1.4 压弯构件弯矩作用平面内的稳定

压弯构件是指既受压力又受弯矩的构件，有两种可能的失稳形式，即弯矩作用平面内的弯曲失稳和弯矩作用平面外的弯扭失稳。这里仅介绍平面内的弯曲失稳，而弯扭失稳将在本章第 5.3 节介绍。

5.1.4.1 压弯构件弯矩作用平面内的弹性稳定

（1）等效弯矩系数和弯矩放大系数

图 5-19 为一两端铰支压弯构件，横向荷载产生的跨中挠度为 $v_m$。当荷载为对称作用时，可假定挠曲线为正弦曲线。铁木辛柯指出，当 $N/N_E<0.6$ 时，此种简化假定的误差不大于 2%。当轴心力作用后，挠度会增加，根据式（5-36）知，在弹性范围，跨中挠度增加为：

$$v_{\max}=\frac{v_m}{1-\alpha} \tag{5-46}$$

式中 $\alpha=N/N_E$，而 $1/(1-\alpha)$ 称为挠度放大系数。

由横向荷载产生的跨中弯矩为 $M$，由 $N$ 产生的弯矩为 $N\cdot v_{\max}$，因此跨中总弯矩为：

$$
\begin{aligned}
M_{\max} &=M+N\cdot v_{\max}=M+\frac{N\cdot v_m}{1-\alpha}=\frac{M}{1-\alpha}\Big(1-\alpha+\frac{N\cdot v_m}{M}\Big)\\
&=\frac{M}{1-\alpha}\Big[1+\Big(\frac{N_E\cdot v_m}{M}-1\Big)\alpha\Big]=\frac{\beta_m M}{1-\alpha}=\eta M
\end{aligned} \tag{5-47}
$$

图 5-19 铰支压弯构件

式中  $\beta_m$ ——等效弯矩系数，$\beta_m=1+\Big(\dfrac{N_E\cdot v_m}{M}-1\Big)\dfrac{N}{N_E}$；

$\eta$ ——弯矩放大系数，$\eta=\dfrac{\beta_m}{1-N/N_E}$。

由此可知，挠度放大系数、等效弯矩系数和弯矩放大系数三者均有不同的含义，它们

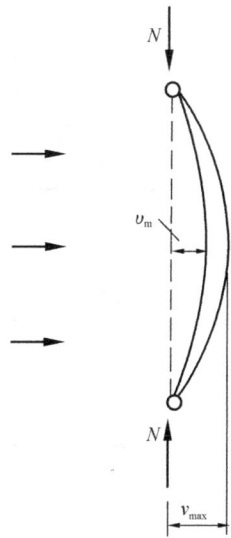

的取值方法也各不相同。

根据各种荷载和支承情况产生的跨中弯矩 $M$ 和跨中挠度 $v_m$，可以计算出等效弯矩系数 $\beta_m$，结果示于表 5-1 中的 1～7 项。表 5-1 中第 8 项属于不对称荷载作用，可用另外方法推导得出。

等效弯矩系数 $\beta_m$ 值

表 5-1

| 序号 | 荷载及弯矩图形 | 弹性分析值 | 规范采用值 |
|------|------------|---------|----------|
| 1 | 正弦曲线 | 1.0 | 1.0 |
| 2 | 抛物线 | $1+0.028\dfrac{N}{N_E}$ | $1-0.18\dfrac{N}{N_{cr}}$ |
| 3 | $M$ | $1+0.234\dfrac{N}{N_E}$ | 1.0 |
| 4 | $M$ | $1-0.178\dfrac{N}{N_E}$ | $1-0.36\dfrac{N}{N_{cr}}$ |
| 5 | $M$ | $1+0.051\dfrac{N}{N_E}$ | 1.0 |
| 6 | $M$ $M$ | $1-0.589\dfrac{N}{N_E}$ | $\dfrac{\beta_{mqx}M_{qx}+\beta_{m1x}M_{1x}}{(M_{qx}+M_{1x})}$ |
| 7 | $2M$ $M$ | $1-0.315\dfrac{N}{N_E}$ | $\dfrac{\beta_{mqx}M_{qx}+\beta_{m1x}M_{1x}}{(M_{qx}+M_{1x})}$ |
| 8 | $M=M_1$ $M_2$ | $0.3+0.4\dfrac{M_2}{M_1}+0.3\left(\dfrac{M_2}{M_1}\right)^2$ | $0.6+0.4\dfrac{M_2}{M_1}$ |

注：1. 表中 $N_{cr}$ 和 $N_E$ 均为弹性临界荷载，$N_{cr}=N_E=\dfrac{\pi^2 EI}{(\mu l)^2}$，其中 $\mu$ 为构件的计算长度系数，按表 5-2 取值；

　　2. 第 6 项中的 $M_{qx}$ 为横向荷载产生的弯矩最大值，$\beta_{mqx}$ 为第 4 项的取值，$\beta_{m1x}$ 为第 8 项的取值；

　　3. 第 7 项中的 $M_{qx}$ 为横向荷载产生的弯矩最大值，$\beta_{mqx}$ 为第 5 项的取值，$\beta_{m1x}$ 为第 8 项的取值。

（2）压弯构件弯矩作用平面内稳定的边缘屈服准则

对于弹性压弯构件，可用截面边缘屈服作为稳定计算的准则。为了考虑初始缺陷的影响，假定各种缺陷的等效初弯曲呈跨中挠度为 $v_0$ 的正弦曲线（图 5-20）。

在任意横向荷载或端弯矩作用下的计算弯矩为 $M$，则跨中总弯矩应为：

$$M_{\max} = \frac{\beta_{\mathrm{m}}M + N\upsilon_0}{1 - N/N_{\mathrm{E}}} \tag{5-48}$$

由于初弯曲呈正弦曲线，在 $N$ 作用下产生弯矩（最大值为 $N \cdot \upsilon_0$）亦为正弦曲线分布，所以 $N\upsilon_0$ 项的 $\beta_{\mathrm{m}} = 1.0$（表 5-1）。

当长度中点截面边缘纤维达到屈服时，其表达式为：

$$\frac{N}{A} + \frac{\beta_{\mathrm{m}}M + N\upsilon_0}{(1 - N/N_{\mathrm{E}})W} = f_{\mathrm{y}} \tag{5-49}$$

令式（5-48）中的 $M = 0$，即为有初始缺陷的轴心压杆边缘屈服时的表达式：

$$\frac{N_0}{A} + \frac{N_0 \cdot \upsilon_0}{(1 - N_0/N_{\mathrm{E}})W} = f_{\mathrm{y}} \tag{5-50}$$

式（5-50）与式（5-49）中的 $A$、$W$、$N_{\mathrm{E}}$ 均相同，表示为同一构件。截面边缘屈服时，仅有轴心力作用下的临界力 $N_0$ 与轴心力和弯矩共同作用下的临界力 $N$ 不同，而 $N_0 > N$。

图 5-20　有初弯曲的压弯构件

在式（5-50）中，因 $N_0 = \varphi A f_{\mathrm{y}}$（$\varphi$ 为轴心压杆稳定系数），代入解得 $\upsilon_0$，为：

$$\upsilon_0 = \left(\frac{1}{\varphi} - 1\right)\left(1 - \varphi\frac{A f_{\mathrm{y}}}{N_{\mathrm{E}}}\right)\frac{W}{A}$$

将此 $\upsilon_0$ 值代入式（5-49）中，整理得：

$$\frac{N}{\varphi A}\left(1 - \varphi\frac{N}{N_{\mathrm{E}}}\right) + \frac{\beta_{\mathrm{m}}M}{W} = f_{\mathrm{y}}\left(1 - \varphi\frac{N}{N_{\mathrm{E}}}\right)$$

即

$$\frac{N}{\varphi A} + \frac{\beta_{\mathrm{m}}M}{W\left(1 - \varphi\dfrac{N}{N_{\mathrm{E}}}\right)} = f_{\mathrm{y}} \tag{5-51}$$

这就是由边缘屈服准则导出的相关公式。

式（5-49）或式（5-51）由欧洲钢结构协会在 1978 年的建议中提出。由于该式利用了与轴心压杆相同的等效初弯曲 $\upsilon_0$，而轴心压杆的稳定已考虑弹塑性和残余应力等，因而不能认为式（5-51）完全忽略了残余应力和非弹性影响。不过这种间接考虑的方式，必然使计算结果与压弯构件（尤其是实腹式）理论承载力之间带来误差。

我国规范将式（5-51）略加修改后作为计算格构式压弯构件绕虚轴平面内稳定计算的相关公式。引入抗力分项系数 $\gamma_{\mathrm{R}}$（即 $f_{\mathrm{y}}$ 和 $N_{\mathrm{E}}$ 均除以 $\gamma_{\mathrm{R}}$），得在 $N$ 和 $M_{\mathrm{x}}$ 作用下的计算式：

$$\frac{N}{\varphi_{\mathrm{x}} A} + \frac{\beta_{\mathrm{mx}}M_{\mathrm{x}}}{W_{1\mathrm{x}}\left(1 - \dfrac{N}{N'_{\mathrm{Ex}}}\right)} \leqslant f \tag{5-52}$$

式中　$W_{1\mathrm{x}}$——按受压最大分肢轴线或腹板边缘确定的毛截面模量，两者取较大值；

　　　　$N'_{\mathrm{Ex}}$——欧拉临界力除以抗力分项系数 $\gamma_{\mathrm{R}}$，$\gamma_{\mathrm{R}}$ 取为 1.1。

对于由宽厚比相当大的板件组成的截面，如冷弯薄壁型钢构件，在全截面发展塑性的可能性较小，一般以边缘纤维屈服准则作为构件稳定承载力的设计准则。另外，格构式构件绕虚轴失稳时，塑性也不可能深入截面内部，采用边缘纤维屈服准则也比较合适。

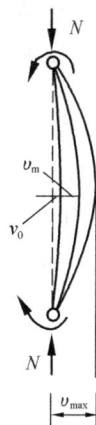

《钢结构设计标准》GB 50017 规定，对于无侧移框架柱和两端支承的构件，等效弯矩系数 $\beta_{mx}$ 取表 5-1 最后一栏的数值，带有一定的近似性，其中对均匀弯矩情况，理论值应为 $\beta_{mx} = 1 + 0.234N/N_{Ex}$，但取用 $\beta_{mx} = 1.0$，明显略偏不安全。有侧移框架柱和悬臂构件的取值方法参见《钢结构设计标准》GB 50017。

### 5.1.4.2　实腹式压弯构件弯矩作用平面内稳定的极限承载力

压弯构件的受力性质实际上与具有初偏心或初弯曲的轴心压杆相同。对实腹式构件来说，其面内失稳的承载能力宜用塑性深入截面的最大强度准则。我国《钢结构设计标准》GB 50017 考虑构件存在 1/1000 的初弯曲和实测的残余应力分布（如图 5-8 所示），采用数值计算方法进行了大量压弯构件极限承载力计算。

本章 5.1.3.1 节介绍的有关轴心压杆求解的一种数值积分法，同样适用于压弯构件，只是内外弯矩的平衡方程式（5-44）中，应加上外力产生弯矩一项，即：

$$-M_{ix} + N(y + y_0) + M = 0 \tag{5-53}$$

式中　$M_{ix}$——截面的内弯矩；

　　　$M$——外力产生的弯矩；

　　　$y_0$——沿杆长任意点的初始挠度；

　　　$y$——外力产生的挠度。

另外，再结合压弯构件的具体情况做些修正即可完成计算。

其他求解方法，还有压杆挠曲线（CDC 法）和逆算单元长度法等。

《钢结构设计标准》GB 50017 采用数值分析方法对等端弯矩作用下各种截面、各种残余应力分布的实腹式偏心压杆做了大量计算，画出了承载力曲线或 $N-M$ 相关曲线。图 5-21 就是这些大量曲线的一种，它是焊接工字形截面偏心压杆对强轴的相关曲线（实线为理论计算值）。图中 $N_y = Af_y$，而 $W_p$ 为截面塑性抵抗矩。其他截面和对应轴均有各种不同的相关曲线簇。另外，为了保证构件不产生过大的残余变形，需要限制构件截面的塑性发展深度，因此对某些塑性太深的相关曲线作了调整。

这些曲线如何用便于应用的公式来表达是一个难题。经过多种方案比较，发现借用边缘屈服准则导出的相关公式的形式较为合适，即可以采用：

$$\frac{N}{\varphi A} + \frac{\beta_m M}{W_p\left(1 - \beta\dfrac{N}{N_E}\right)} \leqslant f_y \tag{5-54}$$

经数字运算和比较，发现 $\beta = 0.8$ 可使式（5-54）的计算结果与各种截面的理论计算结果误差最小，即 $\beta = 0.8$ 为最优值。图 5-21 中的虚线即为焊接工字钢取 $\beta = 0.8$ 时的计算结果。

对式（5-54），取 $\beta = 0.8$，引入抗力分项系数和等效弯矩系数，并取 $W_p = \gamma_x W_{1x}$（考虑塑性部分深入）后，即得标准规定的除圆管截面以外，在 $N$ 和 $M_x$ 作用下实腹构件在弯矩作用平面内的稳定计算式：

$$\frac{N}{\varphi_x A} + \frac{\beta_{mx} M_x}{\gamma_x W_{1x}\left(1 - 0.8\dfrac{N}{N'_{Ex}}\right)} \leqslant f \tag{5-55}$$

式中　$W_{1x}$——按受压最大纤维确定的毛截面模量；

　　　$\gamma_x$——考虑塑性部分发展的系数。

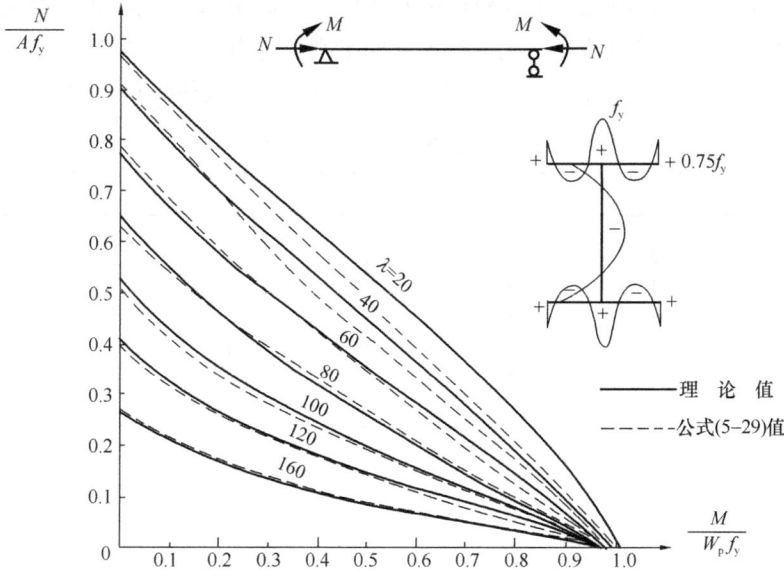

图 5-21 焊接工字钢偏心压杆的相关曲线

标准采用的等效弯矩系数 $\beta_{mx}$ 值是参考弹性分析得来（表 5-1）。由于式（5-55）是等端弯矩情况下的拟合式，所以在均匀弯矩情况应取 $\beta_{mx} = 1.0$，而不能取 $\beta_{mx} = 1 + 0.234N/N_{Ex}$。由此看来，对实腹式压弯构件，均匀弯矩情况（表 5-1 序号 3）$\beta_{mx}$ 的理论值为 1.0，那么表 5-1 的序号 5 的 $\beta_{mx}$ 的取用值就略偏保守了。

对于 T 型钢、双角钢 T 形截面、横放的槽形截面等单轴对称截面压弯构件，当弯矩作用于对称轴平面且使翼缘受压时，构件失稳时出现的塑性区除存在弯矩受压区屈服和弯矩受压、受拉区同时屈服两种情况外，还可能在弯矩受拉区首先出现屈服而导致构件失去承载能力，故除了按式（5-55）计算外，还应按下式计算：

$$\left| \frac{N}{A} - \frac{\beta_{mx}M_x}{\gamma_x W_{2x}\left(1 - 1.25\dfrac{N}{N'_{Ex}}\right)} \right| \leqslant f \tag{5-56}$$

式中　$W_{2x}$——无翼缘端的毛截面模量；

　　　$\gamma_x$——与 $W_{2x}$ 相应的截面塑性发展系数。

### 5.1.5　杆端约束对压杆稳定的影响——计算长度

在实际结构中，压杆端部不一定都是不动的铰支。对任意支承情况的压杆，其临界力可用下式表达：

$$N_{cr} = \frac{u^2 EI}{l^2} = \frac{\pi^2 EI}{(\mu l)^2} = \frac{\pi^2 EI}{l_0^2} \tag{5-57}$$

式中　$l_0$——计算长度，$l_0 = \mu l$；

　　　$\mu = \pi/u$——计算长度系数；

　　　$u$——临界参数，一般由弹性理论分析而得。

引入计算长度后，就可以把两端非铰接的杆件转换为等效的两端铰接杆件。

表 5-2 列出了几种理想端部条件的压杆计算长度系数 $\mu$ 值。对于无转动的端部条件，

实际工程很难完全实现，所以 $\mu$ 值的建议值有所增加。对于端部条件为铰接的压杆，实际连接构造也往往存在一定的约束，此种约束（即半刚性约束）带来的有利影响程度与连接构造情况有关，目前国内外都在进行研究，表 5-2 没有考虑这种有利影响。

轴心受压构件计算长度系数 表 5-2

| 项次 | 1 | 2 | 3 | 4 | 5 | 6 |
|---|---|---|---|---|---|---|
| 简图 |  |  |  |  |  |  |
| 理论 $\mu$ 值 | 1.0 | 0.7 | 0.5 | 2.0 | 2.0 | 1.0 |
| 设计 $\mu$ 值 | 1.0 | 0.8 | 0.65 | 2.1 | 2.0 | 1.2 |
| 端部条件符号 | 无转动、无位移 | 无转动、自由位移 | 自由转动、无位移 | 自由位移、自由侧移 | | |

上面叙述的仅是简单支承情况的压杆，实际结构中的压杆（包括轴压和压弯杆）的支承情况千差万别。例如框架柱，端部受到横梁或基础的约束，与横梁连接处既非铰接，又不是完全固定；柱上端也往往不是无侧移或完全自由侧移。所以表 5-2 中规定的计算长度系数远远不够。有关单层和多层框架的计算长度参见第 7 章 7.4 节；有关单层厂房阶形柱的计算长度参见第 8 章 8.4 节。

## 5.2 构件的扭转应力

### 5.2.1 概述

#### 5.2.1.1 截面的剪切中心

在叙述扭转对构件的效应以前，先讨论一下薄壁截面的剪力流和剪切中心。受弯构件（梁）在横向荷载作用下都会产生弯曲剪应力。初等材料力学的计算方法，假定剪应力沿梁截面宽度均匀分布，作用方向与横向荷载平行。但对钢构件的截面（如工字形、槽形），其组成板件较薄（宽厚比一般大于 10），属薄壁构件。薄壁截面剪应力的计算宜用剪力流理论。它认为剪应力沿板件厚度均匀分布，方向与各板件平行。两种计算方法，在计算薄壁构件腹板剪应力时是一致的；但在计算翼缘剪应力时，无论大小和方向都有质的差别。

按剪力流理论，梁弯曲剪应力截面上的分布如图 5-22 所示。任意处的剪应力值为：

$$\tau = \frac{VS}{I_x t} \tag{5-58}$$

式中 $V$——计算截面一个主轴方向的剪力；

$S$——计算翼缘剪应力时为计算处以外，计算腹板剪应力时则为计算处以上毛截面对中和轴的面积矩；

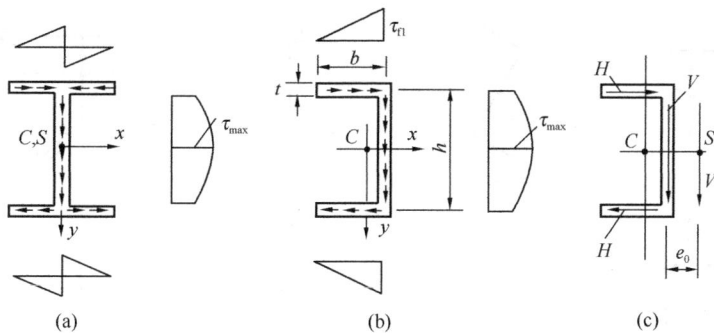

图 5-22　梁的弯曲剪应力

$I_x$——毛截面惯性矩；

$t$——计算剪应力处的板件厚度。

对图 5-22（a）所示的双轴对称截面，翼缘中剪应力的合力互相抵消，所以腹板中剪应力的合力即为整个截面剪应力的合力，此合力通过截面的形心 $C$。如果横向荷载也通过形心，则梁只产生弯曲，不会扭转。

对图 5-22（b）所示的单轴对称槽形截面，荷载平行于 $y$ 轴作用时，翼缘中剪应力的合力 $H$ 形成偶力；腹板中竖向剪应力的合力必然等于外剪力 $V$。此槽形截面中三个剪力的总合力，大小为 $V$，方向与 $y$ 轴平行，作用点距腹板中心线为 $e_0$（图 5-22c），因此

$$H \cdot h - V \cdot e_0 = 0 \tag{5-59}$$

$$H = \frac{1}{2}bt \cdot \tau_{fl} = \frac{1}{2}bt \cdot \frac{V}{I_x t}\left(bt \cdot \frac{h}{2}\right) = \frac{V \cdot b^2 th}{4I_x} \tag{5-60}$$

得

$$e_0 = \frac{h}{V}H = \frac{b^2 th^2}{4I_x} \tag{5-61}$$

此截面中剪应力的总合力作用线与对称轴的交点 $S$ 称为剪切中心。外荷载的作用线或外力矩作用面通过剪切中心时，梁只产生弯曲；若不通过剪切中心，梁在弯曲的同时还要扭转。由于扭转变形是绕剪切中心进行的，故剪切中心又称扭转中心。

剪切中心的位置仅与截面形式和尺寸有关，而与外荷载无关。各种截面的剪切中心位置 $S$ 如图 5-23 所示。图 5-23（c）中，$e_0 = \dfrac{3b^2}{6b+h}$；图 5-23（d）中，$h_1 = \dfrac{t_2 b_2^3}{t_1 b_1^3 + t_2 b_2^3}$；图 5-23（e）中，$e'_0 = \dfrac{tb}{I_x}\left(\dfrac{1}{4}bh^2 + \dfrac{1}{2}ah^2 - \dfrac{2}{3}a^3\right)$。

① 双轴对称截面以及对形心成点对称的截面（图 5-23a、b），剪切中心与截面形心相重合。

② 单轴对称截面，剪切中心在对称轴上（图 5-23c、d、e），其具体位置可通过计算确定。

③ 由矩形薄板中线相交于一点组成的截面，每个薄板中的剪力通过这个交点，所以剪切中心在此交点上（图 5-23f、g、h）。

#### 5.2.1.2　扭转的形式

荷载作用线未通过剪切中心产生的扭转有两种形式，即自由扭转和约束扭转。

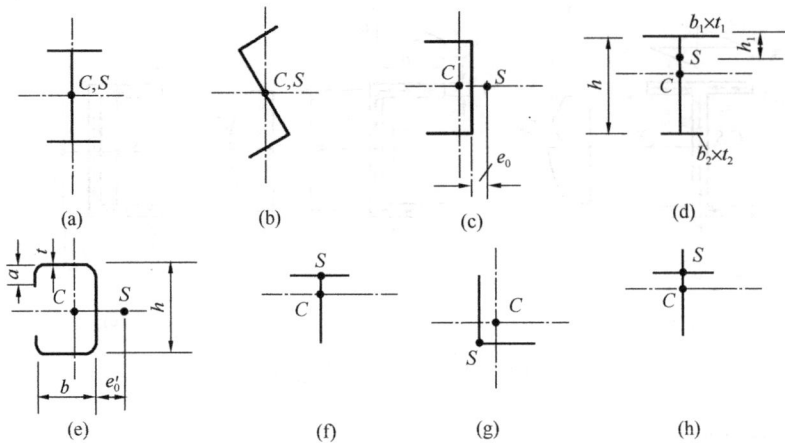

图 5-23　开口薄壁截面的剪切中心

非圆截面构件扭转时，原来为平面的横截面不再成为平面，有的凹进而有的凸出，这种现象称为翘曲。

如果扭转时轴向位移不受任何约束，截面可自由翘曲变形（图 5-24a），称为自由扭转或圣维南扭转。自由扭转时，各截面的翘曲变形相同，纵向纤维保持直线且长度保持不变，截面上只有剪应力，没有纵向正应力，因此又称为纯扭转。

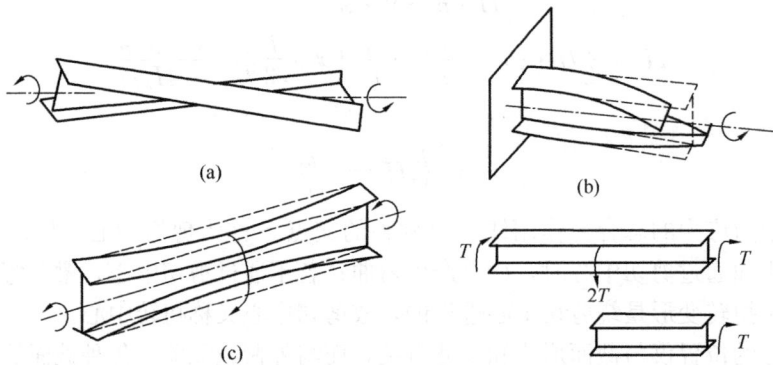

图 5-24　构件的扭转形式
（a）自由扭转；（b）、（c）约束扭转

如果由于支承情况或外力作用方式使构件扭转时截面的翘曲受到约束，称为约束扭转（图 5-24b、c）。约束扭转时，构件产生弯曲变形，截面上将产生纵向正应力，称为翘曲正应力。同时还必然产生与翘曲正应力保持平衡的翘曲剪应力。约束扭转又称为弯曲扭转。

### 5.2.2　等截面构件的自由扭转

5.2.2.1　开口薄壁构件的自由扭转

开口薄壁构件自由扭转时，根据弹性力学，其扭矩与扭转率的关系为：

$$M_t = GI_t \frac{\mathrm{d}\varphi}{\mathrm{d}z} = GI_t \varphi' \tag{5-62}$$

式中　$M_t$——作用扭矩；

$G$——剪变模量；

$\varphi$——截面的扭转角；

$\varphi'$——单位长度的扭转角，即扭转率；

$I_t$——截面的抗扭惯性矩。

当截面由几个狭长矩形板组成时（如工字形、T 形、槽形、角形等），$I_t$ 可由下式计算：

$$I_t = \frac{k}{3} \sum_{i=1}^{n} b_i t_i^3 \tag{5-63}$$

式中 $b_i$、$t_i$——任意矩形板的宽度和厚度；

$k$——考虑连接处的有利影响系数，其值由试验确定，对角形截面可取 $k = 1.0$；T 形截面 $k = 1.15$；槽形截面 $k = 1.12$；工字形截面 $k = 1.25$。

自由扭转（纯扭转）时，开口薄壁构件截面只有剪切应力，其分布情况为在壁厚范围内组成一个封闭的剪力流，如图 5-25 所示。剪应力的方向与壁厚中心线平行，大小沿壁厚直线变化，中心线处为零，壁内、外边缘处为最大。最大剪应力值为：

$$\tau_t = \frac{M_t t}{I_t} \text{ 或 } \tau_t = Gt\varphi' \tag{5-64}$$

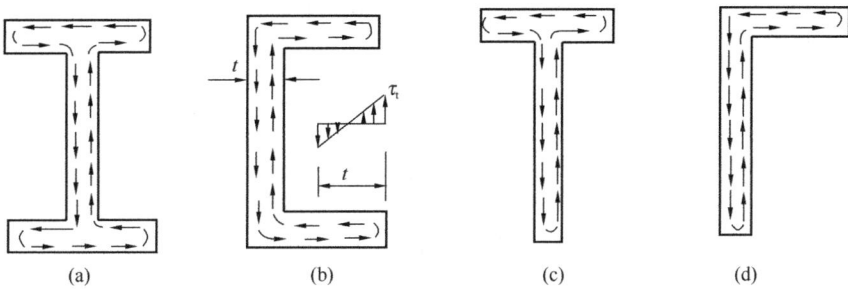

图 5-25 开口薄壁构件纯扭转时的剪力流

#### 5.2.2.2 闭口薄壁构件的自由扭转

闭口薄壁构件自由扭转时，截面上剪应力的分布与开口截面完全不同，它不可能有如图 5-25 在壁厚两边剪应力方向相反的分布形式。闭口截面壁厚两侧剪应力方向相同。由于是薄壁的，可以认为剪应力沿厚度均匀分布，方向为切线方向（图 5-26），可以证明任一处壁厚的剪力 $\tau t$ 为一常数。这样，微元段 $ds$ 上的剪力对原点的力矩 $h\tau t ds$，总扭转力矩为：

$$M_t = \oint h\tau t \, ds = \tau t \cdot \oint h \, ds \tag{5-65}$$

式中，$h$ 为剪力 $\tau t$ 作用线至原点的距离；而周边积分 $\oint h \, ds$ 恰好就是壁厚中心线所围成面积的 2 倍，故

$$M_t = 2\tau t A \tag{5-66}$$

$$\tau = \frac{M_t}{2At} \tag{5-67}$$

式中 $A$——闭口截面壁厚中心线所围成的面积。

闭口截面的抗扭能力要比开口截面的抗扭能力大得多。现以图 5-27 的截面为例，图 5-27（a）为闭口截面；5-27（b）为截面尺寸完全相同的开口截面（某处有宽度为零的切口）。

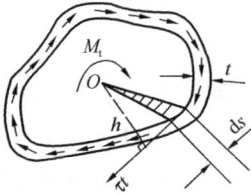

图 5-26　闭口截面的纯扭转

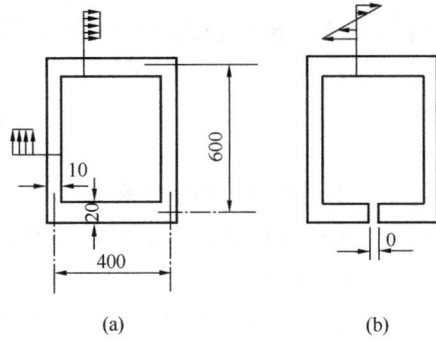

图 5-27　箱形截面和开口截面

对闭口截面，腹板上剪应力最大，其值为：

$$\tau_{t1} = \frac{M_t}{2At_w} = \frac{M_t}{2 \times 40 \times 60 \times 1} = \frac{M_t}{4800}$$

对开口截面，翼缘板上、下边缘的剪应力最大，其值为：

$$I_t = \frac{1.12}{3}(40 \times 2^3 + 2 \times 20 \times 2^3 + 2 \times 60 \times 1^3) = 284 \text{cm}^4$$

$$\tau_{t2} = \frac{M_t t_f}{I_t} = \frac{M_t \times 2}{284} = \frac{M_t}{142}$$

二者比较，在相同扭转作用下，此种截面尺寸情况的开口截面剪应力为闭口截面的 34 倍。

### 5.2.3　构件的约束扭转

5.2.3.1　开口薄壁截面构件的约束扭转

如图 5-28 所示的双轴对称工字形截面悬臂构件，在悬臂端处受有外扭矩 $M_T$，使上、下翼缘往不同方向弯曲。由于悬臂端截面可自由翘曲，而固定端截面完全不能翘曲，因此中间各截面受到不同程度的约束，这就是约束扭转。约束扭转时构件纵向纤维发生弯曲，因此截面中必然产生正应力，称为翘曲正应力。由此伴生的弯曲剪应力，称为翘曲剪应力。

截面翘曲剪应力形成的翘曲扭矩，再加由自由扭转产生的扭矩，与外扭矩 $M_T$ 相平衡，即：

$$M_T = M_t + M_\omega \tag{5-68}$$

式中　$M_t$——自由扭转扭矩，由式（5-62），$M_t = GI_t\varphi'$；

　　　$M_\omega$——翘曲扭矩。

下面推求双轴对称工字形截面的翘曲扭矩 $M_\omega$：

对距固定端为 $z$ 的任意截面，扭转角为 $\varphi$，上、下翼缘在水平方向的位移各为 $u$，则：

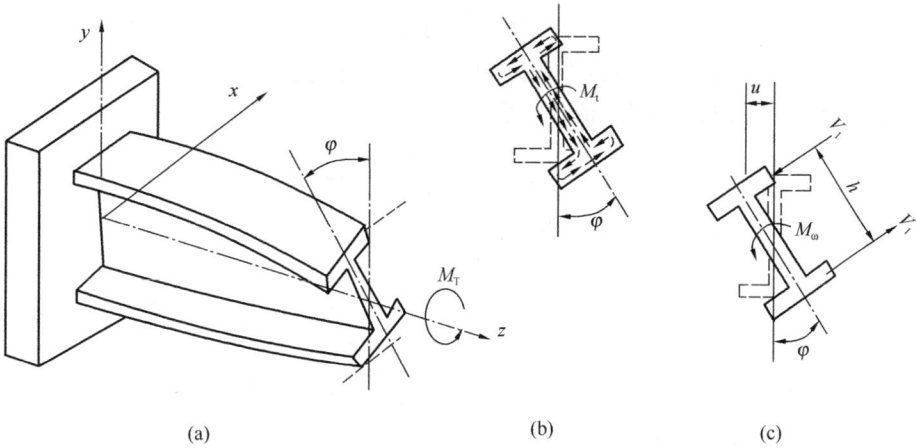

$$(a) \qquad\qquad (b) \qquad\qquad (c)$$

图 5-28　工字形截面构件的约束扭转

$$u = \frac{h}{2}\varphi \tag{5-69}$$

根据弯矩曲率关系，一个翼缘的弯矩为：

$$M_1 = -EI_1 \frac{\mathrm{d}^2 u}{\mathrm{d}z^2} = -EI_1 \cdot \frac{h}{2} \cdot \frac{\mathrm{d}^2 \varphi}{\mathrm{d}z^2} \tag{5-70}$$

一个翼缘的水平剪力为：

$$V_1 = \frac{\mathrm{d}M_1}{\mathrm{d}z} = -EI_1 \frac{h}{2} \cdot \frac{\mathrm{d}^3 \varphi}{\mathrm{d}z^3} \tag{5-71}$$

式中　$I_1$——一个翼缘对腹板轴（$y$ 轴）的惯性矩。

忽略腹板的影响，翘曲扭矩 $M_\omega$ 应为：

$$M_\omega = V_1 h = -EI_1 \frac{h^2}{2} \cdot \frac{\mathrm{d}^3 \varphi}{\mathrm{d}z^3} \tag{5-72}$$

令 $I_1 \cdot h^2 / 2 = I_\omega$，称为翘曲常数（或称扇性惯性矩），并将上式 $M_\omega$ 值代入式（5-68）中，得：

$$M_\mathrm{T} = -EI_\omega \varphi''' + GI_\mathrm{t} \varphi' \tag{5-73}$$

这就是约束扭转的平衡微分方程，虽然由双轴对称工字形截面导出，但也适用于其他形式截面，只不过 $I_\omega$ 的取值不同。

在外扭矩作用下的约束扭转，构件截面中将产生以下三种应力：

① 由翘曲约束产生的弯曲正应力（翘曲正应力）。对双轴对称工字形截面，每个翼缘绕 $y$ 轴的弯矩为 $M_1$，因此其最大正应力为（图 5-29a）：

$$\sigma_{\omega,\max} = \frac{M_1}{I_1} \cdot \frac{b}{2} = -\frac{Ebh}{4} \cdot \frac{\mathrm{d}^2 \varphi}{\mathrm{d}z^2} = -EC_\omega \varphi'' \tag{5-74}$$

式中 $C_\omega = bh/4$（对双轴对称工字形截面）。

② 由纯扭矩 $M_\mathrm{t}$ 产生的剪应力 $\tau_\mathrm{t}$（图 5-29b）：

$$\tau_\mathrm{t} = \frac{M_\mathrm{t} t}{I_\mathrm{t}} = Gt\varphi' \tag{5-75}$$

③ 由翘曲扭矩 $M_\omega$（或翘曲水平剪力 $V_1$）产生的翘曲剪应力 $\tau_\omega$（图 5-29c）：

$$\tau_{\omega,\max} = \frac{V_1 S_1}{I_1 t} \tag{5-76}$$

式中　$S_1 = b^2 t/8$——翼缘中点以左截面积对 $y$ 轴的面积矩。

将双轴对称工字形截面的 $V_1$ 值代入后得：

$$\tau_{\omega,\max} = -E\frac{b^2 h}{16} \cdot \frac{\mathrm{d}^3 \varphi}{\mathrm{d}z^3} = -ES_\omega \varphi''' \tag{5-77}$$

式中，$S_\omega = b^2 h/16$（对双轴对称工字形截面）。

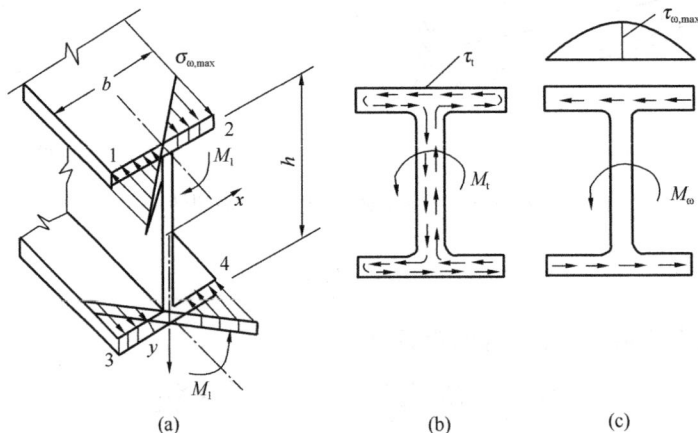

图 5-29　约束扭转的应力

式（5-74）～式（5-77）也可用于其他形式截面，不过式中的截面参数 $C_\omega$ 和 $S_\omega$ 应取相应截面的数值。

由此可见，上述约束扭转应力都是扭转角 $\varphi$ 的函数，必须按式（5-73）解出 $\varphi$ 值后才能进行计算。求解此微分方程时利用的边界条件为：简支端，$\varphi = \varphi'' = 0$；固定端，$\varphi = \varphi' = 0$；自由端，$\varphi'' = 0$。

【例 5-1】图 5-30 所示的简支（夹支）梁，跨度中点承受一偏心为 50mm 的集中荷载，其设计值 $F = 100$kN。此梁截面如图所示，试计算其最大正应力和剪应力。

【解】

由荷载产生的内力为弯矩 $M_x$、剪力 $V_x$ 和扭矩 $M_T$。

（1）首先求解平衡微分方程（5-73），以便计算扭矩 $M_T$ 产生的应力。将方程（5-73）再微分一次得：

$$-EI_\omega \varphi'''' + GI_t \varphi'' = \frac{\mathrm{d}M_T}{\mathrm{d}z} = 0$$

令 $k^2 = \dfrac{GI_t}{EI_\omega}$，得：

$$\varphi'''' - k^2 \varphi'' = 0$$

其通解为：

$$\varphi = C_1 \cdot \mathrm{ch}kz + C_2 \cdot \mathrm{sh}kz + C_3 \cdot z + C_4$$

边界条件有 4 个，即 $z = 0$ 时，$\varphi = 0, \varphi'' = 0$；$z = l$ 时，$\varphi = 0, \varphi'' = 0$。由于微分方程在 $z = l/2$ 处不连续，只能在半跨内求解。

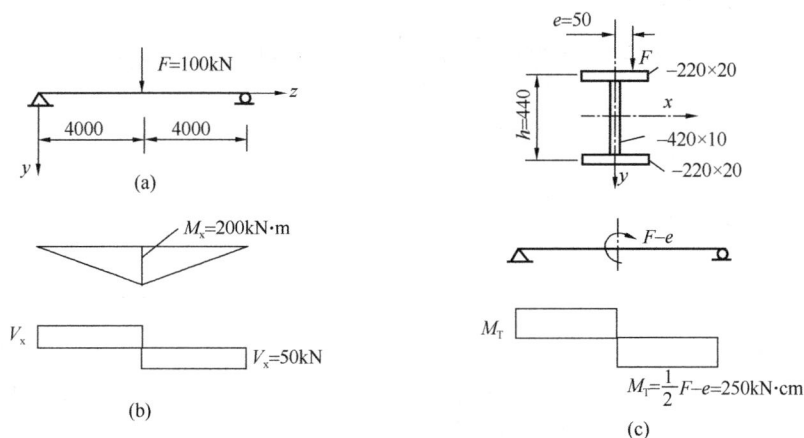

图 5-30 例 5-1 承受偏心荷载的简支梁

利用 $z=0$ 时（夹支），$\varphi=0,\varphi''=0$；$z=l/2$ 时（侧扭对称），$\varphi'=0$；再利用 $-EI_\omega\varphi'''+GI_t\varphi'=M_T$，解得：

$$\varphi=\frac{M_T}{GI_t}\Big[z-\frac{\mathrm{sh}kz}{k\cdot\mathrm{ch}(kl/2)}\Big]$$

$$\varphi'=\frac{M_T}{GI_t}\Big[1-\frac{\mathrm{ch}kz}{\mathrm{ch}(kl/2)}\Big]$$

$$\varphi''=-\frac{M_T}{GI_t}\cdot\frac{k\cdot\mathrm{sh}kz}{\mathrm{ch}(kl/2)}$$

$$\varphi'''=-\frac{M_T}{GI_t}\cdot\frac{k^2\cdot\mathrm{ch}kz}{\mathrm{ch}(kl/2)}=-\frac{M_T}{EI_\omega}\cdot\frac{\mathrm{ch}kz}{\mathrm{ch}(kl/2)}$$

（2）截面数据和有关系数

$$I_x=\frac{1}{12}(22\times46^3-21\times42^3)=48800\mathrm{cm}^4$$

$$I_y=2I_1=2\times\frac{1}{12}\times2\times22^3=3550\mathrm{cm}^4$$

$$W_x=\frac{48800}{23}=2120\mathrm{cm}^3$$

$$I_t=\frac{1.25}{3}\sum b_i t_i^3=\frac{1.25}{3}(2\times22\times2^3+42\times1^3)=164\mathrm{cm}^4$$

$$I_\omega=\frac{1}{4}I_y h^2=\frac{1}{4}\times3550\times44^2=1718000\mathrm{cm}^6$$

$$k=\sqrt{\frac{GI_t}{EI_\omega}}=\sqrt{\frac{164}{2.6\times1718000}}=0.00606\mathrm{cm}^{-1},\Big(\frac{E}{G}=2.6\Big)$$

$$\frac{kl}{2}=\frac{1}{2}\times0.00606\times800=2.424$$

$$\mathrm{ch}(kl/2)=5.690\quad\mathrm{sh}(kl/2)=5.601$$

在梁端点（$z=0$）：

$$\varphi'=\frac{2.5\times10^6}{79\times10^3\times164\times10^4}\Big(1-\frac{1}{5.69}\Big)=\frac{1}{51824}\Big(1-\frac{1}{5.69}\Big)=15.9\times10^{-6}\mathrm{mm}^{-1}$$

121

$$\varphi'' = 0$$

$$\varphi''' = -\frac{0.000606^2}{51824} \times \frac{1}{5.69} = -1.245 \times 10^{-12}\,\text{mm}^{-3}$$

在跨中（$z = l/2$）：

$$\varphi' = 0$$

$$\varphi'' = -\frac{1}{51824} \times \frac{0.000606 \times 5.601}{5.690} = -11.5 \times 10^{-9}\,\text{mm}^{-2}$$

$$\varphi''' = -\frac{1}{51824} \times 0.000606^2 = -7.09 \times 10^{-12}\,\text{mm}^{-3}$$

（3）最大正应力

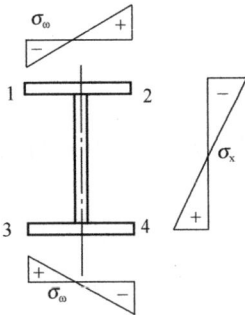

图 5-31 跨中正应力

最大正应力产生在跨中截面（$z = l/2$），其值为弯曲正应力 $\sigma_x$ 及翘曲正应力 $\sigma_\omega$ 之和。

$$\sigma_x = \frac{M_x}{W_x} = \frac{200 \times 10^6}{2120 \times 10^3} = 94.3\,\text{N/mm}^2$$

$$\sigma_\omega = -\frac{Ebh}{4} \cdot \varphi'' = \frac{206 \times 10^3 \times 220 \times 440}{4} \times 11.5 \times 10^{-9}$$

$$= 57.3\,\text{N/mm}^2$$

正应力在截面中的分布情况如图 5-31 所示，最大正应力在 1、3 点处。1 点为压应力 $\sigma_{max} = -94.3 - 57.3 = -151.6\,\text{N/mm}^2$；3 点为拉应力 $\sigma_{max} = 151.6\,\text{N/mm}^2$。

（4）最大剪应力

剪应力由三部分组成，即弯曲剪应力、纯扭转剪应力和翘曲剪应力，其在截面的分布如图 5-32 所示。图中箭头所指为剪应力方向，截面外的影线图表示剪应力的大小。

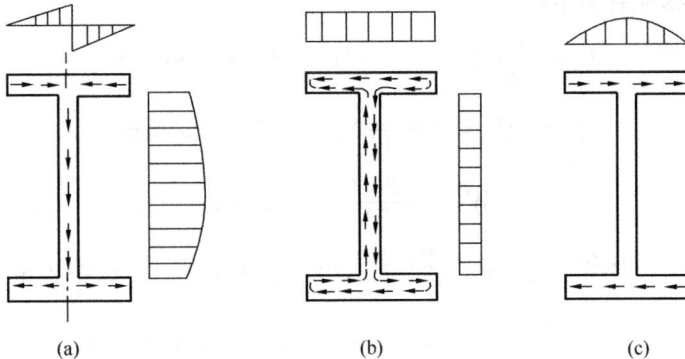

图 5-32 剪应力

（a）弯曲剪应力；（b）纯扭剪应力；（a）翘曲剪应力

最大剪应力可能产生于梁端或跨中截面的翼缘中点或腹板中点。

① 梁端部的剪应力

翼缘中点：

$$\tau = \frac{VS_1}{I_x t} + Gt\varphi' - E\frac{b^2 h}{16} \cdot \varphi'''$$

$$= \frac{50 \times 10^3}{48800 \times 10^4 \times 20} \left( \frac{220 \times 20}{2} \times 220 \right) + 79 \times 10^3 \times 20 \times 15.9 \times 10^{-6}$$

$$+ 206 \times 10^3 \times \frac{220^2 \times 440}{16} \times 1.245 \times 10^{-12}$$

$$= 2.48 + 25.12 + 0.34 = 27.94 \text{N/mm}^2$$

腹板中点：

$$\tau = \frac{VS}{I_x t_w} + G t_w \varphi' = \frac{50 \times 10^3}{48800 \times 10^4 \times 10} \left( 220 \times 20 \times 220 + \frac{1}{2} \times 10 \times 210^2 \right)$$

$$+ 79 \times 10^3 \times 10 \times 15.9 \times 10^{-6} = 12.18 + 12.56 = 24.74 \text{N/mm}^2$$

② 跨中剪应力

翼缘中点：$\tau = \dfrac{VS_1}{I_x t} + G t \varphi' - E \dfrac{b^2 h}{16} \times \varphi'''$

$$= 2.48 + 0 + 206 \times 10^3 \times \frac{220^2 \times 440}{16} \times 7.09 \times 10^{-12}$$

$$= 4.42 \text{N/mm}^2$$

腹板中点：$\tau = \dfrac{VS}{I_x t_w} + G t_w \varphi' = 12.18 + 0 = 12.18 \text{ N/mm}^2$

故知本例题最大剪应力产生在梁端截面的翼缘中点处，其值 $\tau_{\max} = 27.94 \text{N/mm}^2$。

5.2.3.2 箱形截面的约束扭转

箱形截面构件约束扭转时，翘曲剪应力可以忽略不计，只按式（5-67）计算其自由扭转剪应力。

根据理论计算，$b = h$ 的正方形截面翘曲正应力等于零；$b \neq h$ 的长方形截面翘曲正应力不等于零，但其值很小。箱形截面悬臂梁的最大翘曲正应力（在固定端），可用下式计算（根据 T·卡尔曼和钱伟长 "Torsion with Variable Twist"，J. Aeronant. Sci.，Vol. 13，no. 10，Oct. 1946）：

图 5-33 悬臂箱形梁的 $\beta$ 值

$$\sigma_{\omega,\max} = \beta/k \qquad (5\text{-}78)$$

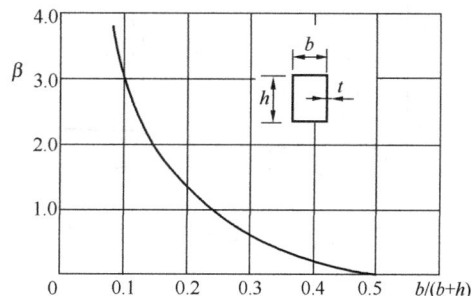

式中　$k$——有量纲系数（$\text{mm}^2/\text{N}$），$k = \dfrac{tG}{4M_T E}(b+h)^2(1-v^2)\sqrt{\dfrac{2}{1-v}}$；

　　$M_T$——外扭矩；

　　$v$——材料泊松比；

$b$、$h$、$t$——箱形截面的宽度、高度和厚度；

　　$\beta$——根据 $b/(b+h)$ 由图 5-33 查出的系数。

# 5.3　构件的弯扭屈曲

## 5.3.1　受弯构件（梁）的侧向弯扭屈曲

为了提高抗弯强度，节省钢材，钢梁截面一般做成高而窄的形式，受荷方向刚度大侧向刚度较小，如果梁的侧向支承较弱（比如仅在支座处有侧向支承），梁的弯曲会随荷载大小的不同而呈现两种截然不同的平衡状态。跨度中间无侧向支承的梁在其最大刚度平面内受荷载作用，当荷载较小时，梁的弯曲平衡状态是稳定的。虽然外界各种因素会使梁产生微小的侧向弯曲和扭转变形，但外界影响消失后，梁仍能恢复原来的弯曲平衡状态。然而，当荷载增大到某一数值后，梁在向下弯曲的同时，将突然发生侧向弯曲和扭转变形而破坏（见图 5-35a），这种现象称之为梁的侧向弯扭屈曲或整体失稳。

梁之所以会出现侧扭屈曲，可以这样来理解：把梁的受压翼缘和部分与其相连的受压腹板看作一根轴心压杆，随着压力的加大，其刚度下降，到达一定程度，此压杆即不能保持其原来的位置而发生屈曲。梁的受压翼缘和部分腹板又与轴心受压构件并不完全相同，它与梁的受拉翼缘和受拉腹板是直接相连的。当其发生屈曲时因而只能是出平面侧向弯曲，又由于梁的受拉部分对其侧向弯曲产生牵制，出平面弯曲时就同时发生截面的扭转。因而梁的整体失稳必然是侧向弯扭失稳。荷载作用在梁最大刚度平面内，对于跨中无侧向支承的中等或较大跨度的梁，其丧失整体稳定性时的承载能力往往低于按其抗弯强度确定的承载能力。因此，这些梁的截面大小也就往往由整体稳定性所控制。

### 5.3.1.1　双轴对称截面纯弯曲梁的侧扭屈曲

材料力学中研究梁的应力和变形时只涉及在最大刚度平面内的变形，因此对简支端的边界条件只满足 $v = 0$（竖向位移为零）和 $v'' = 0$（弯矩 $M_x$ 为零），端截面可以绕 $x$ 轴自由

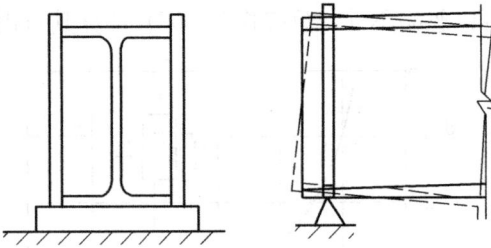

图 5-34　理想夹支支座

转动。在研究梁的整体稳定性时，因涉及侧向弯曲和扭转，其边界条件还需添加 $u = 0$（侧向位移为零）、$\varphi = 0$（扭转角为零）和 $\varphi'' = 0$（翘曲弯矩为零），即端截面可以绕 $y$ 轴自由转动但不能绕 $z$ 轴转动。因此在钢梁的设计中，必须从构造上满足 $\varphi = u = 0$，以保证与计算模型相符合。整体稳定计算中的扭转简支实际上应为力学意义上的"夹支"，如图 5-34 所示。

图 5-35（a）为一两端简支双轴对称工字形截面纯弯曲梁，梁两端各受力矩 $M$ 作用，弯矩沿长度均匀分布。所谓简支就是符合夹支条件，支座处截面可自由翘曲，能绕 $x$ 轴和 $y$ 轴转动，但不能绕 $z$ 轴转动，也不能侧向移动。

现按弹性杆件的随遇平衡理论进行分析，在微小弯曲变形和扭转变形的情况下建立微分方程。设固定坐标为 $x$、$y$、$z$，弯矩 $M$ 达一定数值屈曲变形后，相应的移动坐标为 $x'$、$y'$、$z'$，截面形心在 $x$、$y$ 轴的位移为 $u$、$v$，截面扭转角为 $\varphi$。在图 5-35（b）和图 5-35（d）中，弯矩用双箭头向量表示，其方向按向量的右手规则确定。

在 $y'z'$ 平面内为梁在最大刚度平面内弯曲（图 5-35c），其弯矩的平衡方程为：

$$-EI_x \frac{d^2 v}{dz^2} = M \tag{5-79}$$

在 $x'z'$ 平面内为梁的侧向弯曲（图 5-35d），其弯矩平衡方程为：

$$-EI_y \frac{d^2 u}{dz^2} = M \cdot \varphi \tag{5-80}$$

由于梁端部夹支，中部任意截面扭转时，纵向纤维发生了弯曲，属约束扭转。由式（5-73）得此扭转的微分方程为（图 5-35b）：

$$-EI_\omega \varphi''' + GI_t \varphi' = Mu' \tag{5-81}$$

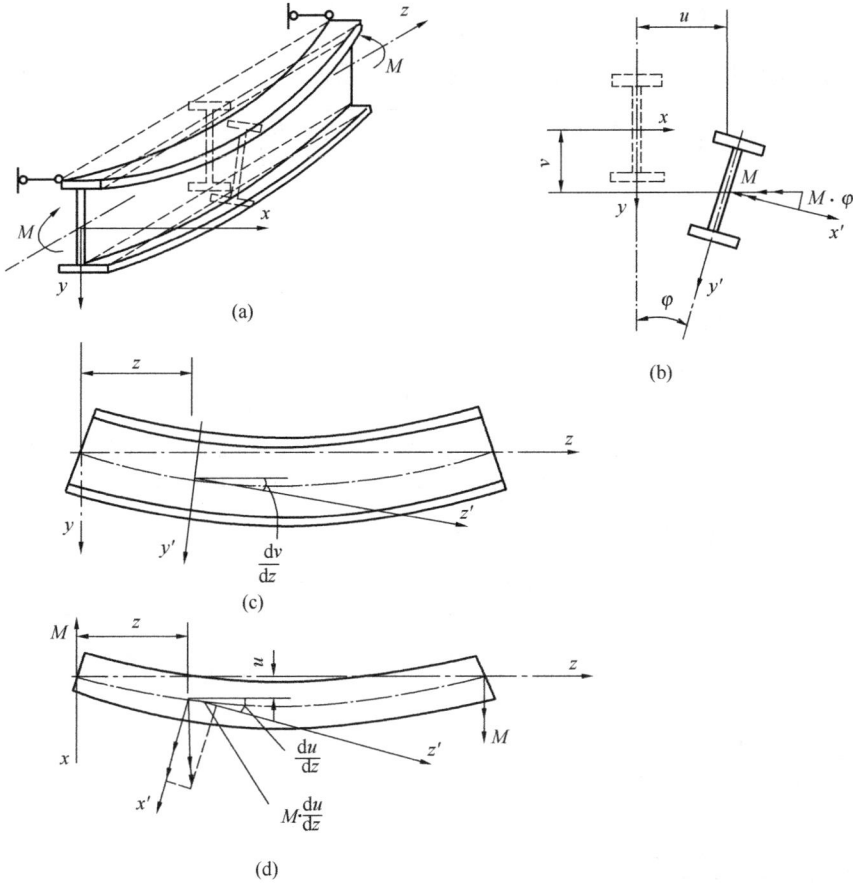

图 5-35　梁的侧向弯扭屈曲

以上方程中，式（5-79）可独立求解，它是沿最大刚度平面的弯曲问题，与梁的弯扭屈曲无关。式（5-80）、式（5-81）具有两个未知数值 $u$ 和 $\varphi$，必须联立求解。将式（5-81）再微分一次，并利用式（5-80）消去 $u''$，则得到只有未知数 $\varphi$ 的弯扭屈曲微分方程：

$$EI_\omega \varphi'''' - GI_t \varphi'' - \frac{M^2}{EI_y} \cdot \varphi = 0 \tag{5-82}$$

与轴心压杆弹性弯曲屈曲的挠曲曲线一样，可以认为两端简支梁的扭转角为正弦曲线分布，即：

$$\varphi = C \cdot \sin \frac{\pi z}{l}$$

将此 $\varphi$ 和其二阶导数及四阶导数代入式（5-82）中，得：

$$\left[ EI_\omega \left( \frac{\pi}{l} \right)^4 + GI_t \left( \frac{\pi}{l} \right)^2 - \frac{M^2}{EI_y} \right] C \cdot \sin \frac{\pi z}{l} = 0 \tag{5-83}$$

要使上式在任何 $z$ 值都能成立，必须是方括号中数值为零，即：

$$EI_\omega \left(\frac{\pi}{l}\right)^4 + GI_t \left(\frac{\pi}{l}\right)^2 - \frac{M^2}{EI_y} = 0 \tag{5-84}$$

上式中的 $M$ 就是双轴对称工字形截面简支梁纯弯曲时的临界弯矩 $M_{cr}$：

$$M_{cr} = \pi\sqrt{1 + \frac{\pi^2}{l^2} \cdot \frac{EI_\omega}{GI_t}} \cdot \frac{\sqrt{EI_y GI_t}}{l} = \beta \cdot \frac{\sqrt{EI_y GI_t}}{l} \tag{5-85}$$

$\beta$ 称为梁的侧扭屈曲系数。对双轴对称工字形截面 $I_\omega = I_y (h/2)^2$，故 $\beta$ 值为：

$$\beta = \pi\sqrt{1 + \frac{\pi^2}{l^2} \cdot \frac{EI_\omega}{GI_t}} = \pi\sqrt{1 + \pi^2 \left(\frac{h}{2l}\right)^2 \frac{EI_y}{GI_t}} = \pi\sqrt{1 + \pi^2\psi} \tag{5-86}$$

而

$$\psi = \left(\frac{h}{2l}\right)^2 \frac{EI_y}{GI_t} \tag{5-87}$$

式中　$EI_y$——梁截面侧向抗弯刚度；

　　　　$GI_t$——自由扭转刚度。

5.3.1.2　横向荷载作用下双轴对称工字形截面梁的侧扭屈曲

如梁上作用横向荷载，截面所受弯矩沿梁长度而变化，临界弯矩的计算比较复杂，常用能量法求近似解，理论计算证明，横向荷载作用下的梁，其临界弯矩也可用式（5-85）来表达，不过式中的 $\beta$ 值应取为表 5-3 所示数值。

双轴对称工字形截面简支梁的侧扭屈曲系数 β 值 表 5-3

| 荷载情况 | β 值 | | 说明 |
|---|---|---|---|
| | 荷载作用于形心 | 荷载作用于上、下翼缘 | |
| | $1.35\pi\sqrt{1 + 10.2\psi}$ | $1.35\pi\left(\sqrt{1 + 12.9\psi} \pm 1.74\sqrt{\psi}\right)$ | 表中的"±"号："－"号用于荷载作用在上翼缘；"＋"号用于荷载作用在下翼缘 |
| | $1.13\pi\sqrt{1 + 10\psi}$ | $1.35\pi\left(\sqrt{1 + 11.9\psi} \pm 1.44\sqrt{\psi}\right)$ | |
| | $\pi\sqrt{1 + \pi^2\psi}$ | | |

从表 5-3 可以看到：

① 在横向荷载作用于形心的情况下，其临界弯矩都比纯弯曲时高。这是由于纯弯曲时梁所有截面弯矩均达到最大值，而横向荷载作用时只跨中达最大值。

② 横向荷载作用于上翼缘比作用于下翼缘的临界弯矩低。这是由于梁一旦扭转，作用于上翼缘的荷载（图 5-36a）对剪心 S 产生不利的附加扭矩，使梁扭转加剧，助长屈曲；而荷载在下翼缘（图 5-36b）产生的附加扭矩会减缓梁的扭转。

5.3.1.3　单轴对称工字形截面梁的侧扭屈曲

对单轴对称工字形截面（图 5-37）简支梁，在不同荷载作用下的临界弯矩 $M_{cr}$ 可用能量法求出，见公式（5-88）。

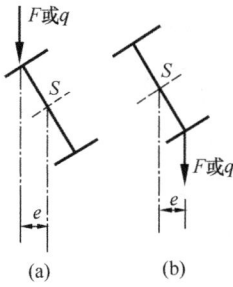

图5-36 荷载作用位置的影响

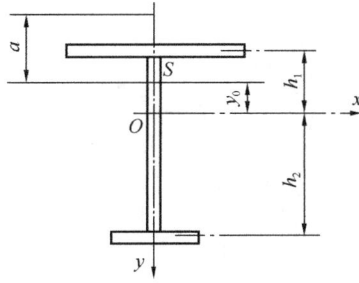

图5-37 单轴对称截面

$$M_{cr} = \beta_1 \frac{\pi^2 EI_y}{l^2} \left[ \beta_2 a + \beta_3 B_y + \sqrt{(\beta_2 a + \beta_3 B_y) + \frac{I_\omega}{I_y}\left(1 + \frac{l^2 GI_t}{\pi^2 EI_\omega}\right)} \right] \qquad (5\text{-}88)$$

式中　$EI_y$、$GI_t$ 和 $EI_\omega$——分别为截面侧向抗弯刚度、自由扭转刚度和翘曲刚度；

　　　　$\beta_1$、$\beta_2$、$\beta_3$——系数，随荷载类型而异，其值见表5-4；

　　　　$a$——横向荷载作用点至剪切中心 $S$ 的距离，荷载在剪切中心以上时取负值，反之取正值；

　　　　$B_y$——截面不对称特征，$B_y = \dfrac{1}{2I_x}\displaystyle\int_A y(x^2 + y^2)\mathrm{d}A - y_0$，$y_0 = -\dfrac{I_1 h_1 - I_2 h_2}{I_y}$ 为剪切中心的纵坐标，$I_1$ 和 $I_2$ 分别为受压翼缘和受拉翼缘对 $y$ 轴的惯性矩；$h_1$ 和 $h_2$ 为受压翼缘和受拉翼缘形心至整个截面形心的距离。

系数 $\beta_1$、$\beta_2$、$\beta_3$ 值　　　　　　　　　　　　　　表 5-4

| 荷载类型 | $\beta_1$ | $\beta_2$ | $\beta_3$ |
|---|---|---|---|
| 跨度中点集中荷载 | 1.35 | 0.55 | 0.40 |
| 满跨均布荷载 | 1.13 | 0.46 | 0.53 |
| 纯弯曲 | 1 | 0 | 1 |

### 5.3.2 轴心压杆的扭转屈曲和弯扭屈曲

在本章5.1.1节中，我们讨论了理想轴心受压直杆的弹性弯曲屈曲，即假定压杆屈曲时不发生扭转，只是沿主轴弯曲。但是对开口薄壁截面构件，在压力作用下有可能在扭转变形或弯扭变形的情况下丧失稳定，这种现象称为扭转屈曲或弯扭屈曲。

#### 5.3.2.1 双轴对称截面轴心压杆的扭转屈曲

图5-38所示为一双轴对称截面杆件，在轴心压力 $N$ 作用下，除可能沿 $x$ 轴或 $y$ 轴弯曲屈曲外，还可能绕 $z$ 轴发生扭转屈曲。仍按弹性杆件的随遇平衡理论进行分析，在微小扭转变形情况下建立微分方程。假定此杆件两端为简支并符合夹支条件，即端部截面可自由翘曲，但不能绕 $z$ 轴转动。所以其他截面绕 $z$ 轴转动时，纵向纤维发生了弯曲，这就是一个约束扭转问题。按式（5-73），约束扭转的平衡微分方程为：

$$-EI_\omega \varphi''' + GI_t \varphi' = M_T \qquad (5\text{-}89)$$

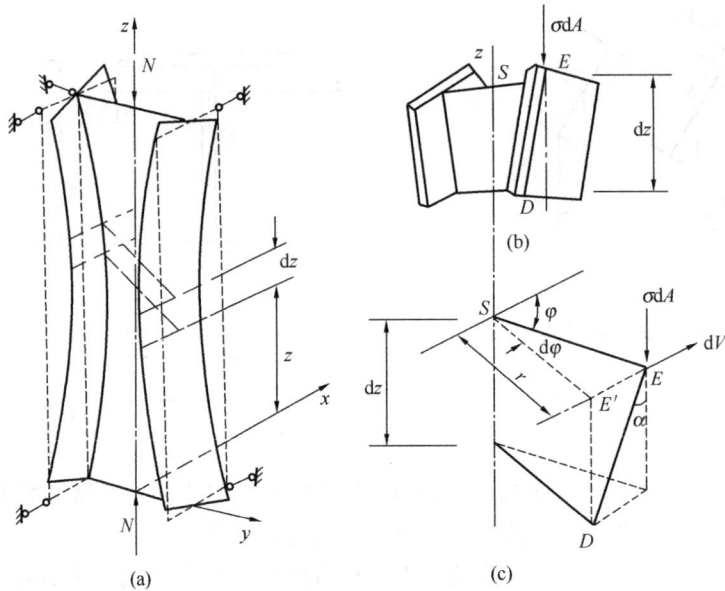

图 5-38　双轴对称截面的扭转屈曲

上式中的 $M_T$ 是由于纵向纤维倾斜时由外力 $N$ 产生的扭矩。设杆件任意截面的扭角为 $\varphi$，则长为 $dz$ 的微元段两个邻近截面的相对扭角为 $d\varphi$。设 $E$、$D$ 两点为两截面的对应点（图 5-38b），$ED$ 纤维发生倾斜，倾角为 $\alpha$，即

$$\alpha = \frac{EE'}{dz} = r \cdot \frac{d\varphi}{dz} \tag{5-90}$$

式中　$r$——$E$ 点到截面剪切中心的距离。

$E$ 点处的微压力 $\sigma dA$ 在微截面上的横向剪力为：

$$dV = \sigma dA \cdot \tan\alpha = \sigma dA \cdot \alpha = \sigma dA \cdot r\varphi' \tag{5-91}$$

此横向剪力对剪切中心的扭矩为 $\sigma dA \cdot r^2 \varphi'$，故全截面的扭矩为：

$$M_T = \int_A \sigma r^2 \varphi' dA = \sigma\varphi' \int_A r^2 dA = \sigma\varphi' \cdot A i_0^2 = N i_0^2 \varphi' \tag{5-92}$$

式中 $\int_A r^2 dA = A \cdot i_0^2$ 为截面极惯性矩，其值等于 $I_x + I_y$，所以，$i_0 = \sqrt{(I_x + I_y)/A}$，称为截面对剪切中心（对双轴对称截面即形心）的极回转半径。

将 $M_T$ 代入式（5-73）中，即得轴心压杆扭转屈曲的平衡微分方程：

$$-EI_\omega \varphi''' + GI_t \varphi' = N i_0^2 \varphi' \tag{5-93}$$

如令 $k^2 = \dfrac{N i_0^2 - GI_t}{EI_\omega}$，得：$\varphi''' + k^2 \varphi' = 0$

其通解为：$\varphi = C_1 \cdot \sin kz + C_2 \cdot \cos kz + C_3$

由边界条件：$z = 0$ 时，$\varphi = 0$（杆端夹支），得 $C_2 + C_3 = 0$；又 $z = 0$ 时，$\varphi'' = 0$（杆端自由翘曲），得 $C_2 = 0$。所以 $C_2 = C_3 = 0$，得：$\varphi = C_1 \sin kz$ 表示扭角为正弦曲线。又由 $z = l$ 时，$\varphi = 0$，得 $\sin kl = 0$，其最小根 $kl = \pi$，所以

$$k^2 = \frac{\pi^2}{l^2} = \frac{N i_0^2 - GI_t}{EI_\omega} \tag{5-94}$$

上式中的 $N$ 就是扭转屈曲临界力，用 $N_z$ 表示，

$$N_z = \left(\frac{\pi^2 EI_\omega}{l^2} + GI_t\right)\frac{1}{i_0^2} \tag{5-95}$$

此式是由弹性屈曲理论导出的，相当于弯曲屈曲的欧拉公式。括号中的第 2 项为自由扭转部分，与长度无关；而第 1 项为翘曲扭转部分，与长度有关。若将 $l$ 改为计算长度 $l_\omega$，则式（5-95）可用于各种支承情况。例如两端翘曲受到完全约束时，$l_\omega = 0.5l$；两端能自由翘曲时，$l_\omega = l$；等等。

在轴心压杆扭转屈曲的计算中，可采用扭转屈曲临界力与欧拉临界力相等得到换算长细比 $\lambda_z$，由

$$N_z = \left(\frac{\pi^2 EI_\omega}{l_\omega^2} + GI_t\right)\frac{1}{i_0^2} = \frac{\pi^2 E}{\lambda_z^2} \cdot A \tag{5-96}$$

得：

$$\lambda_z = \sqrt{\frac{Ai_0^2}{I_\omega/l_\omega^2 + GI_t/(\pi^2 E)}} = \sqrt{\frac{Ai_0^2}{I_\omega/l_\omega^2 + I_t/25.7}} \tag{5-97}$$

式中　$i_0$——截面对剪心的极回转半径，对双轴对称截面 $i_0^2 = i_x^2 + i_y^2$ 或 $Ai_0^2 = I_x + I_y$；

$l_\omega$——扭转屈曲的计算长度，对两端铰接、端部截面可自由翘曲或两端嵌固、端部截面翘曲受到完全约束的构件，取 $l_\omega = l_{0y}$。

由换算长细比 $\lambda_z$ 可用弯曲失稳的柱子曲线获得稳定系数 $\varphi$ 值。由于稳定系数 $\varphi$ 中已考虑构件的初始缺陷和材料的非弹性，相当于扭转屈曲也考虑这些非理想因素。这种间接考虑的方法虽有一定的近似性，但不失为一种简便可行之路。

【例 5-2】一长为 6m，两端铰接且端部截面可自由翘曲的轴心压杆，截面如图 5-39 所示，试确定此杆件是否由扭转屈曲控制设计。

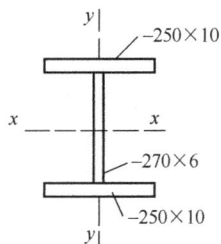

【解】

图 5-39　例 5-2 图

$$A = 2 \times 25 \times 1.0 + 27 \times 0.6 = 66.2 \text{cm}^2$$

$$I_x = \frac{1}{12}(25 \times 29^3 - 24.4 \times 27^3) = 10790 \text{cm}^4$$

$$I_y = \frac{1}{12} \times 2 \times 1 \times 25^3 = 2604 \text{cm}^4$$

$$i_x = \sqrt{\frac{10790}{66.2}} = 12.77 \text{cm}, i_y = \sqrt{\frac{2604}{66.2}} = 6.27 \text{cm}$$

$$\lambda_x = \frac{600}{12.77} = 47.0, \lambda_y = \frac{600}{6.27} = 95.7$$

$$i_0^2 = i_x^2 + i_y^2 = 12.77^2 + 6.27^2 = 202.4 \text{cm}^2$$

$$I_t = \frac{1.25}{3}(2 \times 25 \times 1^3 + 27 \times 0.6^3) = 23.26 \text{cm}^4$$

$$I_\omega = \frac{1}{4}h^2 I_y = \frac{1}{4} \times 28^2 \times 2604 = 474600 \text{cm}^6$$

扭转屈曲的换算长细比为：

$$\lambda_z = \sqrt{\frac{66.2 \times 202.4}{474600/600^2 + 23.26/25.7}} = 77.6$$

由于 $\lambda_z < \lambda_y$，故扭转屈曲承载力大于对 $y$ 轴的弯曲屈曲承载力，即杆件不会发生扭转失稳。

【例 5-3】例 5-2 的轴心压杆，在长度中点处有垂直于 $y$ 轴的侧向支承（图 5-40），则此杆是否由扭转屈曲控制设计。

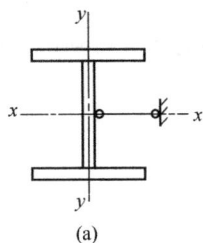

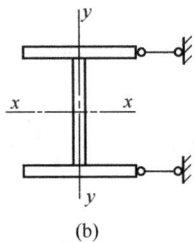

图 5-40　例 5-3 图

【解】（1）若此支承仅支于截面的剪心（图 5-40a），则支承点能阻止杆件对 $y$ 轴的弯曲，但不能阻止其扭转，则扭转屈曲的换算长细比仍为 $\lambda_z = 77.6$，而弯曲屈曲长细比则为 $\lambda_y = 300/6.27 = 47.8$。

由于 $\lambda_z > \lambda_y$ 和 $\lambda_x$，则此轴心压杆将由扭转屈曲控制设计。

（2）若长度中点的支承既能阻止杆件在此处的侧移又能阻止其扭转（图 5-40b），则 $\lambda_y = 47.8$，而

$$\lambda_z = \sqrt{\frac{66.2 \times 202.4}{474600/300^2 + 23.26/25.7}} = 46.6$$

由于 $\lambda_z < \lambda_y$ 和 $\lambda_x$，则此杆不会由扭转屈曲控制设计。

由以上两个例题可知，双轴对称的工字形截面的轴心压杆，一般其扭转屈曲承载力大于弯曲屈曲承载力，但其侧向支承处应能阻止其侧移和扭转。

对十字形截面——另一种常用的双轴对称截面（图 5-41），换算长细比计算式（5-97）中的 $I_\omega / l_\omega^2$ 项影响甚小，通常可忽略不计，则：

$$\lambda_z = \sqrt{\frac{25.7Ai_0^2}{I_t}} = \sqrt{\frac{25.7(I_x + I_y)}{4 \times bt^3/3}} = 5.07b/t$$

图 5-41　十字形截面

故知双轴对称十字形截面轴心受压构件的扭转屈曲长细比仅与板件的宽厚比有关，只要 $\lambda_x = \lambda_y > \lambda_z$ 就不会由扭转屈曲控制设计。标准规定：双轴对称十字形截面板件宽厚比不超过 $15\varepsilon_k$ 时，可不计算扭转屈曲。此值可以通过比较十字形截面绕两个主轴的长细比推导得出。

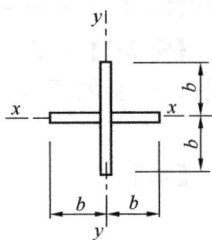

#### 5.3.2.2　单轴对称截面轴心压杆的弯扭屈曲

如图 5-42 单轴对称 T 形截面，当绕非对称轴（$x$ 轴）屈曲时，截面上的剪应力的合力必然通过剪切中心，所以只有平移没有扭转，即发生弯曲屈曲（图 5-42a）。对弹性杆，其临界力为欧拉临界力。

但是，当截面绕 $y$ 轴（对称轴）发生平面弯曲变形时，横截面产生剪力（作用于形心 $C$）与内剪力流的合力（作用于剪心 $S$）不重合，必然伴随着扭转，叫作弯扭屈曲（图 5-42b）。

弯扭屈曲的轴心压杆，在微弯和微扭状态下，可建立两个平衡方程（图 5-42b）。

（1）对 $y$ 轴（对称轴）的弯矩平衡方程

截面剪切中心 $S$ 沿 $x$ 轴方向的位移为 $u$，由于扭角 $\varphi$ 使形心（即压力作用点）增加位

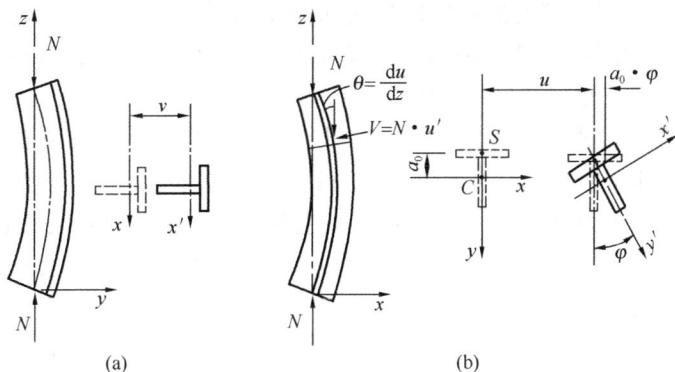

图 5-42 单轴对称截面轴心压杆的屈曲

(a) 绕非对称轴的弯曲屈曲；(b) 绕对称轴的弯扭屈曲

移为 $a_0\varphi$（$a_0$ 为形心与剪心距离），故平衡方程为：

$$-EI_y u'' = N(u + a_0\varphi) \tag{5-98}$$

（2）对 $z$ 轴（纵轴）的扭矩平衡方程

由于杆件弯曲变形后，横向剪力（通过形心）对剪心产生扭矩。此横向剪力为 $N \cdot u'$，扭矩为 $Na_0 u'$。所以对 $z$ 轴的平衡方程应是在轴心压杆扭转屈曲平衡方程（5-91）的基础上增加此外扭矩 $Na_0 u'$，即：

$$-EI_\omega \varphi''' + GI_t \varphi' = Ni_0^2 \varphi' + Na_0 u' \tag{5-99}$$

式中　$i_0$——截面对剪切中心的极回转半径，对单轴对称截面，$i_0^2 = a_0^2 + i_x^2 + i_y^2$。

对两端铰支且端截面可自由翘曲的弹性杆件，由以上分析知，其挠度和扭角均为正弦曲线分布，即：

$$u = C_1 \sin\frac{\pi z}{l}, \quad \varphi = C_2 \sin\frac{\pi z}{l}$$

代入式（5-98）和式（5-99）中，得：

$$\sin\frac{\pi z}{l}\left[\left(\frac{\pi^2 EI_y}{l^2} - N\right)C_1 - Na_0 C_2\right] = 0$$

$$\frac{\pi}{l}\cos\frac{\pi z}{l}\left[-Na_0 \cdot C_1 + \left(\frac{\pi^2 EI_\omega}{l^2} + GI_t - Ni_0^2\right) \cdot C_2\right] = 0$$

由于是微变形状态，$\sin(\pi z/l)$ 和 $\cos(\pi z/l)$ 不能等于零，故以上两式方括号中数值必然等于零。再令 $N_{Ey} = \dfrac{\pi^2 EI_y}{l^2}$（对 $y$ 轴的欧拉临界力）；$N_z = \left(\dfrac{\pi^2 EI_\omega}{l^2} + GI_t\right)\dfrac{1}{i_0^2}$（绕 $z$ 轴的扭转屈曲临界力），得：

$$(N_{Ey} - N) \cdot C_1 - Na_0 \cdot C_2 = 0$$

$$-Na_0 \cdot C_1 + (N_z - N)i_0^2 \cdot C_2 = 0$$

当 $C_1$ 和 $C_2$ 为非零解时，应使系数的行列式等于零，即：

$$\begin{vmatrix} N_{Ey} - N & -Na_0 \\ -Na_0 & (N_z - N)i_0^2 \end{vmatrix} = 0$$

得　　$$(N_{Ey} - N)(N_z - N) - N^2\left(\frac{a_0}{i_0}\right)^2 = 0 \tag{5-100}$$

上式为 $N$ 的二次式，解的最小根即弯扭屈曲的临界力 $N_{cr}$。由此式可知，对双轴对称截面，因 $a_0 = 0$，得 $N_{cr} = N_{Ey}$ 或 $N_{cr} = N_z$，即临界力为弯曲屈曲和扭转屈曲临界力的较小者；对单轴对称截面 $a_0 \neq 0$，$N_{cr}$ 比 $N_{Ey}$ 和 $N_z$ 都小，$a_0/i_0$ 值越大，小得越多。

式（5-100）是理想直杆的弹性弯扭屈曲计算式，如果杆件进入弹塑性阶段或再考虑初始缺陷将使计算非常复杂。我国《钢结构设计标准》GB 50017 是根据完全弹性的弯扭屈曲临界力与欧拉临界力之间的相似关系，得到换算长细比，再以此长细比由弯曲失稳的柱子曲线获得稳定系数 $\varphi$ 值。这种间接考虑非弹性和初始缺陷影响的方式，虽有一定近似性，但不失为一种简便可行的办法。

令式（5-100）中的 $N = N_{cr} = \pi^2 EA/\lambda_{yz}^2$，$N_{Ey} = \pi^2 EA/\lambda_y^2$，$N_z = \pi^2 EA/\lambda_z^2$，可以解得单轴对称截面轴心压杆绕对称轴的换算长细比 $\lambda_{yz}$，即

$$\lambda_{yz} = \frac{1}{\sqrt{2}} \left[ (\lambda_y^2 + \lambda_z^2) + \sqrt{(\lambda_y^2 + \lambda_z^2)^2 - 4\left(1 - a_0^2/i_0^2\right)\lambda_y^2\lambda_z^2} \right]^{1/2} \tag{5-101}$$

式中　$a_0$——截面形心至剪心距离；

$i_0$——截面对剪心的极回转半径；

$\lambda_y$——对对称轴的弯曲屈曲长细比；

$\lambda_z$——扭转屈曲换算长细比，按式（5-97）求出。

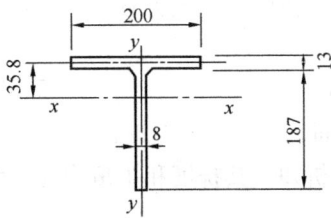

【例 5-4】一截面为 T200×200×8×13 的剖分 T 型钢（图 5-43）的轴心压杆，长度为 3m，两端铰接，端部截面可自由翘曲，试确定其对 $y$ 轴的长细比。

【解】

此杆件对 $y$ 轴为弯扭屈曲，应按式（5-101）计算其换算长细比。

$A = 42.06 \text{cm}^2$，$i_x = 5.76 \text{cm}$，$i_y = 4.54 \text{cm}$，$a_0 = 3.58 \text{cm}$，$\lambda_y = 300/4.54 = 66.1$

图 5-43　例 5-4 图

此种截面可令 $I_\omega = 0$。

$$I_t = \frac{1.15}{3} (20 \times 1.3^3 + 18.7 \times 0.8^3) = 20.51 \text{cm}^4$$

$$i_0^2 = 3.58^2 + 5.76^2 + 4.54^2 = 66.61 \text{cm}^2$$

$$\lambda_z^2 = \frac{Ai_0^2}{I_t/25.7} = \frac{42.06 \times 66.61}{20.51/25.7} = 3511$$

$$\lambda_{yz} = \frac{1}{\sqrt{2}} \left[ (66.1^2 + 3511) + \sqrt{(66.1^2 + 3511)^2 - 4\left(1 - \frac{3.58^2}{66.61}\right) \times 66.1^2 \times 3511} \right]^{1/2}$$

$$= 75.5$$

本例题考虑扭转的长细比为弯曲屈曲长细比的 1.14 倍。

### 5.3.3 双轴对称截面压弯构件弯矩作用平面外的稳定

如前所述，双轴对称截面轴心压杆只可能发生弯曲屈曲或扭转屈曲，不发生弯扭屈曲。但对偏心压杆，由于荷载作用点偏离形心（即剪心），横向剪力与截面中剪力流的合力不重合，也会在侧向弯曲的同时扭转，即发生弯扭屈曲。

如图 5-44 的双轴对称工字形截面，两端铰接夹支但端截面可以自由翘曲，压力作用

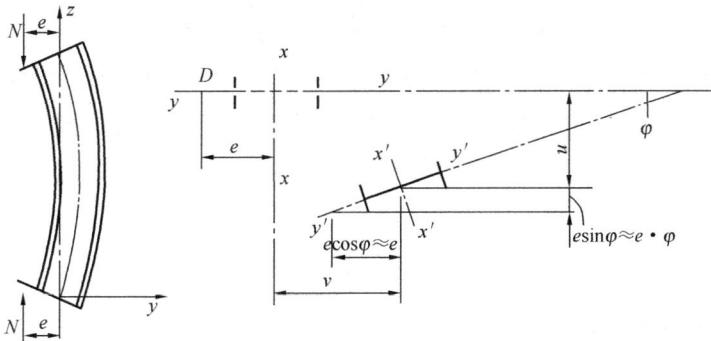

图 5-44 工字形截面的位移和扭转

于 $y$ 轴的 $D$ 点上，偏心距为 $e$，杆件变形后，可以对 $x$ 轴建立内外弯矩的平衡方程：

$$-EI_x v'' = N(v-e) \tag{5-102}$$

这个方程表示杆件绕强轴发生平面弯曲变形，属于第 5.1 节讨论过的弯矩作用平面内的稳定问题，不属于这里讨论的问题。

属于弯矩作用平面外的弯扭屈曲的平衡方程有两个：

（1）对 $y$ 轴的弯矩平衡方程

截面剪心（即形心）的侧向位移为 $u$，由于扭角 $\varphi$ 使压力作用点增加的位移为 $e \cdot \varphi$，故平衡方程为：

$$-EI_y u'' = N(u + e \cdot \varphi) \tag{5-103}$$

（2）对 $z$ 轴（纵轴）的扭矩平衡方程

由于侧向位移后，横向剪力（通过压力作用点）对剪心产生扭矩 $Neu'$，所以对纵轴扭矩的平衡方程应是在轴心压杆扭转屈曲平衡方程（5-93）的基础上增加此外扭矩，即

$$GI_t \varphi' - EI_\omega \varphi''' = Ni_0^2 \varphi' + Neu' \tag{5-104}$$

由于式（5-103）、式（5-104）与单轴对称截面轴心压杆的平衡方程式（5-98）、式（5-99）相似，只不过将前者的剪心与形心距离 $a_0$ 改为偏心距 $e$ 而已。所以，不必重复推导，直接列出双轴对称截面偏心压杆的临界力计算式为：

$$(N_{Ey} - N)(N_z - N) - \left(\frac{Ne}{i_0}\right)^2 = 0 \tag{5-105}$$

解出此式的 $N$，即偏心距为 $e$ 的双轴对称截面偏心压杆的临界力 $N_{cr}$。式中 $i_0$ 为截面极回转半径，$i_0^2 = (I_x + I_y)/A$。若令式（5-103）中的 $e=0$，则得轴心压杆的临界力：为欧拉临界力 $N_{cr} = N_{Ey} = \pi^2 EI_y/l^2$，或为 $N_{cr} = N_z = (\pi^2 EI_\omega/l^2 + GI_t)/i_0^2$。

如果设想端弯矩 $Ne = M$ 保持为定值，在 $e$ 无限增加的同时 $N$ 趋近于零，则由式（5-105）得到双轴对称纯弯曲梁的临界弯矩：

$$M_{cr} = \sqrt{i_0^2 N_{Ey} N_z} \tag{5-106}$$

只要将 $N_{Ey}$ 和 $N_z$ 代入，便可知此式与式（5-85）完全相同。

由此，式（5-105）可以改写为：

$$\left(1 - \frac{N}{N_{Ey}}\right)\left(1 - \frac{N}{N_z}\right) - \frac{M^2}{i_0^2 N_{Ey} N_z} = 0$$

或

$$\left(1 - \frac{N}{N_{Ey}}\right)\left(1 - \frac{N}{N_z}\right) - \left(\frac{M}{M_{cr}}\right)^2 = 0 \tag{5-107}$$

此式就是双轴对称截面压弯构件纯弯曲时弯矩作用平面外稳定计算的相关方程。《钢结构设计标准》GB 50017 中规定的压弯构件弯矩作用平面外稳定计算公式就是根据上式简化而得，简化过程和具体计算公式见第 7 章 7.3 节。

## 5.4 矩形薄板的屈曲

### 5.4.1 薄板屈曲的平衡方程

板件根据其宽厚比大小可分为厚板、薄板和宽薄板三种。其中薄板短方向宽度 $b$ 与厚度 $t$ 之比，大概是在下列范围之内：

$$5 \sim 8 < b/t < 80 \sim 100$$

宽厚比小于上式范围者称为厚板，计算时必须考虑板的剪切变形。而薄板的剪切变形与弯曲变形相比，则可略去不计，从而能在类似梁的平截面假定的基础上建立实用计算理论。宽厚比大于上式范围的宽薄板在弯曲变形时，由于支座的约束，以及弯曲后的曲面通常为不可展曲面，板在平面方向会因挠度增加而产生逐渐增大的拉应力，这种应力对板屈曲后强度有较大影响。

本节首先介绍薄板在周边荷载作用下的稳定问题，然后介绍宽薄板考虑屈曲后强度的计算理论。

在周边荷载作用下，根据弹性力学中的小挠度理论，得到薄板的屈曲平衡方程为：

$$D\left(\frac{\partial^4 \omega}{\partial x^4} + 2\frac{\partial^4 \omega}{\partial x^2 \partial y^2} + \frac{\partial^4 \omega}{\partial y^4}\right) + N_x \frac{\partial^2 \omega}{\partial x^2} + 2N_{xy}\frac{\partial^2 \omega}{\partial x \partial y} + N_y \frac{\partial^2 \omega}{\partial y^2} = 0 \tag{5-108}$$

式中　$\omega$——板的挠度；

$N_x$、$N_y$——在 $x$、$y$ 轴方向，沿板周边中面单位宽度上承受的力，压力为正，拉力为负；

$N_{xy}$——单位宽度的剪力；

$D$——板单位宽度的抗弯刚度，$D = \dfrac{Et^3}{12(1-v^2)}$。

此抗弯刚度 $D$ 比单独梁（矩形截面，宽度为 1 高度为 $t$）的抗弯刚度 $EI = Et^3/12$ 大，这是由于板条弯曲时，截面的侧向应变受到邻近板条限制的缘故。式中 $v = 0.3$，为材料泊松比。

### 5.4.2 荷载作用于中面的薄板临界荷载

5.4.2.1 单向均匀受压薄板

图 5-45 所示为四边简支矩形板，在 $x$ 轴方向承受均布压力 $N_x$，由式（5-108），得此种受力状态的平衡微分方程为：

$$D\left(\frac{\partial^4 \omega}{\partial x^4} + 2\frac{\partial^4 \omega}{\partial x^2 \partial y^2} + \frac{\partial^4 \omega}{\partial y^4}\right) + N_x \cdot \frac{\partial^2 \omega}{\partial x^2} = 0 \tag{5-109}$$

四边简支的边界条件为：

当 $x = 0$ 和 $x = a$ 时：$\omega = 0$，$\dfrac{\partial^2 \omega}{\partial x^2} + v\dfrac{\partial^2 \omega}{\partial y^2} = 0$（即 $M_x = 0$）

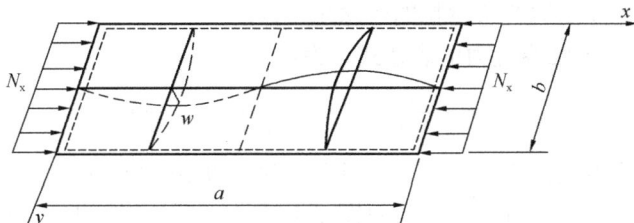

图 5-45　四边简支单向均匀压板的屈曲

当 $y=0$ 和 $y=b$ 时：$\omega=0$，$\dfrac{\partial^2\omega}{\partial y^2}+v\dfrac{\partial^2\omega}{\partial x^2}=0$（即 $M_x=0$）

偏微分方程与常微分方程的一个重要差别是：后者只有一个函数满足方程，而前者则有多个函数满足方程。因此偏微分方程的通解就较难获得，通常把解写成二重三角级数：

$$\omega=\sum_{m=1}^{\infty}\sum_{n=1}^{\infty}A_{mn}\sin\frac{m\pi x}{a}\cdot\sin\frac{n\pi y}{b} \tag{5-110}$$

式中　$m$、$n$——分别为板屈曲时沿 $x$ 轴和沿 $y$ 轴方向的半波数。

将式（5-110）代入式（5-109）中得：

$$\sum_{m=1}^{\infty}\sum_{n=1}^{\infty}A_{mn}\left(\frac{m^4\pi^4}{a^4}+2\frac{m^2n^2\pi^4}{a^2b^2}+\frac{n^4\pi^4}{b^4}-\frac{N_x}{D}\frac{m^2\pi^2}{a^2}\right)\sin\frac{m\pi x}{a}\cdot\sin\frac{n\pi y}{b}=0 \tag{5-111}$$

当板处于微曲状态时，以上无穷级数中的系数 $A_{mn}$ 不会等于零，故只有括号中的数值为零，因而得：

$$N_x=\frac{\pi^2D}{b^2}\left(\frac{mb}{a}+\frac{n^2a}{mb}\right)^2 \tag{5-112}$$

临界荷载是板保持微弯状态的最小荷载，只有 $n=1$ 时（即在 $y$ 方向为一个半波），$N_x$ 值最小，因而临界荷载为：

$$N_{crx}=\frac{\pi^2D}{b^2}\left(\frac{mb}{a}+\frac{a}{mb}\right)^2=\frac{\pi^2D}{b^2}\cdot\beta \tag{5-113}$$

式中　$\beta=\left(\dfrac{mb}{a}+\dfrac{a}{mb}\right)^2$——屈曲系数。

分别算出 $m=1,2,\cdots$ 时在不同板宽比 $a/b$ 的 $\beta$ 值，并绘成如图 5-46 所示的一簇曲线，其下界线如图 5-46 中实曲线所示。可以看到，对于任一 $m$ 值，$\beta$ 的最小值等于 4，而且除 $a/b<1$ 的一段外，图中实曲线的 $\beta$ 值变化不大。因此，当 $a/b\geqslant1$ 时，对任何 $m$ 和 $a/b$ 情况均可取 $\beta=4$，得临界荷载为：

$$N_{crx}=\frac{4\pi^2D}{b^2}=\frac{4E\pi^2t^3}{12b^2(1-v^2)}$$
$$\tag{5-114}$$

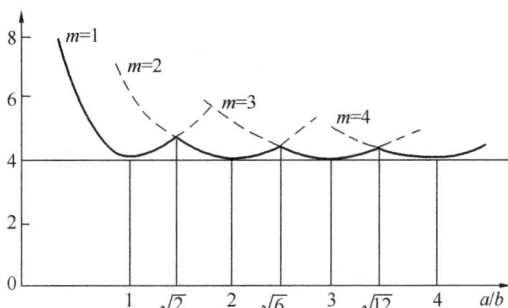

图 5-46　四边简支单向均匀受压板的屈曲系数

上式和欧拉临界荷载的计算式相似，但其临界力与压力方向的板长无关，而与垂直于压力方向的板宽 $b$ 的平方成反比；这与欧拉临界荷载与长度的平方成反比完全不同，而和交叉梁系中，荷载主要由短跨梁承担的概念相一致。

将式（5-112）写成临界应力的表达式，为：

$$\sigma_{crx} = \frac{N_{crx}}{1 \times t} = \beta \cdot \frac{\pi^2 E}{12(1-\nu^2)} \left(\frac{t}{b}\right)^2 \qquad (5-115)$$

单向均匀受压板四边简支时，$\beta = 4$。当板的两侧边不是简支时，也可用与上述相同的方法求出屈曲系数 $\beta$ 值。为节省篇幅，对图 5-47 所示支承条件的单向均匀受压板，只列出屈曲系数 $\beta$ 值的计算结果。

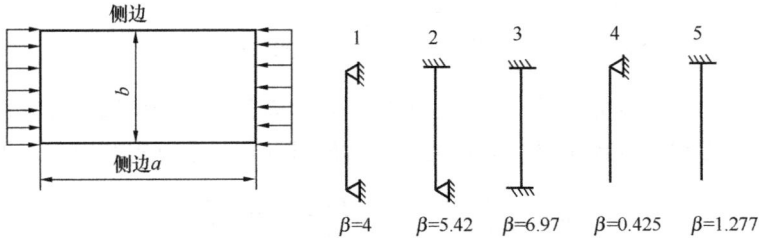

图 5-47　单向均匀受压板的屈曲系数

矩形板通常作为钢构件的一个组成部分。例如，轴心受压柱的腹板可以认为是两侧边支承于翼缘的均匀受压板，由于翼缘对腹板有一定弹性约束作用。故腹板的 $\beta$ 值在图 5-47 中 1、3 两情况 $\beta$ 值之间。另外，梁和柱的翼缘外伸部分，都可视为一个侧边支承的均匀受压板，其 $\beta = 0.425$（不考虑腹板对翼缘板的弹性约束）。

5.4.2.2　单向非均匀受压的四边简支板

如图 5-48 所示的单向非均匀受压板，荷载沿板宽成线性非均匀分布，距原点 $y$ 处的荷载为：

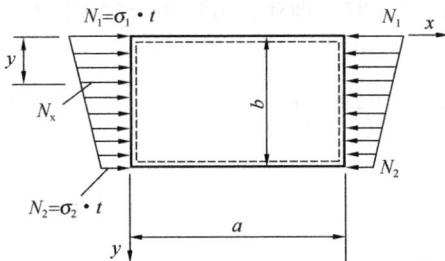

图 5-48　非均匀受压简支板

$$N_x = N_1 \left(1 - \frac{\alpha_0}{b} \cdot y\right) \qquad (5-116)$$

式中　$\alpha_0 = (\sigma_1 - \sigma_2)/\sigma_1$——应力梯度。

$\sigma_1$、$\sigma_2$ 各为最大应力和最小应力，以压应力为正，拉应力为负。因此均匀受压时 $\alpha_0 = 0$；纯弯曲时 $\alpha_0 = 2$；压弯组合时 $\alpha_0$ 值在 $0 \sim 2$ 之间。

这种线性分布荷载作用下的矩形板，其平衡微分方程仍可用式（5-109）表达，即：

$$D\left(\frac{\partial^4 \omega}{\partial x^4} + 2\frac{\partial^4 \omega}{\partial x^2 \partial y^2} + \frac{\partial^4 \omega}{\partial y^4}\right) + N_x \cdot \frac{\partial^2 \omega}{\partial x^2} = 0 \qquad (5-117)$$

不过此时式中的 $N_x$ 不再是常数，而是由式（5-116）所表达的变数。此种情况用解析法求解是相当困难的，实用上可按能量法中的伽辽金法求近似解。

根据四边简支的边界条件，并认为屈曲时 $y$ 轴方向为一个半波，假定挠度为：

$$\omega = \sin\frac{\pi x}{a}\left(C_1 \sin\frac{\pi y}{b} + C_2 \sin\frac{2\pi y}{b} + C_2 \sin\frac{3\pi y}{b}\right) \qquad (5-118)$$

令 $L(\omega) = \dfrac{\partial^4 \omega}{\partial x^4} + 2\dfrac{\partial^4 \omega}{\partial x^2 \partial y^2} + \dfrac{\partial^4 \omega}{\partial y^4} + \dfrac{N_1}{D}\left(1 - \dfrac{\alpha_0}{b} \cdot y\right)\dfrac{\partial^2 \omega}{\partial x^2}$

由

$$\int_0^a \int_0^b L(\omega) \sin \frac{\pi x}{a} \cdot \sin \frac{\pi y}{b} = 0$$

$$\int_0^a \int_0^b L(\omega) \sin \frac{\pi x}{a} \cdot \sin \frac{2\pi y}{b} = 0$$

$$\int_0^a \int_0^b L(\omega) \sin \frac{\pi x}{a} \cdot \sin \frac{3\pi y}{b} = 0$$

可建立三个包括 $C_1$、$C_2$ 和 $C_3$ 的方程,再根据它们的系数行列式为零,就可求出已知 $\alpha_0$ 和 $a/b$ 值的临界荷载和相应的屈曲系数。以最大应力 $\sigma$ 为准的临界应力仍可参照式 (5-115) 的形式为:

$$\sigma_{cr} = \beta \cdot \frac{\pi^2 E}{12(1-\nu^2)} \left( \frac{t}{b} \right)^2 \tag{5-119}$$

现略去运算过程,将屈曲系数 $\beta$ 值画成曲线后,为了应用的方便,把各种不同 $\alpha_0$ 值的 $\beta$ 值归纳成如下的近似式:

$$\left. \begin{aligned} 0 \leqslant \alpha_0 \leqslant \frac{2}{3} \ \text{时}, \beta &= \frac{4}{1-0.5\alpha_0} \\ \frac{2}{3} < \alpha_0 \leqslant 1.4 \ \text{时}, \beta &= \frac{4.1}{1-0.474\alpha_0} \\ 1.4 < \alpha_0 \leqslant 2 \ \text{时}, \beta &= 6\alpha_0^2 \end{aligned} \right\} \tag{5-120}$$

均匀受压时 $\alpha_0 = 0, \beta = 4.0$;纯弯曲(如梁的腹板)时 $\alpha_0 = 2, \beta = 24.0$。

### 5.4.2.3 四边简支均匀受剪板

四边简支受均匀剪应力的板,由于与剪应力等效的主拉应力和主压应力数值相等并均呈 45°方向,故屈曲时产生如图 5-49(b)所示大约 45°方向的波形凹凸。

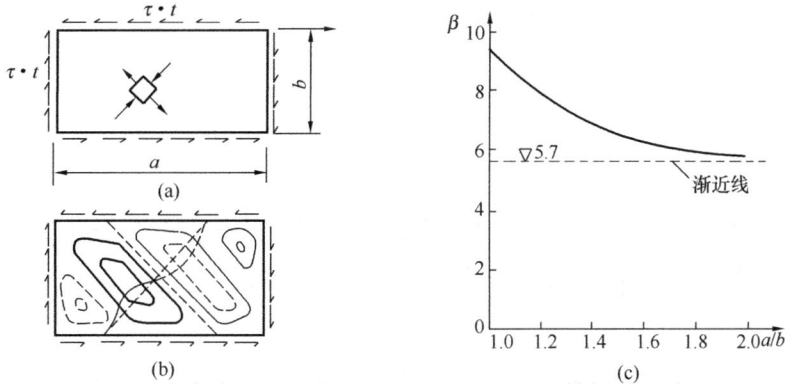

图 5-49 四边简支受剪板及其屈曲系数

均匀分布的剪应力为 $\tau$,单位宽度的剪力为 $N_{xy} = \tau \cdot t$,则平衡微分方程为:

$$\frac{\partial^4 \omega}{\partial x^4} + 2 \frac{\partial^4 \omega}{\partial x^2 \partial y^2} + \frac{\partial^4 \omega}{\partial y^4} + \frac{2\tau t}{D} \cdot \frac{\partial^2 \omega}{\partial x \partial y} = 0 \tag{5-121}$$

此方程即使采用能量法求近似解也是比较繁复的,因为需要把挠度函数假设为如下的六项式才能得出较为满意的解:

$$\omega = C_{11} \sin \frac{\pi x}{a} \sin \frac{\pi y}{b} + C_{13} \sin \frac{\pi x}{a} \sin \frac{3\pi y}{b} + C_{22} \sin \frac{2\pi x}{a} \sin \frac{2\pi y}{b}$$

$$+ C_{31} \sin \frac{3\pi x}{a} \sin \frac{\pi y}{b} + C_{33} \sin \frac{3\pi x}{a} \sin \frac{3\pi y}{b} + C_{43} \sin \frac{4\pi x}{a} \sin \frac{3\pi y}{b} \qquad (5\text{-}122)$$

今略去运算过程，只列出屈曲系数 $\beta$ 的计算结果如图 5-49（c）的曲线所示，其横坐标 $a/b$ 表示板的长边尺寸（a）和短边尺寸（b）之比。

在计算结果的基础上，应用时再将 $\beta$ 值简化为：

当 $a/b \geqslant 1$ 时

$$\beta = 5.34 + \frac{4}{(a/b)^2} \qquad (5\text{-}123a)$$

当 $a/b < 1$ 时

$$\beta = 4 + \frac{5.34}{(a/b)^2} \qquad (5\text{-}123b)$$

这样，四边简支矩形板在均布剪应力作用下的临界应力为：

$$\tau_{cr} = \beta \cdot \frac{k\pi^2 E}{12(1-v^2)} \left(\frac{t}{b}\right)^2 \qquad (5\text{-}124)$$

### 5.4.2.4 一个边缘受压的四边简支板

在工程实践中，往往遇到矩形板在一个边缘受压的情况。例如吊车梁的腹板，受有由轨道上的轮压在腹板上边缘产生的非均匀分布压应力（图 5-50a）。此种单侧受压板，临界应力仍可采用式（5-115）的表达形式，即：

$$\sigma_{c,cr} = \beta \cdot \frac{\pi^2 E}{12(1-v^2)} \left(\frac{t}{b}\right)^2 \qquad (5\text{-}125)$$

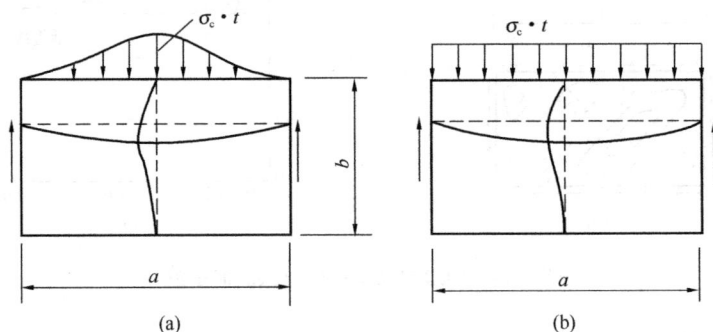

图 5-50 单侧受压板

欲求此种情况的屈曲系数 $\beta$ 值很困难，一般采用理论分析和试验相结合的办法来确定。现介绍两种 $\beta$ 值的近似取值方法。

（1）当考虑压应力为图 5-50（a）的非均匀分布时，四边简支板的近似 $\beta$ 值为：

$$
\left.
\begin{aligned}
0.5 \leqslant \frac{a}{b} \leqslant 1.5 \text{ 时}; \beta = \frac{7.4}{a/b} + \frac{4.5}{(a/b)^2} \\
1.5 < \frac{a}{b} \leqslant 2.0 \text{ 时}; \beta = \frac{11.0}{a/b} - \frac{0.9}{(a/b)^2}
\end{aligned}
\right\}
\tag{5-126}
$$

此种取值方法首先在苏联规范中应用，我国规范也从 20 世纪 50 年代开始沿用。实际取用的 $\sigma_{c,cr}$ 值，还要考虑由试验确定的翼缘对腹板边缘的弹性约束作用。

（2）当考虑压应力为图 5-50（b）的均匀分布时，四边简支板的 $\beta$ 值可采用巴斯纳（K·Baslar）推荐的近似值，即

$$
\beta = 2 + \frac{4}{(a/b)^2}
\tag{5-127}
$$

如果是吊车梁的腹板，则均布压应力 $\sigma_c$ 取为轮压 $F$ 除以 $at$ 和 $bt$ 中的较小者，而且还应考虑翼缘对腹板的约束作用，取屈曲系数为：

$$
\beta = 5.5 + \frac{4}{(a/b)^2}
\tag{5-128}
$$

此种取值方法被美国长期使用。

### 5.4.3 各种边缘荷载共同作用下的薄板稳定

以上介绍的是矩形板在各种边缘荷载单独作用下的临界应力。实际上钢构件的腹板通常承受两种或两种以上荷载的共同作用，现分情况介绍其稳定计算方法。

#### 5.4.3.1 用横向加劲肋加强的梁腹板

梁腹板在两个横向加劲肋之间的板段（图 5-51），同时有弯曲正应力 $\sigma$，均布剪应力 $\tau$，可能还有一个边缘压应力 $\sigma_c$ 的共同作用。当这些应力达到某种组合的一定值时，腹板将由平板稳定状态转变为微曲的平衡状态。

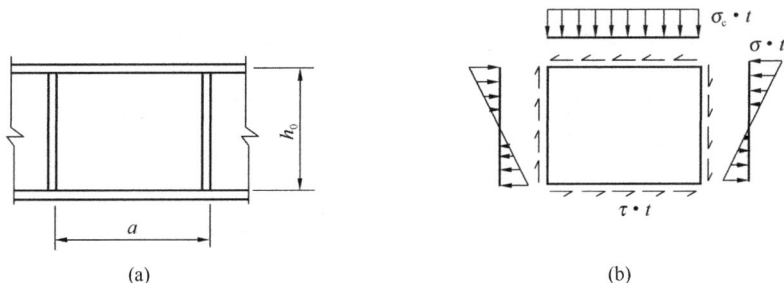

图 5-51　用横向加劲肋加强的梁腹板

按此临界状态并考虑材料弹塑性性能后导出的稳定计算式为：

$$
\left(\frac{\sigma}{\sigma_{cr}}\right)^2 + \left(\frac{\tau}{\tau_{cr}}\right)^2 + \frac{\sigma_c}{\sigma_{c,cr}} \leqslant 1
\tag{5-129}
$$

式（5-129）中，分子为各种应力设计值；分母为各应力单独作用时的临界应力。作为计算式，既然分子中已考虑荷载分项系数和组合值系数，分母 $\sigma_{cr}$、$\sigma_{c,cr}$ 和 $\tau_{cr}$ 亦应分别除以抗力分项系数 $\gamma_R$。《钢结构设计标准》GB 50017 对弹性阶段的临界应力，考虑到腹板屈曲后梁尚有部分承载潜力，取 $\gamma_R = 1.0$。

另外，在弹性范围内，$\sigma_{cr}$、$\sigma_{c,cr}$ 和 $\tau_{cr}$ 按上述公式计算时，还根据试验分析考虑翼缘对腹板的约束影响。它们的表达式如表 5-5 所示。

| | 周边简支的 $\beta$ | 翼缘对腹板的约束系数 $\chi$ | 弹性表达式 |
|---|---|---|---|
| $\sigma_{cr}$ | $\beta=24$ | 受压翼缘扭转受到完全约束 $\chi=1.66$ | $\sigma_{cr}=7.4\times10^6(t/h)^2$ |
| | | 其他情况 $\chi=1.23$ | $\sigma_{cr}=5.5\times10^6(t/h)^2$ |
| $\tau_{cr}$ | 当 $a/h\leqslant1.0$ $\beta=4+5.34(h/a)^2$ | $\chi=1.25$ | $\tau_{cr}=233\times10^3[4+5.34(h/a)^2](t/h)^2$ |
| | 当 $a/h>1.0$ $\beta=5.34+4(h/a)^2$ | | $\tau_{cr}=233\times10^3[5.34+4(h/a)^2](t/h)^2$ |
| $\sigma_{c,cr}$ | 当 $0.5\leqslant a/h\leqslant1.5$ $\beta=7.4h/a+4.5(h/a)^2$ 当 $1.5<a/h\leqslant2.0$ $\beta=11.0h/a-0.9(h/a)^2$ | $\chi=1.81-0.255h/a$ | $\sigma_{c,cr}=186\times10^3\beta\chi\left(\dfrac{t}{h}\right)^2$ |

注：表中各临界应力的表达式是令前述的计算式中弹性模量 $E=206\times10^3$ N/mm²，泊松比 $\nu=0.3$，并根据习用符号以腹板计算高度 $h_0$ 代替板宽度 $b$ 而得。

### 5.4.3.2　同时用横向肋和纵向肋加强的梁腹板

同时用横向肋和纵向肋加强的梁腹板，纵向肋将其分为两个板段，即板段 Ⅰ 和板段 Ⅱ（图 5-52）。

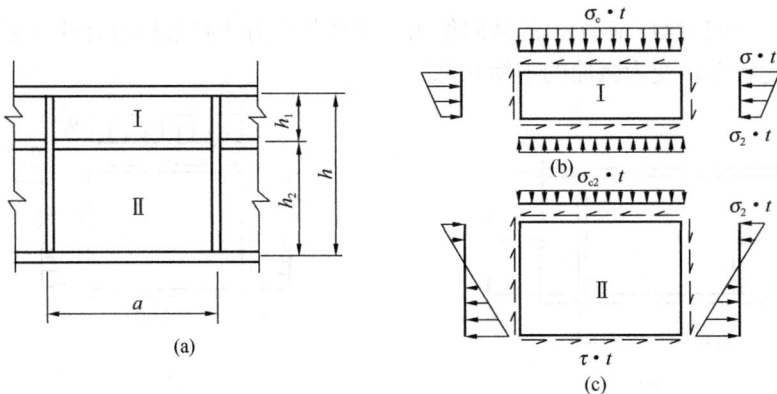

图 5-52　同时用横向肋和纵向肋加强的梁腹板

（1）靠近受压翼缘的板段 Ⅰ，受有均布剪应力、两侧几乎均匀分布的压应力，可能还有上下两边的压应力的共同作用，其稳定条件可用下式表达（也取 $\gamma_R=1.0$）：

$$\frac{\sigma}{\sigma_{cr1}}+\left(\frac{\sigma_c}{\sigma_{c,cr1}}\right)^2+\left(\frac{\tau}{\tau_{cr1}}\right)^2\leqslant1 \tag{5-130}$$

式中，$\sigma$、$\sigma_c$、$\tau$ 为图 5-52（b）所示的应力设计值；$\sigma_{cr1}$、$\sigma_{c,cr1}$、$\tau_{cr1}$ 为各应力单独作用时的临界应力，其中除 $\tau_{cr1}$ 可采用表 5-5 的公式进行计算外，$\sigma_{cr1}$ 和 $\sigma_{c,cr1}$ 的计算方法可参见标准中的有关部分。

（2）靠近受拉翼缘的板段 Ⅱ，受力状态与仅有横向肋的腹板近似，所以可用式（5-129）的形式进行稳定计算，不过实际作用应力应该取为图 5-52（c）所示的 $\sigma_2$ 和 $\sigma_{c2}$（等于

$0.3\sigma_c$），而各种应力单独作用时的临界应力取值也与仅有横向肋时不同，参见标准中的规定。

#### 5.4.3.3 受压受弯柱的腹板

轴心受压柱的腹板一般只考虑纵向压应力的作用，忽略影响很小的剪应力，属简单受荷情况，无各种荷载共同作用问题。

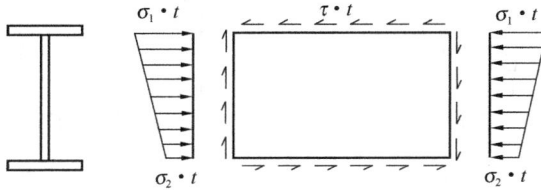

图 5-53 受压受弯柱的腹板

受压受弯柱的腹板，往往不能忽略剪应力的影响，因此它为承受单向线性分布压应力和均匀分布剪应力共同作用的薄板（图 5-53）。根据弹性理论确定的稳定计算式（取 $\gamma_R = 1$）为：

$$\left[1 - \left(\frac{\alpha_0}{2}\right)^5\right]\frac{\sigma_1}{\sigma_{cr1}} + \left(\frac{\alpha_0}{2}\right)^5\left(\frac{\sigma_1}{\sigma_{cr1}}\right)^2 + \left(\frac{\tau}{\tau_{cr}}\right)^2 \leqslant 1 \qquad (5\text{-}131)$$

式中，$\alpha_0 = (\sigma_1 - \sigma_2)/\sigma_1$ 为应力梯度。各应力单独作用的临界应力，$\sigma_{cr1}$ 按式（5-119）计算，$\tau_{cr}$ 按式（5-124）计算，通常都不考虑翼缘对腹板边缘的弹性约束。

当 $\alpha_0 = 2$ 时，式（5-131）即为 $\sigma_c = 0$ 时的梁腹板稳定计算式（5-127）；当 $\alpha_0 = 0$ 时，式（5-131）即为两侧均布压应力情况的稳定计算式（5-130）。

标准中规定的压弯构件腹板的容许宽厚比，就是以式（5-131）为基础，再根据塑性变形深入柱截面后对弹性临界应力进行修正，再将计算结果加以简化而确定的。

### 5.4.4 薄板的屈曲后强度

以上讨论中，我们都假定板屈曲时的挠度很小，忽略了板中面由挠曲产生的应力。然而对很薄的宽薄板来说，挠度较大，在中面上形成的应力的有利影响比较显著。因此宽薄板在屈曲后仍能继续承担更大的荷载，即具有屈曲后强度。

#### 5.4.4.1 受压薄板的屈曲后强度

如图 5-54 的四边简支薄板，受有均匀分布的纵向压力。图 5-54（a）表示纵向压应力达弹性临界应力 $\sigma_{cr}$ 时板开始屈曲，由于板是四边支承的，板中部的横向产生拉力，牵制了纵向变形的发展，此种牵制作用提高了板纵向的承载力。随着压力的增加，板的两侧部分会超过 $\sigma_{cr}$ 直至板的侧边应力达到材料屈服强度，而板的中部应力基本保持为 $\sigma_{cr}$，板的应力变成如图 5-54（b）所示的马鞍形。同时板的两纵边也出现了自相平衡的应力。

在《冷弯薄壁型钢结构技术规范》GB 50018 中，对受压构件中的薄板就考虑了此种承载潜力，为了方便计算，引入了有效宽厚比的概念。将受压薄板达极限状态时的马鞍形应力分布图形（图 5-55a），先简化为矩方形分布（图 5-55b），然后再在合力不变的前提下用两侧应力为 $f_y$ 的矩形图形（图 5-55c）来代替，这个矩形的宽度之和就称为此板的有效宽度 $b_e$。当非均匀压应力作用时，板件两边的有效宽度就不相等（图 5-55），但相加起来仍等于 $b_e$。

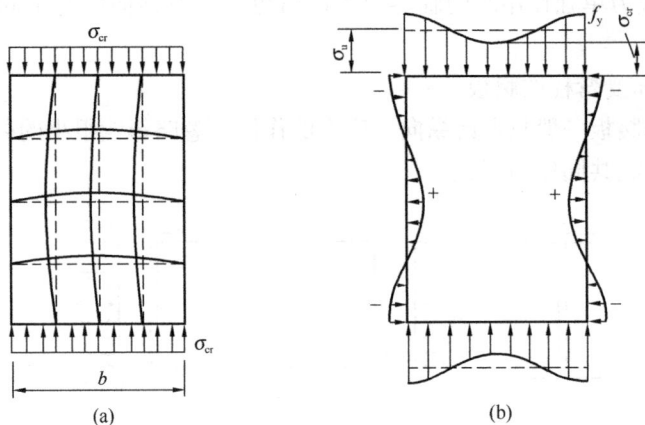

图 5-54 受压板件的屈曲后强度

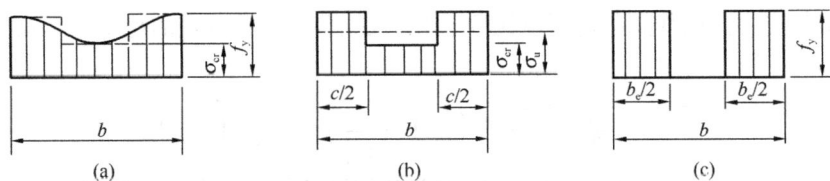

图 5-55 应力图形的简化

根据板件两边支承情况分为加劲板件、部分加劲板件和非加劲板件三种。

加劲板件为两纵边均与其他板件相连接的板件，如箱形截面的翼缘和腹板（图 5-56a），槽形截面的腹板（图 5-56b）；部分加劲板件即为一纵边与其他板件相连，另一纵边为卷边加劲的板件，如卷边槽钢的翼缘板（图 5-56b）；非加劲板件即一纵边与其他板件相连，另一纵边为自由的板件，如槽形截面的翼缘板（图 5-56c）。

受压板件有效宽度的计算，除与板件的实际宽厚比、所受应力大小和分布情况、板件纵边的支承类型等因素有关外，还与相邻板件对它的约束程度有关。具体的计算公式参见现行《冷弯薄壁型钢结构技术规范》GB 50018。

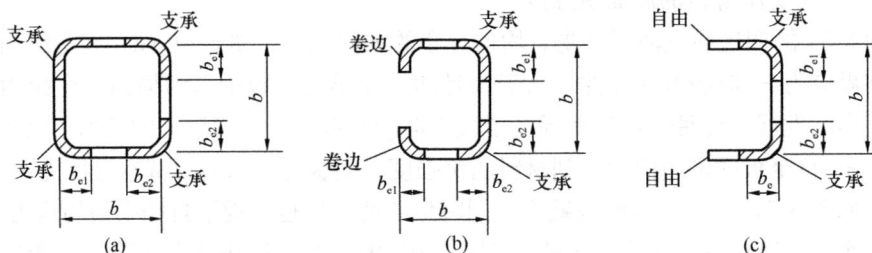

图 5-56 受压板件的有效宽厚比

### 5.4.4.2 梁腹板的屈曲后强度

梁腹板用小挠度的临界状态理论来计算，其高厚比不可能太大。若考虑屈曲后强度，则高厚比可达到 300 而仅仅设置横向加劲肋，对大型梁来说有很大的经济意义。

考虑梁腹板屈曲后强度的理论分析和计算方法较多，下面介绍一种适用于建筑结构钢梁的半张力场理论。它的其本假定是①屈曲后腹板中的剪力，一部分由小挠度理论算出的抗剪力承担，另一部分由斜张力场作用（薄膜效应）承担；②翼缘的弯曲刚度小，假定不能承担腹板斜张力场产生的垂直分力的作用。

根据上述假定，腹板屈曲后的实腹梁犹如一桁架（图 5-57），张力场带好似桁架的斜拉杆，而翼缘则为弦杆，加劲肋则起竖杆作用。

（1）腹板受剪屈曲后的极限剪力

根据基本假定①，腹板能够承担的极限剪力 $V_u$ 为屈曲剪力 $V_{cr}$ 与张力场剪力 $V_t$ 之和，即

图 5-57　腹板的张力场作用

$$V_u = V_{cr} + V_t \tag{5-132}$$

屈曲剪力 $V_{cr}$ 很容易确定，即 $V_{cr} = ht\tau_{cr}$，$h$、$t$ 为腹板高度和厚度；$\tau_{cr}$ 为由式（5-124）确定的临界剪应力。

主要问题是如何计算张力场剪力 $V_t$。

首先确定薄膜张力在水平方向的最优倾角 $\theta$。根据基本假定②，可认为张力场仅为传力到加劲肋的带形场，其宽度为 $s$（图 5-58a）。

$$s = h\cos\theta - a\sin\theta \tag{5-133}$$

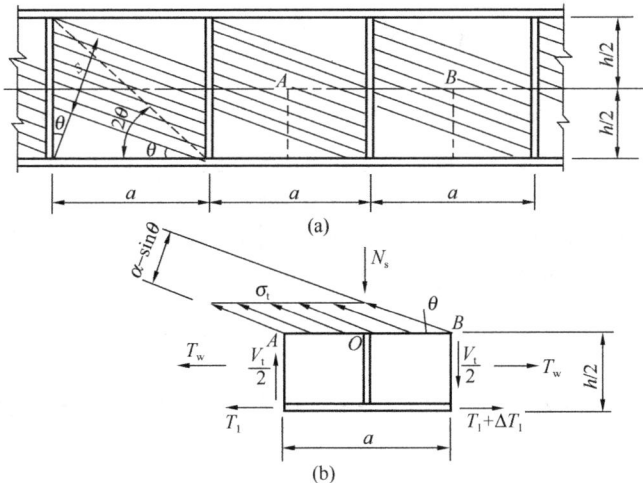

图 5-58　张力场作用下的剪力计算

带形场的拉应力为 $\sigma_t$，所提供的剪力为：

$$V_{t1} = \sigma_t \cdot ts \cdot \sin\theta = \sigma_t \cdot t(h\cos\theta - a\sin\theta)\sin\theta = \sigma_t \cdot t(0.5h \cdot \sin2\theta - a\sin^2\theta)$$

最优 $\theta$ 角应使张力场作用能提供最大的剪切抗力。因此，由 $dV_{t1}/d\theta = 0$，可得：

$$\cot2\theta = a/h$$

或

$$\sin2\theta = 1/\sqrt{1+(a/h)^2} \tag{5-134}$$

实际上带形场以外部分也有少量薄膜应力。为了求得较为合乎实际的张力场剪力 $V_t$，

最好按图 5-58（b）的脱离体来进行计算。根据此脱离体的受力情况，由水平力的平衡条件可求出翼缘的水平力增量 $\Delta T_1$（已包括腹板水平力增量的影响在内）为：

$$\Delta T_1 = \sigma_t \cdot ta \cdot \sin\theta \cdot \cos\theta = \frac{1}{2}\sigma_t ta \sin2\theta \tag{5-135}$$

再根据对 $O$ 点的力矩之和 $\sum M_0 = 0$ 得：

$$\frac{V_t}{2} \cdot a = \Delta T_1 \cdot \frac{h}{2}$$

或

$$V_t = \frac{h}{a} \cdot \Delta T_1 = \frac{1}{2}\sigma_t \cdot th \cdot \sin2\theta \tag{5-136}$$

将式（5-134）的 $\sin2\theta$ 代入式（5-136）得：

$$V_t = \frac{1}{2}\sigma_t \cdot th \frac{1}{\sqrt{1+(a/h)^2}} \tag{5-137}$$

在式（5-137）中还有 $\sigma_t$ 的限值尚待确定。因腹板的实际受力情况涉及 $\sigma_t$ 和 $\tau_{cr}$，所以必须考虑二者共同作用的破坏条件。假定从屈曲到极限的状态，$\tau_{cr}$ 保持常量，并假定 $\tau_{cr}$ 引起的主拉应力与 $\sigma_t$ 方向相同，则根据剪应力作用下的屈服条件，相应于拉应力 $\sigma_t$ 的剪应力为 $\sigma_t/\sqrt{3}$，总剪应力达到其屈服值 $f_{vy}$ 时不能再增大，从而有：

$$\sigma_t/\sqrt{3} + \tau_{cr} = f_{vy} \tag{5-138}$$

将式（5-138）中的 $\sigma_t$ 代入式（5-137）中，得：

$$V_t = \frac{\sqrt{3}}{2}ht \frac{f_{vy}-\tau_{cr}}{\sqrt{1+(a/h)^2}} \tag{5-139}$$

由式（5-132）即得到考虑腹板张力场后的极限剪力，引进抗力分项系数 $\gamma_R$ 后得：

$$V_u = \frac{ht}{\gamma_R}\left[\tau_{cr} + \frac{f_{vy}-\tau_{cr}}{1.15\sqrt{1+(a/h)^2}}\right] \tag{5-140}$$

前面讲过，腹板在张力场情况下，加劲肋起到桁架竖杆的作用，由图 5-58（b）脱离体的竖向力平衡条件，可得到加劲肋所受压力 $N_s$ 为：

$$N_s = (\sigma_t at \cdot \sin\theta)\sin\theta = \frac{1}{2}\sigma_t ta(1-\cos2\theta) \tag{5-141}$$

将 $\cos2\theta = \dfrac{a}{\sqrt{h^2+a^2}}$ 和 $\sigma_t = \sqrt{3}(f_{vy}-\tau_{cr})$ 代入，并引进抗力分项系数得：

$$N_s = \frac{\sqrt{3}}{2}\frac{at}{\gamma_R}(f_{vy}-\tau_{cr})\left[1-\frac{a/h}{\sqrt{1+(a/h)^2}}\right] \tag{5-142}$$

梁的中间横向加劲肋必须有足够截面来承受式（5-142）给出的压力。

对于梁端加劲肋承受的压力，可直接取梁支座反力 $R$（图 5-57），此肋还另外承受拉力带的水平分力 $H_t$（作用点可取距上翼缘 $h/4$ 处）。为了增加抗弯能力，还应在梁外延的端部加设封头加劲板，一般可将封头板与支承加劲肋之间视为一竖向构件，简支于上下翼缘，承受 $H_t$ 和 $R$ 产生的内力，计算其强度和稳定。

（2）腹板受弯屈曲后梁的极限弯矩

腹板宽厚比较大而不设纵向加劲肋时，在弯矩作用下腹板的受压区可能屈曲。屈曲后的弯矩还可继续增大，但受压区的应力分布不再是线性的（如图 5-59），其边缘应力达到

$f_y$ 时即认为达到承载力的极限。此时梁的中和轴略有下降，腹板受拉区全部有效；受压区可引入有效宽度的概念，假定有效宽度均分在受压区的上、下部位。梁所能承受的弯矩即取这一有效截面（图 5-59c）按应力线性分布计算。

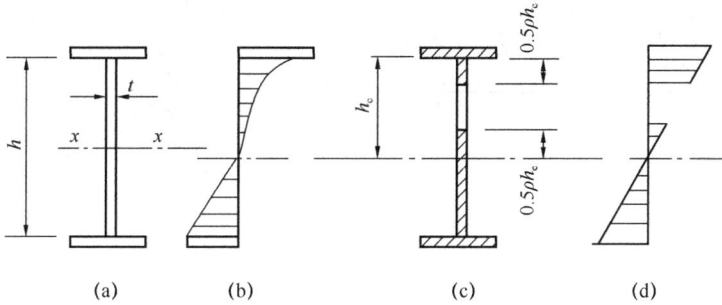

图 5-59 受弯矩时腹板的有效宽度

因为腹板屈曲后使梁的抗弯承载力下降得不多，在计算梁腹板屈曲后的抗弯承载力时，一般用近似公式来确定。各种资料采用的近似公式各不相同。但计算结果差别很小。我国标准建议的梁抗弯承载力参见第 7 章受弯构件。

## 习 题

5.1 图 5-60 为一轴心受压柱的忽略腹板的 H 型钢截面，翼缘板的残余应力为 $\pm 0.4 f_y$，试求出只考虑残余应力这一初始缺陷而正则化长细比 $\lambda_n = 1.0$ 时，对强轴 $x$-$x$ 轴和对弱轴 $y$-$y$ 的临界应力值。钢材为 Q235 钢。

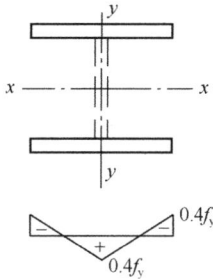

5.2 由 2-[28a 组成的格构式轴心受压柱，截面如图 5-61 所示。钢材为 Q235 钢。假设考虑初弯曲和残余应力的等效初弯曲率 $\varepsilon_0 = l/(500\rho)$，试按柏利公式（5-15）求出不同 $\lambda_x$ 值时（可取 $\lambda_x = 20$、40、60、80、100、120 等）的 $\varphi_x = \sigma_{cr}/f_y$ 值，并与附录 4 的 b 类截面 $\varphi$ 值作比较。

图 5-60 习题 5.1 图  图 5-61 习题 5.2 图

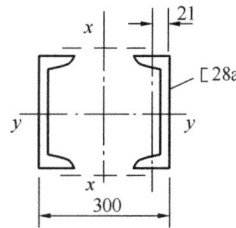

5.3 图 5-62 所示为跨度 4m 的斜放的 [14a 钢梁（檩条），截面的平均厚度、中线尺寸和倾斜率为图 5-62（b）所示，试计算在上翼缘中点竖向均布荷载 $q = 2.0 \text{N/mm}$ 的作用下跨中截面的正应力（弯曲正应力和受扭的翘曲正应力）。

5.4 例题 5-1 的简支梁，如截面改为上翼缘−330×20、下翼缘−110×20、腹板尺寸不变，梁的跨度和受荷情况亦不变，试计算其最大正应力和剪应力。

5.5 由双角钢 2-L75×50×6 组成的轴心压杆，截面如图 5-63 所示，杆件长度 2.15m，两端铰接，试按式（5-101）计算对 $y$ 轴的换算长细比。此种截面可假设扇形惯性矩为零。

5.6 图 5-64 所示为二简支梁截面，其截面面积大小相同，跨度均为 12m，跨间无侧向支承，均布

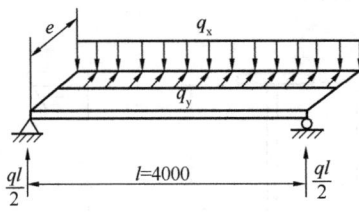

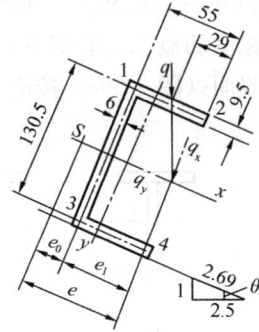

(a)                      (b)

图 5-62　习题 5.3 图

荷载作用于上翼缘，试用式（5-85）分别计算其临界弯矩并加以比较。

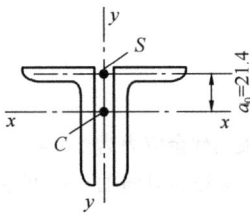

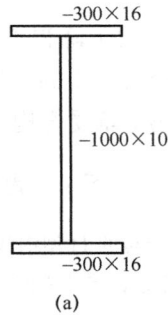

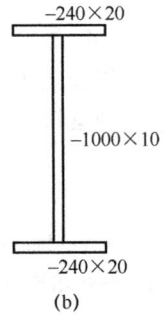

(a)               (b)

图 5-63　习题 5.5 图          图 5-64　习题 5.6 图

# 6 轴心受力构件

## 6.1 轴心受力构件的特点和截面形式

轴心受力构件广泛应用于各种平面和空间桁架、网架、塔架和支撑等杆件体系结构中。这类结构在分析时通常假设构件之间的连接为铰接，当无节间荷载作用时，构件只承受轴向拉力或压力，分别称为轴心受拉构件和轴心受压构件。轴心受压构件也常用作支承其他结构的承重柱，如工业建筑的工作平台支柱等。图 6-1 为轴心受力构件在工程中应用的一些实例。

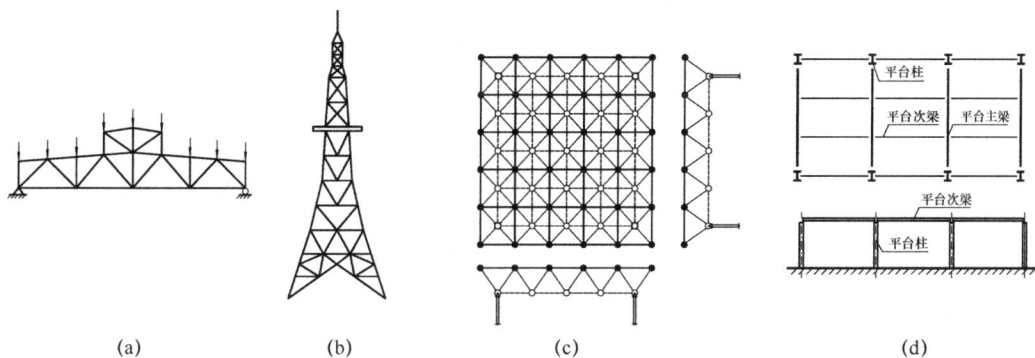

图 6-1 轴心受力构件在工程中的应用
(a) 桁架；(b) 塔架；(c) 网架；(d) 工作平台柱

根据截面形式的不同，轴心受力构件可分为实腹式和格构式两大类。

实腹式构件制作简单，便于和其他构件进行连接。可直接选用单个型钢截面，如圆钢、钢管、角钢、T 型钢、槽钢、工字钢、H 型钢等（图 6-2a），也可选用由型钢或钢板组成的组合截面（图 6-2b）。一般桁架结构中的弦杆和腹杆，除 T 型钢外，也常采用角钢或双角钢组合截面（图 6-2c），在轻型结构中则可采用冷弯薄壁型钢截面（图 6-2d）。以上

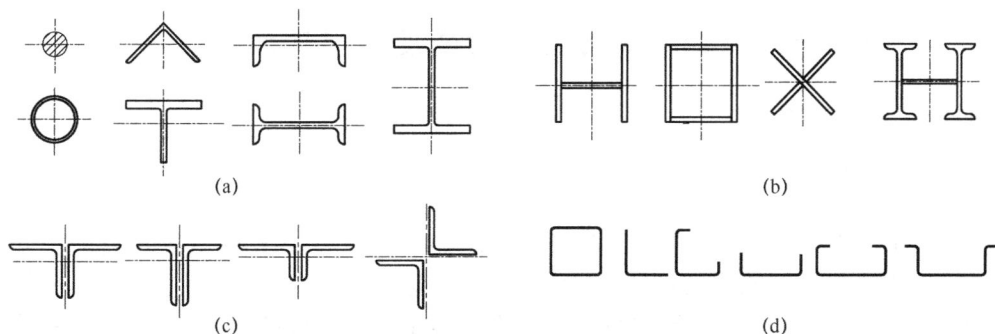

图 6-2 轴心受力实腹式构件的截面形式

147

这些截面中，截面紧凑（如圆钢和组成板件宽厚比较小的截面）或对两主轴刚度相差悬殊者（如单槽钢、工字钢），一般只可能用于轴心受拉构件。而受压构件通常采用较为开展、组成板件宽而薄的截面。

格构式构件（图6-3、图6-4）刚度大，抗扭性能好，容易使压杆实现两主轴方向的等稳定性，用料较省。其截面一般由两个或多个型钢肢件组成（图6-3），肢件间采用缀条（图6-4a）或缀板（图6-4b）连成整体，缀板和缀条统称为缀材。

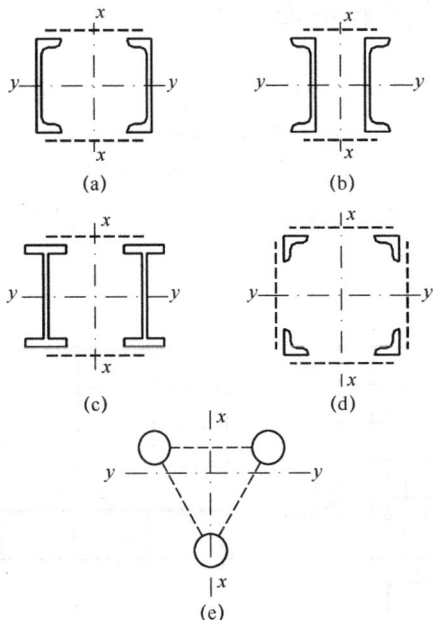

图6-3　格构式构件的常用截面形式

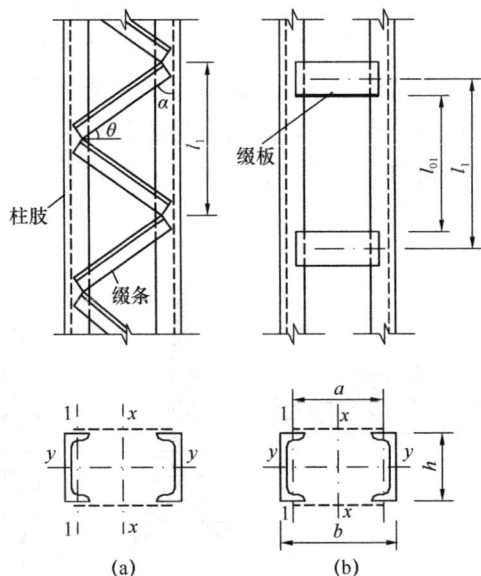

图6-4　格构式构件的缀材布置
（a）缀条柱；（b）缀板柱

轴心受力构件应同时满足承载能力极限状态和正常使用极限状态的要求。对于承载能力极限状态，受拉构件一般以强度控制，而受压构件则需同时满足强度和稳定的要求。对于正常使用的极限状态，是通过保证构件的刚度——限制其长细比来达到的。因此，按受力性质的不同，轴心受拉构件的计算包括强度和刚度计算，而轴心受压构件的计算则包括强度、稳定和刚度计算。

## 6.2　轴心受力构件的强度和刚度计算

### 6.2.1　强度计算

6.2.1.1　轴心受拉构件的强度计算

（1）截面无削弱的轴心受拉构件

截面上的拉应力是均匀分布的，当截面上的拉应力达到钢材的屈服强度 $f_y$ 后，虽然构件还能承担荷载，但构件已经产生过大的变形，达到不适于继续承载的变形的极限状态，因此以截面上的拉应力达到屈服强度 $f_y$ 作为轴心受拉构件的强度准则。引入抗力分项系数后，毛截面的应力应满足：

$$\sigma = \frac{N}{A} \leqslant \frac{f_y}{r_R} \tag{6-1}$$

《钢结构设计标准》GB 50017 针对毛截面屈服的设计表达式为：

$$\sigma = \frac{N}{A} \leqslant f \tag{6-2}$$

式中　$N$——构件计算截面处的轴心拉力设计值；

　　　$A$——构件计算截面处的毛截面面积；

　　　$f_y$——钢材屈服强度；

　　　$r_R$——钢材材料抗力分项系数；

　　　$f$——钢材抗拉强度设计值。

（2）有孔洞削弱的轴心拉杆

有孔洞削弱的轴心受拉构件（图 6-5）在孔洞处存在应力集中现象（图 6-6），需要关注。在弹性阶段，如图 6-6（a）所示，随孔的形状不同，孔壁边缘的最大应力 $\sigma_{max}$ 可能达到构件毛截面平均应力 $\sigma_0$ 的 3～4 倍。若拉力继续增加，当孔壁边缘的最大应力达到材料的屈服强度以后，应力不再继续增加而只发展塑性变形，由于应力重分布，净截面的应力可以均匀地达到屈服强度，如图 6-6（b）所示。因此，对于有孔洞削弱的轴心受力构件，仍可以净截面的平均应力达到其强度限值作为极限状态。这要求在设计时选用具有良好塑性性能的材料。

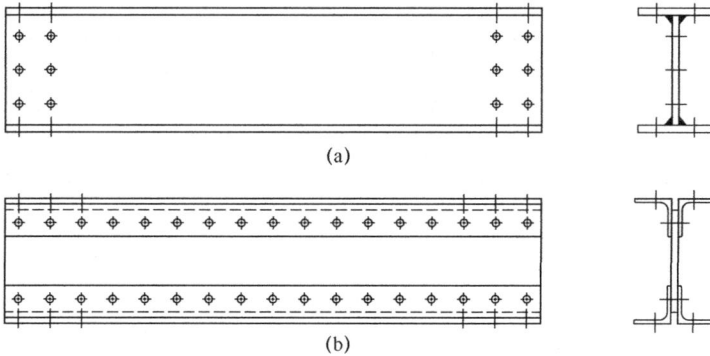

图 6-5　带孔洞的轴心受拉构件

（a）端部螺栓连接的轴心受拉构件；（b）采用较密螺栓连接的组合受拉构件

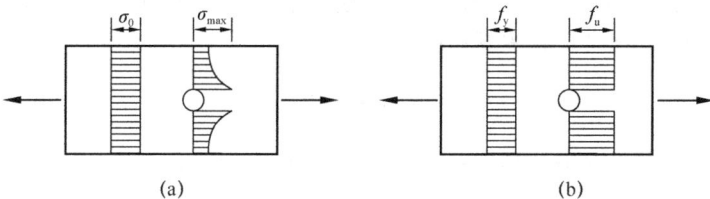

图 6-6　截面有削弱时拉杆截面的应力分布

（a）弹性状态应力；（b）极限状态应力

① 端部连接或中部拼接采用螺栓连接的轴心受拉构件（图 6-5a）

毛截面上的应力仍须满足公式（6-2）的要求，以防止构件产生不适于继续承载的变形。另外，孔洞削弱处的截面是薄弱部位，须按净截面核算强度，由于少数截面的屈服不会使构件产生过大的变形，即便净截面屈服，构件还能承担更大的拉力，直至净截面被拉断。因此可以净截面上的拉应力达到抗拉强度 $f_u$ 作为轴心受拉构件的强度准则。引入抗力分项系数后，净截面的应力应满足：

$$\sigma = \frac{N}{A_n} \leqslant \frac{f_u}{r_{Ru}}$$ (6-3)

式中　$r_{Ru}$——钢材断裂破坏时的抗力分项系数，由于净截面孔眼附近应力集中较大，容易首先出现裂缝，且拉断的后果要比构件屈服严重得多，因此抗力分项系数 $r_{Ru}$ 应予提高，可取 $r_{Ru} = 1.1 \times 1.3 = 1.43$，其倒数约为 0.7。

《钢结构设计标准》GB 50017 针对净截面断裂的设计表达式为：

$$\sigma = \frac{N}{A_n} \leqslant 0.7\, f_u$$ (6-4)

式中　$f_u$——钢材抗拉强度最小值。

　　$A_n$——构件的净截面面积。

若螺栓为并列布置（图 6-7a），$A_n$ 按最危险的正交截面（Ⅰ-Ⅰ截面）计算。若螺栓错列布置（图 6-7b、c），构件既可能沿正交截面Ⅰ-Ⅰ破坏，也可能沿齿状截面Ⅱ-Ⅱ破坏。截面Ⅱ-Ⅱ的毛截面长度较大但孔洞较多，其净截面面积不一定比截面Ⅰ-Ⅰ的净截面面积大。$A_n$ 应取Ⅰ-Ⅰ和Ⅱ-Ⅱ截面的较小面积。

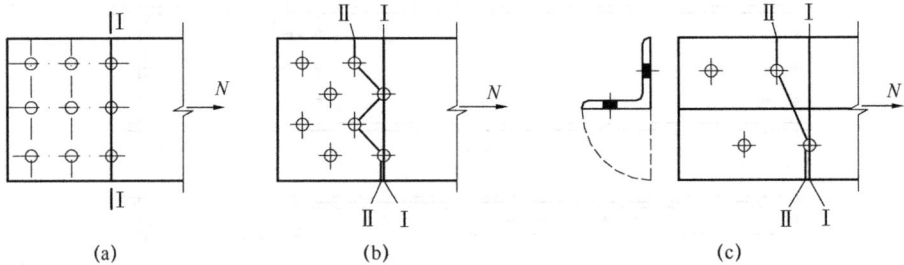

图 6-7　净截面面积计算

(a) 钢板上螺栓的并列排列；(b) 钢板上螺栓的错列排列；
(c) 角钢上螺栓的错列排列

当端部连接或中部拼接采用高强度螺栓摩擦型连接时，考虑到螺栓传递的剪力是由摩擦力传递的，净截面上的内力应当扣除孔前传走部分（图 6-8），因此，验算最外列螺栓处截面强度时，公式（6-4）应按下式进行修正：

$$\sigma = \left(1 - 0.5\,\frac{n_1}{n}\right)\frac{N}{A_n} \leqslant 0.7\, f_u$$ (6-5)

式中　$n_1$——计算截面（最外列螺栓处）上的高强度螺栓数目；

　　$n$——节点或拼接处，构件一端连接的高强度螺栓数目；

　　0.5——孔前传力系数。

② 沿全长都有排列较密螺栓的组合受拉构件（图 6-5b）

当构件沿长度方向分布有较密的螺栓孔时，每个螺栓孔处构件的屈服也将导致杆件出现相当可观的变形，此时，应以净截面上的平均应力达到屈服强度 $f_y$ 作为轴心受拉构件

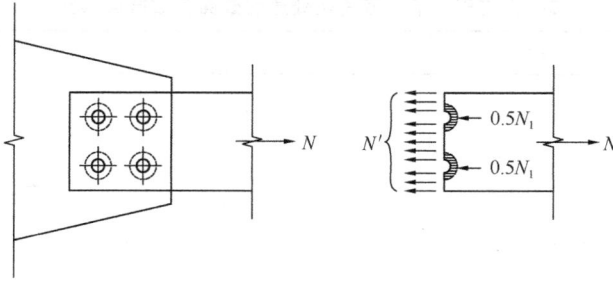

图 6-8 高强度螺栓的孔前传力

的强度准则，强度应按下式计算。

$$\sigma = \frac{N}{A_n} \leqslant f \qquad (6\text{-}6)$$

6.2.1.2 轴心受压构件的强度计算

轴心受压构件毛截面强度按公式（6-2）进行计算。当端部连接或中部拼接采用高强度螺栓摩擦型连接时，净截面强度应按公式（6-5）进行计算，其他情况，如孔洞内有螺栓填充，由于在净截面处部分轴力已经通过螺栓与孔壁的承压传走，因此不必验算净截面强度，仅当存在虚孔时，才须按公式（6-4）计算孔心处的强度。

沿全长都有排列较密螺栓的组合受压构件强度按公式（6-6）进行计算。

6.2.1.3 轴心受力构件的有效截面系数

轴心受力构件的端部连接或中间拼接，应尽量采用全部直接连接，如图 6-9（a）所示，H 形截面，上、下翼缘及腹板均设拼接板，力可以通过翼缘、腹板直接传递，因此这种连接构造净截面全部有效。图 6-9（b）为仅设置翼缘拼接板的部分直接连接，由于腹板没有拼接板，其内力要通过剪切传入翼缘，继而传给焊缝，在 B-B 截面，正应力分布不均匀，这种现象称为剪力滞后。正应力分布不均匀使得 B-B 截面应力最大处在达到全截面屈服之前出现裂缝，因此 B-B 截面并非全部有效。因此，对未采用全部直接连接构造的节点或拼接，按以上各公式对轴心受力构件进行强度计算时，应对危险截面的面积乘以有效截面系数 $\eta$，不同构件截面形式和连接方式的 $\eta$ 值可按表 6-1 的规定采用。

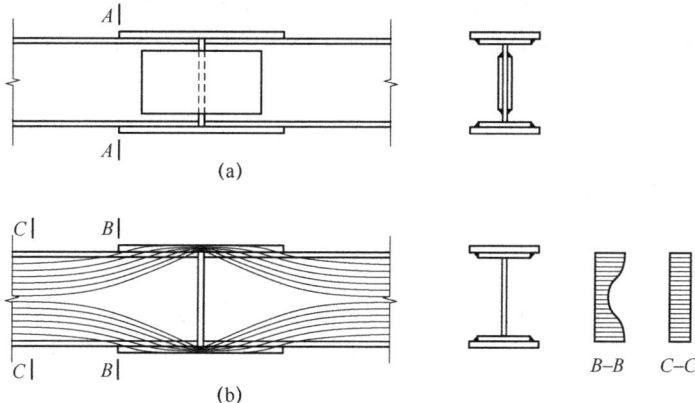

图 6-9 H 形截面轴心受力构件的全部直接连接和部分直接连接
（a）全部直接连接；（b）部分直接连接

**轴心受力构件节点或拼接处危险截面有效截面系数** **表 6-1**

| 构件截面形式 | 连接形式 | $\eta$ | 图例 |
|---|---|---|---|
| 角钢 | 单边连接 | 0.85 | 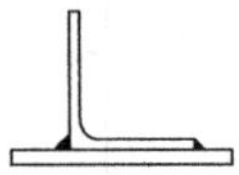 |
| 工字形、H形 | 翼缘连接 | 0.90 | 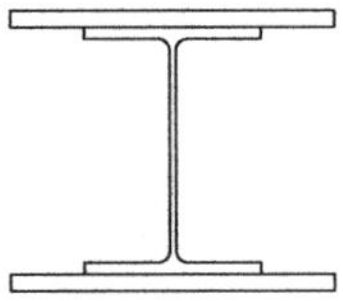 |
| | 腹板连接 | 0.70 | 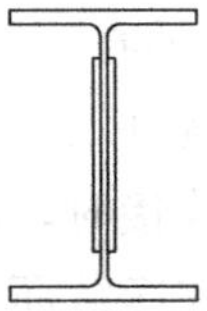 |

### 6.2.2 刚度计算

为满足结构的正常使用要求，轴心受力构件不应做得过分柔细，而应具有一定的刚度，以保证构件不会产生过度的变形。

受拉和受压构件的刚度是以其长细比 $\lambda$ 来衡量的，当构件的长细比太大时，会产生下列不利影响：

(1) 在运输和安装过程中产生弯曲或过大的变形；

(2) 使用期间因其自重而明显下挠；

(3) 在动力荷载作用下发生较大的振动。

此外，压杆的长细比若过大，除具有前述各种不利因素外，还使得构件的极限承载力显著降低，同时，初弯曲和自重产生的挠度也将对构件的整体稳定带来不利影响。

我国《钢结构设计标准》GB 50017 在总结了钢结构长期使用经验的基础上，根据构件的重要性和荷载情况，对构件的最大长细比 $\lambda$ 提出了要求，即：

$$\lambda = \frac{l_0}{i} \leqslant [\lambda] \tag{6-7}$$

式中 $l_0$ ——构件的计算长度；

$i$ ——截面的回转半径；

$[\lambda]$ ——构件的容许长细比。

验算长细比时，可不考虑扭转效应，计算单角钢受压构件时，应采用角钢的最小回转半径，但在计算交叉点相互连接的交叉构件平面外的长细比时，可采用与角钢肢边平行的回转半径。

6.2.2.1 轴心受拉构件的容许长细比

表 6-2 为轴心受拉构件的容许长细比规定。

| 构件名称 | 承受静力荷载或间接承受动力荷载的结构 | | | 直接承受动力荷载的结构 |
|---|---|---|---|---|
| | 一般建筑结构 | 对腹杆提供平面外支点的弦杆 | 有重级工作制吊车的厂房 | |
| 桁架的杆件 | 350 | 250 | 250 | 250 |
| 吊车梁或吊车桁架以下的柱间支撑 | 300 | — | 200 | — |
| 除张紧的圆钢外的其他拉杆、支撑、系杆等 | 400 | — | 350 | — |

注：1. 除对腹杆提供平面外支点的弦杆外，承受静力荷载的结构受拉构件，可仅计算竖向平面内的长细比；

2. 中、重级工作制吊车桁架下弦杆的长细比不宜超过 200；

3. 受拉构件在永久荷载与风荷载组合作用下受压时，其长细比不宜超过 250；

4. 跨度等于或大于 60m 的桁架，其受拉弦杆和腹杆的长细比，承受静力荷载或间接承受动力荷载时不宜超过 300，直接承受动力荷载时，不宜超过 250；

5. 在设有夹钳或刚性料耙等硬钩起重机的厂房中，支撑的长细比不宜超过 300。

#### 6.2.2.2 轴心受压构件的容许长细比

标准对压杆容许长细比的规定更为严格，表 6-3 为受压构件的容许长细比规定。

| 构件名称 | 容许长细比 |
|---|---|
| 轴心受压柱、桁架和天窗架中的压杆 | 150 |
| 柱的缀条、吊车梁或吊车桁架以下的柱间支撑 | 150 |
| 支撑 | 200 |
| 用以减小受压构件长细比的杆件 | 200 |

注：1. 当杆件内力设计值不大于承载能力的 50% 时，容许长细比值可取 200；

2. 跨度等于或大于 60m 的桁架，其受压弦杆、端压杆和直接承受动力荷载的受压腹杆的长细比不宜大于 120。

#### 6.2.3 轴心拉杆的计算

轴心拉杆没有整体稳定和局部稳定问题，极限承载力一般由强度控制，所以，设计时只考虑强度和刚度。

钢材比其他材料更适合于受拉，所以钢拉杆不但用于钢结构，还用于钢与钢筋混凝土或木材的组合结构中。此种组合结构的受压构件用钢筋混凝土或木材制作，而拉杆用钢材做成。

【例 6-1】 如图 6-10 所示，一中级工作制吊车的厂房屋架的双角钢拉杆，截面为 2L100×10，填板厚度为 10mm，角钢上有交错排列的普通螺栓孔，孔径 $d_0=20$mm。试计算此拉杆所能承受的最大拉力及容许达到的最大计算长度，钢材为 Q235B。

【解】 查附表得构件参数及材料强度为：2L100×10 角钢，$A=38.52$ cm$^2$，$i_x=3.05$cm，$i_y=4.52$cm；Q235 钢，厚度 10mm，$f=215$N/mm$^2$、$f_u=370$N/mm$^2$。

（1）承载力计算

① 毛截面屈服承载力计算

根据毛截面屈服计算公式：

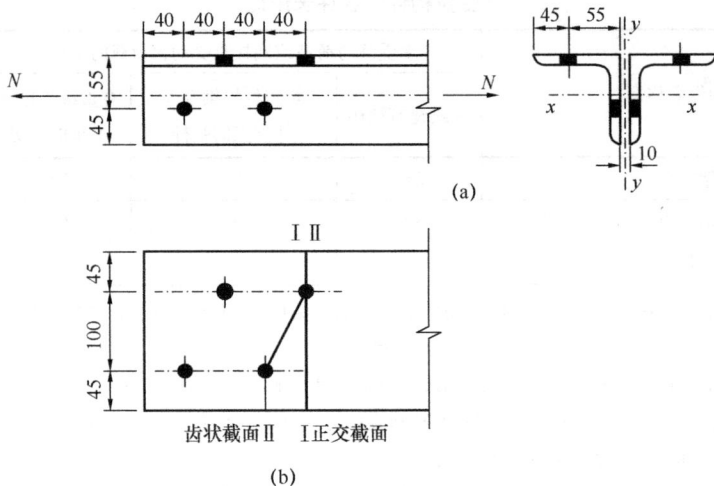

(a)

齿状截面Ⅱ Ⅰ正交截面

(b)

图 6-10 例 6-1 图

$$\sigma = \frac{N}{A} \leqslant f$$

得毛截面屈服承载力为：

$$N = Af = 38.52 \times 10^2 \times 215 = 828180\text{N} = 828.18\text{kN}$$

② 净截面断裂承载力计算

角钢的厚度为 10mm，在确定危险截面之前先把它按中面展开如图 6-7 (b) 所示。

正交净截面（Ⅰ-Ⅰ）的面积为：

$$A_{\text{n}Ⅰ} = 38.52 \times 10^2 - 2 \times 10 \times 20 = 3452 \text{ mm}^2$$

齿状净截面（Ⅱ-Ⅱ）的面积为：

$$A_{\text{n}Ⅱ} = 2 \times (45 + \sqrt{100^2 + 40^2} + 45 - 2 \times 20) \times 10 = 3154 \text{ mm}^2 < A_{\text{n}Ⅰ}$$

危险截面是Ⅱ-Ⅱ截面，根据净截面断裂计算公式：

$$\sigma = \frac{N}{A_{\text{n}}} \leqslant 0.7 f_{\text{u}}$$

得净截面断裂承载力为：

$$N = 0.7 A_{\text{n}Ⅱ} f_{\text{u}} = 0.7 \times 3154 \times 370 = 816886\text{N} = 816.89\text{kN}$$

综上，此拉杆承载力由净截面断裂承载力控制，所能承受的最大拉力为 816.89kN

（2）最大计算长度计算

查表得该拉杆的容许长细比为 350，根据毛截面屈服计算公式：

$$\lambda = \frac{l_0}{i} \leqslant [\lambda]$$

对 $x$ 轴，$l_{0\text{x}} = [\lambda] \cdot i_{\text{x}} = 350 \times 3.05 \times 10 = 10675\text{mm} = 10.675\text{m}$

对 $y$ 轴，$l_{0\text{y}} = [\lambda] \cdot i_{\text{y}} = 350 \times 4.52 \times 10 = 15820\text{mm} = 10.820\text{m}$

综上，此拉杆最大容许计算长度为 10.675m。

## 6.3 实腹式轴心受压构件的整体稳定

细长的轴心受压构件，当截面上的平均应力达到临界应力时，将处于内力和外力间不能维持平衡的稳定状态，此时，细微扰动即促使构件产生很大的变形而丧失承载能力，这种现象称为丧失整体稳定性。稳定问题对钢结构是一个极其重要的问题，在钢结构工程事故中，因失稳导致破坏者较为常见。近几十年来，由于结构形式的不断发展和较高强度钢材的应用，使构件更趋轻型而薄壁，更容易出现失稳现象，因而对结构稳定性的研究以及对结构稳定知识的掌握也就更有必要。

### 6.3.1 轴心受压构件的多柱子曲线

第 5 章介绍了理想轴心受压构件的三种屈曲形式，即弯曲屈曲、扭转屈曲和弯扭屈曲，同时指出实际压杆由于初始缺陷的影响，其稳定承载力小于理想压杆的屈曲临界力。第 5 章还介绍了确定轴心压杆极限承载力的方法，对于理想轴心压杆，可采用屈曲准则，实际压杆可采用边缘屈曲准则或最大强度准则。

我国现行《钢结构设计标准》对实腹式压杆按最大强度准则确定极限承载能力，并绘制临界应力 $\sigma_{cr}$（或临界应力 $\sigma_{cr}$ 与屈服强度 $f_y$ 的比值 $\varphi$）与长细比 $\lambda$ 之间的关系曲线（柱子曲线），计算结果与国内各单位的试验结果进行了比较，较为吻合。由于压杆的极限承载力并不仅仅取决于长细比，还受很多其他因素的影响，即便长细比相同的构件，如果截面形状、尺寸、弯曲方向、残余应力水平及分布情况不同，构件的极限承载能力也可能有很大差异，因此，计算出来的轴压构件的柱子曲线分布在图 6-13 所示虚线所包的范围内，呈相当宽的带状分布。这个范围的上、下限相差较大，特别是在常用的中等长细比的情况，相差尤其显著。因此，若用一条曲线来代表，显然不合理。《钢结构设计标准》在上述计算资料的基础上，结合工程实际，将这些柱子曲线合并归纳为四组，取每组中柱子曲线的平均值作为代表曲线，即图 6-11 的 $a$、$b$、$c$、$d$ 四条曲线。在 $\lambda=40\sim120$ 的常用范围，柱子曲线 $a$ 比柱子曲线 $b$ 高出 $4\%\sim15\%$；而曲线 $c$ 比曲线 $b$ 低 $7\%\sim13\%$。曲线 $d$ 则更低，主要用于厚板截面。

组成轴心受压构件的板件厚度 $t<40\text{mm}$ 时，截面分类见表 6-4，$t\geqslant40\text{mm}$ 时，截面分类见表 6-5。

一般的截面情况属于 b 类。

轧制圆管以及轧制普通工字钢绕 $x$ 轴失稳时，其残余应力影响较小，故属 a 类。

格构式构件绕虚轴的稳定计算，由于此时不宜采用塑性深入截面的最大强度准则，参考《冷弯薄壁型钢结构设计规范》GB 50018，采用边缘屈服准则确定的 $\varphi$ 值与曲线 b 接近，故取用曲线 b。

当槽形截面用于格构式柱的分肢时，由于分肢的扭转变形受到缀材的牵制，所以计算分肢绕其自身对称轴的稳定时，可用曲线 b。翼缘为轧制或剪切边的焊接工字形截面，绕弱轴失稳时边缘为残余压应力，使承载能力降低，故将其归入曲线 c。

另外，国内外针对高强钢轴心受压构件的稳定研究表明：热轧型钢的残余应力峰值和钢材强度无关，它的不利影响随钢材强度的提高而减弱，因此，对屈服强度达到和超过 $345\text{MPa}$、$b/h>0.8$ 的 H 型钢和等边角钢，系数 $\varphi$ 可比 Q235 钢提高一类采用。

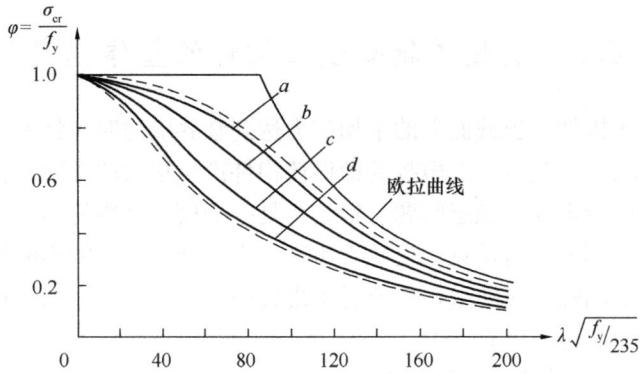

图 6-11 我国的柱子曲线

板件厚度大于等于 40mm 的轧制工字型截面和焊接实腹截面，残余应力不但沿板件宽度方向变化，在厚度方向的变化也比较显著。另外厚板质量较差也会对稳定带来不利影响。故应按表 6-5 进行分类。

轴心受压构件的截面分类（板厚 $t<40\mathrm{mm}$）    表 6-4

| 截面形式 | | 对 $x$ 轴 | 对 $y$ 轴 |
|---|---|---|---|
|  轧制 | | a 类 | a 类 |
|  轧制 | $b/h \leqslant 0.8$ | a 类 | b 类 |
| | $b/h > 0.8$ | a* 类 | b* 类 |
|  轧制等边角钢 | | a* 类 | a* 类 |
|  焊接、翼缘为焰切边　　 焊接 | | b 类 | b 类 |
|  轧制 | | | |

| 截面形式 | | 对 $x$ 轴 | 对 $y$ 轴 |
|---|---|---|---|
| 轧制、焊接（板件宽厚比 >20） | 轧制或焊接 | b 类 | b 类 |
| 焊接 | 轧制截面和翼缘为焰切边的焊接截面 | | |
| 格构式 | 焊接，板件边缘焰切 | | |
| 焊接，翼缘为轧制或剪切边 | | b 类 | c 类 |
| 焊接，板件边缘轧制或剪切 | 轧制、焊接（板件宽厚比≤20） | c 类 | c 类 |

注：1. a* 类含义为 Q235 钢取 b 类，Q345、Q390、Q420 和 Q460 钢取 a 类；b* 类含义为 Q235 钢取 c 类，Q345、Q390、Q420 和 Q460 钢取 b 类；

2. 无对称轴且剪心和形心不重合的截面，其截面分类可按有对称轴的类似截面确定，如不等边角钢采用等边角钢的类别；当无类似截面时，可取 c 类。

**轴心受压构件的截面分类**（板厚 $t \geqslant 40\text{mm}$）　　表 6-5

| 截面形式 | | 对 $x$ 轴 | 对 $y$ 轴 |
|---|---|---|---|
| 轧制工字形或 H 形截面 | $t<80\text{mm}$ | b 类 | c 类 |
| | $t \geqslant 80\text{mm}$ | c 类 | d 类 |

| 截面形式 | | 对 $x$ 轴 | 对 $y$ 轴 |
|---|---|---|---|
| 焊接工字形截面 | 翼缘为焰切边 | b 类 | b 类 |
| | 翼缘为轧制或剪切边 | c 类 | d 类 |
| 焊接箱形截面 | 板件宽厚比＞20 | b 类 | b 类 |
| | 板件宽厚比≤20 | c 类 | c 类 |

### 6.3.2 实腹式轴心受压构件整体稳定的计算

轴心受压构件所受应力应不大于整体稳定的临界应力，考虑抗力分项系数 $\gamma_R$ 后，即为：

$$\sigma = \frac{N}{A} \leqslant \frac{\sigma_{cr}}{\gamma_R} = \frac{\sigma_{cr}}{f_y} \cdot \frac{f_y}{\gamma_R} = \varphi f \tag{6-8}$$

《钢结构设计标准》对轴心受压构件的整体稳定计算采用下列形式：

$$\frac{N}{\varphi A f} \leqslant 1.0 \tag{6-9}$$

式中 $\varphi = \sigma_{cr} / f_y$ ——轴心受压构件的整体稳定系数。

稳定系数 $\varphi$ 值可以拟合成柏利（Perry）公式（5-38）的形式来表达，即：

$$\varphi = \frac{\sigma_{cr}}{f_y} = \frac{1}{2}\left\{\left[1 + (1 + \varepsilon_0)\frac{\sigma_E}{f_y}\right] - \sqrt{\left[1 + (1 + \varepsilon_0)\frac{\sigma_E}{f_y}\right]^2 - 4\frac{\sigma_E}{f_y}}\right\} \tag{6-10}$$

按公式（6-10）计算 $\varphi$ 值，不再以截面的边缘屈服为准则，而是按最大强度准则确定出轴压杆的极限承载力后再反算 $\varepsilon_0$ 值。因此式中的 $\varepsilon_0$ 值实质为考虑初弯曲、残余应力等综合影响的等效初弯曲率。对于标准中采用的四条柱子曲线，$\varepsilon_0$ 的取值为：

a 类截面：$\varepsilon_0 = 0.152\bar{\lambda} - 0.014$

b 类截面：$\varepsilon_0 = 0.300\bar{\lambda} - 0.035$

c 类截面：$\varepsilon_0 = 0.595\bar{\lambda} - 0.094$（$\bar{\lambda} \leqslant 1.05$ 时）

$\varepsilon_0 = 0.302\bar{\lambda} - 0.216$（$\bar{\lambda} > 1.05$ 时）

d 类截面：$\varepsilon_0 = 0.915\bar{\lambda} - 0.132$（$\bar{\lambda} \leqslant 1.05$ 时）

$\varepsilon_0 = 0.432\bar{\lambda} - 0.375$（$\bar{\lambda} > 1.05$ 时）

式中 $\bar{\lambda} = \dfrac{\lambda}{\pi}\sqrt{\dfrac{f_y}{E}}$ ——无量纲长细比。

上述 $\varepsilon_0$ 值适用于当 $\bar{\lambda} > 0.215$（相当于 $\lambda > 20\varepsilon_k$）时，将以上 $\varepsilon_0$ 值代入式（6-10）中，就可以计算得到 $\varphi$ 值。整体稳定系数 $\varphi$ 值也可根据表 6-4、表 6-5 的截面分类和构件的长细比（或换算长细比），按附录 4 附表 4-1～附表 4-4 查出。

需要注意的是，当 $\bar{\lambda} \leqslant 0.215$，即 $\lambda \leqslant 20\,\varepsilon_k$ 时，Perry 公式不再适用，不能通过查表的方法得到 $\varphi$ 值，针对这种情况，标准采用一条近似曲线，使 $\bar{\lambda} = 0.215$ 与 $\bar{\lambda} = 0$（$\varphi = 1.0$）相衔接，即：

$$\varphi = 1 - \alpha_1 \bar{\lambda}^2 \tag{6-11}$$

系数 $\alpha_1$ 分别等于 0.41（a 类截面）、0.65（b 类截面）、0.73（c 类截面）和 1.35（d 类截面）。

计算受压构件整体稳定承载力时，构件长细比 $\lambda$ 应根据失稳模式，按照下列规定确定。

（1）截面形心与剪心重合的构件，如双轴对称截面和极对称截面构件：

计算绕两个主轴的弯曲屈曲时：

$$\lambda_x = \frac{l_{0x}}{i_x} \tag{6-12}$$

$$\lambda_y = \frac{l_{0y}}{i_y} \tag{6-13}$$

式中　$l_{0x}$、$l_{0y}$——分别为构件对主轴 $x$ 和 $y$ 的计算长度；

　　　$i_x$、$i_y$——分别为构件截面对主轴 $x$ 和 $y$ 的回转半径。

计算扭转屈曲时，根据 5.3.2.1 节推导的理想轴心压杆弹性扭转屈曲的临界力，见式（5-95），采用扭转屈曲临界力与欧拉临界力相等，即 $N_z = \dfrac{\pi^2 EA}{\lambda_z^2}$，得到换算长细比 $\lambda_z$：

$$\lambda_z = \sqrt{\frac{I_0}{I_t/25.7 + I_\omega / l_\omega^2}} \tag{6-14}$$

式中　$I_0$、$I_t$、$I_\omega$——分别为构件毛截面对剪心的极惯性矩、自由扭转常数和扇性惯性矩，对十字形截面可近似取 $I_\omega = 0$；

　　　$l_\omega$——扭转屈曲的计算长度，两端铰支且端截面可自由翘曲者，取几何长度 $l$；两端嵌固且端部截面的翘曲完全受到约束者，取 $0.5l$。

双轴对称十字形截面板件宽厚比不超过 $15\,\varepsilon_k$ 时，其扭转失稳临界力大于弯曲失稳临界力，因此可不计算扭转屈曲。

（2）截面为单轴对称的构件：

① 计算绕非对称主轴（设为 $x$ 轴）的弯曲屈曲时，长细比应按式（6-12）计算；

② 截面为单轴对称的构件，由于截面形心与剪心（即剪切形心）不重合，在绕对称主轴（设为 $y$ 轴）屈曲时，在弯曲的同时总伴随着扭转，即形成弯扭屈曲。由于扭转的不利影响，在相同情况下，弯扭屈曲比弯曲屈曲的临界应力要低。第 5.3.2.2 节推导了理想轴心压杆弹性弯扭屈曲的临界力，见式（5-100）。我国《钢结构设计标准》中的柱子曲线是采用 CDC 法按弯曲屈曲计算得出来的，当用于弯扭屈曲时，由于弹性弯扭屈曲临界力 $N_{cr} = \dfrac{\pi^2 EA}{\lambda_{yz}^2}$，根据弯扭屈曲临界力与欧拉临界力的相似性原则，引进弯扭屈曲换算长细比 $\lambda_{yz}$，见式（6-15），再以 $\lambda_{yz}$ 由弯曲失稳的柱子曲线查得稳定系数 $\varphi$ 值，即可得到考虑初始缺陷及材料非线性的弯扭屈曲临界力：

$$\lambda_{yz} = \frac{1}{\sqrt{2}} \left[ (\lambda_y^2 + \lambda_z^2) + \sqrt{(\lambda_y^2 + \lambda_z^2)^2 - 4\left(1 - \frac{y_s^2}{i_0^2}\right)\lambda_y^2 \lambda_z^2} \right]^{\frac{1}{2}} \tag{6-15}$$

$$i_0^2 = y_s^2 + i_x^2 + i_y^2 \tag{6-16}$$

式中　$y_s$——截面形心至剪心的距离；

　　　$i_0$——截面对剪心的极回转半径；

　　　$\lambda_z$——扭转屈曲的换算长细比，按式（6-14）计算。

③ 等边单角钢轴心受压构件当绕两主轴弯曲的计算长度相等时，可不计算弯扭屈曲。

④ 双角钢组合 T 形截面（图 6-12）绕对称轴失稳为弯扭失稳，工程应用中其换算长细比 $\lambda_{yz}$ 可采用下列简化方法确定：

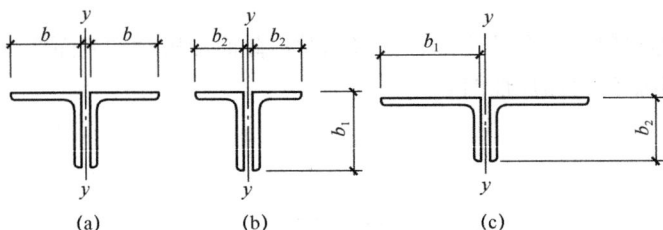

图 6-12　双角钢组合 T 形截面

等边双角钢截面（图 6-12a）：

当 $\lambda_y \geqslant \lambda_z$ 时：

$$\lambda_{yz} = \lambda_y \left[ 1 + 0.16 \left( \frac{\lambda_z}{\lambda_y} \right)^2 \right] \tag{6-17}$$

当 $\lambda_y < \lambda_z$ 时：

$$\lambda_{yz} = \lambda_y \left[ 1 + 0.16 \left( \frac{\lambda_y}{\lambda_z} \right)^2 \right] \tag{6-18}$$

$$\lambda_z = 3.9 \frac{b}{t} \tag{6-19}$$

长肢相并的不等边双角钢截面（图 6-12b）：

当 $\lambda_y \geqslant \lambda_z$ 时：

$$\lambda_{yz} = \lambda_y \left[ 1 + 0.25 \left( \frac{\lambda_z}{\lambda_y} \right)^2 \right] \tag{6-20}$$

当 $\lambda_y < \lambda_z$ 时：

$$\lambda_{yz} = \lambda_y \left[ 1 + 0.25 \left( \frac{\lambda_y}{\lambda_z} \right)^2 \right] \tag{6-21}$$

$$\lambda_z = 5.1 \frac{b_2}{t} \tag{6-22}$$

短肢相并的不等边双角钢截面（图 6-12c）：

当 $\lambda_y \geqslant \lambda_z$ 时：

$$\lambda_{yz} = \lambda_y \left[ 1 + 0.06 \left( \frac{\lambda_z}{\lambda_y} \right)^2 \right] \tag{6-23}$$

当 $\lambda_y < \lambda_z$ 时：

$$\lambda_{yz} = \lambda_y \left[ 1 + 0.06 \left( \frac{\lambda_y}{\lambda_z} \right)^2 \right] \tag{6-24}$$

$$\lambda_z = 3.7 \frac{b_1}{t} \tag{6-25}$$

（3）不等边角钢轴心受压构件的换算长细比可按下列简化公式确定（图 6-13）：

当 $\lambda_v \geqslant \lambda_z$ 时：

$$\lambda_{xyz} = \lambda_v \left[ 1 + 0.25 \left( \frac{\lambda_z}{\lambda_v} \right)^2 \right] \tag{6-26}$$

当 $\lambda_v < \lambda_z$ 时：

$$\lambda_{xyz} = \lambda_v \left[ 1 + 0.25 \left( \frac{\lambda_v}{\lambda_z} \right)^2 \right] \tag{6-27}$$

$$\lambda_z = 4.21 \frac{b_1}{t} \tag{6-28}$$

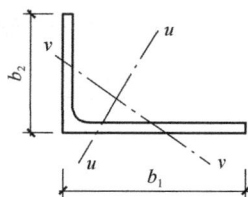

图 6-13　不等边角钢

注：$v$ 轴为角钢的弱轴，$b_1$ 为角钢长肢宽度

【**例 6-2**】图 6-14（a）所示为一管道支架，其支柱的设计压力为 $N = 1600\text{kN}$（设计值），柱两端铰接，钢材为 Q345B 钢，截面无孔眼削弱。当分别采用以下三种截面时，试分别验算此支柱的整体稳定承载力：

（1）I56a 普通轧制工字钢（图 6-14b）；

（2）HW250×250×9×14 热轧 H 型钢（图 6-14c）；

（3）焊接工字形截面，翼缘板为焰切边（图 6-14d）。

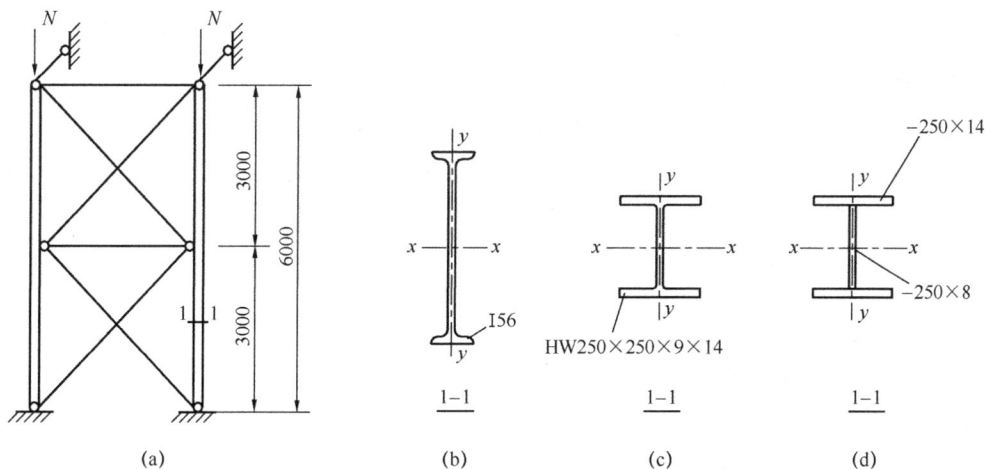

图 6-14　例 6-2 图

【**解**】由图 6-14（a），柱在两个方向的计算长度分别为：$l_{0x} = 6000\text{mm}$、$l_{0y} = 3000\text{mm}$。查表得材料强度指标：$f = 305\text{N/mm}^2$；修正系数：$\varepsilon_k = \sqrt{235/345} = 0.825$。

（1）轧制工字钢（图 6-28b）

查附表 6-4，截面 I56a：$A = 135\text{cm}^2$，$i_x = 22.0\text{cm}$，$i_y = 3.18\text{cm}$。

整体稳定承载力验算：

长细比：

$$\lambda_x = \frac{l_{0x}}{i_x} = \frac{6000}{22.0 \times 10} = 27.3 < [\lambda] = 150$$

$$\lambda_{y} = \frac{l_{0y}}{i_{y}} = \frac{3000}{3.18 \times 10} = 94.3 < [\lambda] = 150$$

查表 6-4，对于轧制工字钢，$\frac{b}{h} = 0.3 < 0.8$，绕 $x$ 轴失稳时属于 a 类截面，绕 $y$ 轴失稳时属于 b 类截面。

由 $\lambda_{x} / \varepsilon_{k} = 27.3 \div 0.825 = 33.1$ 查附表 4-1，a 类截面整体稳定系数，得 $\varphi_{x} = 0.957$。

由 $\lambda_{y} / \varepsilon_{k} = 94.3 \div 0.825 = 114.3$ 查附表 4-2，b 类截面整体稳定系数，得 $\varphi_{y} = 0.532$。

$\varphi_{y} < \varphi_{x}$，构件的稳定承载力由 $y$ 轴控制。

$$\frac{N}{\varphi_{y}Af} = \frac{1600 \times 10^{3}}{0.532 \times 135 \times 10^{2} \times 305} = 0.730 < 1.0$$

整体稳定满足要求。

(2) 热轧 H 型钢 (图 6-28c)

查附表 6-2，截面 HW250×250×9×14：$A = 92.18\text{cm}^{2}$、$i_{x} = 10.8\text{cm}$、、$i_{y} = 6.29\text{cm}$。

整体稳定承载力验算：

$$\lambda_{x} = \frac{l_{0x}}{i_{x}} = \frac{6000}{10.8 \times 10} = 55.6 < [\lambda] = 150$$

$$\lambda_{y} = \frac{l_{0y}}{i_{y}} = \frac{3000}{6.29 \times 10} = 47.7 < [\lambda] = 150$$

查表 6-4，热轧 H 型钢，$\frac{b}{h} = 1.0 > 0.8$，对 Q345 钢，绕 $x$ 轴失稳时属于 a 类截面，绕 $y$ 轴失稳时属于 b 类截面。

由 $\lambda_{x} / \varepsilon_{k} = 55.6 \div 0.825 = 67.4$ 查附表 4-1，a 类截面整体稳定系数，得 $\varphi_{x} = 0.852$。

由 $\lambda_{y} / \varepsilon_{k} = 47.7 \div 0.825 = 57.8$ 查附表 4-2，b 类截面整体稳定系数，得 $\varphi_{y} = 0.891$。

$\varphi_{y} > \varphi_{x}$，构件的稳定承载力由 $x$ 轴控制。

$$\frac{N}{\varphi_{x}Af} = \frac{1600 \times 10^{3}}{0.852 \times 92.18 \times 10^{2} \times 305} = 0.668 < 1.0$$

整体稳定满足要求。

(3) 焊接工字形截面 (图 6-28d)

截面几何特征：

$$A = 2 \times 250 \times 14 + 250 \times 8 = 9000\text{mm}^{2}$$

$$I_{x} = \frac{1}{12}(250 \times 278^{3} - 242 \times 250^{3}) = 13250 \times 10^{4}\text{mm}^{4}$$

$$I_{y} = \frac{1}{12}(2 \times 14 \times 250^{3} + 250 \times 8^{3}) = 3647 \times 10^{4}\text{mm}^{4}$$

$$i_{x} = \sqrt{\frac{I_{x}}{A}} = \sqrt{\frac{13250 \times 10^{4}}{9000}} = 121.3\text{mm}$$

$$i_{y} = \sqrt{\frac{I_{y}}{A}} = \sqrt{\frac{3647 \times 10^{4}}{9000}} = 63.7\text{mm}$$

整体稳定承载力验算：

$$\lambda_{x} = \frac{l_{0x}}{i_{x}} = \frac{6000}{121.3} = 49.5 < [\lambda] = 150$$

$$\lambda_y = \frac{l_{0y}}{i_y} = \frac{3000}{63.7 \times 10} = 47.1 < [\lambda] = 150$$

查表 6-4，翼缘为焰切边的焊接 H 型钢，绕 $x$ 轴和 $y$ 轴失稳时均属于 b 类截面。由于 $\lambda_x > \lambda_y$，由$\lambda_x/\varepsilon_k = 49.5 \div 0.825 = 60$查附表 4-2，b 类截面整体稳定系数，得 $\varphi_x = 0.883$。构件的稳定承载力由 x 轴控制。

$$\frac{N}{\varphi_x A f} = \frac{1600 \times 10^3}{0.883 \times 9000 \times 305} = 0.660 < 1.0$$

整体稳定满足要求。

由以上计算结果可知，三种不同截面支柱的稳定承载力相当，但轧制普通工字钢截面要比热轧 H 型钢截面和焊接工字形截面约大 50%，这是由于普通工字钢绕弱轴的回转半径太小。在本例情况中，尽管弱轴方向的计算长度仅为强轴方向计算长度的二分之一，前者的长细比仍远大于后者，因而支柱的稳定承载能力是由弱轴所控制，对强轴则有较大富裕，这显然是不经济的，若必须采用此种截面，宜再增加侧向支撑的数量。对于轧制 H 型钢和焊接工字形截面，由于其两个方向的长细比非常接近，基本上做到了在两个主轴方向的等稳定性，用料最经济，但焊接工字形截面的焊接工作量大。

# 6.4 格构式轴心受压构件的整体稳定

### 6.4.1 格构式轴心受压构件的组成及应用

格构式轴心受压构件是由两个或两个以上相同截面的分肢用缀材相连而成，分肢的截面常为热轧槽钢、H 型钢、热轧工字钢和热轧角钢等，如图 6-3 所示。截面中垂直于分肢腹板的形心轴称为实轴（图 6-3a、b、c 中的 $y$ 轴），垂直于缀材面的形心轴称为虚轴（图 6-3 中的 $x$ 轴和图 6-3d、e 中的 $y$ 轴）。分肢间用缀条（图 6-4a）或缀板（图 6-4b）连成整体。

格构式柱分肢轴线间距可以根据需要进行调整，使截面对虚轴有较大的惯性矩，从而实现对两个主轴的等稳定性，达到节省钢材的目的。对于荷载不大而柱身高度较大的柱子，可采用四肢柱（图 6-3d）或三肢柱（图 6-3e），这时两个主轴都是虚轴。当格构式柱截面宽度较大时，因缀条柱的刚度较缀板柱为大，宜采用缀条柱。

### 6.4.2 格构式轴心受压构件的整体稳定性

轴心受压构件整体弯曲失稳时，沿杆长各截面上将存在弯矩和剪力。对实腹式构件，剪力引起的附加变形很小，对临界力的影响只占千分之三左右，因此，在确定实腹式轴心受压构件整体稳定临界力时，仅仅考虑了由弯矩作用所产生的变形，而忽略了剪力所产生的变形。格构式构件绕实轴失稳时也属于这种情况，因而其稳定性能与实腹式构件相同。当格构式构件绕虚轴失稳时，因肢件之间并不是连续的板而只是每隔一定距离才用缀条或缀板联系起来，构件在缀材平面内的抗剪刚度较小，柱的剪切变形较大，剪力造成的附加挠曲变形就不能忽略。因此，构件的整体稳定临界力比长细比相同的实腹式构件低。

对格构式轴心受压构件虚轴的整体稳定计算，常以加大长细比的办法来考虑剪切变形的影响，加大后的长细比称为换算长细比 $\lambda_{0x}$。根据弹性稳定理论，考虑剪力影响后压杆的临界力可由公式（5-10）表达为：

$$N_{cr} = \frac{\pi^2 EA}{\lambda_x^2} \cdot \frac{1}{1 + \frac{\pi^2 EA}{\lambda_x^2} \cdot \gamma} = \frac{\pi^2 EA}{\lambda_{0x}^2} \tag{6-29}$$

$$\lambda_{0x} = \sqrt{\lambda_x^2 + \pi^2 EA\gamma} \tag{6-30}$$

式中  $\lambda_{0x}$——将格构柱绕虚轴临界力换算为实腹柱临界力的换算长细比；

$\gamma$——单位剪力作用下的轴线转角。

考虑到缀条柱和缀板柱有不同的力学模型，因此，《钢结构设计标准》采用了不同的换算长细比计算公式。

格构式构件绕虚轴的稳定计算，不宜采用塑性深入截面的最大强度准则，而是采用边缘屈服准则，按边缘屈服准则确定的 $\varphi$ 值与 b 类截面的柱子曲线接近，故取用曲线 b。

#### 6.4.2.1 双肢缀条柱

将缀条柱视作一平行弦的桁架（图 6-15a），取其中的一段进行分析（图 6-15b），以

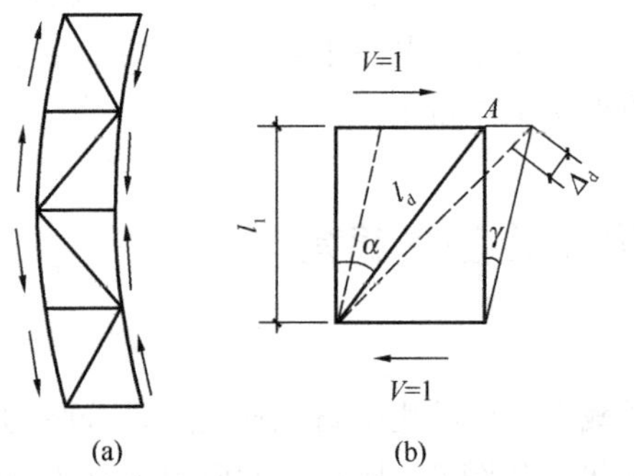

图 6-15  缀条柱的剪切变形

求得单位剪力作用下的轴线转角 $\gamma$。设一个节间内两侧斜缀条的面积之和为 $A_1$，斜缀条与柱轴线的夹角为 $\alpha$，则缀条的轴力 $N_d = 1/\sin\alpha$；斜缀条长 $l_d = l_1/\cos\alpha$，则：

在单位剪力作用下，斜缀条的轴向变形可由材料力学公式计算为：

$$\Delta_d = \frac{N_d l_d}{EA_1} = \frac{\frac{1}{\sin\alpha} \cdot \frac{l_1}{\cos\alpha}}{EA_1} = \frac{l_1}{EA_1 \sin\alpha \cdot \cos\alpha} \tag{6-31}$$

假设变形和剪切角是有限的微小值，则由 $\Delta_d$ 引起的水平变位 $\Delta$ 为：

$$\Delta = \frac{\Delta_d}{\sin\alpha} = \frac{l_1}{EA_1 \sin^2\alpha \cdot \cos\alpha} \tag{6-32}$$

故剪切角 $\gamma$ 为：

$$\gamma = \frac{\Delta}{l_1} = \frac{1}{EA_1 \sin^2\alpha \cos\alpha} \tag{6-33}$$

式中  $A_1$——两侧斜缀条的总面积；

$\alpha$——斜缀条与柱轴线间的夹角。

将式（6-33）代入式（6-30）中得：

$$\lambda_{0x} = \sqrt{\lambda_x^2 + \frac{\pi^2}{\sin^2\alpha\cos\alpha} \frac{A}{A_1}} \tag{6-34}$$

式中  $A$——整个柱的毛截面面积。

一般斜缀条与柱轴线间的夹角在 $40°\sim70°$ 范围内，在此常用范围 $\pi^2/(\sin^2\alpha\cos\alpha)$ 的值变化不大（图 6-16），我国标准加以简化取为常数 27，由此得双肢缀条柱的换算长细比为：

$$\lambda_{0x} = \sqrt{\lambda_x^2 + 27\frac{A}{A_1}} \tag{6-35}$$

式中  $\lambda_x$——整个柱对虚轴的长细比。

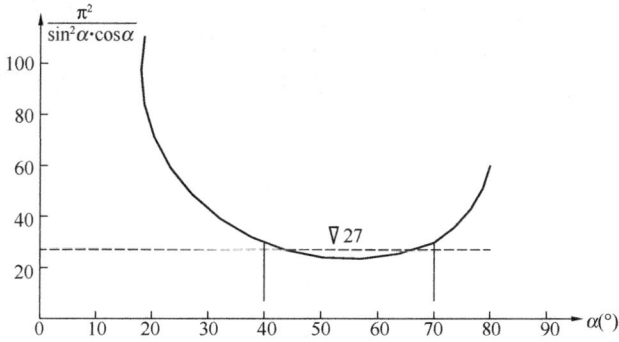

图 6-16  $\pi^2/(\sin^2\alpha\cos\alpha)$ 值

需要注意的是，当斜缀条与柱轴线间的夹角不在 $40°\sim70°$ 范围内时，$\pi^2/(\sin^2\alpha\cos\alpha)$ 值将大于 27 很多，公式（6-35）是偏于不安全的，此时应按公式（6-34）计算换算长细比 $\lambda_{0x}$。

### 6.4.2.2  双肢缀板柱

双肢缀板柱中缀板与肢件的连接可视为刚接，因而分肢和缀板组成一个多层框架。假定变形时反弯点在各节点间的中点（图 6-17a）。若只考虑分肢和缀板在横向剪力作用下的弯曲变形，取分离体如图 6-17（b）所示，可得单位剪力作用下缀板弯曲变形引起的分肢变位 $\Delta_1$ 为：

$$\Delta_1 = \frac{l_1}{2}\theta_1 = \frac{l_1}{2} \cdot \frac{al_1}{12EI_b} = \frac{al_1^2}{24EI_b} \tag{6-36}$$

分肢本身弯曲变形时的变位 $\Delta_2$ 为

$$\Delta_2 = \frac{l_1^3}{48EI_1} \tag{6-37}$$

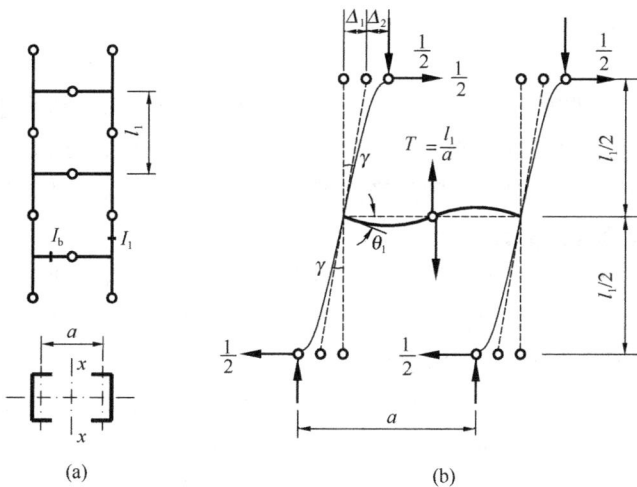

图 6-17  缀板柱的剪切变形

由此得剪切角 $\gamma$

$$\gamma = \frac{\Delta_1 + \Delta_2}{0.5 l_1} = \frac{a l_1}{12 E I_b} + \frac{l_1^2}{24 E I_1} = \frac{l_1^2}{24 E I_1} \left(1 + 2 \frac{I_1/l_1}{I_b/a}\right) \tag{6-38}$$

将此 $\gamma$ 值代入公式（6-30），并令 $K_1 = I_1/l_1$，$K_b = \sum I_b/a$，得换算长细比 $\lambda_{0x}$ 为：

$$\lambda_{0x} = \sqrt{\lambda_x^2 + \frac{\pi^2 A l_1^2}{24 I_1} \left(1 + 2 \frac{K_1}{K_b}\right)} \tag{6-39}$$

假设分肢截面积 $A_1 = 0.5A$，$A_1 l_1^2/I_1 = \lambda_1^2$，则

$$\lambda_{0x} = \sqrt{\lambda_x^2 + \frac{\pi^2}{12} \left(1 + 2 \frac{K_1}{K_b}\right) \lambda_1^2} \tag{6-40}$$

式中 $\lambda_1 = l_{01}/i_1$ ——分肢的长细比，$i_1$ 为分肢弱轴的回转半径，$l_{01}$ 为缀板间的净距离（图6-4b）；

$K_1 = I_1/l_1$ ——一个分肢的线刚度，$l_1$ 为缀板中心距，$I_1$ 为分肢绕弱轴的惯性矩；

$K_b = \sum I_b/a$ ——两侧缀板线刚度之和，$I_b$ 为缀板的惯性矩，$a$ 为分肢轴线间距离。

根据《钢结构设计标准》的规定，缀板线刚度之和 $K_b$ 应大于 6 倍的分肢线刚度，即 $K_b/K_1 \geqslant 6$。若取 $K_b/K_1 = 6$，则式（6-40）中的 $\frac{\pi^2}{12}\left(1 + 2\frac{K_1}{K_b}\right) \approx 1$。因此标准规定双肢缀板柱的换算长细比采用：

$$\lambda_{0x} = \sqrt{\lambda_x^2 + \lambda_1^2} \tag{6-41}$$

若在某些特殊情况无法满足 $K_b/K_1 \geqslant 6$ 的要求时，则换算长细比 $\lambda_{0x}$ 应按公式（6-40）计算。

四肢柱和三肢柱的换算长细比，参见《钢结构设计标准》第 7.2.3 条。

### 6.4.3 格构柱分肢的稳定性

对格构式构件，除需要验算整个构件对其实轴和虚轴两个方向的稳定性外，还应考虑其分肢的稳定性。我国在制定《钢结构设计标准》时，曾对格构式轴心受压构件的分肢稳定进行过大量计算，最后规定：

（1）对缀条柱，分肢的长细比 $\lambda_1 = l_1/i_1$ 不应大于构件两方向长细比（对虚轴为换算长细比）较大值 $\lambda_{max}$ 的 0.7 倍。

（2）对缀板柱，分肢的长细比 $\lambda_1 = l_{01}/i_1$ 不应大于 $40\varepsilon_k$，并不应大于构件两方向长细比（对虚轴为换算长细比）较大值 $\lambda_{max}$ 的 0.5 倍（当 $\lambda_{max} < 50$ 时，取 $\lambda_{max} = 50$）。

当满足上面的构造规定时，分肢的稳定可以得到保证，不需要再计算分肢的稳定性。

### 6.4.4 缀材及其连接的计算

缀材用以连接格构式构件的分肢，并承担格构柱绕虚轴发生弯曲失稳时产生的横向剪力作用。因此，需要首先计算出横向剪力的数值，然后才能进行缀材的计算。

6.4.4.1 轴心受压格构柱的横向剪力

图 6-18 所示一两端铰支轴心受压柱，当绕虚轴弯曲屈曲时，假定最终的挠曲线为正弦曲线，跨中最大挠度为 $v_0$，则沿杆长任一点的挠度为：

$$y = v_0 \sin \frac{\pi z}{l} \tag{6-42}$$

任一点的弯矩为：

$$M = N \cdot y = N v_0 \sin \frac{\pi z}{l} \quad (6\text{-}43)$$

根据弯矩与剪力的微分关系，任一点的剪力为：

$$V = \frac{\mathrm{d}M}{\mathrm{d}y} = N \frac{\pi v_0}{l} \cos \frac{\pi z}{l} \quad (6\text{-}44)$$

即剪力按余弦曲线分布（图 6-18b），最大值在杆件的两端，为：

$$V_{\max} = \frac{N\pi}{l} \cdot v_0 \quad (6\text{-}45)$$

跨度中点的挠度 $v_0$ 可由边缘纤维屈服准则导出。当截面边缘最大应力达屈服强度时，有：

$$\frac{N}{A} + \frac{N v_0}{I_x} \cdot \frac{b}{2} = f_y \quad (6\text{-}46)$$

图 6-18 剪力计算简图

即

$$\frac{N}{A f_y}\Big(1 + \frac{v_0}{i_x^2} \cdot \frac{b}{2}\Big) = 1 \quad (6\text{-}47)$$

令 $\dfrac{N}{A f_y} = \varphi$，并取 $b \approx i_x / 0.44$（附表 5-1），得：

$$v_0 = 0.88 i_x (1 - \varphi) \frac{1}{\varphi} \quad (6\text{-}48)$$

将式（6-48）中的 $v_0$ 值代入公式（6-45）中，得：

$$V_{\max} = \frac{0.88\pi(1-\varphi)}{\lambda_x} \cdot \frac{N}{\varphi} = \frac{1}{k} \cdot \frac{N}{\varphi} \quad (6\text{-}49)$$

式中

$$k = \frac{\lambda_x}{0.88\pi(1-\varphi)}$$

经过对双肢格构式柱的计算分析，在常用的长细比范围内，$k$ 值与长细比 $\lambda_x$ 的关系不大，可取为常数。对 Q235 钢构件，取 $k = 85$；对其他钢种的钢构件，取 $k = 85\varepsilon_k$。

因此轴心受压格构柱平行于缀材面的剪力为：

$$V_{\max} = \frac{N}{85\varepsilon_k \varphi} \quad (6\text{-}50)$$

式中　$\varphi$——按虚轴换算长细比确定的整体稳定系数。

令 $N = \varphi A f$，即得《钢结构设计标准》规定的最大剪力的计算式：

$$V = \frac{A f}{85\varepsilon_k} \quad (6\text{-}51)$$

设计标准中为了简化计算，把图 6-18（b）所示按余弦变化的剪力分布图简化为图 6-18（c）所示的矩形分布，即将剪力 $V$ 沿柱长度方向取为定值。

#### 6.4.4.2 缀条的计算

缀条的布置一般采用单系缀条（图 6-19a），也可采用交叉缀条（图 6-19b）。缀条可视为以柱肢为弦杆的平行弦桁架的腹杆，内力与桁架腹杆的计算方法相同。在横向剪力作

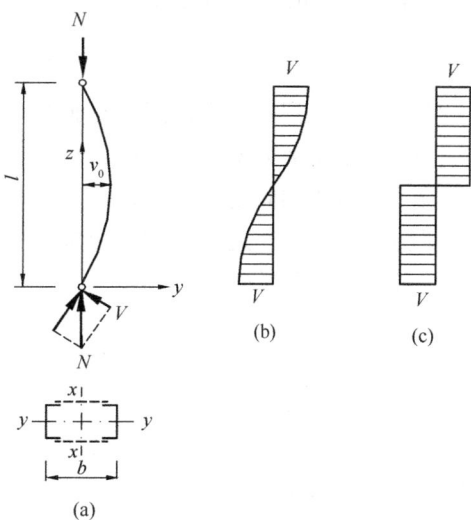

用下，一个斜缀条的轴心力为（图6-19）：

$$N_1 = \frac{V_1}{n\cos\theta} \tag{6-52}$$

式中　$V_1$——分配到一个缀材面上的剪力；

　　　$n$——承受剪力 $V_1$ 的斜缀条数。单系缀条时，$n=1$；交叉缀条时，$n=2$；

　　　$\theta$——缀条的倾角（图6-19）。

由于剪力的方向不定，斜缀条可能受拉也可能受压，应按轴心压杆选择截面。

缀条一般采用单角钢，与柱单面连接，考虑到受力时的偏心和受压时的弯扭，当按轴心受力构件计算时，强度应予以折减。

（1）强度计算时，折减系数取0.85。

（2）稳定计算时，折减系数 $\eta$ 按下式计算：

等边角钢

$$\eta = 0.6 + 0.0015\lambda \tag{6-52a}$$

短边连接的不等边角钢

$$\eta = 0.5 + 0.0025\lambda \tag{6-52b}$$

长边连接的不等边角钢

$$\eta = 0.7 \tag{6-52c}$$

式中　$\lambda$——长细比，对中间无联系的单角钢压杆，应按最小回转半径计算，当 $\lambda < 20$ 时，取 $\lambda = 20$；

　　　$\eta$——折减系数，当计算值大于1.0时取为1.0。

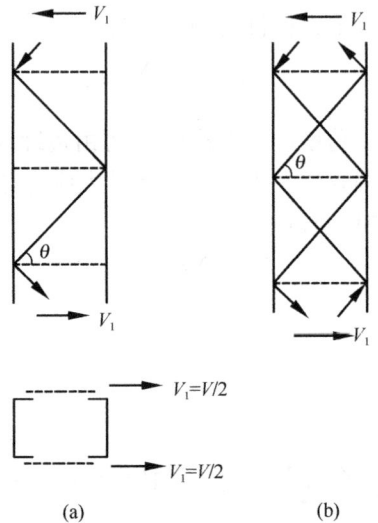

图6-19　缀条的内力

交叉缀条体系（图6-19b）的横缀条按受压力 $N=V_1$ 计算。为了减小分肢的计算长度，单系缀条（图6-19a）也可加横缀条，其截面尺寸一般与斜缀条相同，也可按容许长细比（$[\lambda]=150$）确定。

### 6.4.4.3　缀板的计算

缀板柱可视为一多层框架（肢件视为框架立柱，缀板视为横梁）。当它整体挠曲时，假定各层分肢中点和缀板中点为反弯点（图6-20a）。从柱中取出如图6-19（b）所示脱离体，可得缀板内力为：

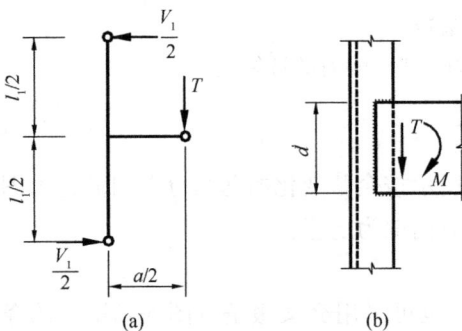

(a) 　　　 (b)

图6-20　缀板计算简图

剪力：

$$T = \frac{V_1 l_1}{a} \tag{6-53}$$

弯矩（与肢件连接处）：

$$M = T \cdot \frac{a}{2} = \frac{V_1 l_1}{2} \tag{6-54}$$

式中　$l_1$——缀板中心线间的距离；

　　　$a$——肢件轴线间的距离。

缀板与柱肢间用角焊缝相连，角焊缝承受剪力和弯矩的共同作用。由于角焊缝的强度设计值小于钢材的强度设计值，故只需用上述 $M$ 和 $T$ 验算缀板与肢件间的连接焊缝（焊缝设计详见第 4 章）。

缀板应有一定的刚度。标准规定，同一截面处两侧缀板线刚度之和不得小于一个分肢线刚度的 6 倍。一般取宽度 $d \geqslant 2a/3$（图 6-20b），厚度 $t \geqslant a/40$，并不小于 6mm。端缀板宜适当加宽，取 $d = a$。

【例 6-3】一轴心受压格构柱，柱高 6m，两端铰接，承受轴心压力 1000kN（设计值），钢材为 Q235B，截面无孔眼削弱。试分别验算下列两种类型的格构柱：

（1）采用图 6-21 所示的双肢缀条柱，柱肢采用 2 [22a，缀条截面 L45×4，$\theta = 45°$；

（2）采用图 6-22 所示的双肢缀板柱，柱肢采用 2 [22a，缀板截面 $-180 \times 8$，$l_1 = 960$mm。

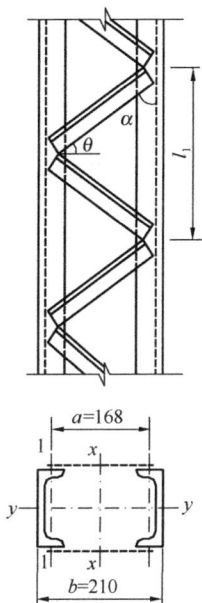

图 6-21 双肢缀条柱

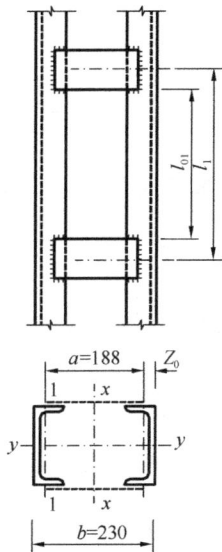

图 6-22 双肢缀板柱

【解】由题意，柱的计算长度 $l_{0x} = l_{0y} = 6000$mm，钢材强度设计值 215N/mm²。

（1）缀条柱（如图 6-21 所示）

① 验算实轴（$y$-$y$ 轴）的整体稳定

2 [22a，附表 6-4 得：$A = 63.68$cm²，$i_y = 8.67$cm，则

$$\lambda_y = \frac{l_{0y}}{i_y} = \frac{6000}{8.67 \times 10} = 69.2 < [\lambda] = 150$$

查附表 4-2（b 类截面）得 $\varphi_y = 0.756$，则

$$\frac{N}{\varphi_y A f} = \frac{1000 \times 10^3}{0.756 \times 63.68 \times 10^2 \times 215} = 0.966 < 1.0$$

满足要求。

② 验算虚轴（$x$-$x$ 轴）的整体稳定

缀条截面 L45×4，查附表 6-5 得 $A'_1 = 3.49\text{cm}^2$，$i_1 = 0.89\text{cm}$，则
$$A_1 = 2A'_1 = 6.98\text{cm}^2$$

单个槽钢 [22a 的截面数据（图 6-35）为：$A = 31.84\text{cm}^2$，$Z_0 = 2.1\text{cm}$，$I_1 = 157.8\text{cm}^4$，$i_1 = 2.23\text{cm}$。

整个截面对虚轴（$x$-$x$ 轴）的数据：

$$I_x = 2 \times \left[ 157.8 + 31.8 \times \left( \frac{16.8}{2} \right)^2 \right] = 4803.2\text{cm}^4$$

$$i_x = \sqrt{\frac{4803.2 \times 10^4}{2 \times 31.84 \times 10^2}} = 86.8\text{mm}$$

$$\lambda_x = \frac{6000}{86.8} = 69.1$$

由式（6-35）：

$$\lambda_{0x} = \sqrt{\lambda_x^2 + 27\frac{A}{A_1}} = \sqrt{69.1^2 + 27 \times \frac{63.68}{6.98}} = 70.9 < [\lambda] = 150$$

查附表 4-2（b 类截面）得 $\varphi_x = 0.746$

$$\frac{N}{\varphi_x A f} = \frac{1000 \times 10^3}{0.746 \times 63.68 \times 10^2 \times 215} = 0.979 < 1.0$$

绕虚轴的整体稳定满足要求。

③ 缀条验算

缀条所受的剪力为：

$$V = \frac{Af}{85} = \frac{63.68 \times 10^2 \times 215}{85} = 16107\text{N}$$

一个斜缀条的轴心力为：

$$N_1 = \frac{V/2}{\cos\theta} = \frac{16107/2}{\cos45°} = 11390\text{N}$$

缀条长度：$l_0 = \dfrac{a}{\cos45°} = \dfrac{168}{\sqrt{2}/2} = 238\text{mm}$

长细比：$\lambda = \dfrac{l_0}{i_1} = \dfrac{238}{0.89 \times 10} = 26.7 < [\lambda] = 150$

查附表 2-2（b 类截面）得 $\varphi_x = 0.947$。

等边单角钢与柱单面连接，整体稳定计算时的折减系数：
$$\eta = 0.6 + 0.0015\lambda = 0.64$$

$$\frac{N_1}{\eta \varphi_x A f} = \frac{11390 \times 10^3}{0.64 \times 0.947 \times 3.49 \times 10^2 \times 215} = 0.25 < 1.0$$

缀条满足要求。

④ 单肢的稳定

柱单肢在平面内（绕 1 轴）的长细比：

缀条的节间长度：

$$l_1 = 2a \times \tan\alpha = 2 \times 168 \times \tan45° = 336\text{mm}$$

$$i_{x1} = 2.23\text{cm}$$

$$\lambda_1 = \frac{l_1}{i_1} = \frac{336}{22.3} = 15 < 0.7\,\{\lambda_{0x}, \lambda_y\}_{max} = 0.7 \times 70.9 = 49.6$$

单肢的稳定能保证。

（2）缀板柱（图 6-22）

①实轴（$y$-$y$ 轴）的整体稳定验算同缀条柱。

②验算虚轴（$x$-$x$ 轴）的整体稳定

单个槽钢 $\lbrack$22a 的截面数据（图 6-22）为：$A = 31.84\text{cm}^2$，$Z_0 = 2.1\text{cm}$，$I_1 = 157.8\text{cm}^4$，$i_1 = 2.23\text{cm}$。

整个截面对虚轴（$x$-$x$ 轴）的数据：

$$I_x = 2 \times \left[157.8 + 31.8 \times \left(\frac{18.8}{2}\right)^2\right] = 5935\text{cm}^4$$

$$i_x = \sqrt{\frac{5935 \times 10^4}{2 \times 31.84 \times 10^2}} = 96.5\text{mm}$$

$$\lambda_x = \frac{6000}{96.5} = 62.1$$

$$l_{01} = l_1 - 180 = 960 - 180 = 780\text{mm}$$

$$\lambda_1 = \frac{l_{01}}{i_1} = \frac{780}{22.3} = 35$$

由式（6-41）得：

$$\lambda_{0x} = \sqrt{\lambda_x^2 + \lambda_1^2} = \sqrt{62.1^2 + 35^2} = 71.3 < [\lambda] = 150$$

查附表 2-2（b 类截面）得 $\varphi_x = 0.743$

$$\frac{N}{\varphi_x A f} = \frac{1000 \times 10^3}{0.743 \times 63.68 \times 10^2 \times 215} = 0.983 < 1.0$$

绕虚轴的整体稳定满足要求。

③ 缀板验算

缀板—180×8，$l_1 = 960\text{mm}$。

分肢线刚度

$$K_1 = \frac{I_1}{l_1} = \frac{157.8 \times 10^4}{960} = 1.64 \times 10^3\text{mm}^3$$

两侧缀板线刚度之和

$$K_b = \frac{\sum I_b}{a} = \frac{2 \times \frac{1}{12}(8 \times 180^3)}{188} = 41.36 \times 10^3\text{mm}^3 > 6K_1 = 9.84 \times 10^3\text{mm}^3$$

横向剪力

$$V = \frac{Af}{85} = \frac{63.68 \times 10^2 \times 215}{85} = 16107\text{N}$$

缀板与分肢连接处的内力为：

$$T = \frac{V_1 l_1}{a} = \frac{8054 \times 960}{188} = 41124\text{N}$$

$$M = T \cdot \frac{a}{2} = \frac{V_1 \, l_1}{2} = \frac{8054 \times 960}{2} = 3.87 \times 10^6 \, \text{N} \cdot \text{mm}$$

其中：$V_1 = V/2 = 8054\text{N}$。

缀板与柱肢间用角焊缝相连，角焊缝承受剪力和弯矩的共同作用。由于角焊缝的强度设计值小于钢材的强度设计值，故只需用上述 $M$ 和 $T$ 验算缀板与肢件间的连接焊缝（焊缝设计详见第 4 章，此处省略）。

④ 单肢的稳定

$\lambda_1 = l_{01}/i_1 = 780/22.3 = 35.0 < 40$，并小于 $0.5 \{\lambda_{0x}, \lambda_y\}_{\max} = 0.5 \times 71.3 = 35.7$
单肢的稳定能保证。

## 6.5　轴心受压构件的局部稳定

### 6.5.1　板件的局部稳定性

轴心受压构件的截面大多由若干矩形薄板（或薄壁圆管截面）所组成，例如图 6-23 所示工字形截面，可看作由两块翼缘板和一块腹板组成。在轴心受压构件中，这些组成板件分别受到沿纵向作用于板件中面的均布压力。当压力大到一定程度，在构件尚未达到整体稳定承载力之前，个别板件可能因不能保持其平面平衡状态而发生波形凸曲而丧失稳定性。由于个别板件丧失稳定并不意味着构件失去整体稳定性，因而这些板件先行失稳的现象就称为失去局部稳定性。图 6-23 为一工字形截面轴心受压构件发生局部失稳时的变形形态示意，图 6-23（a）和图 6-23（b）分别表示腹板和翼缘失稳时的情况。构件丧失局部稳定后还可能继续维持着整体的平衡状态，但由于部分板件屈曲后退出工作，使构件的有效截面减少，并改变了原来构件的受力状态，从而会加速构件整体失稳而丧失承载能力。

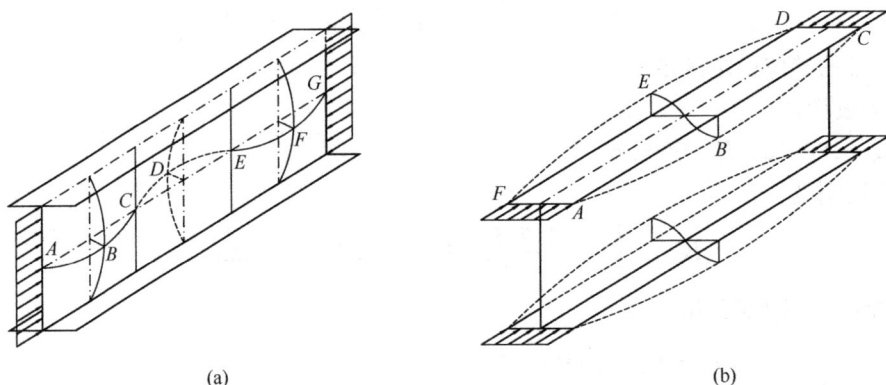

(a)　　　　　　　　　　　　　　　(b)

图 6-23　轴心受压构件的局部失稳

### 6.5.2　轴心受压构件组成板件的容许宽厚比

第 5.4 节讨论了板件的屈曲问题，在单向压力作用下，板件的临界应力可按式（5-115）计算，实际构件中的板件，边缘的转动会受到与之相连板件的弹性约束，且发生局部屈曲时，由于残余应力等因素的影响，可能已经进入弹塑性，引入边缘弹性约束系数和弹性模量折减系数后，实际板件的临界应力可用下式表达：

$$\sigma_{\mathrm{cr}} = \frac{\sqrt{\eta}\chi\beta\,\pi^2 E}{12(1-\nu^2)}\left(\frac{t}{b}\right)^2 \tag{6-55}$$

式中　$\chi$——板边缘的弹性约束系数；

　　　$\beta$——屈曲系数；

$\eta = E_t/E$——弹性模量折减系数，根据轴心受压构件局部稳定的试验资料，可取为：

$$\eta = 0.1013\lambda^2\left(1 - 0.0248\lambda^2\frac{f_y}{E}\right)\frac{f_y}{E} \tag{6-56}$$

局部稳定验算考虑等稳定性，即保证按式（6-55）计算的板件的局部失稳临界应力不小于构件整体稳定的临界应力 $\varphi f$，即：

$$\frac{\sqrt{\eta}\chi\beta\pi^2 E}{12(1-\nu^2)}\left(\frac{t}{b}\right) \geqslant \varphi f_y \tag{6-57}$$

式（6-57）中的整体稳定系数 $\varphi$ 可用 Perry 公式（6-10）来表达。显然，$\varphi$ 值与构件的长细比 $\lambda$ 有关。

我国设计标准采用限值板件宽厚比的方法来保证轴心受力构件在丧失整体稳定以前不会丧失局部稳定性，由式（6-57）即可确定出板件宽厚比的限值，以工字形截面的板件为例。

（1）翼缘

由于工字形截面的腹板一般较翼缘板薄，腹板对翼缘板几乎没有嵌固作用，因此翼缘可视为三边简支一边自由的均匀受压板（类似图 5-48 中的第 4 种情况），故其屈曲系数 $\beta$ = 0.425，弹性约束系数 $\chi$ = 1.0。由公式（6-57）可以得到翼缘板悬伸部分的宽厚比 $b/t_f$ 与长细比 $\lambda$ 的关系曲线，此曲线的关系式较为复杂，为了便于应用，采用下列简单的直线式表达：

$$\frac{b}{t_f} \leqslant (10 + 0.1\lambda)\varepsilon_K \tag{6-58}$$

式中　$\lambda$——构件两方向长细比的较大值，当 $\lambda$<30 时，取 $\lambda$=30；当 $\lambda$>100 时，取 $\lambda$=100。

（2）腹板

腹板可视为四边支承板（类似图 5-48 中的第 1 种情况），此时屈曲系数 $\beta$ = 4.0。当腹板发生屈曲时，翼缘板作为腹板纵向边的支承，对腹板将起一定的弹性嵌固作用，这种嵌固作用可使腹板的临界应力提高，根据试验可取弹性约束系数 $\chi$ = 1.3。仍由公式（6-57），经简化后得到腹板高厚比 $h_0/t_w$ 的简化表达式：

$$\frac{h_0}{t_w} \leqslant (25 + 0.5\lambda)\varepsilon_K \tag{6-59}$$

式中　$\lambda$——构件两方向长细比的较大值，当 $\lambda$<30 时，取 $\lambda$=30；当 $\lambda$>100 时，取 $\lambda$=100。

其他截面构件的板件宽厚比限值，见表 6-6。对箱形截面中的板件（包括双层翼缘板的外层板），其宽厚比限值是近似借用了箱形梁翼缘板的规定（参见第 7 章）；对圆管截面是根据材料为理想弹塑性体，轴向压应力达屈服强度的前提下导出的。

公式（6-58）和式（6-59）是按照构件的整体稳定承载力达到极限值时推导出来的，

显然，当轴心受压构件的压力小于稳定承载力 $\varphi A f$ 时，板件宽厚比还可适当放宽，即可将其板件宽厚比限值乘以放大系数 $\alpha=\sqrt{\varphi A f/N}$。以构件实际承受的轴向应力 $N/A$ 代换公式（6-57）等式的右端，即可得到此放大系数值。

轴心受压构件板件宽厚比限值 表 6-6

| 截面及板件尺寸 | 宽厚比限值 |
| --- | --- |
| | $\dfrac{b}{t_{\mathrm{f}}} \leqslant (10+0.1\lambda)\varepsilon_{\mathrm{K}}$<br>$\dfrac{h_0}{t_{\mathrm{w}}} \leqslant (25+0.5\lambda)\varepsilon_{\mathrm{K}}$ |
| | $\dfrac{b}{t_{\mathrm{f}}} \leqslant (10+0.1\lambda)\varepsilon_{\mathrm{K}}$<br>$\dfrac{h_0}{t_{\mathrm{w}}} \leqslant (15+0.2\lambda)\varepsilon_{\mathrm{K}}$<br>$\dfrac{h_{\mathrm{w}}}{t_{\mathrm{w}}} \leqslant (13+0.17\lambda)\varepsilon_{\mathrm{K}}$ |
| | $\dfrac{h_0}{t_{\mathrm{w}}}\left(\text{或}\dfrac{b_0}{t_{\mathrm{f}}}\right) \leqslant 40\,\varepsilon_{\mathrm{K}}$ |
| | 当 $\lambda \leqslant 80\,\varepsilon_{\mathrm{K}}$ 时：$\dfrac{w}{t} \leqslant 15\,\varepsilon_{\mathrm{K}}$<br>当 $\lambda > 80\,\varepsilon_{\mathrm{K}}$ 时：$\dfrac{w}{t} \leqslant 5\,\varepsilon_{\mathrm{K}} + 0.125\lambda$ |
| | $\dfrac{d}{t} \leqslant 100\,\varepsilon_{\mathrm{K}}^2$ |

### 6.5.3 腹板屈曲后强度的利用

当工字形截面的腹板高厚比 $h_0/t_{\mathrm{w}}$ 不满足公式（6-59）的要求时，可以加厚腹板，但此法不一定经济，较有效的方法是在腹板中部设置纵向加劲肋。由于纵向加劲肋与翼缘板构成了腹板纵向边的支承，因此加强后腹板的有效高度 $h_0$ 成为翼缘与纵向加劲肋之间的距离，如图 6-24 所示。纵向加劲肋宜在腹板两侧成对配置，且具有一定的刚度，所以其一侧外伸宽度不应小于 $10\,t_{\mathrm{w}}$（详图 6-24），厚度不应小于 $0.75\,t_{\mathrm{w}}$。

限制腹板高厚比和设置纵向加劲肋，是为了保证在构件丧失整体稳定之前腹板不会出现局部屈曲。实际上，四边支承理想平板在屈曲后还有很大的承载能力，一般称之为屈曲后强度。板件的屈曲后强度主要来自于平板中面的横向张力，因而板件屈曲后还能继续承载。屈曲后继续施加的荷载大部分将由边缘部分的腹板来承受，此时板内的纵向压力分布不均匀，如图 6-25（a）所示。

可以引入有效截面的概念，近似以图 6-25（a）中虚线所示的应力图形来代替腹板屈曲后纵向压应力的分布，即将腹板的应力分布等效为应力为 $f_y$，宽度为 $\rho h_0$ 的平板，并按有效截面分别按下式计算构件的强度和整体稳定。

强度计算：

$$\frac{N}{A_{ne}} \leqslant f \tag{6-60}$$

整体稳定计算：

$$\frac{N}{\varphi A_e f} \leqslant 1.0 \tag{6-61}$$

$$A_{ne} = \sum \rho_i A_{ni} \tag{6-62}$$

$$A_e = \sum \rho_i A_i \tag{6-63}$$

式中　$A_{ne}$、$A_e$ ——分别为有效净截面面积和有效毛截面面积；

$A_{ni}$、$A_i$ ——分别为各板件净截面面积和毛截面面积；

$\varphi$ ——整体稳定系数，可按毛截面计算；

$\rho_i$ ——各板件有效截面系数。

H 形或工字形截面腹板的有效截面系数 $\rho$，当 $h_0/t_w \leqslant 42\varepsilon_K$ 时，取 $\rho = 1.0$；当 $h_0/t_w > 42\varepsilon_K$ 时，按下式计算：

$$\rho = \frac{1}{\lambda_{n,p}}\left(1 - \frac{0.19}{\lambda_{n,p}}\right) \tag{6-64}$$

$$\lambda_{n,p} = \frac{h_0/t_w}{56.2\varepsilon_K} \tag{6-65}$$

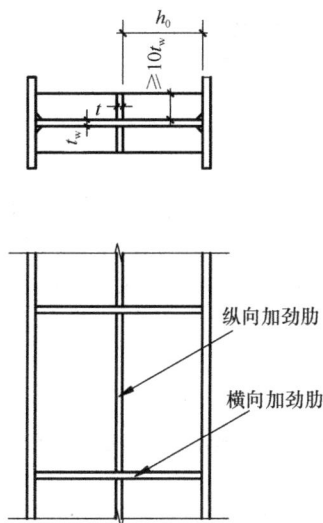

图 6-24　实腹柱的腹板加劲肋　　　　图 6-25　腹板屈曲后的有效截面

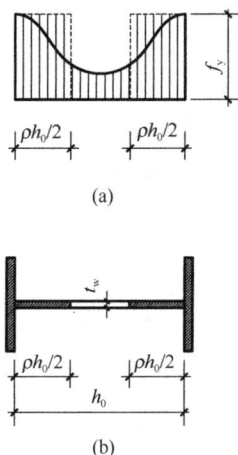

## 习 题

6.1 验算由 2L63×5 组成的水平放置的轴心拉杆的强度和长细比。轴心拉力的设计值为 270kN，只承受静力作用，计算长度为 3m。杆端有一排直径为 20mm 的孔眼（图 6-26）。钢材为 Q235 钢。如截面尺寸不够，应改用什么角钢？

注：计算时忽略连接偏心和杆件自重的影响。

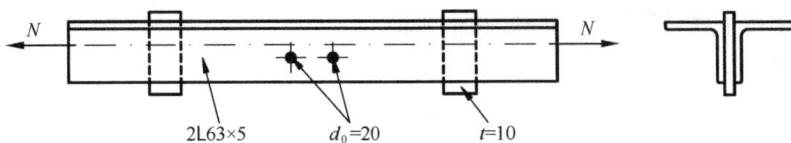

图 6-26　习题 6.1 图

6.2 一块 −400×20 的钢板用两块拼接板 −400×12 进行拼接。螺栓孔径为 22mm，排列如图 6-27 所示。钢板轴心受拉，$N=1350$kN（设计值）。钢材为 Q235 钢，解答下列问题：

(1) 钢板 1-1 截面的强度够否？

(2) 是否还需要验算 2-2 截面的强度？假定 $N$ 力在 13 个螺栓中平均分配，2-2 截面应如何验算？

(3) 拼接板的强度够否？

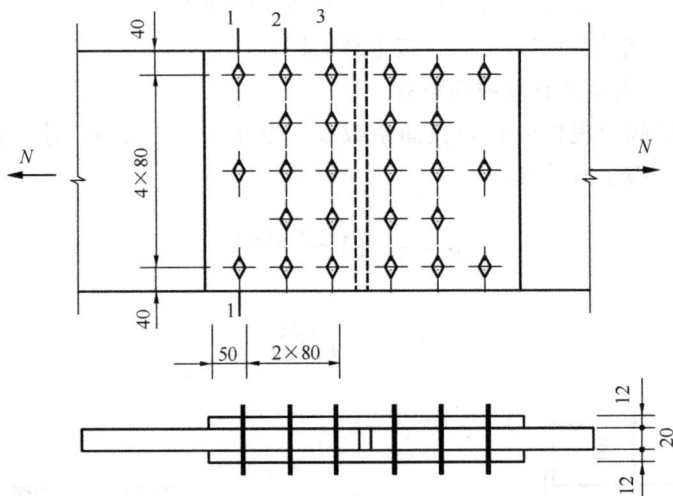

图 6-27　习题 6.2 图

6.3 一水平放置两端铰接的 Q345 钢做成的轴心受拉构件，长 9m，截面为由 2L90×8 组成的肢尖向下的 T 形截面。问是否能承受轴心力的设计值 870kN？

6.4 某车间工作平台柱高 2.6m，按两端铰接的轴心受压柱考虑。如果柱采用 I16（16 号热轧工字钢），试经计算解答：

(1) 钢材采用 Q235 钢时，设计承载力为多少？

(2) 改用 Q345 钢时，设计承载力是否显著提高？

(3) 如果轴心压力为 330kN（设计值），I16 能否满足要求？如不满足，从构造上采取什么措施就能满足要求？

6.5 图 6-28 (a)、(b) 所示两种截面（焰切边缘）的截面积相等，钢材均为 Q235 钢。当用作长度为 10m 的两端铰接轴心受压柱时，是否能安全承受设计荷载 3200kN？

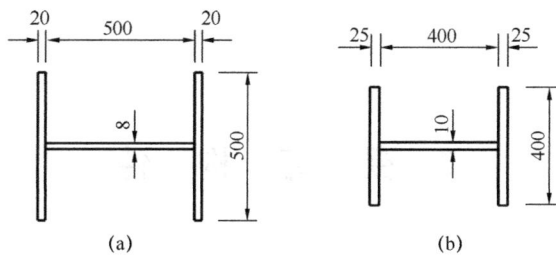

(a)                    (b)

图 6-28  习题 6.5 图

6.6  已知某轴心受压的缀板柱，柱截面为 2 [32a，如图 6-29 所示。柱长 7.5m，两端铰接，承受轴心压力设计值 $N=1500$kN，钢材为 Q235B，截面无削弱。试验算此柱是否安全?

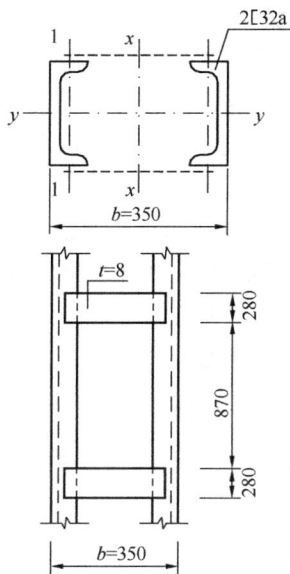

图 6-29  习题 6.6 图

# 7 受 弯 构 件

## 7.1 受弯构件的类型和应用

仅承受弯矩作用或弯矩和剪力共同作用的构件称为受弯构件，包括实腹式和格构式两类。

### 7.1.1 实腹式受弯构件——梁

实腹式受弯构件通常称为梁，在土木工程中应用很广泛，例如房屋建筑领域内多高层房屋中的楼盖梁、工厂中的工作平台梁、吊车梁、墙架梁以及屋盖体系中的檩条等。桥梁工程中的桥面系、水工结构中的钢闸门等也大多由钢交叉梁系构成。本章所讨论的主要是实腹式受弯构件即梁的受力性能。

按制作方法梁可分为型钢梁和组合梁两种。型钢梁构造简单，制造省工，成本较低，因而应优先选用。但在荷载和跨度较大时，由于轧制条件的限制，型钢的尺寸、规格不能满足承载能力和刚度的要求，就必须采用组合梁。

型钢梁又可分为热轧型钢和冷弯薄壁型钢两类，如图 7-1（a）、（b）、（c）、（d）、（e）、（f）所示。

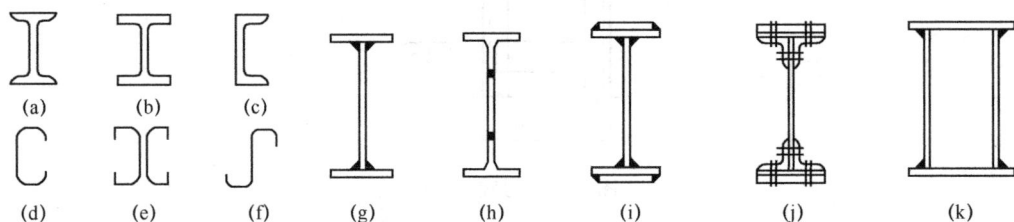

图 7-1 梁的截面类型

钢梁中常用的热轧型钢主要有 H 型钢、普通工字钢和普通槽钢（图 7-1a～c），工字钢与 H 型钢的材料在截面上的分布相对开展，承受横向荷载时具有较大的抗弯刚度，因此是受弯构件中最经济的截面形式，用于梁的 H 型钢宜采用窄翼缘型（HN 型）。槽钢截面的缺点是翼缘较小，而且截面为单轴对称，剪切中心在腹板外侧，当弯矩作用在截面最大刚度平面内时容易发生扭转。热轧型钢由于轧制条件的限制，其腹板厚度一般偏大，用钢量可能较大，但制造省工，构造简单，当条件许可时宜优先采用。冷弯薄壁型钢（图 7-1d～f）是指在室温条件下冷弯成形的薄壁型钢，也常用作受弯构件，板壁厚度主要在 1.5～12mm 范围内，多用在跨度不大、承受较小荷载的情况，如工业及大跨度建筑结构中的屋面檩条和墙架梁，轻型钢结构中的楼面梁等。

当荷载和跨度较大时，型钢梁受尺寸和规格的限制，常不能满足承载能力或刚度的要求，因此中型和重型钢梁除采用热轧 H 型钢外常采用组合梁。组合梁主要由钢板或钢板和型钢连接而成，有工字形截面和箱形截面两大类。目前绝大多数组合梁是焊接而成（图7-1g～i），少数荷载特重或抵抗动力荷载作用要求较高的梁可采用高强度螺栓摩擦型连接（图7-1j）。和轧制H型钢相比，由于工字形截面组合梁的腹板厚度可以选得较薄，可减少用钢量。当荷载较大且梁的截面高度受到限制或梁的抗扭性能要求较高时，可采用箱形截面组合梁（图7-1k）。

按支承条件的不同，受弯构件可分为简支梁、连续梁、悬臂梁等。简支梁的用钢量虽然较多，但由于制造、安装、修理、拆换较方便，而且不受温度变化和支座沉陷的影响，因而用得最为广泛。

按弯曲变形情况不同，构件可能在一个主轴平面内受弯，也可能在两个主轴平面内受弯。前者称为单向弯曲梁，后者称为双向弯曲梁。图7-2所示的屋面檩条即是双向弯曲梁。

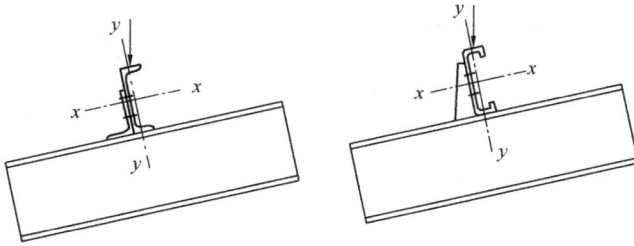

图 7-2　屋面檩条

按楼面传力系统中的作用和传力方向不同，受弯构件又分为主梁和次梁（图7-3），由主、次梁可以组成不同的楼面梁格类型（图7-4）。

除了上述广泛采用的型钢梁和组合梁外，目前还有一些特殊形式的钢梁。例如，为了充分利用钢材的强度，在组合梁中对受力较大的翼缘板采用强度较高的钢材，而对受力较小的腹板则采用强度较低的钢材，形成异钢种组合梁。又如为了增加梁的高度使其有较大的截面惯性矩，可将H型钢梁按图7-5（a）锯齿线割开形成T型钢，然后把上、下两个T型钢错动使齿尖相对焊接成为腹板上有一系列六角形孔的蜂窝梁，如图7-5所示。蜂窝梁截面中的孔可使房屋中的各种管道顺利通

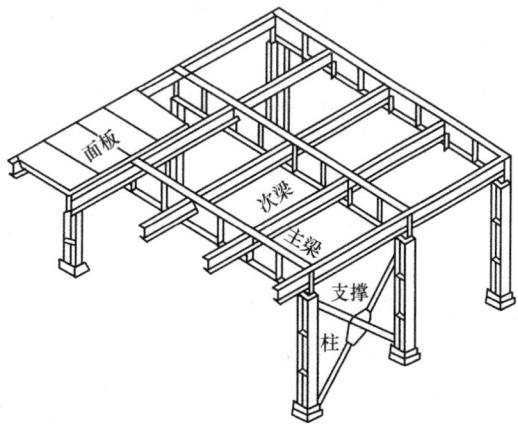

图 7-3　工作平台梁格示例

过，在高层及工业厂房中多有应用。此外，为了利用混凝土结构优良的抗压性能和钢结构优良的抗拉性能，可制成钢与混凝土组合梁，如图7-6所示。楼面系中的钢筋混凝土楼板可兼作组合梁的受压翼缘板，支承混凝土板的钢梁可用作组合梁的受拉翼缘从而取得良好的经济效果。

梁的设计应同时满足承载能力极限状态和正常使用极限状态的要求。承载能力极限状态计算包括截面的强度、构件的整体稳定和局部稳定。对于直接承受重复荷载的吊车梁，当应力循环次数 $n \geqslant 5 \times 10^4$ 时尚应进行疲劳验算。

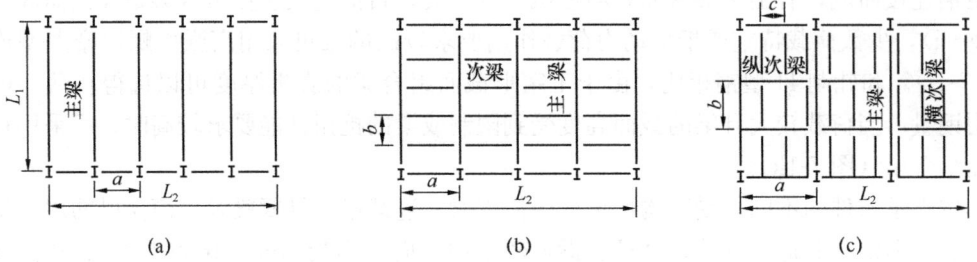

图 7-4 楼面梁格形式

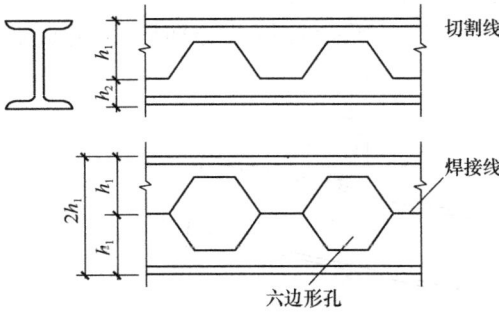

图 7-5 蜂窝梁图

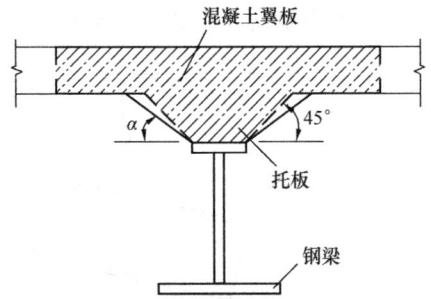

图 7-6 钢与混凝土组合梁

正常使用极限状态是控制荷载标准值作用下梁的最大挠度不超过规范规定的最大值。

### 7.1.2 格构式受弯构件——桁架

格构式受弯构件称为桁架，与梁相比，其特点是以弦杆代替翼缘、以腹杆代替腹板，在各节点处将腹杆与弦杆连接形成整体桁架。弯矩主要由上、下弦杆承担，剪力主要由腹杆承担。钢桁架可以根据不同使用要求制成所需的外形，对跨度和高度较大的构件，其钢材用量比实腹梁有所减少，而刚度却有所增加。只是桁架的杆件和节点较多，构造较复杂，制造较为费工。

平面钢桁架在土木工程中应用很广泛，例如建筑工程中的屋架、托架、吊车桁架，桥梁中的桁架桥，还有其他领域，如起重机臂架、水工闸门和海洋平台的主要受弯构件等。大跨度屋盖结构中采用的钢网架以及各种类型的塔桅结构，则属于空间钢桁架。

钢桁架的结构类型有：

① 简支梁式（图 7-7a～d），受力明确，杆件内力不受支座沉陷的影响，施工方便，

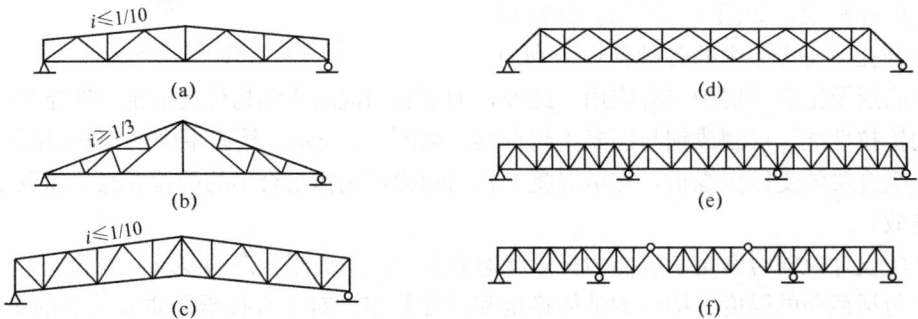

图 7-7 梁式桁架的形式

使用最广（图 7-7a～c 用作屋架，$i$ 为屋面坡度）。

②刚架横梁式，将如图 7-5（a）、（c）的桁架端部上下弦与钢柱相连组成单跨或多跨刚架，可提高其水平刚度，常用于单层厂房结构。

③连续式（图 7-7e），跨度较大的桥架常用多跨连续的桁架，可增加刚度并节约材料。

④伸臂式（图 7-7f），既有连续式节约材料的优点，又有静定桁架不受支座沉陷的影响的优点，只是铰接处构造较复杂。

⑤悬臂式，用于塔架等（图 7-8），主要承受水平荷载引起的弯矩。

钢桁架按杆件截面形式和节点构造特点可分为普通、重型和轻型三种。普通钢桁架通常指在每节点用一块节点板相连的单腹壁桁架，杆件一般采用双角钢组成的 T 形、十字形或轧制 T 形截面，构造简单，应用最广。重型桁架的杆件受力较大，通常采用轧制 H 型钢或三板焊接工字形截面，有时也采用四板焊接的箱形截面或双槽钢、双工字钢组成的格构式截面；每节点处用两块平行的节点板连接，通常称为双腹壁桁架。轻型桁架指用冷弯薄壁型钢或小角钢及圆钢做成的桁架，节点处可用节点板相连，也可将杆件直接相接，主要用于跨度小、屋面轻的屋盖桁架（屋架或桁架式檩条等）。

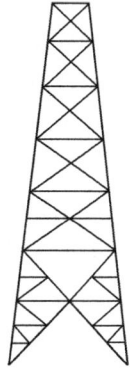

桁架的杆件主要为轴心拉杆和轴心压杆，设计方法已在第 6 章叙述；在特殊情况，也可能出现压弯或拉弯杆件，设计方法见第 8 章。

下面主要叙述实腹式受弯构件（梁）的工作性能和计算方法。

图 7-8 悬臂桁架

## 7.2 梁的强度和刚度

梁的强度设计包括抗弯强度、抗剪强度、局部承压强度和复杂应力条件下的折算应力强度。在荷载设计值作用下，梁的弯曲正应力、剪应力、局部承压应力和折算应力均要求不超过规范规定的相应的强度限值。

### 7.2.1 梁的抗弯强度

7.2.1.1 梁截面正应力发展过程

钢材的性能接近理想的弹塑性，在弯矩作用下，梁截面正应力的发展过程一般会经历三个阶段（图 7-9）。

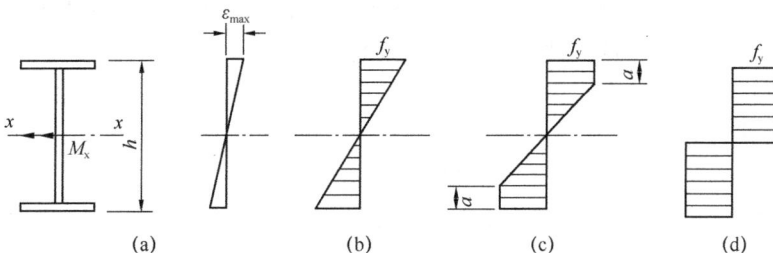

图 7-9 受弯构件截面应力发展阶段

181

(1) 弹性工作阶段

当作用在构件上的弯矩 $M_x$ 较小时，截面上各点的应力应变关系成正比，此时截面上的最大应力小于钢材的屈服强度，构件全截面处于弹性阶段（图 7-9b），截面边缘的最大正应力 $\sigma$ 可按材料力学公式计算，即

$$\sigma = \frac{M_x}{W_x} \tag{7-1}$$

式中　$M_x$ ——绕 $x$ 轴的弯矩；

$W_x$ ——截面对 $x$ 轴的弹性截面模量。

弹性工作阶段的极限是截面最外边缘的正应力达到屈服强度 $f_y$，这时除截面边缘的纤维屈服以外，其余区域纤维的应力仍小于屈服强度。此时截面上的弯矩称为屈服弯矩（亦即弹性最大弯矩）$M_{ex}$，按下式计算：

$$M_{ex} = W_x f_y \tag{7-2}$$

如果以屈服弯矩 $M_{ex}$ 作为梁抗弯承载能力的极限，称为边缘屈服准则，截面抗弯强度的计算公式为：

$$M_x \leqslant W_x f_y \tag{7-3}$$

(2) 弹塑性工作阶段

截面边缘屈服后，尚有继续承载的能力。如果弯矩 $M_x$ 继续增加，截面上各点的应变继续发展，截面外侧及附近纤维的应力相继达到屈服点，形成塑性区，而主轴附近则保留一个弹性核（图 7-9c），截面处于弹塑性阶段。

如果允许截面部分进入塑性，但将截面塑性区的范围（图 7-9c 中的 $a$ 值）加以限制，并以与之对应的弹塑性弯矩作为梁抗弯承载力的极限，则称为有限塑性发展的强度准则。此时，如果用 $\gamma_x$ 或 $\gamma_y$ 来代表弹塑性截面模量和弹性截面模量的比值，则截面抗弯强度的计算公式为：

$$M_x \leqslant \gamma_x W_x f_y \tag{7-4}$$

(3) 塑性工作阶段

如果弯矩 $M_x$ 继续增加，梁截面的塑性区便不断向内发展，弹性区面积逐渐缩小，在理想状态下，最终整个截面都可进入塑性（图 7-9d），之后弯矩 $M_x$ 不能再加大，而变形却可继续发展，该截面在保持极限弯矩的条件下形成"塑性铰"。此时的截面弯矩称为塑性弯矩或极限弯矩，塑性弯矩 $M_{px}$ 可按下式计算：

$$M_{px} = (S_{1x} + S_{2x}) f_y = W_{px} f_y \tag{7-5}$$

式中　$S_{1x}$、$S_{2x}$ ——分别为中和轴以上和以下截面对中和轴 $x$ 的面积矩；

$W_{px} = S_{1x} + S_{2x}$ ——截面绕 $x$ 轴的塑性截面模量。

如果以塑性弯矩 $M_{px}$ 作为构件抗弯承载能力的极限，称为全截面塑性准则，截面抗弯强度的计算公式为：

$$M_x \leqslant W_{px} f_y \tag{7-6}$$

由式（7-2）和式（7-5）可以得到塑性弯矩 $M_{px}$ 与弹性最大弯矩 $M_{ex}$ 之比：

$$\gamma_F = M_{px}/M_{ex} = W_{px}/W_{ex} \tag{7-7}$$

$\gamma_F$ 也是塑性截面模量与弹性截面模量之比，称为截面形状系数。显然，$\gamma_F$ 值仅与截面的几何形状有关而与材料无关，常用截面的 $\gamma_F$ 值如图 7-10 所示。

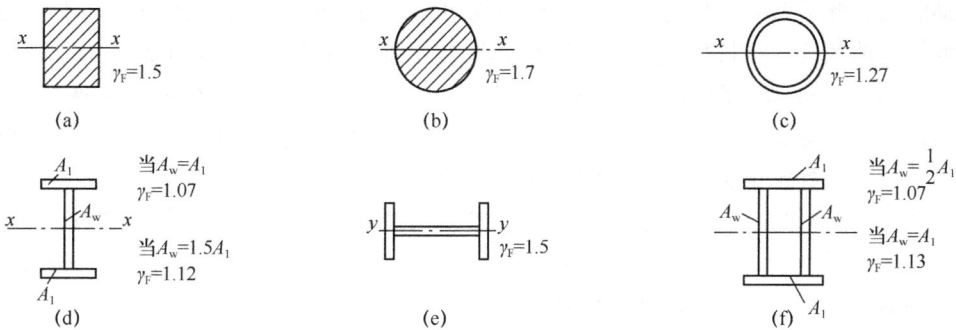

图 7-10 常用截面的 $\gamma_F$ 值

$\gamma_F$ 和公式（7-4）中的塑性发展系数 $\gamma_x$ 含义有差别，$\gamma_x$ 不仅和截面形状有关，还和允许的塑性发展深度 $a$ 有关，当 $a=0$ 时，全截面弹性，$\gamma_x=1.0$，即为边缘屈服准则，当 $a=h/2$ 时，全截面进入塑性，$\gamma_x=\gamma_F$。计算抗弯强度时若考虑截面塑性发展，可以获得较大的经济意义。但简支梁形成塑性铰后使结构成为机构，理论上构件的挠度会无限增长。普通梁为防止过大的塑性变形影响受弯构件的使用，工程设计时塑性发展应该受到一定限制，即应采用塑性部分深入截面的弹塑性工作阶段（图 7-9c 的应力状态）作为梁强度破坏时的极限状态。我国《钢结构设计标准》取截面塑性变形发展的深度 $a$ 不超过梁截面高度的 $1/8$，此时 $1.0\leqslant\gamma_x\leqslant\gamma_F$。

#### 7.2.1.2 梁截面的宽厚比等级

梁是由若干板件组成的，如果板件的宽厚比（或高厚比）过大，板件可能在梁未达到塑性阶段甚至未进入弹塑性阶段便发生局部屈曲，从而降低梁的转动能力，也限制了梁所能承担的最大弯矩值。国际上（如欧洲钢结构设计规范）根据梁的承载力和塑性转动能力，将梁截面分为 4 类，我国《钢结构设计标准》采用类似的分类方法，但考虑到我国《钢结构设计标准》在受弯构件的设计中采用截面塑性发展系数 $\gamma_x$，所以将梁截面划分为 5 个等级，分别为 S1、S2、S3、S4、S5。各个等级梁截面的转动能力可以通过弯矩 $M$ 与构件变形后的曲率 $\Phi$ 的相关曲线来表述，如图 7-11 所示。

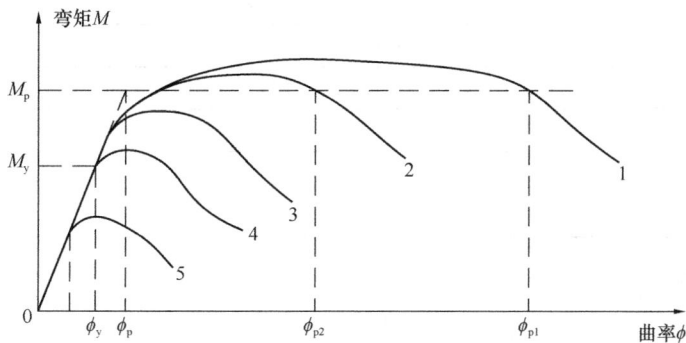

图 7-11 梁截面的分类及弯矩—曲率关系曲线

曲线 1 为 S1 级截面构件的 $M$-$\phi$ 曲线，该类构件的转动能力最强，不但弯矩可达到全截面塑性弯矩 $M_p$，且在形成塑性铰后很长一段转动过程中承载力不降低，具有塑性设计的转动能力，此类截面又称为一级塑性截面或塑性转动截面，一般要求梁弯矩下降段 $M_p$ 对应的转动曲率 $\phi_{p_1}$ 达到塑性弯矩 $M_p$ 除以弹性初始刚度得到的曲率 $\Phi_p$ 的 8~15 倍。在抗弯极限状态下，S1 级截面的应力分布如图 7-9（d）所示，对采用塑性及弯矩调幅设计的结构构件，需要形成塑性铰并发生塑性转动的截面，应采用这类截面。一般用于不直接承受动力荷载的超静定梁和框架梁采用塑性设计时。

曲线 2 为 S2 级截面构件的 $M$-$\phi$ 曲线，该类构件弯矩也可达到全截面塑性弯矩 $M_p$，形成塑性铰，但由于之后组成板件的局部屈曲，塑性铰的转动能力有限，此类截面又称为二级塑性截面，梁弯矩下降段 $M_p$ 对应的转动曲率 $\phi_{p2}$ 大约为 $\Phi_p$ 的 2~3 倍。在抗弯极限状态下，S2 级截面的应力分布同 S1 级，该类截面同样用于塑性及弯矩调幅设计，一般用于塑性设计时最后形成塑性铰的截面。

曲线 3 为 S3 级截面构件的 $M$-$\phi$ 曲线，该类构件的弯矩可超过弹性弯矩值 $M_y$，但达不到 $M_p$，截面进入弹塑性阶段，翼缘全部和腹板不超过 1/4 截面高度的部分可屈服，此类截面称为弹塑性截面。在抗弯极限状态下，S3 级截面的应力分布如图 7-9（c）所示，普通钢结构梁当不需要计算疲劳时，可以采用这类截面，即按弹塑性方法设计。

曲线 4 为 S4 级截面构件的 $M$-$\phi$ 曲线，该类构件的弯矩可达到弹性弯矩值 $M_y$，边缘纤维屈服，但由于组成板件的局部屈曲，截面不能发展塑性，称为弹性截面。在抗弯极限状态下，S4 级截面的应力分布如图 7-9（a）所示，对直接承受动力荷载并需要计算疲劳的梁，可以采用这类截面，即按弹性方法设计。

曲线 5 为 S5 级截面构件的 $M$-$\phi$ 曲线，该类截面板件宽厚比（或高厚比）较大，在边缘纤维屈服前，组成板件可能已经发生局部屈曲，因此弯矩值不能达 $M_y$。此类截面又称为薄壁截面。S5 级截面设计需要运用屈曲后强度理论，一般用于普通钢结构受弯及压弯构件腹板高厚比较大时，或冷弯薄壁型钢截面构件的设计。

综上，影响截面塑性转动能力的主要因素是组成板件的局部稳定性，组成板件的局部稳定承载力越高，截面的塑性转动能力越强，截面所能承担的弯矩越大，因此截面的分类取决于组成截面板件的分类。我国《钢结构设计标准》GB 50017 对各级截面组成板件的宽厚比（高厚比）限值见表 7-1。

受弯构件的截面板件宽厚比等级及限值　　　　　　表 7-1

| 构件 | 截面板件宽厚比等级 | | S1 级 | S2 级 | S3 级 | S4 级 | S5 级 |
|---|---|---|---|---|---|---|---|
| 受弯构件（梁） | 工字形截面 | 翼缘 $b/t$ | $9\varepsilon_k$ | $11\varepsilon_k$ | $13\varepsilon_k$ | $15\varepsilon_k$ | 20 |
| | | 腹板 $h_0/t_w$ | $65\varepsilon_k$ | $72\varepsilon_k$ | $93\varepsilon_k$ | $124\varepsilon_k$ | 250 |
| | 箱形截面 | 壁板（腹板）间翼缘 $b_0/t$ | $25\varepsilon_k$ | $32\varepsilon_k$ | $37\varepsilon_k$ | $42\varepsilon_k$ | — |

### 7.2.1.3　梁的抗弯强度计算

前面讲到，确定梁抗弯强度的设计准则有三种：边缘屈服准则、全截面屈服准则、有限塑性发展强度准则。S1、S2、S3 级截面，最大弯矩均大于弹性弯矩 $M_y$，截面可以全部（S1、S2 级截面）或部分（S3 级截面）进入塑性，设计时如考虑部分截面塑性发展，采用有限塑性发展的强度准则进行设计，既不会出现较大的塑性变形，还可以获得较大的经济效益。S4 级截面不能进入弹塑性阶段，因此只能采用边缘屈服准则进行弹性设计，S5

级截面在弹性阶段内就有部分板件发生局部屈曲，因此并非全截面有效，设计时应扣除局部失稳部分，采用有效截面进行计算。

我国《钢结构设计标准》对梁的抗弯强度计算采用下列设计表达式：

单向受弯构件：

$$\frac{M_x}{\gamma_x W_{nx}} \leqslant f \tag{7-8}$$

双向受弯构件：

$$\frac{M_x}{\gamma_x W_{nx}} + \frac{M_y}{\gamma_y W_{ny}} \leqslant f \tag{7-9}$$

式中　$M_x$、$M_y$——绕 $x$ 轴和 $y$ 轴的弯矩设计值；

　　　　$W_{nx}$、$W_{ny}$——对 $x$ 轴和 $y$ 轴的净截面模量，当截面板件宽厚比等级为 S1、S2、S3 或 S4 级时，应取全截面模量，当截面板件宽厚比等级为 S5 级时，可按第 7.5 节考虑腹板屈曲后强度采用有效截面计算；

　　　　$\gamma_x$、$\gamma_y$——截面塑性发展系数。

我国《钢结构设计标准》在确定截面塑性发展系数时，遵循不使截面塑性发展深度过大的原则，按下列规定取值：

（1）工字形和箱形截面，当截面板件宽厚比等级为 S4 或 S5 级时，按弹性设计，截面塑性发展系数取为 1.0，当截面板件宽厚比等级为 S1、S2 及 S3 级时，截面塑性发展系数应按下列规定取值：

1）工字形截面（$x$ 轴为强轴，$y$ 轴为弱轴）：$\gamma_x = 1.05$，$\gamma_y = 1.2$；

2）箱形截面：$\gamma_x = \gamma_y = 1.05$。

（2）其他截面根据其受压板件的内力分布情况确定其截面板件宽厚比等级，当满足 S3 级要求时，可按表 7-2 采用。

截面塑性发展系数 $\gamma_x$、$\gamma_y$ 值　　　　　表 7-2

| 项次 | 截面形式 | $\gamma_x$ | $\gamma_y$ |
|---|---|---|---|
| 1 | 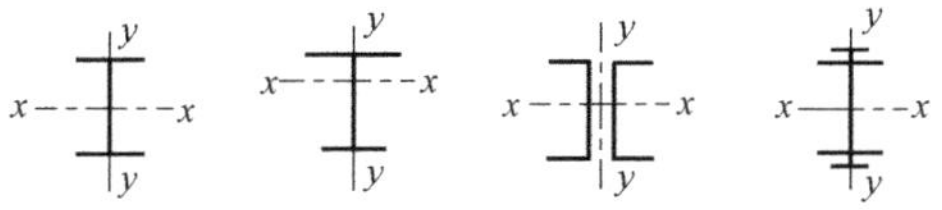 | | 1.2 |
| 2 | 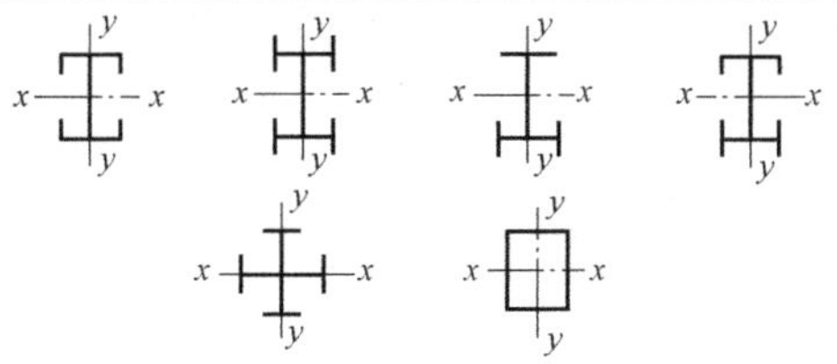 | 1.05 | 1.05 |
| 3 | 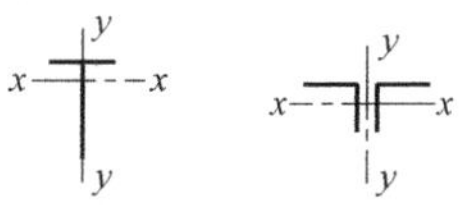 | $\gamma_{x1} = 1.05$ $\gamma_{x2} = 1.2$ | 1.2 |
| 4 | 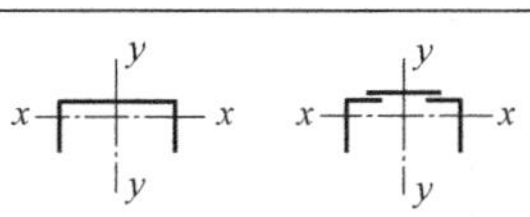 | | 1.05 |

| 项次 | 截面形式 | $\gamma_x$ | $\gamma_y$ |
|---|---|---|---|
| 5 | | 1.2 | 1.2 |
| 6 | | 1.15 | 1.15 |
| 7 | | 1.0 | 1.05 |
| 8 | | | 1.0 |

（3）需要计算疲劳的梁，不宜允许塑性发展，故宜取 $\gamma_x = \gamma_y = 1.0$。

### 7.2.2 梁的抗剪强度

受弯构件在横向荷载作用下都会产生弯曲剪应力，工字形和槽形截面梁腹板上的剪应力分布如图 7-12 所示，最大剪应力均发生在腹板中点。

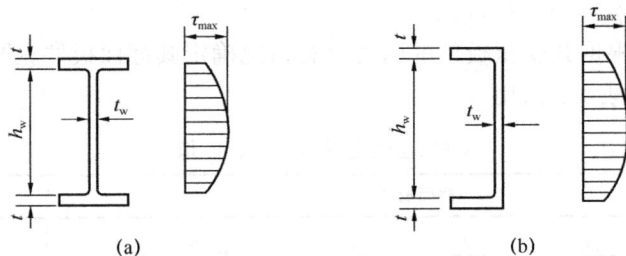

图 7-12 腹板剪应力

根据开口薄壁构件理论（本书 5.2.1.1 节），在剪力 $V$ 作用下，截面上任一点的剪应力为：

$$\tau = \frac{VS}{It_w} \tag{7-10}$$

式中　$V$——计算截面沿腹板平面作用的剪力；

　　　$S$——计算剪应力处以上（或下）毛截面对中和轴的面积矩；

　　　$I$——毛截面惯性矩；

　　　$t_w$——腹板厚度。

截面上的最大剪应力发生在腹板中和轴处。因此，在主平面受弯的实腹构件，其抗剪强度应按下式计算：

$$\tau_{max} = \frac{VS}{It_w} \leqslant f_v \tag{7-11}$$

186

式中 $S$——中和轴以上毛截面对中和轴的面积矩；

　　　　$f_v$——钢材的抗剪强度设计值。

当梁的抗剪强度不足时，最有效的办法是增大腹板的面积，但腹板高度 $h_w$ 一般由梁的刚度条件和构造要求确定，故设计时常采用加大腹板厚度 $t_w$ 的办法来增大梁的抗剪强度。

### 7.2.3　梁的局部承压强度

作用在梁上的横向力一般以分布荷载或集中荷载的形式出现。实际工程中的集中荷载也是有一定分布长度的，不过其分布范围较小而已。对于工字形截面梁，在上翼缘集中荷载作用下，腹板和上翼缘交界处可能出现较大的集中应力，如在楼面结构主次梁连接处主梁的腹板上，在吊车轮压作用下吊车梁靠近上翼缘的腹板上以及梁的支座处，见图 7-13。当梁翼缘受有沿腹板平面作用的压力（包括集中荷载和支座反力），且该处又未设置支承加劲肋时（图 7-13a），或受有移动的集中荷载（如吊车的轮压）时（图 7-13b），应验算腹板计算高度边缘的局部承压强度。

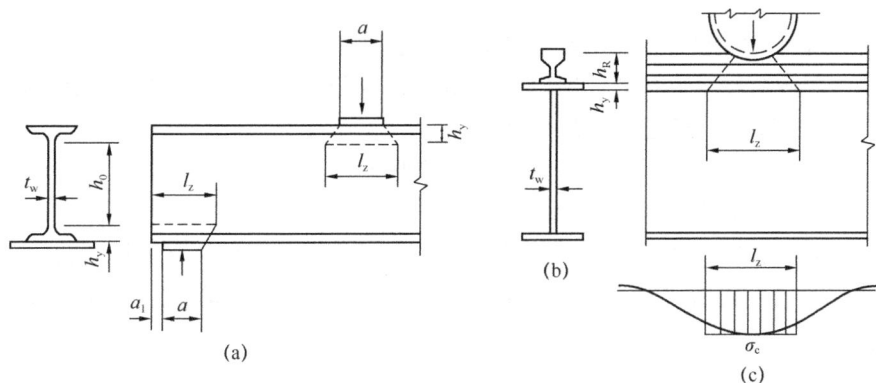

图 7-13　梁腹板的局部承压

在集中荷载作用下，梁的翼缘（在吊车梁中，还包括轨道）类似支承于腹板的弹性地基梁，腹板高度边缘的压应力分布如图 7-13（c）的曲线所示。若假定集中荷载从作用处以一定的角度扩散，均匀分布于腹板计算高度边缘，即可将此集中力视为作用于长度 $l_z$ 的均布荷载。研究表明，假定分布长度 $l_z$ 与轨道和受压翼缘的抗弯刚度以及腹板的厚度有关，当轨道上作用有轮压，压力穿过具有抗弯刚度的轨道向腹板内扩散时，轨道及受压翼缘的抗弯刚度越大，扩散的范围越大；腹板厚度越小（即下部越软弱），则扩散的范围越大。我国《钢结构设计标准》GB 50017 关于假定分布长度采用如下计算式：

$$l_z = 3.25 \sqrt[3]{\frac{I_R + I_f}{t_w}} \tag{7-12}$$

式中　$I_R$——轨道绕自身形心轴的惯性矩；

　　　　$I_f$——梁上翼缘绕翼缘中面的惯性矩。

此外，假定分布长度 $l_z$ 的计算还可以采用式（7-13）的简化公式，即假定集中荷载从作用处以 $1:2.5$（在 $h_y$ 高度范围）和 $1:1$（在 $h_R$ 高度范围）扩散，均匀分布于腹板计算高度边缘：

对跨中集中荷载：

$$l_z = a + 5h_y + 2h_R \tag{7-13a}$$

对梁端支反力：

$$l_z = a + 2.5h_y + a_1 \tag{7-13b}$$

式中　$a$——集中荷载沿梁跨度方向的支承长度，对钢轨上的轮压可取为 50mm；

　　　$h_y$——自梁顶面（或底面）至腹板计算高度 $h_0$ 边缘的距离；

　　　$h_0$——对轧制型钢梁为腹板与上、下翼缘相交接处两内弧起点间的距离，对焊接组合梁，为腹板高度；

　　　$h_R$——轨道的高度，计算处无轨道时 $h_R = 0$；

　　　$a_1$——梁端到支座板外边缘的距离，按实取，但不得大于 $2.5h_y$。

按上述假定分布长度计算的均布压应力不应超过材料的屈服强度，若以此作为局部承压的设计准则，则梁腹板上边缘处的局部承压强度可按下式计算：

$$\sigma_c = \frac{\Psi F}{t_w l_z} \leqslant f \tag{7-14}$$

式中　$F$——集中荷载设计值，对动态荷载应考虑动力系数；

　　　$\Psi$——集中荷载增大系数，用以考虑吊车轮压分配的不均：对重级工作制吊车梁，$\Psi = 1.35$；其他梁，$\Psi = 1.0$；

　　　$l_z$——集中荷载在腹板计算高度上边缘的假定分布长度，宜按式（7-12）计算，也可采用简化式（7-13）计算。

当计算不能满足时，应在固定集中荷载处（包括支座处）设置支承加劲肋，对腹板予以加强（图 7-14），支承加劲肋的计算详见本章 7.4.6 节；对移动集中荷载，则只能加大腹板厚度。

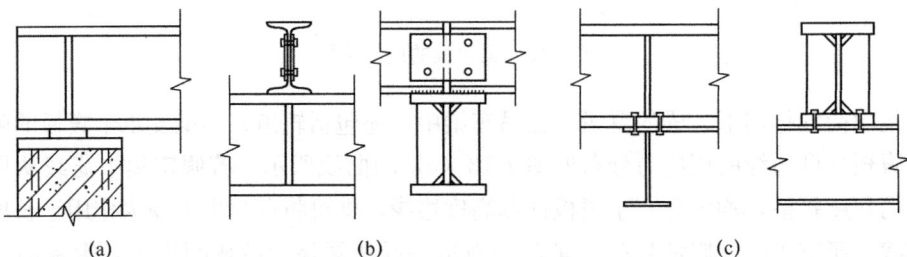

(a)　　　　　　　　　(b)　　　　　　　　　(c)

图 7-14　支承加劲肋

### 7.2.4　梁在复杂应力条件下的折算应力

梁的截面通常同时承受剪力和弯矩的作用。同一个截面上，弯曲正应力最大值的点和剪应力最大值的点一般不在同一位置，因此，正应力和剪应力的强度极限可以分别计算。

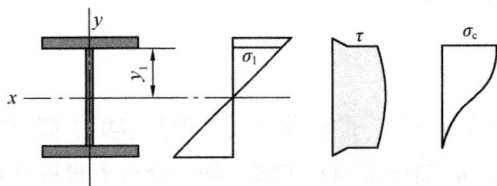

图 7-15　验算梁折算应力的部位

但是在截面上有些部位，例如在组合梁的腹板计算高度边缘处，当同时受有较大的正应力、剪应力和局部压应力时（如受集中荷载作用简支梁的跨中截面，图 7-15），或同时受有较大的正应力和剪应力时（如连续梁的支座处或梁的翼缘截面改变处等），则应根据材料力学中能量强度理论来判定这些处于复杂应力状态的点是否达到屈服，即应按下式验算其折算应力：

$$\sqrt{\sigma^2 + \sigma_c^2 - \sigma\sigma_c + 3\tau^2} \leqslant \beta_1 f \qquad (7\text{-}15)$$

式中　$\sigma$——腹板计算高度边缘的弯曲正应力，按弹性计算，不考虑塑性深入截面；

　　　$\sigma_c$——腹板计算高度边缘的局部承压应力，与弯曲正应力的方向相垂直，按式（7-12）计算；

　　　$\tau$——腹板计算高度边缘的剪应力。

需要注意的是，公式（7-15）中的 $\sigma$、$\tau$ 和 $\sigma_c$ 分别为腹板计算高度边缘同一点上同时产生的正应力、剪应力和局部压应力。$\sigma$ 和 $\sigma_c$ 以拉应力为正值，压应力为负值。考虑到需验算折算应力的部位只是梁的局部区域，几种应力皆以其较大值在同一点上出现的概率很小，因而公式（7-15）中，右端的强度设计值引入了大于 1 的强度增大系数 $\beta_1$。由于当 $\sigma$ 与 $\sigma_c$ 异号时，其塑性变形能力较 $\sigma$ 和 $\sigma_c$ 同号时为高，因此规定 $\beta_1$ 的取值原则为：

当 $\sigma$ 与 $\sigma_c$ 异号时，$\beta_1 = 1.2$；

当 $\sigma$ 与 $\sigma_c$ 同号或 $\sigma_c = 0$ 时，$\beta_1 = 1.1$。

**【例 7-1】** 图 7-16 所示焊接工字形截面框架主梁跨度 4m，两端与柱铰接，主梁跨中顶面作用有集中荷载，其设计值为 $N = 240\text{kN}$，集中荷载的支承长度 $a = 80\text{mm}$，主梁截面如图所示。钢材为 Q235B，$f = 215\text{N/mm}^2$。如忽略梁自重，试验算主梁的强度。

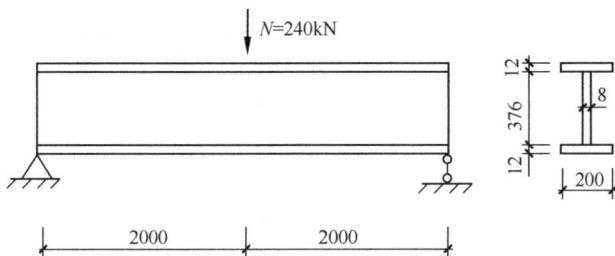

图 7-16　例 7-1 图

最大弯矩设计值：

$$M_x = \frac{1}{4}Pl = \frac{1}{4} \times 240 \times 4 = 240\text{kN} \cdot \text{m}$$

最大剪力设计值：

$$V_x = \frac{1}{2}P = \frac{1}{2} \times 240 = 120\text{kN}$$

梁的截面几何常数：

$$I_{nx} = \frac{1}{12}(200 \times 400^3 - 192 \times 376^3) = 2.161 \times 10^8 \text{mm}^4$$

$$W_{nx} = \frac{2I_x}{h} = \frac{2 \times 2.161 \times 10^8}{400} = 1.081 \times 10^6 \text{mm}^3$$

$$A = 376 \times 8 + 2 \times 200 \times 12 = 7808\text{mm}^2$$

$$S = 200 \times 12 \times 194 + 188 \times 8 \times 94 = 606976\text{mm}^3$$

（1）验算抗弯强度，对于简支梁，由于翼缘截面板件的宽厚比 $b/t = 96/12 = 8 \leqslant 13$，可以按弹塑性进行设计，取截面塑性发展系数 $\gamma_x = 1.05$：

$$\frac{M_x}{r_x W_{nx}} = \frac{240 \times 10^6}{1.05 \times 1.081 \times 10^6} = 211.4 \text{N/mm}^2 < f = 215 \text{N/mm}^2$$

（2）由于采用焊接工字形截面，需验算抗剪强度：

$$\tau = \frac{V_{max} S}{I_x t_w} = \frac{120 \times 10^3}{2.161 \times 10^8 \times 8} \times 606976 = 42.1 \text{N/mm}^2 < f_v = 125 \text{N/mm}^2$$

（3）主梁跨中顶面作用有集中荷载，且无支承加劲肋，需验算局部承压强度：
支承长度 $a = 80 \text{mm}$，$l_z = a + 5h_y = 80 + 5 \times 12 = 140 \text{mm}$，则

$$\sigma_c = \frac{\psi F}{t_w l_z} = \frac{1 \times 120 \times 10^3}{8 \times 140} = 107.1 \text{N/mm}^2 < f = 215 \text{N/mm}^2$$

（4）验算折算应力：

腹板计算高度边缘的弯曲正应力：

$$\sigma = \frac{M_x \cdot \frac{1}{2} h_0}{r_x I_{nx}} = \frac{240 \times 10^6 \times 188}{1.05 \times 2.161 \times 10^8} = 198.8 \text{N/mm}^2$$

腹板计算高度边缘的剪应力：

$$\tau = \frac{V_{max} S_1}{I_x t_w} = \frac{120 \times 10^3}{2.161 \times 10^8 \times 8} \times 200 \times 12 \times 194 = 32.3 \text{N/mm}^2 < f_v = 125 \text{N/mm}^2$$

验算折算应力（当 $\sigma$ 与 $\sigma_c$ 同号时，$\beta_1 = 1.1$）：

$$\sqrt{\sigma^2 + \sigma_c^2 - \sigma\sigma_c + 3\tau^2} = \sqrt{198.8^2 + 107.1^2 - 198.8 \times 107.1 + 3 \times 32.3^2}$$
$$= 181.2 \text{N/mm}^2 \leqslant \beta_1 f$$
$$= 1.1 \times 215 = 236.5 \text{N/mm}^2$$

### 7.2.5 梁的刚度

梁的刚度是指在使用荷载作用下构件抵抗变形的能力。变形太大，会妨碍正常使用，如影响桥式吊车的正常运行、人群行走时产生振动以及导致依附于梁上的其他部件损坏。因此，工程设计中，通常需要限制受弯构件的竖向挠度，其一般表达式为：

$$v \leqslant [v] \tag{7-16}$$

式中　$v$——由荷载标准值（不考虑荷载分项系数和动力系数）产生的最大挠度；

　　　$[v]$——梁的容许挠度值，对常用的受弯构件，规范给出的挠度限值详附录 2 附表 2-1。

梁的挠度 $v$ 可以按材料力学、结构力学的方法算出。受多个集中荷载的梁，其挠度的精确计算较为复杂，但与最大弯矩相同的均布荷载作用下的挠度接近，因此可按下列近似公式验算梁的挠度：

对等截面简支梁：

$$\frac{v}{l} = \frac{5}{384} \cdot \frac{q_k l^3}{EI_x} = \frac{5}{48} \cdot \frac{q_k l^2 \cdot l}{8EI_x} \approx \frac{M_k l}{10 EI_x} \leqslant \frac{[v]}{l} \tag{7-17}$$

对变截面简支梁：

$$\frac{v}{l} = \frac{M_k l}{10 EI_x} \left( 1 + \frac{3}{25} \cdot \frac{I_x - I_{x1}}{I_x} \right) \leqslant \frac{[v]}{l} \tag{7-18}$$

式中　$q_k$——均布线荷载标准值；

$M_k$ ——荷载标准值产生的最大弯矩；

$I_x$ ——跨中毛截面惯性矩；

$I_{x1}$ ——支座附近毛截面惯性矩。

由于挠度取决于梁沿跨度方向的整体刚度，所以采用毛截面参数进行计算。

## 7.3 梁的整体稳定

### 7.3.1 梁整体稳定的概念

为了提高抗弯强度，节省钢材，钢梁截面一般做成高而窄的形式，造成弯矩作用平面内刚度大而侧向刚度较小，如果梁的侧向支承较弱（比如仅在支座处有侧向支承），梁的弯曲会随荷载大小的不同而呈现两种截然不同的平衡状态。

如图 7-17 所示的工字形截面梁，荷载作用在其最大刚度平面内，当荷载较小时，梁的弯曲平衡状态是稳定的。虽然外界各种因素会使梁产生微小的侧向弯曲和扭转变形，但外界影响消失后，梁仍能恢复原来的弯曲平衡状态。然而，当荷载增大到某一数值后，梁在向下弯曲的同时，将突然发生侧向弯曲和扭转变形而破坏，这种现象称之为梁的侧向弯扭屈曲或整体失稳。对于跨中无侧向支承的中等或较大跨度的梁，其丧失整体稳定性时的承载能力往往低于按其抗弯强度确定的承载能力。因此，这些梁的截面大小也就往往由整体稳定性所控制。

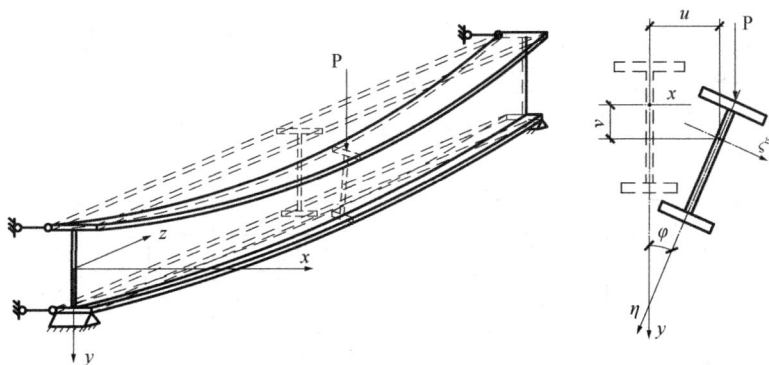

图 7-17 简支梁的整体失稳

梁维持其稳定平衡状态所承担的最大弯矩，称为临界弯矩。第 5.3.1 节有详细推导，梁整体稳定的临界荷载与梁的侧向抗弯刚度、抗扭刚度、荷载沿梁跨分布情况及其在截面上的作用点位置等有关。由式（5-85）知，双轴对称工字形截面简支梁的临界弯矩和临界应力分布为：

$$M_{cr} = \beta \frac{\sqrt{EI_y GI_t}}{l_1} \tag{7-19}$$

$$\sigma_{cr} = \frac{M_{cr}}{W_x} = \beta \frac{\sqrt{EI_y GI_t}}{l_1 W_x} \tag{7-20}$$

式中 $I_y$ ——梁对截面弱轴（$y$ 轴）的毛截面惯性矩；

$I_t$ ——梁毛截面抗扭惯性矩；

$l_1$——受压翼缘侧向支承点的间距。

$W_x$——梁对 $x$ 轴的毛截面模量；

$E$、$G$——钢材的弹性模量及剪变模量；

$\beta$——梁的侧扭屈曲系数，与荷载类型、梁端支承方式以及横向荷载作用位置等有关，计算公式见表 5-3。

由临界弯矩 $M_{cr}$ 和 $\beta$ 的计算公式可以看到，临界弯矩的大小受以下因素的影响：

（1）梁的侧向抗弯刚度 $EI_y$、抗扭刚度 $GI_t$ 越大，临界弯矩 $M_{cr}$ 越大。

（2）梁受压翼缘侧向支承点的间距 $l_1$ 越小，临界弯矩 $M_{cr}$ 越大。

（3）荷载类型对临界弯矩的影响，在横向荷载作用于形心的情况下，其临界弯矩都比纯弯曲时高。这是由于纯弯曲时梁所有截面弯矩均达到最大值，而横向荷载作用情况只跨中达最大值。

（4）沿梁截面高度方向的荷载作用点位置对临界弯矩的影响，如图 5-36 所示，当荷载作用在梁的上翼缘时，荷载对梁截面的转动有加大作用因而降低梁的稳定性能；反之，则提高梁的稳定性能。

了解了影响梁整体稳定性的因素后，除可做到正确使用设计标准外，更重要的是可在工程实践中设法采取措施以提高梁的整体稳定性能。

### 7.3.2 梁整体稳定的保证

为保证梁的整体稳定或增强梁抗整体失稳的能力，当梁上有密铺的刚性铺板（楼盖梁的楼面板或公路桥、人行天桥的面板等）时，应使之与梁的受压翼缘连牢（图 7-18a）；若无刚性铺板或铺板与梁受压翼缘连接不可靠，则应设置平面支撑（图 7-18b）。楼盖或工作平台梁格的平面支撑有横向平面支撑和纵向平面支撑两种，横向支撑使主梁受压翼缘的

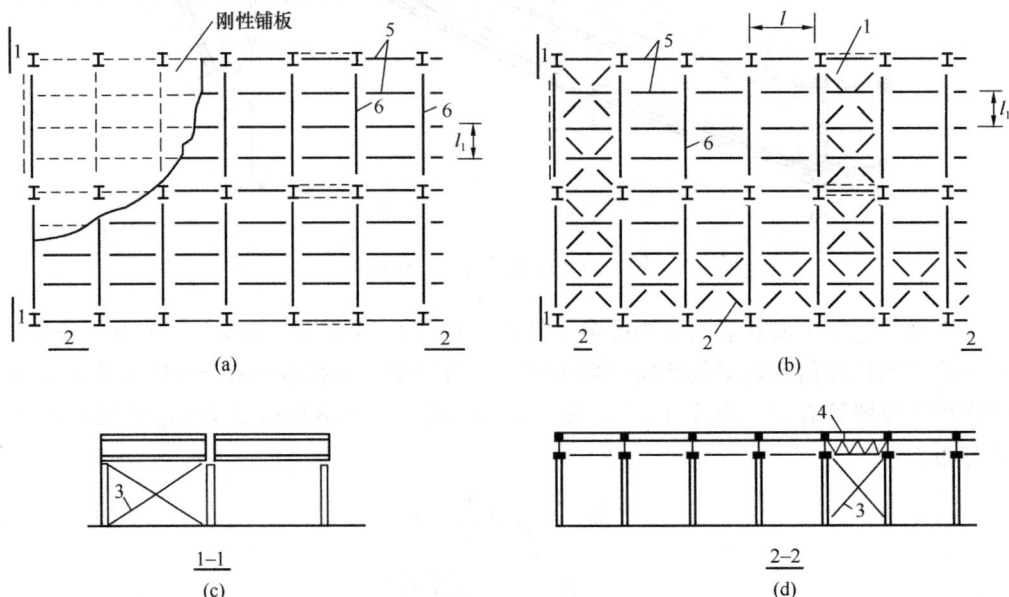

图 7-18 增强梁整体稳定的措施

(a) 有刚性铺板；(b) 无刚性铺板；(c) 1-1 剖面；(d) 2-2 剖面

1—横向平面支撑；2—纵向平面支撑；3—柱间垂直支撑；4—主梁间垂直支撑；5—次梁；6—主梁

192

自由长度由其跨长减小为 $l_1$（次梁间距）；纵向支撑是为了保证整个楼面的横向刚度。图 7-18（b）的横向平面支撑和纵向平面支撑应设置在（或靠近）梁的受压翼缘平面。

《钢结构设计标准》规定，当符合下列情况之一时，梁的整体稳定可以得到保证，不必计算：

（1）楼盖刚性铺板与梁连牢

当梁上有刚性铺板密铺在梁的受压翼缘上并与其牢固相连、能阻止梁受压翼缘的侧向位移时，可不计算梁的整体稳定性（图 7-18a）。所谓刚性铺板一是自身必须具备一定的刚度，二是必须与钢梁牢固相连，否则就达不到预期的目的。

实践证明，现浇钢筋混凝土板的刚性很大，依靠与梁上翼缘之间的摩擦力能有效阻止梁的侧向弯扭失稳，可以视为刚性铺板。预制混凝土板的约束作用不如现浇板，需要在梁的翼缘上加焊抗剪件（栓钉、槽钢或弯起钢筋），并把预制板间的空隙用砂浆填实，或者在预制板四角有预埋铁件与钢梁焊接。如果采用压型钢板铺于钢梁上面再浇混凝土的组合楼板形式，则应有一定数量的抗剪连接件将压型钢板固定于梁的受压翼缘。

当铺板为平钢板时，应采用间断焊缝或栓钉与钢梁翼缘相连。

对仅铺有压型钢板的屋面梁，压型钢板对梁侧弯扭转的约束效果较差，必须设置适当的连接件，必要时还应要求压型钢板在其平面内具有足够的剪切刚度和剪切强度。

（2）箱形截面不需计算整体稳定的条件

箱形截面（图 7-19）简支梁由于其截面的抗扭性能远远高于开口截面，因而具有较好的整体稳定性。当其截面尺寸满足 $h/b_0 \leqslant 6$，且 $l_1/b_0$ 不超过 $95\varepsilon_k^2$ 时就可不计算梁的整体稳定，这两个条件在实际工程上一般都能做到，因而设计标准中没有给出箱形截面简支梁整体稳定的计算方法。

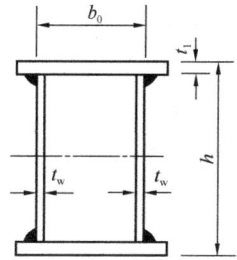

### 7.3.3 梁整体稳定的计算方法

图 7-19 箱形截面

当不满足 7.3.2 节梁整体稳定保证的条件时，应对梁的整体稳定进行验算，即使梁截面上的最大受压纤维弯曲正应力不超过整体稳定的临界应力，考虑抗力分项系数 $\gamma_R$ 后，可得：

（1）在最大刚度主平面内单向受弯的梁

$$\sigma_{max} = \frac{M_x}{W_x} \leqslant \frac{M_{cr}}{W_x} \cdot \frac{1}{\gamma_R} = \frac{\sigma_{cr}}{\gamma_R} = \frac{\sigma_{cr}}{f_y} \cdot \frac{f_y}{\gamma_R} = \varphi_b f \tag{7-21}$$

或写成《钢结构设计标准》采用的形式

$$\frac{M_x}{\varphi_b W_x f} \leqslant 1.0 \tag{7-22}$$

式中    $M_x$ ——绕截面强轴 $x$ 作用的最大弯矩设计值；

       $W_x$ ——按受压最大纤维确定的梁毛截面抵抗矩；当截面板件宽厚比等级为 S1、S2、S3 或 S4 级时，应取全截面模量，当截面板件宽厚比等级为 S5 级时，应取有效截面模量；

       $\varphi_b = \dfrac{\sigma_{cr}}{f_y}$ ——梁整体稳定系数。

（2）在两个主平面内受弯的 H 型钢截面或工字形截面梁

$$\frac{M_x}{\varphi_b W_x f} + \frac{M_y}{\gamma_y W_y f} \leqslant 1.0 \qquad (7\text{-}23)$$

式中 $W_x$、$W_y$——按受压纤维确定的对 $x$ 轴（强轴）和对 $y$ 轴的毛截面模量；

$\varphi_b$——绕强轴弯曲所确定的梁整体稳定系数。

式（7-23）为一经验公式，式中第二项表示绕弱轴弯曲的影响，但分母中 $\gamma_y$ 在此处仅起适当降低此项影响的作用，并不表示截面允许发展塑性。

现以受纯弯曲的双轴对称工字形截面简支梁为例，导出 $\varphi_b$ 的计算公式。用式（5-85）计算可得：

$$\varphi_b = \frac{\sigma_{cr}}{f_y} = \pi \sqrt{1 + \left(\frac{\pi h}{2l_1}\right)\frac{EI_y}{GI_t}} \cdot \frac{\sqrt{EI_y GI_t}}{W_x l_1 f_y} = \frac{\pi^2 EI_y h}{2l_1^2 W_x f_y}\sqrt{1 + \left(\frac{2l_1}{\pi h}\right)^2 \frac{GI_t}{EI_y}} \quad (7\text{-}24)$$

上式中，代入数值 $E = 206 \times 10^3 \text{N/mm}^2$，$E/G = 2.6$，令 $I_y = Ai_y^2$，$l_1/i_y = \lambda_y$，钢号修正系数 $\varepsilon_k = \sqrt{\frac{235}{f_y}}$，式中 $f_y$ 为钢材屈服点（N/mm²），并假定扭转惯性矩近似值为 $I_t \approx \frac{1}{3}At_1^2$，可得：

$$\varphi_b = \frac{4320}{\lambda_y^2} \cdot \frac{Ah}{W_x}\left[\sqrt{1 + \left(\frac{\lambda_y t_1}{4.4h}\right)^2}\right]\varepsilon_k^2 \qquad (7\text{-}25)$$

这就是受纯弯曲的双轴对称焊接工字形截面简支梁的整体稳定系数计算公式。式中 $A$ 为梁毛截面面积；$t_1$ 为受压翼缘厚度。实际上梁受纯弯曲的情况是不多的。当梁受任意横向荷载时，应考虑等效临界弯矩系数 $\beta_b$ 进行修正；或梁为单轴对称截面时，还须增加截面不对称影响系数 $\eta_b$，因此，对一般等截面焊接工字形或轧制 H 型钢简支梁，式（7-25）的梁整体稳定系数应修正为：

$$\varphi_b = \beta_b \frac{4320}{\lambda_y^2} \cdot \frac{Ah}{W_x}\left[\sqrt{1 + \left(\frac{\lambda_y t_1}{4.4h}\right)^2} + \eta_b\right]\varepsilon_k^2 \qquad (7\text{-}26)$$

式中 $\lambda_y$——梁受压翼缘在侧向支承点间对截面弱轴（$y$ 轴）的长细比，$\lambda_y = \dfrac{l_1}{i_y}$；

$i_y$——梁毛截面对 $y$ 轴的回转半径；

$t_1$——梁受压翼缘的厚度；

$\eta_b$——截面不对称影响系数：

对双轴对称工字形截面，$\eta_b = 0$；

加强受压翼缘时，$\eta_b = 0.8(2\alpha_b - 1)$；

加强受拉翼缘时，$\eta_b = 2\alpha_b - 1$；

$\alpha_b = \dfrac{I_1}{I_1 + I_2}$，$I_1$ 和 $I_2$ 分别为受压翼缘和受拉翼缘对 $y$ 轴的惯性矩。

上述所有物理量，从 $\lambda_y$ 直到 $\eta_b$ 都只随梁的侧向无支承长度和截面的形状、尺寸等变化，可根据所给数据直接计算，与荷载无关。与荷载状况有关的只是梁整体稳定的等效临界弯矩系数 $\beta_b$，见附录3。

轧制普通工字钢的截面虽然属于双轴对称截面，但其翼缘厚度是变化的，不能把翼缘板简化为矩形截面，此外，轧制普通工字钢的翼缘内侧有斜坡，翼缘板与腹板交接处具有加厚的圆角。其 $\varphi_b$ 如简单套用焊接工字形截面简支梁的 $\varphi_b$ 公式求取，将引起较大的误差。为此标准中对轧制普通工字钢简支梁的 $\varphi_b$ 直接给出了如附表 3-2 的表格，可按工字钢型号、荷载类型与作用点高度以及梁的侧向无支承长度（即自由长度）直接查表得到。

轧制槽钢是单轴对称截面，若荷载不通过其剪切中心，一经加荷梁即发生扭转和弯曲，其整体稳定系数 $\varphi_b$ 较难精确计算。标准采用了近似简化方法，即不论荷载形式和荷载作用点在截面高度上的位置，均可按下式计算。

$$\varphi_b = \frac{570bt}{lh} \cdot \varepsilon_k^2 \tag{7-27}$$

式中　$h$、$b$、$t$——分别为槽钢截面的高度、翼缘宽度和平均厚度。

上述整体稳定系数是按弹性稳定理论求得的，研究证明，当求得的 $\varphi_b$ 大于 0.6 时，梁已进入非弹性工作阶段，整体稳定临界应力有明显的降低，必须对 $\varphi_b$ 进行修正。标准规定，当按上述公式或表格确定的 $\varphi_b > 0.6$ 时，应用下式求得的 $\varphi_b'$ 代替 $\varphi_b$ 进行梁的整体稳定计算：

$$\varphi_b' = 1.07 - 0.282/\varphi_b \tag{7-28}$$

同时，$\varphi_b'$ 不大于 1.0。

【例 7-2】图 7-20 所示的简支梁，其截面为不对称工字形，材料为 Q235-B 钢，梁的中点和两端均有侧向支承，试验算在集中荷载（未包括梁自重）$F=160$kN（设计值）的作用下，梁能否保证其整体稳定性。

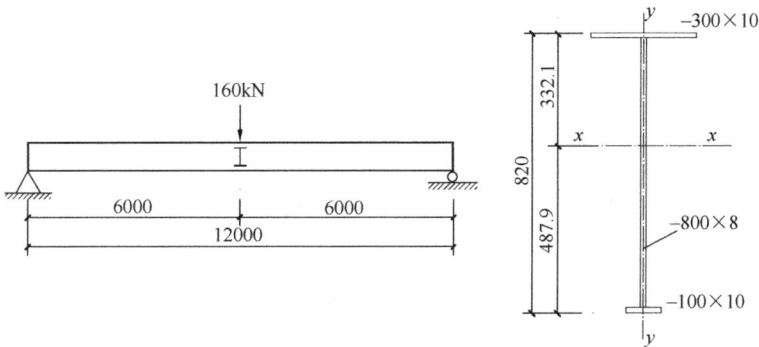

图 7-20　例 7-2 图

【解】该构件属于加强受压翼缘的单轴对称焊接工字形截面，其整体稳定系数 $\varphi_b$ 由附录 3 附式（3-1）计算：

$$\varphi_b = \beta_b \frac{4320}{\lambda_y^2} \cdot \frac{Ah}{W_x} \left[ \sqrt{1 + \left( \frac{\lambda_y t_1}{4.4h} \right)^2} + \eta_b \right] \varepsilon_k^2$$

由于跨度中点有一个侧向支承点，且作用有集中荷载，故 $\beta_b = 1.75$。

$A = 300 \times 10 + 800 \times 8 + 100 \times 10 = 10400 \text{mm}^2$，$h = 820 \text{mm}$

$I_1 = \frac{1}{12} \times 10 \times 300^3 = 2.25 \times 10^7 \text{mm}^4$，$I_2 = \frac{1}{12} \times 10 \times 100^3 = 8.33 \times 10^5 \text{mm}^4$

$$\alpha_b = \frac{I_1}{I_1 + I_2} = \frac{2.25 \times 10^7}{2.25 \times 10^7 + 8.33 \times 10^5} = 0.964$$

$$\eta_b = 0.8(2\alpha_b - 1) = 0.8 \times (2 \times 0.964 - 1) = 0.742$$

形心位置（距下翼缘边缘）：

$$\bar{y} = \frac{300 \times 10 \times 815 + 800 \times 8 \times 410 + 100 \times 10 \times 5}{300 \times 10 + 800 \times 8 + 100 \times 10} = \frac{5074000}{10400} = 487.9 \text{mm}$$

$$I_x = \frac{1}{12} \times 8 \times 800^3 + 800 \times 8 \times (477.9 - 400)^2 + \frac{1}{12} \times 300 \times 10^3$$

$$+ 300 \times 10 \times 327.1^2 + \frac{1}{12} \times 100 \times 10^3 + 100 \times 10 \times 482.9^2$$

$$= 9.34 \times 10^8 \, \text{mm}^4$$

$$I_y = \frac{1}{12} \times 10 \times 300^3 + \frac{1}{12} \times 10 \times 100^3 + \frac{1}{12} \times 800 \times 8^3$$

$$= 2.34 \times 10^7 \, \text{mm}^4$$

$$i_y = \sqrt{\frac{I_y}{A}} = \sqrt{\frac{2.34 \times 10^7}{10400}} = 47.4 \, \text{mm}, \quad \lambda_y = \frac{l_1}{i_y} = \frac{6000}{47.4} = 126.6$$

$$W_x = \frac{I_x}{y_1} = \frac{9.34 \times 10^8}{332.1} = 2.81 \times 10^6 \, \text{mm}^3$$

$$\varphi_b = \beta_b \frac{4320}{\lambda_y^2} \cdot \frac{Ah}{W_x} \left[ \sqrt{1 + \left( \frac{\lambda_y t_1}{4.4h} \right)^2} + \eta_b \right] \frac{235}{f_y}$$

$$= 1.75 \times \frac{4320}{126.6^2} \times \frac{10400 \times 820}{2.81 \times 10^6} \times \left[ \sqrt{1 + \left( \frac{126.6 \times 10}{4.4 \times 820} \right)^2} + 0.742 \right] \times \frac{235}{235}$$

$$= 1.432 \times 1.802 = 2.58 > 0.6$$

应进行弹塑性修正：

$$\phi'_b = 1.07 - \frac{0.282}{\phi_b} = 1.07 - \frac{0.282}{2.58} = 0.961$$

焊接工字形梁的自重设计值：

$$g = 1.2 \times 10400 \times 10^{-6} \times 7850 \times \frac{10}{1000} = 0.98 \, \text{kN/m}$$

梁跨中最大弯矩为：

$$M_x = \frac{1}{4} \times 160 \times 12 + \frac{1}{8} \times 0.98 \times 12^2 = 497.64 \, \text{kN/m}$$

验算整体稳定：

$$\frac{M_x}{\phi'_b W_x f} = \frac{497.64 \times 10^6}{0.961 \times 2.81 \cdot 10^6 \times 184.3} = 0.86 < 1.0$$

故该梁满足整体稳定性要求。

## 7.4 梁的局部稳定

组合梁一般由翼缘和腹板等板件组成，为了增加梁截面的抗弯强度或整体稳定，在保持梁截面尺寸不变的情况下，通常需加大其截面各板件的宽厚比或高厚比。但如果将这些板件不适当地减薄加宽，板中压应力或剪应力达到某一数值后，腹板或受压翼缘有可能偏离其平面位置、出现波形鼓曲（图 7-21），这种现象称为梁局部失稳。

热轧型钢由于轧制条件的限制，其板件宽厚比较小，无抗震要求时，一般都能满足局部稳定要求，不需要计算。对冷弯薄壁型钢梁的受压或受弯板件，宽厚比不超过规定的限制时，认为板件全部有效；当超过此限制时，则只考虑一部分宽度有效（称为有效宽度），应按现行《冷弯薄壁型钢结构技术规范》GB 50018 计算。

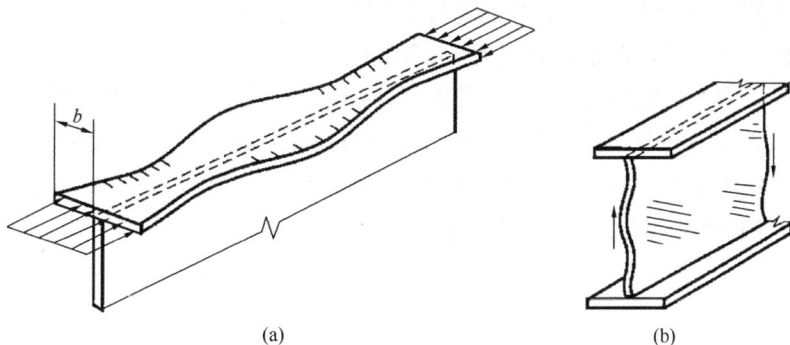

图 7-21 梁局部失稳

(a) 翼缘；(b) 腹板

这里主要叙述一般钢结构组合梁中翼缘和腹板的局部稳定。

### 7.4.1 受压翼缘的局部稳定

梁的受压翼缘板主要受均布压应力作用（图 7-22）。为了充分发挥材料强度，翼缘的合理设计是采用一定厚度的钢板，让其临界应力 $\sigma_{cr}$ 不低于钢材的屈服点 $f_y$，从而使翼缘不丧失稳定。一般采用限制宽厚比的办法来保证梁受压翼缘板的稳定性。

根据第 5.4.2 节的推导，单向均匀受压板的临界应力可用式（5-115）表达，考虑板边缘的弹性约束，引入弹性约束系数 $\chi$ 得：

$$\sigma_{cr} = \beta \chi \frac{\pi^2 E}{12(1-\nu^2)} \left(\frac{t}{b}\right)^2 \quad (7\text{-}29)$$

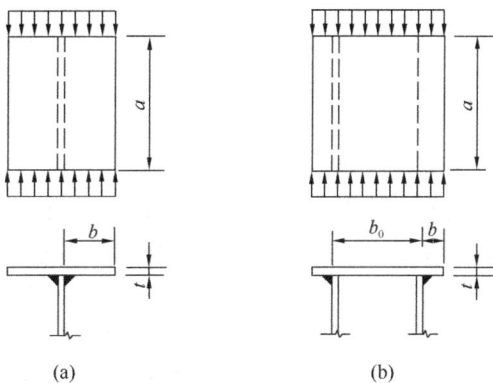

图 7-22 梁的受压翼缘板

式中　$\chi$——板边缘的弹性约束系数，对简支边取 $\chi = 1.0$；

$\beta$——简支板的弹性屈曲系数，与荷载分布情况和支承边数有关，受弯构件的受压翼缘板可视为三边简支、一边自由的均匀受压板，因此 $\beta = 0.425$；

$\nu$——材料泊松比，对钢材 $\nu = 0.3$；

$t$、$b$——翼缘板的厚度和外伸宽度，见图 7-22。

为满足局部失稳不先于受压边缘最大应力屈服的条件，令公式（7-29）的 $\sigma_{cr} \geqslant f_y$，则

$$\sigma_{cr} = 0.425 \times 1.0 \frac{\pi^2 \times 206 \times 10^3}{12(1-0.3^2)} \left(\frac{t}{b}\right)^2 \geqslant f_y \quad (7\text{-}30)$$

得

$$b/t \leqslant 18.6 \varepsilon_k \quad (7\text{-}31)$$

以上得到的板件宽厚比限值，是基于翼缘屈服与局部失稳同时发生，并按弹性分析得到的。截面宽厚比等级为 S1 或 S2 级的结构构件，常用于塑性及弯矩调幅设计，以及抗震性能化设计中的塑性耗能区，要求截面形成塑性铰前，板件也不会局部失稳，S1 级截面尚需具有发生塑性转动的能力，因此，对这两级截面，板件的宽厚比要求更为严格。我国

《钢结构设计标准》对 S1 级、S2 级的宽厚比限值分别取弹性计算值（式 7-31 右端的数值）的 0.5 倍和 0.6 倍，取整后分别为 $9\varepsilon_k$ 和 $11\varepsilon_k$。

宽厚比等级为 S3 级的截面，允许考虑部分截面进入塑性，翼缘板上的应力均可达到屈服点 $f_y$，但在与压应力相垂直的方向仍然是弹性的，这种情况属正交异性板，其临界应力的精确计算较为复杂，一般可用 $\sqrt{\eta}E$ 代替弹性模量 $E$ 来考虑这种影响（系数 $\eta \leqslant 1$，为切线模量 $E_t$ 与弹性模量 $E$ 之比）。若取 $\eta = 0.25$，则

$$\sigma_{cr} = 0.425 \times 1.0 \frac{\pi^2 \sqrt{0.25 \times 206 \times 10^3}}{12(1-0.3^2)} \left(\frac{t}{b}\right)^2 \geqslant f_y \tag{7-32}$$

得

$$b/t \leqslant 13\varepsilon_k \tag{7-33}$$

约为弹性计算值的 0.7 倍。

宽厚比等级为 S4 级的截面，应进行弹性设计，但考虑残余应力的影响，翼缘板部分区域纵向应力已超过有效比例极限进入了弹塑性阶段，如取 $\eta = 0.5$，再令公式（7-29）的 $\sigma_{cr} \geqslant f_y$（即满足局部失稳不先于受压边缘最大应力屈服的条件），则

$$\sigma_{cr} = 0.425 \times 1.0 \frac{\pi^2 \sqrt{0.5 \times 206 \times 10^3}}{12(1-0.3^2)} \left(\frac{t}{b}\right)^2 \geqslant f_y \tag{7-34}$$

得

$$b/t \leqslant 15\varepsilon_k \tag{7-35}$$

约为弹性计算值的 0.8 倍。

宽厚比等级为 S5 级的截面，采用有效截面法计算承载力，由于带有自由边的板件，局部屈曲后可能带来截面刚度中心的变化，从而改变构件的受力，所以对 S5 级仍然对板件宽厚比给予限制，取弹性计算值的 1.1 倍。

对箱形截面梁，受压翼缘板在两腹板间的部分（见图 7-22）可视为四边简支纵向均匀受压板，屈曲系数 $\beta = 4$（参图 5-47），取弹性约束系数 $\chi = 1.0$，按公式（7-29），令 $\sigma_{cr} \geqslant f_y$，板件宽厚比为：

$$b_0/t \leqslant 56.29\varepsilon_k \tag{7-36}$$

式中　$b_0$、$t$——受压翼缘板在两腹板之间的宽度和厚度。

同理，S1 级、S2 级、S3 级和 S4 级分类的界限宽厚比分别为 $b_0/t$ 的 0.5、0.6、0.7、0.8 倍，适当调整成整数。对 S5 级，因为两纵向边支承的翼缘可以考虑屈曲后强度，所以板件宽厚比不作额外限制。

工字形和箱形截面梁受压翼缘的宽厚比限值见表 7-1。

### 7.4.2　腹板的局部稳定

#### 7.4.2.1　防止腹板局部失稳的板件宽厚比要求

梁的加劲肋和翼缘使腹板成为若干四边支承的矩形板区格。这些区格一般受有弯曲正应力、剪应力以及局部压应力。在弯曲正应力单独作用下，腹板的失稳形式如图 7-23（a）所示，凸凹波形的中心靠近其压应力合力的作用线。在剪应力单独作用下，腹板在 45°方向产生主应力，主拉应力和主压应力数值上都等于剪应力。在主压应力作用下，腹板失稳形式如图 7-23（b）所示，为大约 45°方向倾斜的凸凹波形。在局部压应力单独作用下，腹板的失稳形式如图 7-23（c）所示，产生一个靠近横向压应力作用边缘的鼓曲面。

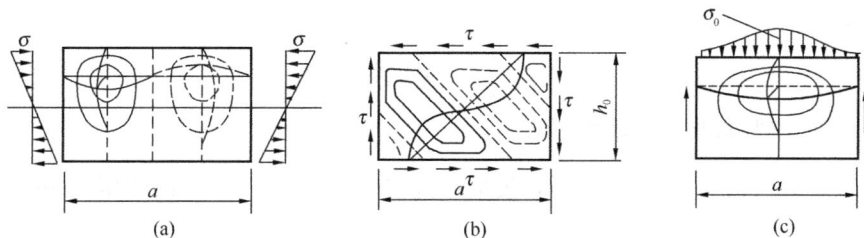

图 7-23 梁腹板的失稳

（1）腹板受弯曲压应力屈曲

在弯曲正应力单独作用下，腹板的失稳形式如图 7-23（a）所示，在用式（7-29）计算临界应力 $\sigma_{cr}$ 时，也应考虑翼缘对腹板的约束作用，同时还须考虑受压翼缘是否会产生扭转。若其扭转受到约束（如翼缘上连有刚性铺板、制动板等），可取约束系数 $\chi = 1.66$，屈曲系数 $\beta = 24$（按四边简支板）一并代入式（7-29），同样，需满足腹板局部失稳的临界应力不小于材料的屈服强度，即 $\sigma_{cr} \geqslant f_y$，故

$$\sigma_{cr} = \beta\chi \, \frac{\pi^2 E}{12(1-\nu^2)} \left(\frac{t_w}{h_0}\right)^2 = 24 \times 1.66 \, \frac{\pi^2 \times 206 \times 10^3}{12 \times (1-0.3^2)} \left(\frac{t_w}{h_0}\right)^2 \geqslant f_y \qquad (7\text{-}37)$$

所以

$$\frac{h_0}{t_w} \leqslant 177\varepsilon_k \qquad (7\text{-}38)$$

若受压翼缘扭转未受到约束，应取较低约束系数 $\chi = 1.23$，同理可得：

$$\frac{h_0}{t_w} \leqslant 153\varepsilon_k \qquad (7\text{-}39)$$

（2）腹板受剪应力屈曲

在剪应力单独作用下，腹板的失稳形式如图 7-23（b）所示，翼缘对腹板有一定的约束作用，其程度与应力状态及腹板和翼缘的刚度比有关。根据试验分析，承受剪应力的腹板，可取 $\chi = 1.23$。屈曲系数 $\beta$ 按公式（5-123）取值，用 $a$（横向加劲肋的间距）和 $h_0$ 分别代替 $a$ 和 $b$，并代入式（7-29），若取 $\tau_{cr}$ 不低于剪切屈服点 $f_{vy} = f_y/\sqrt{3}$，并设 $a/h_0 = 2$，则

$$\tau_{cr} = \beta\chi \, \frac{\pi^2 E}{12(1-\nu^2)} \left(\frac{t_w}{h_0}\right)^2 = \left(5.34 + \frac{4}{2^2}\right) \times 1.23 \, \frac{\pi^2 \times 206 \times 10^3}{12 \times (1-0.3^2)} \left(\frac{t_w}{h_0}\right)^2 \geqslant f_{vy}$$

$$(7\text{-}40)$$

所以

$$\frac{h_0}{t_w} \leqslant 103\varepsilon_k \qquad (7\text{-}41)$$

（3）腹板受局部压应力屈曲

当腹板上边缘承受较大局部压应力时，腹板的失稳形式如图 7-23（c）所示，腹板受局部压应力屈曲仍按公式（7-29）计算，屈曲系数 $\beta$ 则按式（5-126）计算，约束系数根据试验，可取 $\chi = 1.81 - 0.255 h_0/a$，当 $a/h_0 = 2.0$ 时，同理，根据腹板受局部压应力屈曲不会先于其强度破坏的条件，可得：

$$\sigma_{cr} = \beta\chi \, \frac{\pi^2 E}{12(1-\nu^2)} \left(\frac{t_w}{h_0}\right)^2 = \left(\frac{11}{2} - \frac{0.9}{2^2}\right) \times 1.68 \, \frac{\pi^2 \times 206 \times 10^3}{12 \times (1-0.3^2)} \left(\frac{t_w}{h_0}\right)^2 \geqslant f_y$$

$$(7\text{-}42)$$

所以

$$\frac{h_0}{t_w} \leqslant 84\varepsilon_k \tag{7-43}$$

### 7.4.2.2 梁腹板加劲肋的配置规定

根据以上分析，当 $\frac{h_0}{t_w} \leqslant 84\varepsilon_k$ 时，腹板在剪应力、局部压应力或弯曲应力单独作用下，腹板均不会失稳；当 $\frac{h_0}{t_w} \leqslant 103\varepsilon_k$，腹板在剪应力或弯曲应力单独作用下不会失稳；当 $\frac{h_0}{t_w} \leqslant$ $177\varepsilon_k$（受压翼缘扭转受到约束时）或 $\frac{h_0}{t_w} \leqslant 153\varepsilon_k$（受压翼缘扭转未受到约束时），腹板在弯曲应力单独作用下不会失稳。因此，根据腹板高厚比 $h_0/t_w$ 的比值，采用配置加劲肋是保证腹板局部稳定的最有效方法。横向加劲肋主要防止由剪应力和局部压应力可能引起的腹板失稳，纵向加劲肋主要防止由弯曲压应力可能引起的腹板失稳，短加劲肋主要防止由局部压应力可能引起的腹板失稳。

承受静力荷载和间接承受动力荷载的组合梁，如果按防止腹板局部失稳进行设计，可以考虑按下列规定布置加劲肋，并计算各板段的稳定性。也可以考虑利用腹板局部失稳后的屈曲后强度，按 7.5 节的规定计算其抗弯和抗剪承载力。而直接承受动力荷载的吊车梁及需要验算疲劳的类似构件，由于多次反复屈曲可能导致腹板边缘出现疲劳裂纹，因而不容许利用屈曲后强度，需按下列规定配置加劲肋，并计算各板段的稳定性：

（1）当 $h_0/t_w \leqslant 80\varepsilon_k$ 时，对有局部压应力的梁，宜按构造配置横向加劲肋（$a \leqslant 2.0h_0$）（图 7-24a）；当局部压应力较小时，可不配置横向加劲肋。

（2）当 $h_0/t_w > 80\varepsilon_k$ 时，应按计算配置横向加劲肋（图 7-24a）。

（3）当 $h_0/t_w > 170\varepsilon_k$（受压翼缘受到约束）或 $h_0/h_w > 150\varepsilon_k$（受压翼缘未受到约束）或按计算需要时，应在弯矩较大区格的受压区增加配置纵向加劲肋（图 7-24b、c）。局部压应力很大的梁，必要时尚宜在受压区配置短加劲肋（图 7-24c）。

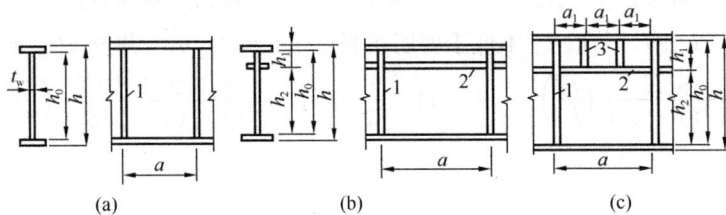

(a)　　　　　　　(b)　　　　　　　(c)

图 7-24　腹板加劲肋的布置

1—横向加劲肋；2—纵向加劲肋；3—短加劲肋

任何情况下，$h_0/t_w$ 不宜超过 $250\varepsilon_k$。

以上叙述中，$h_0$ 为腹板计算高度，对焊接梁 $h_0$ 等于腹板高度；对轧制型钢梁为腹板与上、下翼缘相交接处两内弧起点间的距离。对单轴对称梁，第（3）款中的 $h_0$ 应取腹板受压区高度 $h_c$ 的 2 倍。

（4）梁的支座处和上翼缘受有较大固定集中荷载处，宜设置支承加劲肋。

为避免焊接后的不对称残余变形并减少制造工作量，焊接吊车梁宜尽量避免设置纵向加劲肋，尤其是短加劲肋。

### 7.4.2.3　腹板的局部稳定计算

当 $h_0/t_w > 80\varepsilon_k$ 时，应对配置加劲肋的腹板的局部稳定性进行计算。首先，应按上述梁腹板加劲肋的配置规定先进行加劲肋布置，然后按以下方法验算各区格的稳定性。若不满足（不足或太富裕），再调整加劲肋间距，重新计算。

（1）仅用横向加劲肋加强的腹板

腹板在两个横向加劲肋之间的区格，同时受有弯曲正应力 $\sigma$、剪应力 $\tau$、有时还有边缘压应力 $\sigma_c$ 共同作用（参见图 5-51），稳定条件可采用相关公式（5-129）的形式，即腹板各区格稳定计算式为：

$$\left(\frac{\sigma}{\sigma_{cr}}\right)^2 + \frac{\sigma}{\sigma_{c,cr}} + \left(\frac{\tau}{\tau_{cr}}\right)^2 \leqslant 1 \tag{7-44}$$

式中　$\sigma$——所计算腹板区格内，由平均弯矩产生的腹板计算高度边缘的弯曲压应力；

　　　$\tau$——所计算腹板区格内，由平均剪力产生的腹板平均剪应力 $\tau = V/(h_w t_w)$；

　　　$\sigma_c$——腹板边缘的局部压应力，应按式（7-14）计算，但一律取集中荷载的增大系数 $\psi = 1.0$。

$\sigma_{cr}$、$\sigma_{c,cr}$ 和 $\tau_{cr}$（N/mm²）分别为在 $\sigma$、$\sigma_c$ 和 $\tau$ 单独作用下板的临界应力。按下列方法计算：

1）$\sigma_{cr}$ 的计算式

弯曲临界应力 $\sigma_{cr}$ 的计算应考虑材料完全弹性、弹塑性（考虑残余应力）及塑性三个阶段，采用国际上通行的表达方法，以正则化宽厚比 $\lambda_{n,b} = \sqrt{f_y/\sigma_{cr}}$ 作为参数。

由表 5-5 知，在弹性阶段，当受压翼缘扭转受到完全约束时，$\sigma_{cr} = 7.4 \times 10^6 \left(\frac{t_w}{h_0}\right)^2$，则：

$$\lambda_{n,b} = \sqrt{\frac{f_y}{\sigma_{cr}}} = \frac{2h_c/t_w}{177} \cdot \frac{1}{\varepsilon_k} \tag{7-45a}$$

当受压翼缘扭转未受到完全约束时，$\sigma_{cr} = 5.5 \times 10^6 \left(\frac{t_w}{h_0}\right)^2$，则：

$$\lambda_{n,b} = \sqrt{\frac{f_y}{\sigma_{cr}}} = \frac{2h_c/t_w}{138} \cdot \frac{1}{\varepsilon_k} \tag{7-45b}$$

在弹性阶段，临界应力 $\sigma_{cr} = f_y/\lambda_{n,b}^2$（图 7-25 中的 $AB$ 段），用强度设计值表达，可取 $\sigma_{cr} = 1.1f/\lambda_{n,b}^2$（式中的 1.1 为抗力分项系数）。

由于钢材的弹塑性性能，当正则化宽厚比 $\lambda_{n,b}$ 较小（对没有缺陷的板，当 $\lambda_{n,b} \leqslant 1$ 时），按照薄板弹性稳定理论得到的临界应力 $\sigma_{cr}$ 将大于等于屈服点 $f_y$（图 7-25 中虚线表示的 $EG$ 段），此时钢材材料进入塑性阶段，临界应力应取 $\sigma_{cr} = f_y$（图 7-25 中虚线表示的 $FE$ 段）。实际应用时，考虑残余应力和几何缺陷的影响。

显然，图 7-25 中弹性阶段的终点 $B$ 至塑性阶段的起点 $C$ 的过渡段即为弹塑性阶段，若采用直线式将两点相连，即可得修正后弹塑性

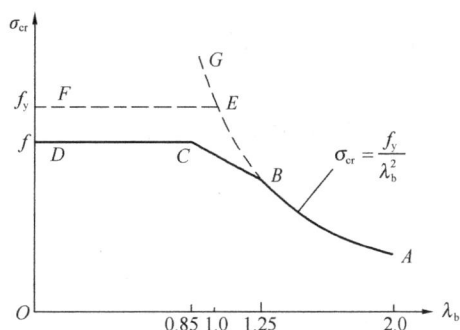

图 7-25　$\sigma_{cr}$ 值曲线

阶段 $\sigma_{cr}$ 的计算式。参照梁整体稳定，取弹性界限为 $0.6f_y$，相应的 $\lambda_{n,b} = \sqrt{f_y/(0.6f_y)} = \sqrt{1/0.6} = 1.29$，再考虑到腹板局部屈曲受残余应力的影响不如整体屈曲大，取 $\lambda_{n,b} = 1.25$，即得弯曲临界应力的分段计算式：

当 $\lambda_{n,b} \leqslant 0.85$ 时： $\qquad\qquad \sigma_{cr} = f$ $\qquad\qquad\qquad$ (7-46a)

当 $0.85 < \lambda_{n,b} \leqslant 1.25$ 时：$\sigma_{cr} = [1 - 0.75(\lambda_{n,b}^2 - 0.85)]f$ $\qquad$ (7-46b)

当 $\lambda_{n,b} > 1.25$ 时： $\qquad\qquad \sigma_{cr} = 1.1f/\lambda_{n,b}^2$ $\qquad\qquad\qquad$ (7-46c)

2）$\tau_{cr}$ 的表达式

剪切临界应力 $\tau_{cr}$ 以正则化宽厚比 $\lambda_{n,s} = \sqrt{f_{vy}/\tau_{cr}}$ 作为参数，式中 $f_{vy}$ 为剪切屈服强度，其值为 $f_y/\sqrt{3}$；$\tau_{cr}$ 为表 5-5 所表达的临界剪应力。

当 $a/h_0 \leqslant 1.0$ 时，$\tau_{cr} = 233 \times 10^3 [4 + 5.34(h_0/a)^2](t_w/h_0)^2$，则：

$$\lambda_{n,s} = \frac{h_0/t_w}{37\eta \sqrt{4 + 5.34(h_0 a)^2}} \cdot \frac{1}{\varepsilon_k} \qquad\qquad (7\text{-}47a)$$

当 $a/h_0 > 1.0$ 时，$\tau_{cr} = 233 \times 10^3 [5.34 + 4(h_0/a)^2](t_w/h_0)^2$，则：

$$\lambda_{n,s} = \frac{h_0/t_w}{37\eta \sqrt{5.34 + 4(h_0 a)^2}} \cdot \frac{1}{\varepsilon_k} \qquad\qquad (7\text{-}47b)$$

式中　$\eta$——系数，简支梁取 1.11，框架梁梁端最大应力区取 1。

取 $\lambda_{n,s} = 0.8$ 为 $\tau_{cr} = f_{vy}$ 的上起始点，$\lambda_{n,s} = 1.2$ 为弹塑性与弹性相交的下起始点，过渡段仍用直线，同理可得剪切临界应力的分段计算式：

当 $\lambda_{n,s} \leqslant 0.8$ 时： $\qquad\qquad \tau_{cr} = f_v$ $\qquad\qquad\qquad$ (7-48a)

当 $0.8 < \lambda_{n,s} \leqslant 1.2$ 时： $\qquad \tau_{cr} = [1 - 0.59(\lambda_{n,s} - 0.8)]f_v$ $\qquad$ (7-48b)

当 $\lambda_{n,s} > 1.2$ 时： $\qquad\qquad \tau_{cr} = f_{vy}/\lambda_{n,s}^2 = 1.1f_v/\lambda_{n,s}^2$ $\qquad$ (7-48c)

3）$\sigma_{c,cr}$ 的计算式

局部承压临界应力 $\sigma_{c,cr}$ 以正则化宽厚比 $\lambda_{n,c} = \sqrt{f_y/\sigma_{c,cr}}$ 作为参数，由表 5-5 可知，$\sigma_{c,cr} = 186 \times 10^3 \beta\chi \left(\frac{t_w}{h_0}\right)^2$，则 $\lambda_c = \frac{h_0 t_w}{28 \sqrt{\beta\chi}} \cdot \frac{1}{\varepsilon_k}$，将表 5-5 中 $\beta\chi$ 值改用较为简单的公式表达。

当 $0.5 \leqslant a/h_0 \leqslant 1.5$ 时：

$\beta\chi = [7.4h_0/a + 4.5(h_0 a)^2](1.81 - 0.255h_0/a) \approx 10.9 + 13.4(1.83 - a/h_0)^3$

$\qquad\qquad\qquad\qquad\qquad\qquad\qquad\qquad\qquad\qquad\qquad$ (7-49a)

当 $1.5 < a/h_0 \leqslant 2$ 时：

$\qquad \beta\chi = [11h_0/a + 0.9(h_0 a)^2](1.81 - 0.255h_0/a) \approx 18.9 - 5a/h_0$ $\quad$ (7-49b)

因此，$\lambda_{n,c}$ 的计算式如下：

当 $0.5 \leqslant \dfrac{a}{h_0} \leqslant 1.5$ 时：

$$\lambda_{n,c} = \frac{h_0/t_w}{28 \sqrt{10.9 + 13.4(1.83 - ah_0)^3}} \cdot \frac{1}{\varepsilon_k} \qquad\qquad (7\text{-}50a)$$

当 $1.5 < \dfrac{a}{h_0} \leqslant 2$ 时：

202

$$\lambda_{n,c} = \frac{h_0/t_w}{28\sqrt{18.9 - 5ah_0}} \cdot \frac{1}{\varepsilon_k} \tag{7-50b}$$

取 $\lambda_{n,c} = 0.9$ 为 $\sigma_{c,cr} = f_y$ 的全塑性上起始点；$\lambda_{n,c} = 1.2$ 为弹塑性与弹性相交的下起始点，过渡段仍用直线，同理可得局部承压临界应力 $\sigma_{c,cr}$ 的分段计算式：

当 $\lambda_{n,c} \leqslant 0.9$ 时：

$$\sigma_{c,cr} = f \tag{7-51a}$$

当 $0.9 < \lambda_{n,c} \leqslant 1.2$ 时：

$$\sigma_{c,cr} = [1 - 0.79(\lambda_{n,c} - 0.9)]f \tag{7-51b}$$

当 $\lambda_{n,c} > 1.2$ 时：

$$\sigma_{c,cr} = 1.1f/\lambda_{n,c}^2 \tag{7-51c}$$

（2）同时用横向加劲肋和纵向加劲肋加强的腹板

这种情况，纵向加劲肋将腹板分隔成区格Ⅰ和Ⅱ，应分别计算这两个区格的局部稳定性（参见图 5-52）。

1）受压翼缘与纵向加劲肋之间高度为 $h_1$ 的区格

此区格的受力情况见图 5-52（b），应按相关公式（5-130）计算其局部稳定性：

$$\frac{\sigma}{\sigma_{cr1}} + \left(\frac{\sigma_c}{\sigma_{c,cr1}}\right)^2 + \left(\frac{\tau}{\tau_{cr1}}\right)^2 \leqslant 1 \tag{7-52}$$

式中，$\sigma_{cr1}$、$\sigma_{c,cr1}$、$\tau_{cr1}$（N/mm²）按下列方法计算：

① $\sigma_{cr1}$ 按式（7-46）计算，但式中的 $\lambda_{n,b}$ 改用下列 $\lambda_{n,b1}$ 代替：

受压翼缘扭转受到约束时：

$$\lambda_{n,b1} = \frac{h_1/t_w}{75\varepsilon_k} \tag{7-53a}$$

受压翼缘扭转未受到约束时：

$$\lambda_{n,b1} = \frac{h_1/t_w}{64\varepsilon_k} \tag{7-53b}$$

② $\tau_{cr1}$ 按式（7-47）和式（7-48）计算，但式中 $h_0$ 改为 $h_1$。

③ $\sigma_{c,cr1}$ 借用式（7-46）计算，但公式中的 $\lambda_{n,b}$ 改用下列 $\lambda_{n,c1}$ 代替：

受压翼缘扭转受到约束时：

$$\lambda_{n,c1} = \frac{h_1/t_w}{56\varepsilon_k} \tag{7-54a}$$

受压翼缘扭转未受到约束时：

$$\lambda_{n,c1} = \frac{h_1/t_w}{40\varepsilon_k} \tag{7-54b}$$

2）受拉翼缘与纵向加劲肋之间高度为 $h_2$ 的区格

稳定条件仍可用式（7-44）的形式，计算式为：

$$\left(\frac{\sigma_2}{\sigma_{cr2}}\right)^2 + \frac{\sigma_{c2}}{\sigma_{c,cr2}} + \left(\frac{\tau}{\tau_{cr2}}\right)^2 \leqslant 1 \tag{7-55}$$

式中　$\sigma_2$——所计算区格内，由平均弯矩产生的在纵向肋边缘的弯曲压应力；

　　　$\sigma_{c2}$——腹板在纵向肋处的横向压应力，取 $\sigma_{c2} = 0.3\sigma_c$；

　　　$\tau$——与式（7-44）中的取值相同。

① $\sigma_{cr2}$ 按式（7-46）计算，但式中的 $\lambda_{n,b}$ 改用下列的 $\lambda_{n,b2}$ 代替：

$$\lambda_{n,b2} = \frac{h_2/t_w}{194\varepsilon_k} \tag{7-56}$$

② $\tau_{cr2}$ 按式（7-47）和式（7-48）计算，但将式中的 $h_0$ 改为 $h_2$。

③ $\sigma_{c,cr2}$ 按式（7-50）和式（7-51）计算，但将式中的 $h_0$ 改为 $h_2$。当 $a/h_2 > 2$ 时，取 $a/h_2 = 2$。

3）在受压翼缘与纵向肋之间设有短加劲肋的区格（图 7-25d）

其局部稳定性应按式（7-44）计算。该式中的 $\sigma_{cr1}$ 按无短加劲肋时取值；$\tau_{cr1}$ 应按式（7-47）和式（7-48）计算，但将 $h_0$ 和 $a$ 分别改为 $h_1$ 和 $a_1$（$a_1$ 为短加劲肋间距）；$\sigma_{c,cr1}$ 应按式（7-46）计算，但式中的 $\lambda_{n,b}$ 改用下列 $\lambda_{n,c1}$ 代替；

对 $a_1/h_1 \leqslant 1.2$ 的区格：

当梁受压翼缘扭转受到约束时：$\quad \lambda_{n,c1} = \frac{a_1/t_w}{87\varepsilon_k}$ (7-57a)

当梁受压翼缘扭转未受到约束时：$\lambda_{n,c1} = \frac{a_1/t_w}{73\varepsilon_k}$ (7-57b)

对 $a_1/h_1 > 1.2$ 的区格，式（7-57）右侧应乘以 $1/\sqrt{0.4 + 0.5a_1/h_1}$。

受拉翼缘与纵向加劲肋之间的区格 II，仍按式（7-55）计算。

### 7.4.3 加劲肋的构造和截面尺寸

焊接梁的加劲肋一般用钢板做成，并在腹板两侧成对布置（图 7-26）。对非吊车梁的中间加劲肋，为了节约钢材和制造工作量，也可单侧布置。

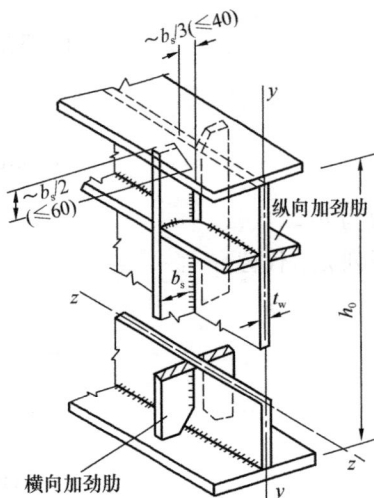

图 7-26 腹板加劲肋

横向加劲肋的间距 $a$ 不得小于 $0.5h_0$，也不得大于 $2h_0$（对 $\sigma_c = 0$ 的梁，$h_0/t_w \leqslant 100$ 时，可采用 $2.5h_0$）。

加劲肋应有足够的刚度才能作为腹板的可靠支承，所以对加劲肋的截面尺寸和截面惯性矩应有一定要求。

双侧布置的钢板横向加劲肋的外伸宽度应满足下式要求：

$$b_s \geqslant \frac{h_0}{30} + 40 \text{（mm）} \tag{7-58}$$

单侧布置时，外伸宽度应比上式增大 20%。

加劲肋的厚度不应小于实际取用外伸宽度的 $1/15$。

当腹板同时用横加劲肋和纵向加劲肋加强时，应在其相交处切断纵向加劲肋而使横加劲肋保持连续。此时，横向肋的断面尺寸除应符合上述规定外，其截面惯性矩（对 $z$-$z$ 轴，图 7-26），尚应满足下式要求：

$$I_z \geqslant 3h_0 t_w^3 \tag{7-59}$$

纵向加劲肋的截面惯性矩（对 $y$-$y$ 轴），应满足下列公式的要求；

当 $a/h_0 \leqslant 0.85$ 时：

$$I_y \geqslant 1.5h_0 t_w^3 \tag{7-60a}$$

当 $a/h_0 > 0.85$ 时：

$$I_y \geqslant \left(2.5 - 0.45\frac{a}{h_0}\right)\left(\frac{a}{h_0}\right)^2 h_0 t_w^3 \tag{7-60b}$$

对大型梁，可采用以肢尖焊于腹板的角钢加劲肋，其截面惯性矩不得小于相应钢板加劲肋的惯性矩。

计算加劲肋截面惯性矩的 $y$ 轴和 $z$ 轴，双侧加劲肋为腹板轴线；单侧加劲肋为与加劲肋相连的腹板边缘线。

为了避免焊缝交叉，减小焊接应力，在加劲肋端部应切去宽约 $b_s/3$（$\leqslant 40$）、高约 $b_s/2$（$\leqslant 60$）的斜角（图 7-27）。对直接承受动力荷载的梁（如吊车梁），中间横向加劲肋下端不应与受拉翼缘焊接（若焊接，将降低受拉翼缘的疲劳强度），一般在距受拉翼缘 $50\sim 100\text{mm}$ 处断开（图 7-27b）。

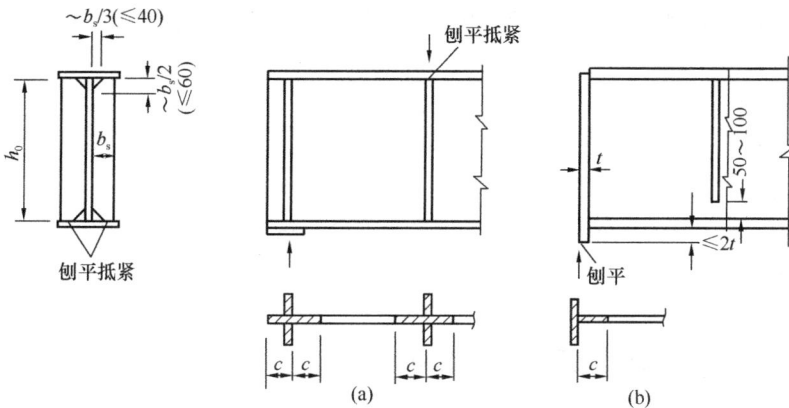

图 7-27　支承加劲肋（$C = 15t_w\varepsilon_k$）

### 7.4.4　支承加劲肋的计算

梁的支承加劲肋系指承受固定集中荷载或者支座反力的横向加劲肋。此种加劲肋应在腹板两侧成对设置，并应进行整体稳定和端面承压计算，其截面往往比中间横向加劲肋大。

（1）按轴心压杆计算支承加劲肋在腹板平面外的稳定性。此压杆的截面包括加劲肋以及每侧各 $15t_w\varepsilon_k$ 范围内的腹板面积（图 7-27）中阴影部分，其计算长度近似取为腹板高度 $h_0$。

（2）支承加劲肋一般刨平抵紧于梁的翼缘（图 7-27a）或柱顶（图 7-27b），其端面承压强度按下式计算：

$$\sigma_{ce} = \frac{F}{A_{ce}} \leqslant f_{ce} \tag{7-61}$$

式中　$F$——集中荷载或支座反力；

　　$A_{ce}$——端面承压面积；

　　$f_{ce}$——钢材端面承压强度设计值。

突缘支座（图 7-27b）的伸出长度不应大于加劲肋厚度的 2 倍。

（3）支承加劲肋与腹板的连接焊缝，应按承受全部集中力或支反力进行计算。计算时假定应力沿焊缝长度均匀分布。

## 7.5 考虑腹板屈曲后强度的梁设计

承受静力荷载和间接承受动力荷载的组合梁，其腹板高厚比可以适当加大，按考虑屈曲后强度进行设计，此时可仅在支座处和固定集中荷载处设置支承加劲助，或尚有中间横向加劲助，其高厚比可以达到 250 也不必设置纵向加劲助。这里介绍我国标准规定的实用计算方法，此计算方法不适用于直接承受动力荷载的吊车梁，原因为腹板反复屈曲可能导致其边缘出现裂纹，并且有关研究资料也不充分。

### 7.5.1 腹板屈曲后的抗剪承载力 $V_u$

腹板屈曲后的抗剪承载力应为屈曲剪力与张力场剪力之和（参见式 5-132）。根据理论和试验研究，考虑弹塑性修正后，抗剪承载力设计值 $V_u$ 亦可用下列分段表达公式计算：

当 $\lambda_{n,s} \leqslant 0.8$ 时：

$$V_u - h_w t_w f_v \tag{7-62a}$$

当 $0.8 < \lambda_{n,s} \leqslant 1.2$ 时：

$$V_u = h_w t_w f_v [1 - 0.5(\lambda_{n,s} - 0.8)] \tag{7-62b}$$

当 $\lambda_{n,s} > 1.2$ 时：

$$V_u = h_w t_w f_v / \lambda_{n,s}^{1.2} \tag{7-62c}$$

式中    $\lambda_{n,s}$——用于抗剪计算的腹板正则化宽厚比：

$$\lambda_{n,s} = \sqrt{\frac{f_y}{\tau_{cr}}} = \frac{h_0/t_w}{37\eta\sqrt{\beta}} \cdot \frac{1}{\varepsilon_k}$$

当 $a/h_0 \leqslant 1.0$ 时，$\beta = 4 + 5.34(h_0/a)^2$；当 $a/h_0 > 1.0$ 时，$\beta = 5.34 + 4(h_0/a)^2$。如果只设置支承加劲助而使 $a/h_0$ 甚大时，则可取 $\beta = 5.34$。

### 7.5.2 腹板屈曲后的抗弯承载力 $M_{eu}$

腹板屈曲后考虑张力场的作用，抗剪承载力有所提高，但由于弯矩作用下腹板受压区屈曲，使梁的抗弯承载力有所下降，不过因屈曲发生在梁腹板处，截面抗弯刚度下降很少。我国标准采用了近似计算公式来计算梁的抗弯承载力。

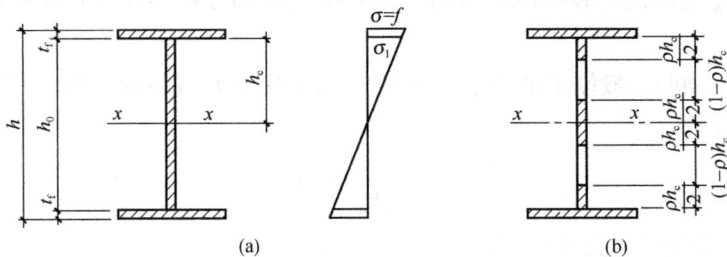

图 7-28    梁截面模量折减系数的计算

梁腹板屈曲后构件的抗弯承载力 $M_{eu}$ 采用有效截面的概念计算，假设弯矩作用下腹板受压区高度为 $h_c$（图 7-28a），腹板受压区屈曲后，假定腹板受压区有效高度为 $\rho h_c$（$\rho$

为腹板受压区有效高度系数），等分在受压区 $h_c$ 的两端，中部则扣除 $(1-\rho)h_c$ 的高度，梁的中和轴也有下降（图 7-28b、c）。为了使腹板屈曲后截面中和轴位置不改变，假设弯曲受拉区也有相应高度为 $(1-\rho)h_c$ 的部分腹板退出工作（图 7-28d），这个假设是为了简化计算工作，结果偏于安全。

设 $I_x$ 为梁截面在腹板发生屈曲前绕 $x$ 轴的惯性矩，$I_{xe}$ 为腹板受压区发生屈曲、部分截面退出工作后梁截面绕 $x$ 轴的有效惯性矩，由图 7-28 所示有效截面，得梁有效截面惯性矩为（忽略孔洞绕自身轴惯性矩）：

$$I_{xe} = I_x - 2(1-\rho)h_c t_w \left(\frac{h_c}{2}\right)^2 = I_x - \frac{1}{2}(1-\rho)h_c^3 t_w \tag{7-63}$$

令 $\alpha_e$ 为梁腹板屈曲后截面模量的折减系数，则：

$$\alpha_e = \frac{W_{xe}}{W_x} = \frac{I_{xe}}{I_x} = 1 - \frac{(1-\rho)h_c^3 t_w}{2I_x} \tag{7-64}$$

上式是按双轴对称截面塑性发展系数 $\gamma_x=1.0$ 得出的偏安全的近似公式，但也可近似用于 $\gamma_x=1.05$ 和单轴对称的截面。

于是可得腹板屈曲后梁截面的抗弯承载力设计值为：

$$M_{eu} = \gamma_x \alpha_e W_x f \tag{7-65}$$

式中　$\gamma_x$——梁截面塑性发展系数；

　　　$W_x$——全截面有效时的截面模量。

式（7-63）中腹板受压区有效高度系数 $\rho$ 值的大小，取决于正则化宽厚比 $\lambda_b = \sqrt{f_y/\sigma_{cr}}$，亦即与腹板区格的弯曲临界应力 $\sigma_{cr}$ 有关。当 $\sigma_{cr}=f$，腹板不会屈曲，此时 $\rho=1.0$，$\alpha_e=1$，截面全部有效；当 $\sigma_{cr}<f$，则 $\rho<1.0$。我国设计标准对 $\rho$ 值的计算与确定弯曲临界应力 $\sigma_{cr}$ 时的计算相同，也分为 3 段式，分界点也与计算 $\sigma_{cr}$ 相同，即：

当 $\lambda_{n,b} \leqslant 0.85$ 时：

$$\rho = 1.0 \tag{7-66a}$$

当 $0.85 < \lambda_{n,b} \leqslant 1.25$ 时：

$$\rho = 1 - 0.82(\lambda_{n,b} - 0.85) \tag{7-66b}$$

当 $\lambda_{n,b} > 1.25$ 时：

$$\rho = \frac{1}{\lambda_{n,b}}\left(1 - \frac{0.2}{\lambda_{n,b}}\right) \tag{7-66c}$$

正则化宽厚比 $\lambda_{n,b} = \sqrt{f_y/\sigma_{cr}}$ 仍按局部稳定计算中式（7-45）计算。

任何情况下，以上公式中的截面数据 $W_x$、$I_x$ 以及 $h_c$ 均按截面全部有效计算。

### 7.5.3　考虑腹板屈曲后强度梁的承载力

梁在横向加劲肋之间的腹板区段，通常承受弯矩和剪力的共同作用。腹板弯剪联合作用下的屈曲后强度分析起来比较复杂。为简化计算，剪力 $V$ 和弯矩 $M$ 无量纲化的相关关系可以用图 7-29 的相关曲线表达，写成计算式则为：

当 $M/M_f \leqslant 1.0$ 时：

$$V \leqslant V_u \tag{7-67a}$$

当 $V/V_u \leqslant 0.5$ 时：

$$M \leqslant M_{eu} \tag{7-67b}$$

其他情况：

$$\left(\frac{V}{0.5V_u}-1\right)^2+\frac{M-M_f}{M_{eu}-M_f}\leqslant 1.0$$

(7-67c)

式中 $M$、$V$——所计算区格内同一截面处梁的弯矩和剪力设计值；因此式是计算梁最不利截面上的强度，不能像 7.4.2 节计算腹板稳定那样取为区格内的弯矩平均值和剪力平均值；

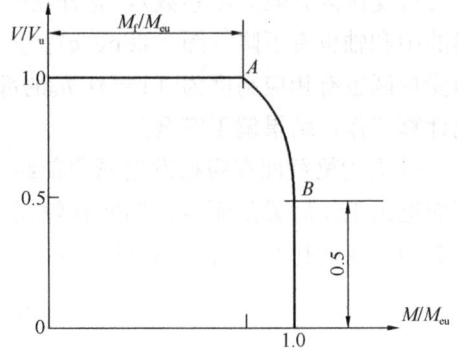

图 7-29 腹板屈曲后剪力与弯矩相关曲线

$M_{eu}$、$V_u$——$M$ 或 $V$ 单独作用时由式（7-65）和式（7-62）计算的承载力设计值；

$M_f$——梁两翼缘所承担的弯矩设计值：对双轴对称截面梁，$M_f=A_f h_f f$（此处 $A_f$ 为一个翼缘截面积，$h_f$ 为上、下翼缘轴线间距离）；对单轴对称截面梁，$M_f=\left(A_{f1}\dfrac{h_{m1}^2}{h_{m2}}+A_{f1}h_{m2}\right)f$，（此处 $A_{f1}$、$h_{m1}$ 为较大翼缘的截面面积及其形心至梁中和轴距离，$A_{f2}$、$h_{m2}$ 为较小翼缘的相应值）。

当弯矩不超过梁翼缘所提供的最大弯矩 $M_f$ 时，腹板不参与承担弯矩作用，即在 $M\leqslant M_f$ 范围内为一水平线，此时，腹板强度由抗剪承载力控制，即可采用式（7-67a）直接计算。

当腹板边缘正应力达到屈服且剪力不超过屈曲后抗剪承载力设计值 $V_u$ 的 0.5 倍时，腹板抗弯承载力下降极小，所以可直接用式（7-67b）验算梁的抗弯承载力。

考虑腹板屈曲后强度，应对所设计梁的若干个控制截面按公式（7-67）进行承载能力的验算。一般情况下，控制截面可选择弯矩最大的截面、剪力最大的截面或弯矩和剪力相对较大的截面。

### 7.5.4 考虑腹板屈曲后强度的梁的加劲肋设计

考虑腹板屈曲后强度，即使腹板的高厚比 $h_0/t_w$ 很大，一般也不再考虑设置纵向加劲肋。原则上除在支座处必须设置支承加劲肋外，跨中可根据计算不设或仅设横向加劲肋，但横向加劲肋或支承加劲肋不允许在腹板单侧设置。同时，由于腹板高厚比通常都较大，为了运输和安装时构件不发生扭转等变形，应按构造需要设置横向加劲肋。此时，加劲肋间距不一定满足 $a\leqslant 2h_0$，但腹板的高厚比不应大于 250。

第 5 章讲过，腹板在张力场情况下，加劲肋起到桁架竖杆的作用，由图 5-58（b）脱离体的竖向力平衡条件，可得到加劲肋所受压力 $N_s$ 为：

$$N_s=(\sigma_t t_w a\cdot\sin\theta)\sin\theta=\frac{1}{2}\sigma_t t_w a(1-2\cos2\theta)$$

(7-68)

上式计算复杂，为简化计算，将张力场对横向加劲肋的作用分为竖向和水平两个分力，对中间横向加劲肋来说，可以认为两相邻区格的水平力主要由翼缘承受。因此，这类加劲肋只需按轴心压杆计算其在腹板平面外的稳定。所受轴心压力规定为：

$$N_a=V_u-h_0 t_w\tau_{cr}+F$$

(7-69)

式中 $V_u$——腹板屈曲后的抗剪承载力，按式（7-62）计算；

　　$\tau_{cr}$——临界剪应力，按式（7-48）计算；

　　$F$——承受的集中荷载。

上式较理论值偏大，以考虑张力场水平分力的不利影响。

对于梁的支座加劲肋，当和它相邻的板幅利用屈曲后强度时，则必须考虑张力场水平分力的影响，标准取拉力场的水平分力 $H_t$ 为：

$$H_t = (V_u - h_0 t_w \tau_{cr})\sqrt{1 + (a/h_0)^2} \tag{7-70}$$

$H_t$ 的作用点可取为距梁腹板计算高度上边缘 $h_0/4$ 处（图 7-30a）。为了增加抗弯能力，还应将梁端部延长，并在梁外延的端部加设封头板。此时，对梁支座加劲肋的计算可采用下列两种方法之一：

（1）将封头板与支座加劲肋之间视为竖向压弯构件，简支于梁上下翼缘，计算其强度和在腹板平面外的稳定。

（2）将支座加劲肋作为承受支座反力 $R$ 的轴心压杆计算，封头板截面积则不小于 $A_c = \dfrac{3h_0 H_t}{16ef}$，式中，$e$ 为支座加劲肋与封头板的距离；$f$ 为钢材强度设计值。

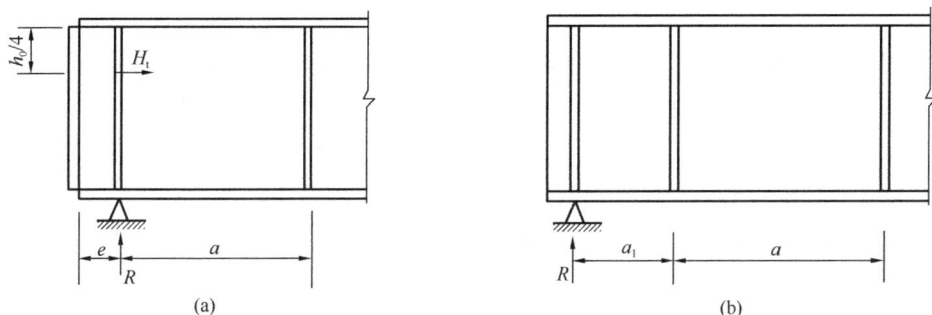

图 7-30　梁端构造

梁端构造还有另一方案：即缩小支座加劲肋和第一道中间加劲肋的距离 $a_1$（图 7-30b），使 $a_1$ 范围内的 $\tau_{cr} \geqslant f_v$（即 $\lambda_{n,s} \leqslant 0.8$），此种情况的支座加劲肋就不会受到 $H_t$ 的作用。这种对端节间不利用腹板屈曲后强度的办法，为世界少数国家（如美国）所采用。

【例 7-3】验算图 7-31 所示焊接组合梁的承载力，梁截面尺寸见图 7-31。由次梁传递给主梁的集中荷载标准值 $F_k = 235\text{kN}$，设计值 $F = 323\text{kN}$，主梁自重标准值 $g_k = 3\text{kN/m}$。钢材为 Q235B，E43 型焊条（手工焊）。

【解】

主梁自重设计值：

$$g = 1.2 \times 3 = 3.6\text{kN/m}$$

支座处最大剪力：

$$V_{max} = V_1 = \frac{5}{2}F + \frac{1}{2}gl = 2.5 \times 323 + \frac{1}{2} \times 3.6 \times 18 = 834.5\text{kN}$$

跨中最大弯矩：

$$M_x = 843.5 \times 7.5 - 323 \times (5 + 2.5) - 1/2 \times 3.6 \times 7.5^2 = 3735\text{kN·m}$$

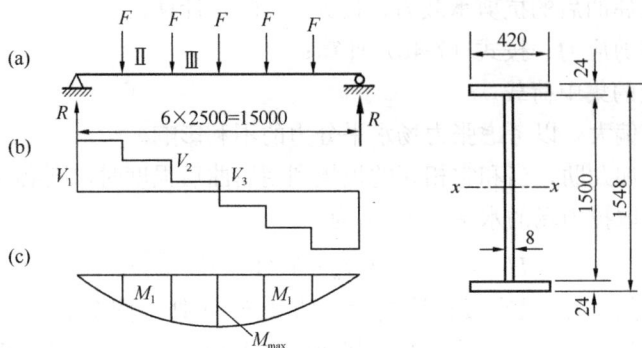

图 7-31　例 7-3 图

采用焊接组合梁，估计翼缘板厚度 $t_f > 16\text{mm}$，故钢材强度设计值取 $f = 205\text{N/mm}^2$。

（1）强度验算

梁的截面几何常数：

$$I_x = \frac{1}{12}(420 \times 1548^3 - 412 \times 1500^3) = 1396000 \times 10^4 \text{mm}^4$$

$$W_{nx} = \frac{2I_x}{h} = \frac{2 \times 1396000 \times 10^4}{1548} = 18000 \times 10^3 \text{mm}^3$$

$$A = 1500 \times 8 + 2 \times 420 \times 24 = 32160 \text{mm}^2$$

$$S = 420 \times 24 \times 762 + 750 \times 8 \times 375 = 9931 \times 10^3 \text{mm}^3$$

验算抗弯强度，对于简支梁，由于翼缘截面板件的宽厚比 $b/t = 203/24 = 8.5 \leqslant 13$，可以按弹塑性进行设计，截面塑性发展系数 $\gamma_x = 1.05$：

$$\sigma = \frac{M_x}{\gamma_x W_{nx}} = \frac{3735 \times 10^6}{1.05 \times 18000 \times 10^3} = 197.6\text{N/mm}^2 < f = 205\text{N/mm}^2$$

验算抗剪强度：

$$\tau = \frac{V_{max}S}{I_x t_w} = \frac{834.5 \times 10^3}{1396000 \times 10^4 \times 10} \times 9931 \times 10^3 = 60.5\text{N/mm}^2 < f_v = 125\text{N/mm}^2$$

主梁的支承处以及支承次梁处均配置支承加劲肋，不必验算局部承压强度（$\sigma_c = 0$）。

（2）梁整体稳定验算

由于梁上铺有刚性铺板并与次梁连牢，故不需验算主梁的整体稳定性。

（3）刚度验算

由附表 2-1，挠度容许值 $[v_T] = L/400$（全部荷载标准值作用）或 $[v_Q] = L/500$（仅有可变荷载标准值作用）。

全部荷载标准值作用时：

$$R_k = 2.5 \times 253 + 3 \times 7.5 = 655\text{kN}$$

$$M_k = 655 \times 7.5 - 253 \times (5 + 2.5) - 3 \times \frac{1}{2} \times 7.5^2 = 2930.6\text{kN} \cdot \text{m}$$

$$\frac{v_T}{L} \approx \frac{M_k L}{10EI_x} = \frac{2930.6 \times 10^6 \times 15000}{10 \times 206000 \times 139600 \times 10^4} = \frac{1}{654} < \frac{[v_T]}{L} = \frac{1}{400};$$

刚度满足要求，同时因 $v_T$ 已小于 $L/500$，故不必再验算仅有可变荷载标准值作用时的挠度。

（4）主梁加劲肋设计

该梁腹板高厚比 $h_0/t_w = 1500/8 = 187.5 > 150$，如果要防止腹板丧失局部稳定，则需按计算设置横向加劲肋和纵向加劲肋。考虑到主梁承受的是静力荷载，该梁腹板宜考虑按屈曲后强度设计，并在支座处和每个次梁处（即固定集中荷载处）设置支承加劲肋。

梁端部采用如图 7-32 所示的构造，即在距支座 $a_1$ 处增设横向加劲肋，使 $a_1 = 650$，因 $a_1/h_0 = 650/1500 = 0.43 < 1$，所以

$$\lambda_{n,s} = \frac{h_0/t_w}{37\eta\sqrt{4 + 5.34(h_0/a_1)^2}} = \frac{1500/8}{37 \times 1.11 \sqrt{4 + 5.34(1500/650)^2}} \approx 0.8$$

故，$\tau_{cr} = f_v$，说明板段 $I_1$ 范围内的腹板（如图 7-32）不会屈曲，支座加劲肋不会受到水平力 $H_t$ 的作用。

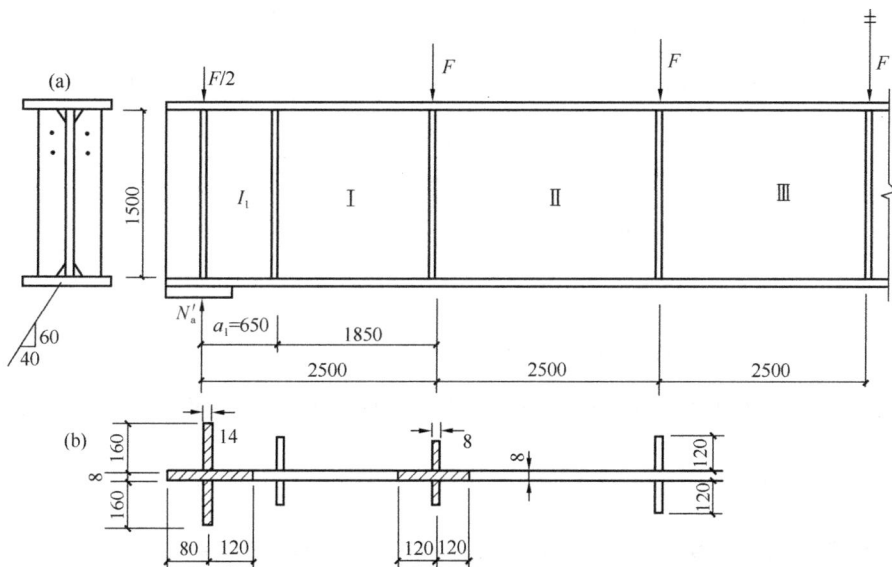

图 7-32　例 7-3 图

① 各板段的强度验算（参见图 7-32）

对板段 I（剪力最大）：

左侧截面剪力：

$$V_1 = 834.5 - 3.6 \times 0.65 = 832.2 \text{kN}$$

相应弯矩：

$$M_1 = 834.5 \times 0.65 - 3.6 \times 0.65^2/2 = 542 \text{kN} \cdot \text{m}$$

因为 $M_1 = 542 \text{kN} \cdot \text{m} < M_f = 420 \times 24 \times 1524 \times 205 = 3150 \times 10^6 \text{N} \cdot \text{mm} = 3150 \text{kN} \cdot \text{m}$

故用 $V_1 \leqslant V_u$ 验算，$a = 1850 \text{mm}$，$a/h_0 = 1850/1500 > 1$，$\eta = 1.11$，则

$$\lambda_{n,s} = \frac{h_0/t_w}{37\eta\sqrt{5.34 + 4(h_0/a)^2}} = \frac{1500/8}{37 \times 1.11\sqrt{5.34 + 4(1500/1850)^2}} = 1.62 > 1.2$$

$$V_u = h_w t_w f_v/\lambda_{n,s}^{1.2} = 1500 \times 8 \times 125/1.62^{1.2}$$

$$= 841 \times 10^3 \text{N} = 841 \text{kN} > V_1 = 832.2 \text{kN （通过）}$$

对板段Ⅲ（弯矩最大），$a = 2500 \text{mm}$，验算右侧截面：

$$\lambda_{n,s} = \frac{h_0/t_w}{37\eta\sqrt{5.34 + 4(h_0/a)^2}} = \frac{1500/8}{37 \times 1.11\sqrt{5.34 + 4(1500/2500)^2}} = 1.756 > 1.2$$

$$V_u = h_w t_w f_v/\lambda_{n,s}^{1.2} = 1500 \times 8 \times 125/1.756^{1.2} = 763 \times 10^3 \text{N} = 763 \text{kN}$$

因 $V_3 = 834.5 - 323 \times 2 - 3.6 \times 7.5 = 162 \text{kN} < 0.5V_u = 0.5 \times 763 \text{kN}$

故用 $M_3 = M_{max} = 3735 \text{kN·m}$ 验算：

$$\lambda_{n,b} = \frac{h_0/t_w}{153}\sqrt{\frac{f_y}{235}} = \frac{1500/8}{153} = 1.225 > 0.85 \text{，但 } \lambda_{n,b} < 1.25$$

$$\rho = 1 - 0.82(\lambda_{n,b} - 0.85) = 1 - 0.82 \times (1.225 - 0.85) = 0.693$$

$$\alpha_e = 1 - \frac{(1-\rho)h_c^3 t_w}{2I_x} = 1 - \frac{(1-0.693) \times 750^3 \times 10}{2 \times 139600 \times 10^4} = 0.963$$

$$M_{eu} = \gamma_x \alpha_e W_x f = 1.05 \times 0.963 \times 18000 \times 10^3 \times 205$$

$$= 3731 \times 10^6 \text{N·mm} = 3731 \text{kN·m}$$

$$\approx M_3 = 3735 \text{kN·m}$$

对板段Ⅱ，因剪力和弯矩不大，一般可不验算，若验算，应分别计算其左右截面强度。

② 加劲肋设计

根据构造要求，宽度：$b_s \geqslant \frac{h_0}{30} + 40 = \frac{150}{30} + 40 = 90 \text{mm}$，取 $b_s = 120 \text{mm}$。

厚度：$t_s \geqslant \frac{b_s}{15} = \frac{120}{15} = 8 \text{mm}$。

a. 中部承受次梁支座反力的支承加劲肋的截面验算：

由上可知：$\lambda_s = 1.756$，$\tau_{cr} = 1.1f_v/\lambda_s^2 = 1.1 \times 125/1.756^2 = 44.6 \text{N/mm}^2$

故该加劲肋所承受的轴心力：

$$N_s = V_u - \tau_{cr}h_w t_w + F$$

$$= 954 \times 10^3 - 44.6 \times 1500 \times 8 + 323 \times 10^3$$

$$= 742 \times 10^3 \text{N} = 742 \text{kN}$$

截面面积：$A_s = 2 \times 120 \times 8 + 240 \times 8 = 3840 \text{mm}^2$

支承加劲肋平面外的惯性矩：$I_z = 1/12 \times 8 \times 250^3 = 1042 \times 10^4 \text{ mm}^4$

回转半径：$i_z = \sqrt{I_z/A_s} = \sqrt{1042 \times 10^4/3840} = 52.1\text{mm}$

$\lambda_z = \dfrac{1500}{52.1} = 29$，查表得：$\varphi_z = 0.939$。

验算在腹板平面外稳定：

$$\frac{N_s}{\varphi_z A_s} = \frac{742 \times 10^3}{0.939 \times 3840} = 206\text{N/mm}^2 < f = 215\text{N/mm}^2$$

靠近支座加劲肋的中间横向加劲肋仍用$-120 \times 8$，不必验算。

b. 支座加劲肋的验算：

已知支座反力 $R = 834.5\text{kN}$，另外还应加上边部次梁直接传给主梁的支反力 $F/2 = 323/2 = 161.5\text{kN}$。

加劲肋采用 $2-160 \times 14$ 板，$A_s = 2 \times 160 \times 14 + 200 \times 8 = 6080\text{mm}^2$，则

$$I_z = 1/12 \times 14 \times 328^3 = 4118 \times 10^4 \text{mm}^4，则$$

$$i_z = \sqrt{I_z/A_s} = \sqrt{4118 \times 10^4/6080} = 82.3\text{mm}$$

$\lambda_z = \dfrac{1500}{82.3} = 18.2$，查表得：$\varphi_z = 0.974$。

验算在腹板平面外稳定：

$$\frac{N'_s}{\phi_z A_s} = \frac{(834.5 + 161.5) \times 10^3}{0.974 \times 6080} = 168\text{N/mm}^2 < f = 215\text{N/mm}^2$$

验算端部承压：

$$\sigma_{ce} = \frac{(834.5 + 161.5) \times 10^3}{2 \times (160 - 40) \times 14} = 300\text{N/mm}^2 < f_{ce} = 325\text{N/mm}^2$$

满足要求。

## 习 题

7.1 一平台的梁格布置如图 7-33 所示，铺板为预制钢筋混凝土板，焊于次梁上，设平台恒荷载的标准值（不包括梁自重）为 $2.0\text{kN/m}^2$，活荷载的标准值为 $20\text{kN/m}^2$。该次梁截面分别采用 I45a 和 HN $446 \times 199 \times 8 \times 12$，钢材为 Q345 钢，试验算该次梁是否满足要求。

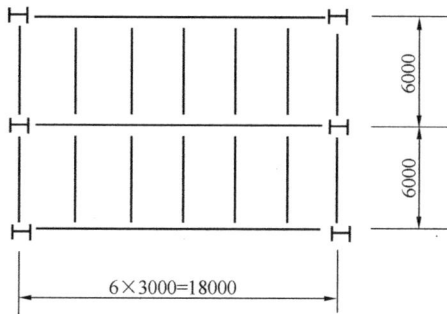

图 7-33 习题 7.1 图

7.2 一悬挂电动葫芦的简支轨道梁的截面为 I28a，跨度为 6m；电动葫芦的自重为 6kN，起重能力为 30kN（均为标准值）。钢材采用 Q345B 钢。

注：悬吊重和电动葫芦自重可作为集中荷载考虑。另外，考虑葫芦轮子对轨道梁下翼缘的磨损，梁截面模量和惯性矩应乘以折减系数 0.9。

7.3 如图 7-34 所示两焊接工字形简支梁截面，其截面积大小相同，跨度均为 12m，跨间无侧向支承点，均布荷载大小亦相同，均作用于梁的上翼缘，钢材为 Q235，试比较说明何者稳定性更好。

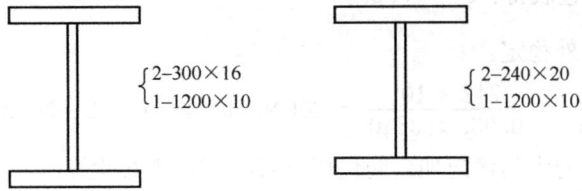

$\left\{\begin{array}{l}2-300\times16 \\ 1-1200\times10\end{array}\right.$
$\left\{\begin{array}{l}2-240\times20 \\ 1-1200\times10\end{array}\right.$

图 7-34 习题 7.3 图

7.4 设计习题 7.1 的中间主梁（焊接组合梁），包括选择截面、截面验算、确定腹板加劲肋的间距等。钢材为 Q345 钢，E50 型焊条（手工焊）。

# 8 拉弯和压弯构件

## 8.1 拉弯和压弯构件简介

同时承受轴向力和弯矩作用的构件称为拉弯（或压弯）构件，弯矩可能由轴向力的偏心作用、横向荷载作用或端弯矩作用等三种因素形成，如图 8-1 和图 8-2 所示。当弯矩作用在截面的一个主轴平面内时称为单向拉弯（或压弯）构件，作用在两个主轴平面内时称为双向拉弯（或压弯）构件。由于压弯构件是轴心受压构件和受弯构件的组合，因此压弯构件也称为"梁—柱"。

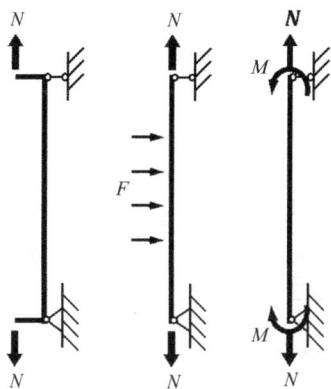

图 8-1 拉弯构件　　　　　　　　图 8-2 压弯构件

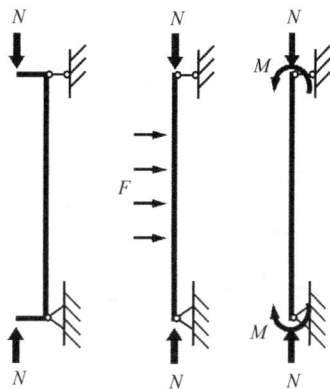

在钢结构中，拉弯和压弯构件的应用十分广泛，例如有节间荷载作用的桁架上、下弦杆，受风荷载作用的墙架柱以及天窗架的侧立柱等。压弯构件也广泛用作柱子，如工业建筑中的厂房框架柱（图 8-3）、多层（或高层）建筑中的框架柱（图 8-4）以及海洋平台的立柱等。它们不仅要承受上部结构传下来的轴向压力，同时还受有弯矩和剪力作用。

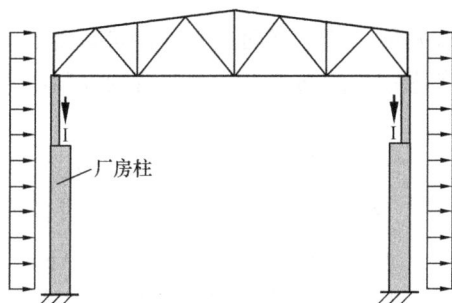

图 8-3 单层工业厂房框架柱　　　　　　图 8-4 多层框架柱

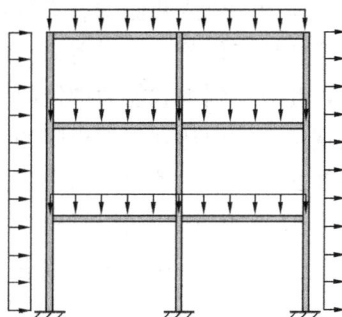

与轴心受力构件一样，拉弯和压弯构件也按其截面形式分为实腹式和格构式两种，常用的截面形式有热轧型钢截面、冷弯薄壁型钢截面和组合截面。当受力较小时，可选用热轧型钢或冷弯薄壁型钢截面。当受力较大时，可选用钢板焊接组合截面或型钢与型钢、型钢与钢板的组合截面。除了实腹式截面外，当构件计算长度较大且受力较大时，为了提高截面的抗弯刚度，还常常采用格构式截面。

在进行拉弯和压弯构件设计时，应同时满足承载能力极限状态和正常使用极限状态的要求。拉弯构件需要计算其强度和刚度；对压弯构件，则需要计算强度、整体稳定（弯矩作用平面内稳定和弯矩作用平面外稳定）、局部稳定和刚度。

## 8.2 拉弯和压弯构件的强度和刚度

### 8.2.1 强度计算

#### 8.2.1.1 截面正应力发展过程

以图 8-5（a）中的双轴对称工字形截面单向压弯构件为例，假设轴向力不变，弯矩绕强轴作用不断增加。在轴心压力及弯矩的共同作用下，与受弯构件类似，工字形截面上的应力发展过程将经历以下三个阶段：

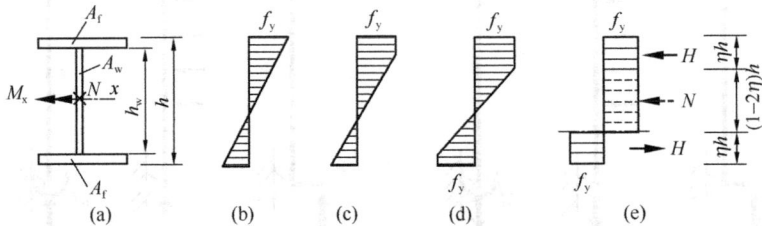

图 8-5　压弯构件截面应力的发展过程

（1）弹性工作阶段：当截面边缘纤维的最大应力达到钢材的屈服强度时，构件全截面处于弹性工作阶段（图 8-5b），此时截面上的最大应力为：

$$\frac{N}{A_n} + \frac{M_x}{W_{nx}} \leqslant f$$

（2）弹塑性工作阶段：随着弯矩的增加，截面受压区和受拉区先后进入塑性状态，此时截面最大应力一侧或两侧均有部分塑性深入截面（图 8-5c、d）。

（3）全塑性工作阶段：随着应力的进一步发展，整个截面进入塑性状态而出现塑性铰（图 8-5e），此时达到承载能力的极限状态。考虑钢材的塑性性能，拉弯构件和压弯构件是以截面出现塑性铰而达到强度极限的。

构件截面出现塑性铰时，由全截面塑性应力图形（图 8-5e），根据内外力的平衡条件：一对水平力 $H$ 所组成的力偶与外力矩 $M_x$ 平衡，合力应与外力轴力 $N$ 平衡，可以获得轴心力 $N$ 和弯矩 $M_x$ 的关系式。为了简化，取图 8-5（a）中的截面高度 $h \approx h_w$（$h_w$ 为腹板高度），翼缘面积 $A_f = \alpha A_w$（$A_w$ 为腹板截面面积），则全截面面积 $A = (2\alpha + 1) A_w$。内力的计算分为两种情况：

① 当中和轴在腹板范围内（即 $N \leqslant A_w f_y$）时，图 8-5（e）中的 $\eta h > t_f$（$t_f$ 为翼缘厚

度）。根据内、外力的平衡条件可得：

$$N = (1-2\eta)ht_wf_y = (1-2\eta)A_wf \tag{8-1}$$

$$M_x = A_fhf_y + \eta A_wf_y(1-\eta)h = A_whf_y(\alpha+\eta-\eta^2) \tag{8-2}$$

消去以上二式中的 $\eta$，并令 $N_p = Af_y = (2\alpha+1)A_wf_y$，$M_{px} = W_{px}f_y = (\alpha A_wh + 0.25A_wh)f_y = (\alpha+0.25)A_whf_y$

则得 $N$ 和 $M_x$ 的相关公式：

$$\frac{(2\alpha+1)^2}{4\alpha+1} \cdot \frac{N^2}{N_p^2} + \frac{M_x}{M_{px}} = 1 \tag{8-3}$$

② 当中和轴在翼缘范围内（即 $N > A_wf_y$）时，图 8-5（e）中的 $\eta h \leqslant t_f$。按上述相同方法可以导得：

$$\frac{N}{N_p} + \frac{4\alpha+1}{2(2\alpha+1)} \cdot \frac{M_x}{M_{px}} = 1 \tag{8-4}$$

式（8-3）和式（8-4）均为曲线，绘制成相关曲线即为图 8-6 中的实线。此曲线是外凸的，它不仅与截面形状有关，而且与一个翼缘面积 $A_f$ 和腹板面积 $A_w$ 的比值 $\alpha = A_f/A_w$ 有关，$\alpha$ 越小曲线外凸越多。常用工字形截面，腹板面积 $A_w$ 较小，$\alpha = A_f/A_w/\approx 1.5$，曲线外凸不多。

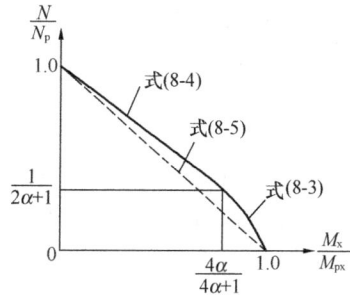

采用以上相同的方法，可以得到轴力 $N$ 和绕弱轴作用的弯矩 $M_y$ 作用下的全塑性相关公式和相关曲线，此相关曲线比绕强轴弯曲时，向外凸得更多。而双向弯曲的拉弯或压弯构件，当截面达到全塑性时，$N$ 和 $M_x$、$M_y$ 之间的相关关系比较复杂，截面中和轴的位置和倾角都随 $N$、$M_x$、$M_y$ 的不同而变化，通过大量计算得到的相关关系是一个曲面。

图 8-6　拉弯和压弯构件
强度相关曲线

### 8.2.1.2　强度计算

与受弯构件同样的原理，压弯构件主要由板件组成，构件截面的承载能力和塑性转动能力取决于板件宽厚比的大小。考虑截面承载力和塑性转动变形能力的不同，进行抗震性能化设计时，我国《钢结构设计标准》根据截面板件宽厚比的不同，将压弯构件的截面划分为 S1、S2、S3、S4、S5 五个板件宽厚比等级，各板件宽厚比等级及限值见表 8-1。

压弯构件（框架柱）的截面板件宽厚比等级及限值　　　表 8-1

| 截面板件宽厚比等级 | | S1 级 | S2 级 | S3 级 | S4 级 | S5 级 |
|---|---|---|---|---|---|---|
| H 形截面 | 翼缘 $b/t$ | $9\varepsilon_k$ | $11\varepsilon_k$ | $13\varepsilon_k$ | $15\varepsilon_k$ | 20 |
| | 腹板 $h_0/t_w$ | $(33+13\alpha_0^{1.3})\varepsilon_k$ | $(38+13\alpha_0^{1.39})\varepsilon_k$ | $(40+18\alpha_0^{1.5})\varepsilon_k$ | $(45+25\alpha_0^{1.66})\varepsilon_k$ | 250 |
| 箱形截面 | 壁板（腹板）间翼缘 $b_0/t$ | $30\varepsilon_k$ | $35\varepsilon_k$ | $40\varepsilon_k$ | $45\varepsilon_k$ | — |
| | 单向受弯的箱形截面柱腹板 $h_0/t_w$ | $(33+13\alpha_0^{1.3})\varepsilon_k$ | $(38+13\alpha_0^{1.39})\varepsilon_k$ | $(40+18\alpha_0^{1.5})\varepsilon_k$ | $(45+25\alpha_0^{1.66})\varepsilon_k$ | 250 |
| 圆钢管截面 | 径厚比 $D/t$ | $50\varepsilon_k^2$ | $70\varepsilon_k^2$ | $90\varepsilon_k^2$ | $100\varepsilon_k^2$ | — |

表 8-1 中，$b$ 为 H 形截面的翼缘外伸宽度，$t$、$h_0$、$t_w$ 分别是翼缘厚度、腹板净高和腹板厚度，对轧制型钢截面，腹板净高不包括翼缘腹板过渡处圆弧段；对于箱形截面，$b_0$、$t$ 分别为壁板（或称腹板）间的距离和壁板厚度；对于圆钢管截面，$D$ 为外径，$t$ 为圆管截面壁厚。截面的分类主要决定于组成截面板件的分类，并与钢号有关，表 8-1 中引入了钢号修正系数 $\varepsilon_k = \sqrt{235/f_y}$。除此之外，压弯构件腹板的截面板件宽厚比限值还与其应力状态有关，因此表 8-1 中引入了参数 $\alpha_0 = \dfrac{\alpha_{max} - \alpha_{min}}{\alpha_{max}}$，其中，$\alpha_{max}$ 为腹板计算高度边缘的最大压应力（N/mm²），$\alpha_{min}$ 为腹板计算高度另一边缘相应的应力（N/mm²），压应力取正值，拉应力取负值。

采用截面进入全塑性的设计准则进行压弯构件的强度计算，必须对构件组成板件的宽厚比提出较为严格的要求，以免截面在失去强度之前失去局部稳定。为了便于计算，同时考虑到全截面塑性分析中没有考虑轴心力对变形引起的附加弯矩以及剪力的不利影响，我国《钢结构设计标准》对板件宽厚比采用偏于安全的线性相关公式，即用斜直线代替曲线（图 8-6 中的虚线）：

$$\frac{N}{N_p} + \frac{M_x}{M_{px}} = 1 \tag{8-5}$$

式中，$N_p = A_n f_y$，是无弯矩作用时全截面屈服的轴力；$M_{px} = W_{px} f_y$，是无轴力作用时截面的塑性铰弯矩，$W_{px}$ 为塑性截面模量。与梁的强度计算一样，工程中若只考虑截面部分进入塑性，引入截面塑性发展系数 $\gamma_x$，令 $W_{px} = \gamma_x W_{nx}$，再引入抗力分项系数后，得到了《钢结构设计标准》规定的压弯（和拉弯）构件的强度计算式：

$$\frac{N}{A_n} \pm \frac{M_x}{\gamma_x W_{nx}} \leqslant f \tag{8-6}$$

式中，截面塑性发展系数 $\gamma_x$ 的取值原则同受弯构件。

对于承受双向弯矩作用的非圆形截面的拉弯或压弯构件，《钢结构设计标准》采用了与式（8-6）相衔接的线性公式：

$$\frac{N}{A_n} \pm \frac{M_x}{\gamma_x W_{nx}} \pm \frac{M_y}{\gamma_y W_{ny}} \leqslant f \tag{8-7}$$

承受双向弯矩作用的圆形截面，由于 $M_x$、$M_y$ 同时作用下产生的最大应力不在截面的同一点，不能进行线性叠加，此时应考虑弯矩主矢量作用下产生的最大应力，并按公式（8-8）计算拉弯或压弯构件的截面强度：

$$\frac{N}{A_n} + \frac{\sqrt{M_x^2 + M_y^2}}{\gamma_m W_n} \leqslant f \tag{8-8}$$

式中　$A_n$——构件的净截面面积；

$W_{nx}$、$W_{ny}$——对 $x$ 轴和 $y$ 轴的净截面模量，当截面板件宽厚比等级为 S1、S2、S3 或 S4 级时，应取全截面模量；当截面板件宽厚比等级为 S5 级时，应取有效截面模量，此时，均匀受压翼缘有效外伸宽度可取 $15\varepsilon_k$，腹板有效截面可按 8.5 节进行计算；

$W_n$——圆形截面的净截面模量；

$\gamma_x$、$\gamma_y$——截面塑性发展系数，对于非圆形截面，根据受压板件的内力分布情况，按表 8-1 确定截面板件宽厚比等级。当截面板件宽厚比等级不满足 S3 级时取

1.0，满足 S3 级时可按表 7-1 采用；

$\gamma_m$——圆形截面构件的截面塑性发展系数，对于实腹圆形截面取 1.2；对于圆管截面，当板件宽厚比等级不满足 S3 级时取 1.0，满足 S3 级时取 1.15。

对需要计算疲劳强度的拉弯和压弯构件，宜取 $\gamma_x = \gamma_y = \gamma_m = 1.0$，即不考虑截面塑性发展，按弹性应力状态（图 8-5b）计算。

### 8.2.2 刚度计算

与轴心受力构件一样，为了满足正常使用极限状态的要求，拉弯和压弯构件应具有一定的刚度，以保证构件不会产生过大的变形。拉弯和压弯构件的刚度也是通过限制长细比来实现的。计算时，拉弯构件的容许长细比与轴心拉杆相同（见表 6-2）；压弯构件的容许长细比与轴心压杆相同（见表 6-3）。

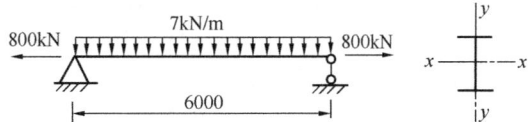

图 8-7 例 8-1 图

【例 8-1】图 8-7 所示的拉弯构件，间接承受动力荷载，轴向拉力的设计值为 800kN，横向均布荷载的设计值为 7kN/m。截面选用中翼缘 H 型钢 HM250×175，无削弱，材料采用 Q235 钢。试验算该构件的强度和刚度。

【解】查附表 6-2 得 HM250×175 的截面参数为：$A = 56.24\text{cm}^2$，自重重力 0.44 kN/m，$I_x = 6120\text{cm}^4$，$W_x = 502\text{cm}^3$，$i_x = 10.4\text{cm}$，$i_y = 4.18\text{cm}$。

（1）验算强度

$$M_x = \frac{1}{8}(7 + 0.44 \times 1.2) \times 6^2 = 33.9\text{kN} \cdot \text{m}$$

腹板计算高度边缘的应力：

$$\sigma_{max} = \frac{N}{A_n} + \frac{M_x}{I_{nx}} \cdot \frac{h_0}{2} = \frac{800 \times 10^3}{56.24 \times 10^2} + \frac{33.9 \times 10^6}{6120 \times 10^4} \cdot \frac{244 - 2 \times 11 - 2 \times 16}{2}$$
$$= 142.2 + 52.6 = 194.8\text{N/mm}^2$$

$$\sigma_{min} = \frac{N}{A_n} - \frac{M_x}{I_{nx}} \cdot \frac{h_0}{2} = 142.2 - 52.6 = 89.6\text{N/mm}^2$$

$$\alpha_0 = \frac{\sigma_{max} - \sigma_{min}}{\sigma_{max}} = \frac{194.8 - 89.6}{194.8} = 0.54$$

根据表 8-1，翼缘宽厚比：

$$\frac{b}{t} = \frac{(175 - 7 - 2 \times 16)/2}{11} = 6.2 < 9\varepsilon_k = 9 \times \sqrt{235/235} = 9$$

腹板高厚比：

$$\frac{h_0}{t_w} = \frac{244 - 2 \times 11 - 2 \times 16}{7} = 27.1 < (33 + 13\alpha_0^{1.3})\varepsilon_k$$
$$= (33 + 13 \times 0.54^{1.3}) \times \sqrt{235/235} = 38.8$$

由以上计算可知，截面板件宽厚比等级为 S1 级，$W_{nx}$ 应取全截面模量，截面的塑性发展系数 $\gamma_x = 1.05$。

强度计算：

$$\frac{N}{A_n} + \frac{M_x}{\gamma_x W_{nx}} = \frac{800 \times 10^3}{56.24 \times 10^2} + \frac{33.9 \times 10^6}{1.05 \times 502 \times 10^3} = 142.2 + 64.3$$

$$= 206.5 \text{N/mm}^2 < f = 215 \text{N/mm}^2$$

（2）验算刚度

$$\lambda_x = \frac{l_{0x}}{i_x} = \frac{600}{10.4} = 57.7 < [\lambda] = 350, \lambda_y = \frac{l_{0y}}{i_y} = \frac{600}{4.18} = 143.5 < [\lambda] = 350$$

## 8.3　实腹式压弯构件的整体稳定

### 8.3.1　单向弯曲实腹式压弯构件的整体稳定

压弯构件的截面尺寸通常由稳定承载力确定。对实腹式双轴对称截面一般将弯矩绕强轴（$x$ 轴）作用，而单轴对称截面则将弯矩作用在对称轴平面内。当弯矩绕一个主轴平面作用时（如工字形截面的强轴），压弯构件可能在弯矩作用平面内弯曲失稳（图 8-8a），也可能在弯矩作用平面外弯扭失稳（图 8-8b）。所以，实腹式压弯构件要分别计算弯矩作用平面内和弯矩作用平面外的稳定性。

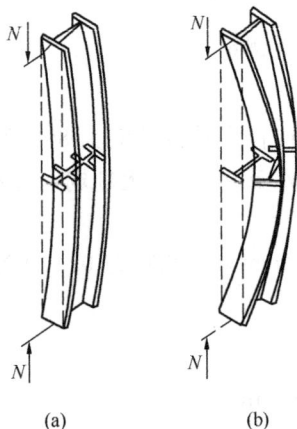

图 8-8　单向弯曲实腹式压弯构件的失稳形式
(a) 弯矩作用平面内弯曲失稳；
(b) 弯矩作用平面外弯扭失稳

#### 8.3.1.1　弯矩作用平面内的整体稳定

实腹式压弯构件当受压最大边缘刚开始屈服时尚有较大的强度储备，即容许截面塑性深入。这种容许塑性深入截面，并以具有各种初始缺陷的构件为计算模型，求解其极限承载力的方法，称为最大强度准则，具体计算方法有近似计算法和数值积分法。我国《钢结构设计标准》考虑构件存在 $l/1000$ 的初弯曲和实测的残余应力分布，采用数值计算方法（逆算单元长度法）进行了大量压弯构件极限承载力计算，再结合工程实际，选用了 165 条极限承载力曲线作为拟合相关公式的依据，并考虑了不同截面形式，不同截面尺寸、不同残余应力分布以及不同失稳方向等的影响，得出了比较符合实际又能满足工程精度要求的实用相关公式。由第 5 章式（5-54）得到的最大强度准则的应力表达式，即：

$$\frac{N}{\varphi A} + \frac{M}{W_p \left(1 - \beta \dfrac{N}{N_E}\right)} \leqslant f_y \tag{8-9}$$

式中　$W_p$——截面塑性模量。

经与 165 条曲线数值计算结果的仔细比较，并进行可靠度分析后，发现若在公式（8-10）中采用 $\beta = 0.8$，公式（8-9）与数值计算结果有最高的契合度。再考虑部分塑性深入截面，采用 $W_p = \gamma_x W_{1x}$，并引入抗力分项系数、等效弯矩系数后，即得到《钢结构设计标准》所采用的除圆管截面外的实腹式压弯构件弯矩作用平面内的稳定计算式：

$$\frac{N}{\varphi_x A f} + \frac{\beta_{mx} M_x}{\gamma_x W_{1x} \left(1 - 0.8 \dfrac{N}{N'_{Ex}}\right) f} \leqslant 1.0 \tag{8-10}$$

式中　$N$——所计算构件段范围内轴向压力设计值；

$M_x$——所计算构件段范围内的最大弯矩设计值；

$\varphi_x$——弯矩作用平面内轴心受压构件稳定系数；

$W_{1x}$——在弯矩作用平面内对受压最大纤维的毛截面模量，当截面板件宽厚比等级为 S1、S2、S3 或 S4 级时，应取全截面模量；当截面板件宽厚比等级为 S5 级时，应取有效截面模量，此时均匀受压翼缘有效外伸宽度可取 $15\varepsilon_k$，腹板有效截面可按 8.5 节的规定采用；

$N'_{Ex}$——参数，$N'_{Ex} = \pi^2 EA/(1.1\lambda_x^2)$；

$\beta_{mx}$——等效弯矩系数。

由第 5 章 5.1.4.1 节的推导可知，等效弯矩系数 $\beta_{mx}$ 的意义，是在考虑二阶效应后，将非均匀分布的弯矩（包括横向荷载产生的弯矩、不等端弯矩等）当量化为均匀分布的弯矩，我国《钢结构设计标准》建议按下列情况取值：

（1）无侧移框架柱和两端支承的构件

① 无横向荷载作用时：

$$\beta_{mx} = 0.6 + 0.4\frac{M_2}{M_1} \tag{8-11}$$

$M_1$ 和 $M_2$ 为端弯矩，使构件产生同向曲率（无反弯点）时取同号，使构件产生反向曲率（有反弯点）时取异号，$|M_1| \geq |M_2|$。

② 无端弯矩但有横向荷载作用时：

跨中单个集中荷载：

$$\beta_{mx} = 1 - 0.36N/N_{cr} \tag{8-12}$$

全跨均布荷载：

$$\beta_{mx} = 1 - 0.18N/N_{cr} \tag{8-13}$$

式中　$N_{cr}$——弹性临界力，$N_{cr} = \dfrac{\pi^2 EI}{(\mu l)^2}$；

　　　$\mu$——构件的计算长度系数。

③ 有端弯矩和横向荷载同时作用时，采用两种情况下等效弯矩的代数和，即式（8-10）中的 $\beta_{mx}M_x$ 应按下式计算：

$$\beta_{mx}M_x = \beta_{max}M_{qx} + \beta_{m1x}M_1 \tag{8-14}$$

式中　$M_{qx}$——横向荷载产生的弯矩最大值；

　　　$M_1$——端弯矩中绝对值最大一端的弯矩；

　　　$\beta_{m1x}$——按公式（8-11）计算的等效弯矩系数；

　　　$\beta_{mx}$——按公式（8-12）或式（8-13）计算的等效弯矩系数。

（2）有侧移框架柱和悬臂构件

① 除下面第②项规定之外的框架柱，$\beta_{mx}$ 应按下式计算：

$$\beta_{mx} = 1 - 0.36N/N_{cr} \tag{8-15}$$

② 有横向荷载的柱脚铰接的单层框架柱和多层框架的底层柱：$\beta_{mx} = 1.0$；

③ 自由端作用有弯矩的悬臂柱：

$$\beta_{mx} = 1 - 0.36(1-m)N/N_{cr} \tag{8-16}$$

式中　$m$——自由端弯矩与固定端弯矩之比，当弯矩图无反弯点时取正号，有反弯点时取负号。

当框架内力采用二阶弹性分析时，柱弯矩由无侧移弯矩和放大的侧移弯矩组成，此时可对两部分弯矩分别乘以无侧移柱和有侧移柱的等效弯矩系数。

对于图 8-9 中 T 型钢、双角钢 T 形截面、横放的槽形截面，以及翼缘截面不相等的工字形等单轴对称截面压弯构件，当弯矩作用于对称轴平面且使较大翼缘受压时，可能在弯矩受拉区的无翼缘端或较小翼缘一侧首先屈服而使塑性深入截面，导致构件失去承载能力，因此，对 T 形截面、槽形截面和非对称工字形截面等单轴对称截面，除了按式（8-10）计算外，还应按下式进行补充计算：

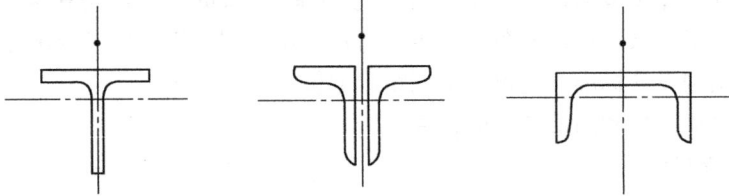

图 8-9　需进行补充计算的单轴对称截面

$$\left| \frac{N}{Af} - \frac{\beta_{mx}M_x}{\gamma_x W_{2x}\left(1 - 1.25\frac{N}{N'_{Ex}}\right)f} \right| \leqslant 1.0 \tag{8-17}$$

式中　$W_{2x}$——无翼缘端或较小翼缘端的毛截面模量；

$\gamma_x$——与 $W_{2x}$ 相应的截面塑性发展系数。

其余符号同式（8-10），上式第二项分母中的 1.25 也是经过与理论计算结果比较后引进的修正系数。

### 8.3.1.2　弯矩作用平面外的整体稳定

开口薄壁截面压弯构件的抗扭刚度及弯矩作用平面外的抗弯刚度通常较小，当构件在弯矩作用平面外没有足够的支承以阻止其产生侧向位移和扭转时，构件可能因弯扭屈曲而破坏，这种弯扭屈曲又称为压弯构件弯矩作用平面外的整体失稳。根据第 5 章 5.3.3 节的推导，构件在发生弯扭失稳时，其临界条件为式（5-107），作适当变换可得：

$$\left(1 - \frac{N}{N_{Ey}}\right)\left(1 - \frac{N}{N_{Ey}} \cdot \frac{N_{Ey}}{N_z}\right) - \left(\frac{M}{M_{cr}}\right)^2 = 0 \tag{8-18}$$

式中　$N_{Ey} = \dfrac{\pi^2 EI_y}{l^2}$——轴心压杆绕弱轴弯曲屈曲的欧拉临界力；

$N_z = \dfrac{1}{i_0^2}\left(\dfrac{\pi^2 EI_w}{l^2} + GI_t\right)$——轴心压杆扭转屈曲临界力；

$M_{cr} = \sqrt{i_0^2 N_{Ey} N_z}$——双轴对称截面梁侧扭屈曲的临界弯矩。

以 $N_z/N_{Ey}$ 的不同比值代入式（8-18），可以画出 $N/N_{Ey}$ 和 $M_x/M_{crx}$ 之间的相关曲线如图 8-10 所示。

这些曲线与 $N_z/N_{Ey}$ 的比值有关，$N_z/N_{Ey}$ 值越大，曲线越外凸。对于钢结构中常用的双轴对称工字形截面，其 $N_z/N_{Ey}$ 总是大于 1.0，如偏安全地取 $N_z/N_{Ey} = 1.0$，则式（8-18）变为：

$$\left(\frac{M_x}{M_{crx}}\right)^2 = \left(1 - \frac{N}{N_{Ey}}\right)^2$$

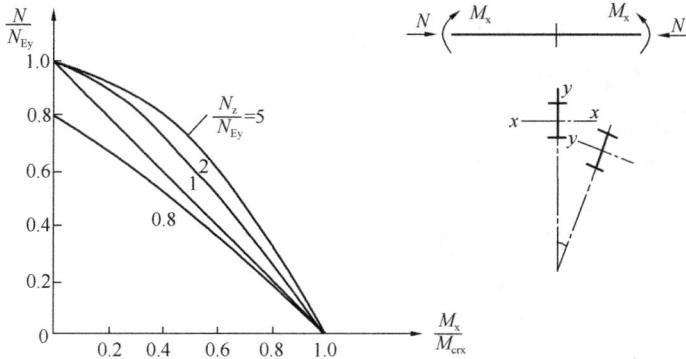

图 8-10 $N/N_{Ey}$ 和 $M_x/M_{crx}$ 的相关曲线

或

$$\frac{N}{N_{Ey}} + \frac{M_x}{M_{crx}} = 1 \tag{8-19}$$

上式是根据弹性工作状态的双轴对称截面导出的理论式经简化而得出的。双轴对称截面的压弯构件，在弹塑性阶段很难写出 $N/N_{Ey}$ 和 $M_x/M_{crx}$ 之间的相关关系，但通过与试验结果的比较（见图 8-11）可见，若采用直线式，除一个试验点在直线上外，其他试验点都位于直线之上，说明采用直线式（8-19）具有较高的安全度，因此，它同样可用于弹塑性压弯构件的弯扭屈曲计算。理论分析和试验研究还表明，对于单轴对称截面的压弯构件，只要用该单轴对称截面轴心压杆的弯扭屈曲临界力 $N_{cr}$ 代替式中的 $N_{Ey}$，相关公式仍然适用，而公式（8-19）是一个直线式，计算较为简单。

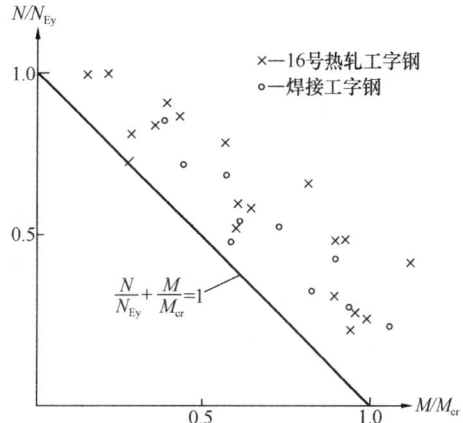

图 8-11 弯扭屈曲的试验值

在公式（8-19）中，以轴心受力构件整体稳定的设计表达式 $N_{Ey} = \varphi_y A f_y$ 和受弯构件整体稳定的设计表达式 $M_{crx} = \varphi_b W_{1x} f_y$ 代入，并引入非均匀弯矩作用时的等效弯矩系数 $\beta_{tx}$、箱形截面的调整系数 $\eta$ 以及抗力分项系数 $\gamma_R$ 后，就得到《钢结构设计标准》规定的压弯构件在弯矩作用平面外稳定计算的相关公式：

$$\frac{N}{\varphi_y A f} + \eta \frac{\beta_{tx} M_x}{\varphi_b W_{1x} f} \leqslant 1.0 \tag{8-20}$$

式中　$M_x$——所计算构件段范围内（构件侧向支承点间）的最大弯矩；

　　　$\varphi_y$——弯矩作用平面外的轴心受压构件稳定系数；

　　　$\eta$——截面影响系数，闭口截面 $\eta = 0.7$，其他截面 $\eta = 1.0$；

　　　$\beta_{tx}$——等效弯矩系数，应按下列情况取值：

1）在弯矩作用平面外有支承的构件，应根据两相邻支承间构件段内的荷载和内力情况确定：

① 无横荷载作用时，$\beta_{tx} = 0.65 + 0.35 \dfrac{M_2}{M_1}$;

② 端弯矩和横荷载同时作用时：

使构件产生同向曲率：$\beta_{tx} = 1.0$;

使构件产生反向曲率：$\beta_{tx} = 0.85$;

③ 无端弯矩有横荷载作用时，$\beta_{tx} = 1.0$;

2）弯矩作用平面外为悬臂的构件，$\beta_{tx} = 1.0$

　　$\varphi_b$——均匀弯曲受弯构件的整体稳定系数。

$\varphi_b$ 可按附录 3 中受弯构件的整体稳定系数计算方法进行计算，对闭口截面取 $\varphi_b = 1.0$。由于受弯构件整体稳定系数的计算比较繁复，且整体稳定系数 $\varphi_b$ 的误差只影响弯矩项，为了设计上的方便，对工字形和 T 形截面的非悬臂压弯构件，当长细比 $\lambda_y \leqslant 120\varepsilon_k$ 时，《钢结构设计标准》推荐 $\varphi_b$ 可采用下面的近似计算公式进行计算，这些公式已考虑了构件的弹塑性失稳问题，因此当 $\varphi_b$ 大于 0.6 时不必再进行修正。

（1）工字形截面

双轴对称时：

$$\varphi_b = 1.07 - \frac{\lambda_y^2}{44000\varepsilon_k^2}, \text{但不大于 1.0} \tag{8-21}$$

单轴对称时：

$$\varphi_b = 1.07 - \frac{W_x}{(2\alpha_b + 0.1)Ah} \cdot \frac{\lambda_y^2}{44000\varepsilon_k^2}, \text{但不大于 1.0} \tag{8-22}$$

式中 $\alpha_b = I_1 / (I_1 + I_2)$，$I_1$ 和 $I_2$ 分别为受压翼缘和受拉翼缘对 $y$ 轴的惯性矩。

（2）弯矩作用在对称轴平面，绕 $x$ 轴的 T 形截面

① 弯矩使翼缘受压时

双角钢 T 形截面：

$$\varphi_b = 1 - 0.0017\lambda_y/\varepsilon_k \tag{8-23}$$

剖分 T 型钢和两板组合 T 形截面：

$$\varphi_b = 1 - 0.0022\lambda_y/\varepsilon_k \tag{8-24}$$

② 弯矩使翼缘受拉且腹板宽厚比不大于 $18\varepsilon_k$ 时

$$\varphi_b = 1 - 0.0005\lambda_y/\varepsilon_k \tag{8-25}$$

### 8.3.2 双向弯曲实腹式压弯构件的整体稳定

前面所述压弯构件，弯矩仅作用在构件的一个对称轴平面内，为单向弯曲压弯构件。弯矩作用在两个主轴平面内为双向弯曲压弯构件，一般采用双轴对称截面。双向弯曲的压弯构件，其稳定承载力极限值的计算，需要考虑几何非线性和物理非线性，即使只考虑问题的弹性解，所得到的计算结果也是非线性的表达式。为了简化设计，《钢结构设计标准》提出了常用的双轴对称截面构件的计算方法，并采用偏安全的线性相关公式进行计算。

（1）双轴对称实腹式工字形截面和箱形截面的压弯构件

当弯矩作用在两个主平面内时，可用下列与式（8-10）和式（8-20）相衔接的线性公式计算其稳定性：

$$\frac{N}{\varphi_x Af} + \frac{\beta_{mx}M_x}{\gamma_x W_x \left(1 - 0.8\dfrac{N}{N'_{Ex}}\right)f} + \eta\frac{\beta_{ty}M_y}{\varphi_{by}W_y f} \leqslant 1.0 \tag{8-26}$$

$$\frac{N}{\varphi'_{\text{y}}Af} + \eta\frac{\beta_{\text{tx}}M_{\text{x}}}{\varphi_{\text{bx}}W_{\text{x}}f} + \frac{\beta_{\text{my}}M_{\text{y}}}{\gamma_{\text{y}}W_{\text{y}}\left(1-0.8\dfrac{N}{N'_{\text{Ey}}}\right)f} \leqslant 1.0 \tag{8-27}$$

式中　$\varphi_{\text{x}}$、$\varphi_{\text{y}}$——一对强轴 $x\text{-}x$ 和弱轴 $y\text{-}y$ 的轴心受压构件整体稳定系数；

　　　　$N'_{\text{Ey}}$——参数，$N'_{\text{Ey}}=\pi^2EA/(1.1\lambda_{\text{y}}^2)$；

$M_{\text{x}}$、$M_{\text{y}}$——所计算构件段范围内对强轴和弱轴的最大弯矩设计值；

$W_{\text{x}}$、$W_{\text{y}}$——对强轴和弱轴的毛截面模量；

　$\varphi_{\text{bx}}$、$\varphi_{\text{by}}$——均匀弯曲受弯构件的整体稳定系数，可按受弯构件的整体稳定系数计算方法（附录 3）进行计算，其中，工字形截面的非悬臂构件的 $\varphi_{\text{bx}}$，可按公式（8-21）进行计算，$\varphi_{\text{by}}$ 可取为 1.0；对闭口截面，$\varphi_{\text{bx}}=\varphi_{\text{by}}==1.0$；

　$\beta_{\text{mx}}$、$\beta_{\text{my}}$——等效弯矩系数，应按弯矩作用平面内整体稳定计算中的等效弯矩系数取值；

　　$\beta_{\text{tx}}$、$\beta_{\text{ty}}$——等效弯矩系数，应按弯矩作用平面外整体稳定计算中的等效弯矩系数取值；

　　　　　$\eta$——截面影响系数。

显然，这两个公式并不是理论推导的结果，而是偏于实用的经验公式。

（2）圆管截面双向压弯构件

当弯矩作用在两个主平面内时，沿构件长度分布的弯矩主矢量通常不在一个方向上，适用于开口截面构件或箱形截面构件的线性叠加公式（8-26）、式（8-27）在许多情况下有较大误差，并可能偏不安全。通过对双向压弯圆管截面构件在不同端弯矩比值下整体稳定的理论分析，回归得到适用于圆管截面的双向弯曲实腹式压弯构件整体稳定计算公式（8-28），该公式适用于柱段中没有很大横向力或集中弯矩的情况：

$$\frac{N}{\varphi Af} + \frac{\beta M}{\gamma_{\text{m}}W\left(1-0.8\dfrac{N}{N'_{\text{Ex}}}\right)f} \leqslant 1.0 \tag{8-28}$$

$$M = \max(\sqrt{M_{\text{xA}}^2+M_{\text{yA}}^2},\sqrt{M_{\text{xB}}^2+M_{\text{yB}}^2}) \tag{8-29}$$

$$\beta = \beta_{\text{x}}\beta_{\text{y}} \tag{8-30}$$

$$\beta_{\text{x}} = 1-0.35\sqrt{N/N_{\text{E}}}+0.35\sqrt{N/N_{\text{E}}}(M_{2\text{x}}/M_{1\text{x}}) \tag{8-31}$$

$$\beta_{\text{y}} = 1-0.35\sqrt{N/N_{\text{E}}}+0.35\sqrt{N/N_{\text{E}}}(M_{2\text{y}}/M_{1\text{y}}) \tag{8-32}$$

式中　　　　　　$\varphi$——轴心受压构件的整体稳定系数，按构件最大长细比取值；

　　　　　　　$M$——计算双向压弯圆管构件整体稳定时采用的弯矩值；

$M_{\text{xA}}$、$M_{\text{yA}}$、$M_{\text{xB}}$、$M_{\text{yB}}$——分别为构件 $A$ 端和 $B$ 端关于 $x$、$y$ 轴的弯矩；

　　　　　　　$\beta$——计算双向压弯圆管截面构件整体稳定时采用的等效弯矩系数；当结构按平面分析或圆管柱仅为平面压弯时，按 $\beta=\beta_{\text{x}}^2$ 设定等效弯矩系数，这里的 $x$ 方向为弯曲轴方向；

$M_{1\text{x}}$、$M_{2\text{x}}$、$M_{1\text{y}}$、$M_{2\text{y}}$——分别为 $x$ 轴、$y$ 轴端弯矩，构件无反弯点时取同号，构件有反弯点时取异号，$|M_{1\text{x}}|\geqslant|M_{2\text{x}}|$，$|M_{1\text{y}}|\geqslant|M_{2\text{y}}|$；

$N_E$——根据构件最大长细比计算的欧拉临界力，$N_E = \dfrac{\pi^2 EA}{\lambda^2}$。

# 8.4 格构式压弯构件的整体稳定

### 8.4.1 单向弯曲格构式压弯构件的整体稳定

8.4.1.1 弯矩绕虚轴作用时的整体稳定计算

图 8-12 为双肢格构式压弯构件常用截面，当弯矩绕格构式压弯构件的虚轴 $x$ 轴作用时，应计算弯矩作用平面内的整体稳定和分肢在其自身两主轴方向的稳定。

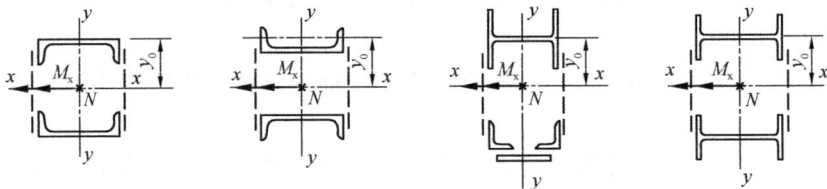

图 8-12 格构式压弯构件常用截面

（1）弯矩作用平面内的整体稳定

弯矩绕虚轴作用的格构式压弯构件，由于截面中部空心且无实体部件，不能考虑塑性的深入发展，故弯矩作用平面内的整体稳定计算适宜采用边缘屈服准则。根据第 5 章推导出的相关公式（5-51），《钢结构设计标准》略加修改，引入抗力分项系数 $\gamma_R$ 后，得到在 $N$ 和 $M_x$ 作用下的整体稳定计算式：

$$\frac{N}{\varphi_x A f} + \frac{\beta_{mx} M_x}{W_{1x}\left(1 - \dfrac{N}{N'_{Ex}}\right) f} \leqslant 1.0 \tag{8-33}$$

$$W_{1x} = I_x / y_0$$

式中 $W_{1x}$——按受压最大分肢轴线或腹板边缘确定的毛截面模量；

  $I_x$——对 $x$ 轴（虚轴）的毛截面惯性矩；

  $y_0$——由虚轴 $x$ 轴到压力较大分肢轴线的距离或者到压力较大分肢腹板外边缘的距离（详图 8-12），二者取较大值；

  $\varphi_x$、$N'_{Ex}$——分别为弯矩作用平面内轴心受压构件稳定系数和参数，均由对虚轴（$x$ 轴）的换算长细比 $\lambda_{0x}$ 确定。

（2）弯矩作用平面外的整体稳定

格构式压弯构件的每个分肢，本身是一个单独的轴心受压构件，当弯矩绕虚轴作用时，在弯矩作用平面外的整体稳定性一般由分肢的稳定计算得到保证，故不必再计算整个构件在平面外的整体稳定性。

计算缀条式压弯构件的分肢时，将整个构件视为一平行弦桁架，将构件的两个分肢看作桁架体系的弦杆，两分肢的轴心力应按下列公式计算（图 8-13）：

分肢 1：

$$N_1 = N\frac{y_2}{a} + \frac{M}{a} \qquad (8\text{-}34)$$

分肢 2：

$$N_2 = N - N_1 \qquad (8\text{-}35)$$

缀条式压弯构件的分肢根据计算的轴力 $N_1$ 或 $N_2$ 按轴心压杆计算整体稳定。分肢的计算长度，在缀材平面内（图 8-13 中的 1-1 轴）取缀条体系的节间长度；在缀条平面外，取整个构件两侧向支撑点间的距离。

进行缀板式压弯构件的分肢计算时，除轴心力 $N_1$（或 $N_2$）外，还应考虑由剪力作用引起的局部弯矩，按实腹式压弯构件验算单肢的稳定性。

### 8.4.1.2 弯矩绕实轴作用时的整体稳定计算

当弯矩绕格构式压弯构件实轴（$y$ 轴，见图 8-14）作用时，构件绕实轴产生弯曲失稳，它的受力性能与实腹式压弯构件完全相同。因此，弯矩绕实轴作用的格构式压弯构件在弯矩作用平面内和平面外的稳定计算与实腹式压弯构件相同。但在计算弯矩作用平面外的整体稳定时，长细比应取换算长细比，整体稳定系数应取 $\varphi_b = 1.0$。

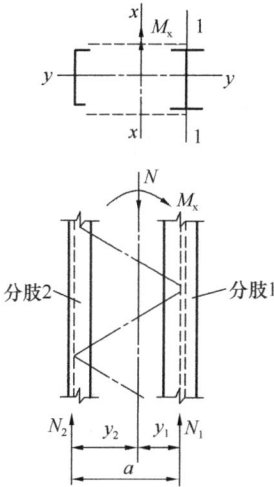

图 8-13　分肢的内力计算

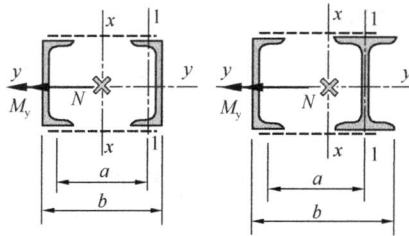

图 8-14　格构式压弯构件弯
矩绕实轴作用面

### 8.4.2 双向弯曲格构式压弯构件的整体稳定

弯矩作用在两个主平面内的双肢格构式压弯构件（图 8-15），其稳定性按下列规定计算：

（1）整体稳定计算

《钢结构设计标准》采用与边缘屈服准则导出的弯矩绕虚轴作用的格构式压弯构件平面内整体稳定计算式（8-33）相衔接的直线式进行计算：

$$\frac{N}{\varphi_x A f} + \frac{\beta_{mx} M_x}{W_{1x}\left(1 - \dfrac{N}{N'_{Ex}}\right) f} + \frac{\beta_{ty} M_y}{W_{1y} f} \leqslant 1.0 \qquad (8\text{-}36)$$

式中，$\varphi_x$ 和 $N'_{Ex}$ 由换算长细比确定；$W_{1x} = I_x / y_0$，$y_0$ 为由 $x$ 轴到压力较大分肢轴线的距离

227

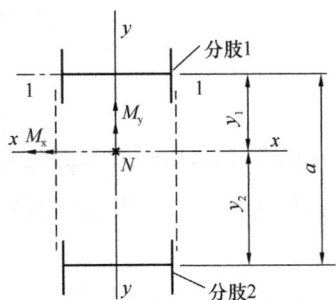

图 8-15 双向受弯格构柱

或者到压力较大分肢腹板外边缘的距离，二者取较大值；$W_{1y}$ 为在 $M_y$ 作用下，对较大受压纤维的毛截面模量。

（2）分肢的稳定计算

分肢按实腹式压弯构件计算，将分肢作为桁架弦杆计算其在轴力和弯矩共同作用下产生的内力（图 8-15）。弯矩 $M_y$ 分配的原则是：每分肢的弯矩与分肢对 $y$ 轴的惯性矩 $I_1$ 或 $I_2$ 成正比，与分肢至 $x$ 轴的距离 $y_1$ 或 $y_2$ 成反比，这样可以保持平衡和变形协调。

分肢 1

$$N_1 = N\frac{y_2}{a} + \frac{M_x}{a} \tag{8-37}$$

$$M_{y1} = \frac{I_1/y_1}{I_1/y_1 + I_2/y_2} \cdot M_y \tag{8-38}$$

分肢 2

$$N_2 = N - N_1 \tag{8-39}$$

$$M_{y2} = M_y - M_{y1} \tag{8-40}$$

式中　$I_1$、$I_2$——分肢 1 和分肢 2 对 $y$ 轴的惯性矩；

$y_1$、$y_2$——$M_y$ 作用的主轴平面至分肢 1 和分肢 2 轴线的距离。

上式适用于当 $M_y$ 作用在构件的主平面时的情形，当 $M_y$ 不是作用在构件的主轴平面而是作用在一个分肢的轴线平面（如图 8-15 中分肢 1 的 1-1 轴线平面），则 $M_y$ 视为全部由该分肢承受。

### 8.4.3　缀材的计算

计算格构式缀件时，应取构件的实际剪力和按公式（6-51）计算的剪力两者中的较大值进行计算。

【例 8-2】图 8-16 所示为 Q235 钢焰切边工字形截面压弯构件，两端铰支，中间 1/3 长度处有侧向支承，截面无削弱，承受轴心压力的设计值为 900kN，跨中集中力设计值为 100kN。试验算此构件的强度和整体稳定承载力。

【解】根据已知条件，此压弯构件在弯矩作用平面内的计算长度 $l_{0x}=15$m，在弯矩作用平面外的计算长度 $l_{0y}=5$m。

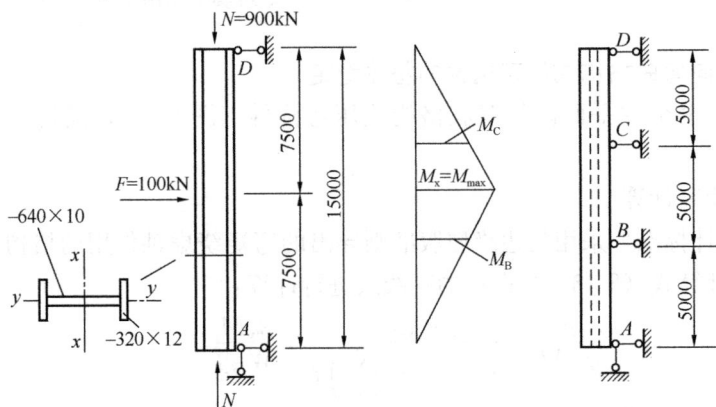

图 8-16　例 8-2 图

（1）截面的几何特性：

$$A = 2 \times 32 \times 1.2 + 64 \times 1.0 = 140.8 \text{cm}^2$$

$$I_x = \frac{1}{12} \times (32 \times 66.4^3 - 31 \times 64^3) = 103475 \text{cm}^4$$

$$I_y = 2 \times \frac{1}{12} \times 1.2 \times 32^3 = 6554 \text{cm}^4$$

$$W_{1x} = \frac{103475}{33.2} = 3117 \text{cm}^3$$

$$i_x = \sqrt{\frac{103475}{140.8}} = 27.11 \text{cm}, i_y = \sqrt{\frac{6554}{140.8}} = 6.82 \text{cm}$$

（2）验算强度

$$M_x = \frac{1}{4} \times 100 \times 15 = 375 \text{kN} \cdot \text{m}$$

腹板计算高度边缘的应力：

$$\sigma_{max} = \frac{N}{A_n} + \frac{M_x}{I_{nx}} \cdot \frac{h_0}{2} = \frac{900 \times 10^3}{140.8 \times 10^2} + \frac{375 \times 10^6}{103475 \times 10^4} \cdot \frac{640}{2} = 63.9 + 116.0$$

$$= 179.9 \text{N/mm}^2$$

$$\sigma_{min} = \frac{N}{A_n} - \frac{M_x}{I_{nx}} \cdot \frac{h_0}{2} = 63.9 - 116.0 = -52.1 \text{N/mm}^2$$

$$\alpha_0 = \frac{\sigma_{max} - \sigma_{min}}{\sigma_{max}} = \frac{179.9 - (-52.1)}{179.9} = 1.29$$

翼缘宽厚比：

$$\frac{b}{t} = \frac{(320 - 10)/2}{12} = 12.92 < 13\varepsilon_k = 13 \times \sqrt{235/235} = 13$$

腹板高厚比：

$$\frac{h_0}{t_w} = \frac{640}{10} = 64 < (40 + 18\alpha_0^{1.5})\varepsilon_k = (40 + 18 \times 1.29^{1.5}) \times \sqrt{235/235} = 66.4$$

由以上计算可知，截面板件宽厚比等级为 S3 级，可考虑塑性深入截面，按弹塑性设计，即取截面的塑性发展系数 $\gamma_x = 1.05$，$\gamma_y = 1.2$，$W_{nx}$ 应取全截面模量。

强度计算：

$$\frac{N}{A_n} + \frac{M_x}{\gamma_x W_{nx}} = \frac{900 \times 10^3}{140.8 \times 10^2} + \frac{375 \times 10^6}{1.05 \times 3117 \times 10^3} = 178.5 \text{N/mm}^2 < f = 215 \text{N/mm}^2$$

（3）验算弯矩作用平面内的稳定

$$\lambda_x = \frac{1500}{27.11} = 55.3 < [\lambda] = 150$$

查表（b 类截面），$\varphi_x = 0.831$，则

$$N'_{Ex} = \frac{\pi^2 EA}{1.1\lambda_x^2} = \frac{\pi^2 \times 206000 \times 140.8 \times 10^2}{1.1 \times 55.3^2} = 8510 \times 10^3 \text{N} = 8510 \text{kN}$$

$$N_{cr} = \frac{\pi^2 EI}{(\mu l)^2} = \frac{\pi^2 \times 206000 \times 103475 \times 10^4}{(1.0 \times 15000)^2} = 9350 \text{kN}$$

$$\beta_{mx} = 1 - 0.36 N/N_{cr} = 1 - 0.36 \times 900/9350 = 0.965$$

$$\frac{N}{\varphi_x A f} + \frac{\beta_{mx} M_x}{\gamma_x W_{1x}\left(1 - 0.8\dfrac{N}{N'_{Ex}}\right)f}$$

$$= \frac{900 \times 10^3}{0.831 \times 140.8 \times 10^2 \times 215} + \frac{0.965 \times 375 \times 10^6}{1.05 \times 3117 \times 10^3 \times \left(1 - 0.8 \times \dfrac{900}{8510}\right) \times 215}$$

$$= 0.358 + 0.562 = 0.92 < 1.0$$

（4）验算弯矩作用平面外的稳定

$$\lambda_y = \frac{500}{6.82} = 73.3 < [\lambda] = 150$$

查表（b类截面），$\varphi_y = 0.730$，则

$$\varphi_b = 1.07 - \frac{\lambda_y^2}{44000\varepsilon_k^2} = 1.07 - \frac{73.3^2}{44000} = 0.948 < 1.0$$

所计算构件段为 $BC$ 段，根据两端支承的构件段的中央 1/3 范围内的最大弯矩与全段最大弯矩之比，$\beta_{tx} = 1.0$，$\eta = 1.0$。

$$\frac{N}{\varphi_y A f} + \eta\frac{\beta_{tx} M_x}{\varphi_b W_{1x}f} = \frac{900 \times 10^3}{0.730 \times 140.8 \times 10^2 \times 215} + 1.0 \times \frac{1.0 \times 375 \times 10^6}{0.948 \times 3117 \times 10^3 \times 215}$$

$$= 0.998 < 1.0$$

由以上计算知，此压弯构件是由弯矩作用平面外的稳定控制设计的。

【例 8-3】图 8-17 为一单层厂房框架柱的下柱，在框架平面内计算长度为 $l_{0x} = 21.7\text{m}$，在框架平面外的计算长度（作为两端铰接）$l_{0y} = 12.21\text{m}$，斜缀条选用单角钢 L100×8。钢材为 Q235B。试验算此柱在下列两组最不利组合内力（设计值）作用下的稳定承载力。

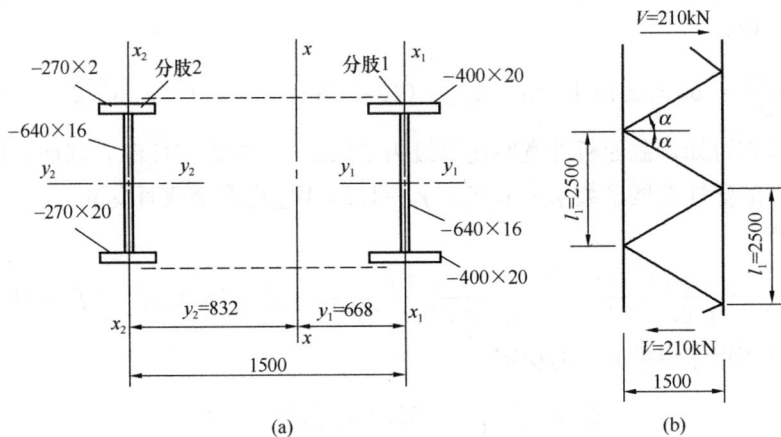

图 8-17 例 8-3 图

第一组（使分肢 1 受压最大）：$\begin{cases} M_x = 3340\text{kN} \cdot \text{m} \\ N = 4500\text{kN} \\ V = 2100\text{kN} \end{cases}$

第二组（使分肢 2 受压最大）：$\begin{cases} M_x = 2700 \text{kN} \cdot \text{m} \\ N = 4400 \text{kN} \\ V = 210 \text{kN} \end{cases}$

【解】（1）截面的几何特征

分肢 1：

$$A_1 = 2 \times 40 \times 2 + 64 \times 1.6 = 262.4 \text{cm}^2$$

$$I_{y1} = \frac{1}{12} (40 \times 68^3 - 38.4 \times 64^3) = 209246 \text{cm}^4, \quad i_{y1} = 28.24 \text{cm}$$

$$I_{x1} = 2 \times \frac{1}{12} \times 2 \times 40^3 = 21333 \text{cm}^4, \quad i_{x1} = 9.02 \text{cm}$$

分肢 2：

$$A_2 = 2 \times 27 \times 2 + 64 \times 1.6 = 210.4 \text{cm}^2$$

$$I_{y2} = \frac{1}{12} (27 \times 68^3 - 25.4 \times 64^3) = 152600 \text{cm}^4, \quad i_{y2} = 26.93 \text{cm}$$

$$I_{x2} = 2 \times \frac{1}{12} \times 2 \times 27^3 = 6561 \text{cm}^4, \quad i_{x2} = 5.58 \text{cm}$$

整个截面：

$$A = 262.4 + 210.4 = 472.8 \text{cm}^2$$

$$y_1 = \frac{210.4}{472.8} \times 150 = 66.8 \text{cm}, \quad y_2 = 150 - 66.8 = 83.2 \text{cm}$$

$$I_x = 21333 + 262.4 \times 66.8^2 + 6561 + 210.4 \times 83.2^2 = 2655225 \text{cm}^4$$

$$i_x = \sqrt{\frac{2655225}{472.8}} = 74.9$$

（2）验算弯矩作用平面内的整体稳定

$$\lambda_x = l_{0x}/i_x = 2170/74.9 = 29$$

换算长细比：

$$\lambda_{0x} = \sqrt{\lambda_x^2 + 27 \frac{A}{A_{1x}}} = \sqrt{29^2 + 27 \times \frac{472.8}{2 \times 15.6}} = 35.4 < [\lambda] = 150$$

（上式 $A_{1x}$ 为两侧斜缀条的面积之和。）

查表（b 类截面），$\varphi_x = 0.916$，则

$$N'_{Ex} = \frac{\pi^2 EA}{1.1 \lambda_{0x}^2} = \frac{\pi^2 \times 206 \times 10^3 \times 472.8 \times 10^2}{1.1 \times 35.4^2} = 69734 \text{kN}$$

① 第一组内力，使分肢 1 受压最大。

$$W_{1x} = \frac{I_x}{y_1} = \frac{2655225}{66.8} = 39749 \text{cm}^3$$

根据已知条件，框架平面内计算长度为 $l_{0x} = 21.7 \text{m}$：

$$N_{cr} = \frac{\pi^2 E I_x}{(\mu l_{0x})^2} = \frac{\pi^2 \times 206 \times 10^3 \times 2655225 \times 10^4}{21700^2} = 114643 \text{kN}$$

对有侧移框架柱，$\beta_{mx} = 1 - 0.36 N/N_{cr} = 1 - 0.36 \times 4500/114643 = 0.9859$

整体稳定计算：

$$\frac{N}{\varphi_{x}Af} + \frac{\beta_{mx}M_x}{W_{1x}\left(1 - \frac{N}{N'_{Ex}}\right)f}$$

$$= \frac{4500 \times 10^3}{0.916 \times 472.8 \times 10^2 \times 205} + \frac{0.9859 \times 3340 \times 10^6}{39749 \times 10^3 \times \left(1 - \frac{4500}{69734}\right) \times 205}$$

$$= 0.507 + 0.432 = 0.939 < 1.0$$

② 第二组内力，使分肢 2 受压最大。

$$W_{2x} = \frac{I_x}{y_2} = \frac{2655225}{83.2} = 31914\text{cm}^3$$

$$N_{cr} = \frac{\pi^2 EI_x}{(\mu l_{0x})^2} = 114643\text{kN}$$

$$\beta_{mx} = 1 - 0.36N/N_{cr} = 1 - 0.36 \times 4400/114643 = 0.9862$$

整体稳定计算：

$$\frac{N}{\varphi_x Af} + \frac{\beta_{mx}M_x}{W_{2x}\left(1 - \frac{N}{N'_{Ex}}\right)f}$$

$$= \frac{4400 \times 10^3}{0.916 \times 472.8 \times 10^2 \times 205} + \frac{0.9862 \times 2700 \times 10^6}{31914 \times 10^3 \times \left(1 - \frac{4400}{69663}\right) \times 205}$$

$$= 0.496 + 0.434 = 0.930 < 1.0$$

（3）验算分肢 1 的稳定（用第一组内力）

最大压力：

$$N_1 = \frac{0.832}{1.5} \times 4500 + \frac{3340}{1.5} = 4722\text{kN}$$

$$\lambda_{x1} = \frac{250}{9.02} = 27.7 < [\lambda] = 150, \lambda_{y1} = \frac{1221}{28.24} = 43.2 < [\lambda] = 150$$

查表（b 类截面），$\varphi_{min} = 0.886$，则

$$\frac{N_1}{\varphi_{min}A_1 f} = \frac{4722 \times 10^3}{0.886 \times 262.4 \times 10^2 \times 205} = 0.991 < 1.0$$

（4）验算分肢 2 的稳定（用第二组内力）

最大压力：

$$N_2 = \frac{0.668}{1.5} \times 4400 + \frac{2700}{1.5} = 3759\text{kN}$$

$$\lambda_{x2} = \frac{250}{5.58} = 44.8 < [\lambda] = 150, \lambda_{y2} = \frac{1221}{26.93} = 45.3 < [\lambda] = 150$$

查表（b 类截面），$\varphi_{min} = 0.877$，则

$$\frac{N_2}{\varphi_{min}A_2 f} = \frac{3759 \times 10^3}{0.877 \times 210.4 \times 10^2 \times 205} = 0.994 < 1.0$$

综上可知，厂房框架柱在组合内力作用下的稳定承载力满足要求。

## 8.5 压弯构件的局部稳定和屈曲后强度

### 8.5.1 翼缘和腹板的宽厚比

与轴心受压构件和受弯构件组成板件的受力情况相似，实腹式压弯构件翼缘和腹板的局部稳定性也是采用限制板件宽（高）厚比的办法来加以保证的。当实腹式压弯构件要求不出现局部失稳时，其腹板高厚比、翼缘宽厚比应符合表 8-1 规定的压弯构件 S4 级截面要求。

当压弯构件的腹板高厚比超过表 8-1 规定的 S4 级截面要求时，可采用下述方法解决：

（1）调整腹板厚度或高度，使其高厚比满足表 8-1 中规定的 S4 级截面要求。

（2）对工字形和箱形截面压弯构件的腹板，设置纵向加劲肋加强腹板，这时应按上述规定验算纵向加劲肋与翼缘间腹板的高厚比，使其满足表 8-1 中的 S4 级截面要求。加劲肋宜在板件两侧成对配置，其一侧外伸宽度不应小于板件厚度 $t$ 的 10 倍，厚度不宜小于 $0.75t$。

（3）利用腹板屈曲后强度，在计算构件的强度和稳定性时采用有效截面按 8.5.2 节进行计算。

### 8.5.2 考虑腹板屈曲后强度的构件设计

对工字形和箱形截面压弯构件，当考虑腹板屈曲后强度时，应按有效截面代替实际截面计算构件的承载力。

（1）有效截面计算

①工字形截面腹板受压区的有效宽度应取为：

$$h_e = \rho h_c \tag{8-41}$$

当 $\lambda_{n,p} \leqslant 0.75$ 时：

$$\rho = 1.0 \tag{8-42}$$

当 $\lambda_{n,p} > 0.75$ 时：

$$\rho = \frac{1}{\lambda_{n,p}} \left( 1 - \frac{0.19}{\lambda_{n,p}} \right) \tag{8-43}$$

$$\lambda_{n,p} = \frac{h_w/t_w}{28.1 \sqrt{k_\sigma}} \cdot \frac{1}{\varepsilon_k} \tag{8-44}$$

$$k_\sigma = \frac{16}{2 - \alpha_0 + \sqrt{(2 - \alpha_0)^2 + 0.112\alpha_0^2}} \tag{8-45}$$

式中　$h_c$、$h_e$——分别为腹板受压区宽度和有效宽度，当腹板全部受压时，$h_c = h_w$；

$\rho$——有效宽度系数；

$\alpha_0$——参数，应按下式计算：

$$\alpha_0 = \frac{\sigma_{max} - \sigma_{min}}{\sigma_{max}} \tag{8-46}$$

$\sigma_{max}$——腹板计算边缘的最大压应力；

$\sigma_{min}$——腹板计算高度另一边缘相应的应力，压应力取正值，拉应力取负值。

② 工字形截面腹板有效宽度的分布

当截面全部受压，即 $\alpha_0 \leqslant 1$ 时（图 8-18a）：

$$h_{e1} = 2h_e/(4+\alpha_0) \tag{8-47}$$

$$h_{e2} = h_e - h_{e1} \tag{8-48}$$

当截面部分受拉，即 $\alpha_0 > 1$ 时（图 8-18b）：

$$h_{e1} = 0.4h_e \tag{8-49}$$

$$h_{e2} = 0.6h_e \tag{8-50}$$

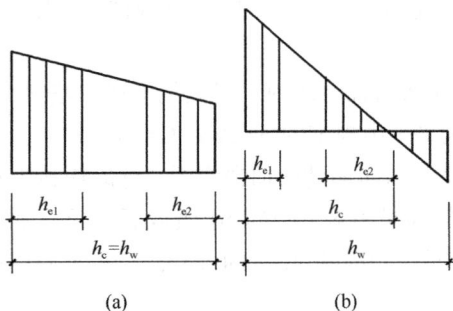

③ 箱形截面压弯构件翼缘宽厚比超限时也应按式（8-41）计算其有效宽度，计算时取 $k_\sigma = 4.0$。有效宽度在两侧均等分布。

（2）考虑腹板屈曲后强度的构件承载力计算

考虑腹板屈曲后强度，应按有效截面进行压弯构件的强度和整体稳定计算。

强度计算：

$$\frac{N}{A_{ne}} + \frac{M_x + Ne}{\gamma_x W_{nex}} \leqslant f \tag{8-51}$$

弯矩作用平面内整体稳定计算：

$$\frac{N}{\varphi_x A_e f} + \frac{\beta_{mx} M_x + Ne}{\gamma_x W_{elx}\left(1 - 0.8\dfrac{N}{N'_{Ex}}\right)f} \leqslant 1.0 \tag{8-52}$$

弯矩作用平面外整体稳定计算：

$$\frac{N}{\varphi_y A_e f} + \eta\frac{\beta_{tx} M_x + Ne}{\varphi_b W_{elx} f} \leqslant 1.0 \tag{8-53}$$

图 8-18 腹板有效宽度的分布
（a）截面全部受压；（b）截面部分受拉

式中　$A_{ne}$、$A_e$——分别为有效净截面面积和有效毛截面面积；

$W_{nex}$——有效截面的净截面模量；

$W_{elx}$——有效截面对较大受压纤维的毛截面模量；

$e$——有效截面形心至原截面形心的距离。

需要注意的是，当弯矩相对较大，即以弯矩效应为主时，强度计算与稳定计算采用的截面位置可能不一样。例如最大弯矩若出现在构件端部截面，强度验算应该针对该最不利截面；但由于构件的稳定性取决于沿整个长度方向的荷载作用，且各个截面的有效面积不相同，若稳定计算也取此截面则将低估构件的承载力。但由于目前对此的研究尚不充分，没有适当计算方法之前可偏安全地取弯矩最大处的有效截面特性。

计算构件在框架平面外的稳定性时，可取计算段中间范围内弯矩最大截面的有效截面特性。

【例 8-4】条件同例 8-2。试验算此构件的局部稳定。

【解】腹板计算高度边缘的应力：

$$\sigma_{\max} = \frac{N}{A} + \frac{M_x}{I_x} \cdot \frac{h_0}{2} = \frac{900 \times 10^3}{140.8 \times 10^2} + \frac{375 \times 10^6}{103475 \times 10^4} \times 320 = 180\text{N/mm}^2$$

$$\sigma_{\min} = \frac{N}{A} - \frac{M_x}{I_x} \cdot \frac{h_0}{2} = \frac{900 \times 10^3}{140.8 \times 10^2} - \frac{375 \times 10^6}{103475 \times 10^4} \times 320 = -52\text{N/mm}^2\text{（拉应力）}$$

$$\alpha_0 = \frac{\sigma_{max} - \sigma_{min}}{\sigma_{max}} = \frac{180 + 52}{180} = 1.29$$

腹板高厚比：

$$\frac{h_0}{t_w} = \frac{640}{10} = 64 < (40 + 18\alpha_0^{1.5})\varepsilon_k = (40 + 18 \times 1.29^{1.5}) \times \sqrt{235/235} = 66.4$$

翼缘宽厚比：

$$\frac{b}{t} = \frac{160 - 5}{12} = 12.9 < 13\varepsilon_k = 13 \times \sqrt{235/235} = 13$$

由以上计算可知，截面板件宽厚比等级为 S3 级，不会出现局部失稳。

## 习　题

8.1　有一两端铰接长度为 4m 的偏心受压柱，用 Q235 的 HN $400 \times 200 \times 8 \times 13$ 做成，压力的设计值为 490kN，两端偏心距相同，皆为 200mm。试验算其承载力。

8.2　如图 8-19 所示悬臂柱，承受偏心距为 250mm 的设计压力 1600kN。在弯矩作用平面外有支撑体系对柱上端形成支点（图 8-19b）。柱截面选用焊接工字形截面 LH $500 \times 400 \times 12 \times 22$，翼缘为焰切边，材料为 Q345。试验算该构件。

8.3　习题 8.2 中，如果弯矩作用平面外的支撑改为如图 8-20 所示，所选截面需要如何调整才能适应？调整后柱截面面积可以减少多少？

8.4　用轧制工字钢 I36a（材料为 Q235 钢）做成的 10m 长两端铰接柱，轴心压力的设计值为 650kN，在腹板平面承受均布荷载设计值为 8.24kN/m。试验算此压弯柱在弯矩作用平面内的稳定有无保证？为保证弯矩作用平面外的稳定需设置几个侧向中间支承点？

8.5　图 8-21 的天窗架侧柱 AB，承受轴心压力的设计值为 85.8kN，风荷载设计值为 $w = \pm 2.87$kN/m（正号为压力，负号为吸力），计算长度 $l_{0x} = l = 3.5$m，$l_{0y} = 3.0$m。选用双角钢截面 2L110×7，材料为 Q235 钢。试验算其承载力。

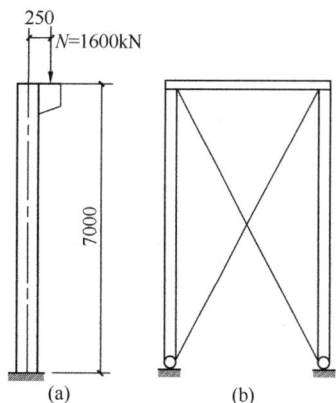

图 8-19　习题 8.2 图　　　　图 8-20　习题 8.3 图　　　　图 8-21　习题 8.5 图

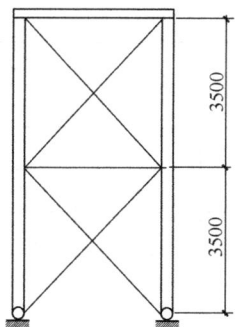

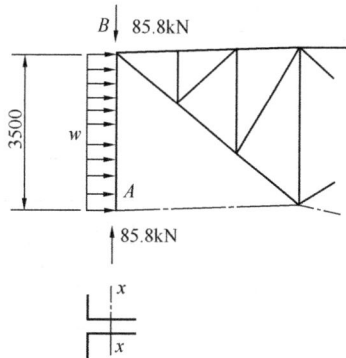

# 附录1 钢材和连接的强度设计值

钢材的设计用强度指标（N/mm²）　　　　　　　　　　附表 1-1

| 钢材牌号 | | 钢材厚度或直径（mm） | 强度设计值 | | | 屈服强度 $f_y$ | 抗拉强度 $f_u$ |
|---|---|---|---|---|---|---|---|
| | | | 抗拉、抗压、抗弯 $f$ | 抗剪 $f_v$ | 端面承压（刨平顶紧）$f_{ce}$ | | |
| 碳素结构钢 | Q235 | ≤16 | 215 | 125 | 320 | 235 | 370 |
| | | >16，≤40 | 205 | 120 | | 225 | |
| | | >40，≤100 | 200 | 115 | | 215 | |
| 低合金高强度结构钢 | Q345 | ≤16 | 305 | 175 | 400 | 345 | 470 |
| | | >16，≤40 | 295 | 170 | | 335 | |
| | | >40，≤63 | 290 | 165 | | 325 | |
| | | >63，≤80 | 280 | 160 | | 315 | |
| | | >80，≤100 | 270 | 155 | | 305 | |
| | Q390 | ≤16 | 345 | 200 | 415 | 390 | 490 |
| | | >16，≤40 | 330 | 190 | | 370 | |
| | | >40，≤63 | 310 | 180 | | 350 | |
| | | >63，≤100 | 295 | 170 | | 330 | |
| | Q420 | ≤16 | 375 | 215 | 440 | 420 | 520 |
| | | >16，≤40 | 355 | 205 | | 400 | |
| | | >40，≤63 | 320 | 185 | | 380 | |
| | | >63，≤100 | 305 | 175 | | 360 | |
| | Q460 | ≤16 | 410 | 235 | 470 | 460 | 550 |
| | | >16，≤40 | 390 | 225 | | 440 | |
| | | >40，≤63 | 355 | 205 | | 420 | |
| | | >63，≤100 | 340 | 195 | | 400 | |
| 建筑结构用钢板 | Q345GJ | >16，≤50 | 325 | 190 | 415 | 345 | 490 |
| | | >50，≤100 | 300 | 175 | | 335 | |

注：1. 表中直径指实芯棒材直径，厚度系指计算点的钢材或钢管壁厚度，对轴心受拉和轴心受压构件系指截面中较厚板件的厚度；

2. 冷弯型材和冷弯钢管，其强度设计值应按国家现行有关标准的规定采用。

| 焊接方法和焊条型号 | 构件钢材 | | 对接焊缝强度设计值 | | | | 角焊缝强度设计值 | 对接焊缝抗拉强度 | 角焊缝抗拉、抗压和抗剪强度 |
|---|---|---|---|---|---|---|---|---|---|
| | 牌号 | 厚度或直径（mm） | 抗压 $f_c^w$ | 焊缝质量为下列等级时，抗拉 $f_t^w$ | | 抗剪 $f_v^w$ | 抗拉、抗压和抗剪 $f_f^w$ | $f_u^w$ | 抗拉、抗压和抗剪强度 $f_u^f$ |
| | | | | 一级、二级 | 三级 | | | | |
| 自动焊、半自动焊和 E43 型焊条手工焊 | Q235 | ≤16 | 215 | 215 | 185 | 125 | 160 | 415 | 240 |
| | | >16，≤40 | 205 | 205 | 175 | 120 | | | |
| | | >40，≤100 | 200 | 200 | 170 | 115 | | | |
| 自动焊、半自动焊和 E50、E55 型焊条手工焊 | Q345 | ≤16 | 305 | 305 | 260 | 175 | 200 | 480（E50）540（E55） | 280（E50）315（E55） |
| | | >16，≤40 | 295 | 295 | 250 | 170 | | | |
| | | >40，≤63 | 290 | 290 | 245 | 165 | | | |
| | | >63，≤80 | 280 | 280 | 240 | 160 | | | |
| | | >80，≤100 | 270 | 270 | 230 | 155 | | | |
| | Q390 | ≤16 | 345 | 345 | 295 | 200 | 200（E50）220（E55） | | |
| | | >16，≤40 | 330 | 330 | 280 | 190 | | | |
| | | >40，≤63 | 310 | 310 | 265 | 180 | | | |
| | | >63，≤100 | 295 | 295 | 250 | 170 | | | |
| 自动焊、半自动焊和 E55、E60 型焊条手工焊 | Q420 | ≤16 | 375 | 375 | 320 | 215 | 220（E55）240（E60） | 540（E55）590（E60） | 315（E55）340（E60） |
| | | >16，≤40 | 355 | 355 | 300 | 205 | | | |
| | | >40，≤63 | 320 | 320 | 270 | 185 | | | |
| | | >63，≤100 | 305 | 305 | 260 | 175 | | | |
| 自动焊、半自动焊和 E55、E60 型焊条手工焊 | Q460 | ≤16 | 410 | 410 | 350 | 235 | 220（E55）240（E60） | 540（E55）590（E60） | 315（E55）340（E60） |
| | | >16，≤40 | 390 | 390 | 330 | 225 | | | |
| | | >40，≤63 | 355 | 355 | 300 | 205 | | | |
| | | >63，≤100 | 340 | 340 | 290 | 195 | | | |
| 自动焊、半自动焊和 E50、E55 型焊条手工焊 | Q345GJ | >16，≤35 | 310 | 310 | 265 | 180 | 200 | 480（E50）540（E55） | 280（E50）315（E55） |
| | | >35，≤50 | 290 | 290 | 245 | 170 | | | |
| | | >50，≤100 | 285 | 285 | 240 | 165 | | | |

注：表中厚度系指计算点的钢材厚度，对轴心受拉和轴心受压构件系指截面中较厚板件的厚度。

**螺栓连接的强度指标（N/mm²）**　　　　　　　　　　　　　　　　　　附表 1-3

| 螺栓的性能等级、锚栓和构件钢材的牌号 | | 强度设计值 | | | | | | | | | | 高强度螺栓的抗拉强度 $f_u^b$ |
|---|---|---|---|---|---|---|---|---|---|---|---|---|
| | | 普通螺栓 | | | | | | 锚栓 | 承压型连接或网架用高强度螺栓 | | | |
| | | C级螺栓 | | | A级、B级螺栓 | | | | | | | |
| | | 抗拉 $f_t^b$ | 抗剪 $f_v^b$ | 承压 $f_c^b$ | 抗拉 $f_t^b$ | 抗剪 $f_v^b$ | 承压 $f_c^b$ | 抗拉 $f_t^a$ | 抗拉 $f_t^b$ | 抗剪 $f_v^b$ | 承压 $f_c^b$ | |
| 普通螺栓 | 4.6级、4.8级 | 170 | 140 | — | — | — | — | — | — | — | — | — |
| | 5.6级 | — | — | — | 210 | 190 | — | — | — | — | — | — |
| | 8.8级 | — | — | — | 400 | 320 | — | — | — | — | — | — |
| 锚栓 | Q235 | — | — | — | — | — | — | 140 | — | — | — | — |
| | Q345 | — | — | — | — | — | — | 180 | — | — | — | — |
| | Q390 | — | — | — | — | — | — | 185 | — | — | — | — |
| 承压型连接高强度螺栓 | 8.8级 | — | — | — | — | — | — | — | 400 | 250 | — | 830 |
| | 10.9级 | — | — | — | — | — | — | — | 500 | 310 | — | 1040 |
| 螺栓球节点用高强度螺栓 | 9.8级 | — | — | — | — | — | — | — | 385 | — | — | — |
| | 10.9级 | — | — | — | — | — | — | — | 430 | — | — | — |
| 构件钢材牌号 | Q235 | — | — | 305 | — | — | 405 | — | — | — | 470 | — |
| | Q345 | — | — | 385 | — | — | 510 | — | — | — | 590 | — |
| | Q390 | — | — | 400 | — | — | 530 | — | — | — | 615 | — |
| | Q420 | — | — | 425 | — | — | 560 | — | — | — | 655 | — |
| | Q460 | — | — | 450 | — | — | 595 | — | — | — | 695 | — |
| | Q345GJ | — | — | 400 | — | — | 530 | — | — | — | 615 | — |

注：1. A级螺栓用于 $d \leqslant 24mm$ 和 $L \leqslant 10d$ 或 $L \leqslant 150mm$（按较小值）的螺栓；B级螺栓用于 $d > 24mm$ 和 $L > 10d$ 或 $L > 150mm$（按较小值）的螺栓；$d$ 为公称直径，$L$ 为螺栓公称长度；

　　2. A、B级螺栓孔的精度和孔壁表面粗糙度，C级螺栓孔的允许偏差和孔壁表面粗糙度，均应符合现行国家标准《钢结构工程施工质量验收规范》GB 50205 的要求；

　　3. 用于螺栓球节点网架的高强度螺栓，M12～M36 为 10.9 级，M39～M64 为 9.8 级。

**结构构件或连接设计强度的折减系数**　　　　　　　　　　　　　　　　附表 1-4

| 项次 | 情况 | | 折减系数 |
|---|---|---|---|
| 1 | 桁架的单角钢腹杆当以一个肢连接于节点板时（除弦杆亦为单角钢，并位于节点板同侧者外） | | |
| | （1）按轴心受力计算强度和连接 | | 0.85 |
| | （2）按受压计算稳定性 | | |
| | | 等边角钢 | $0.6 + 0.0015\lambda$，但不大于 1.0 |
| | | 短边相连的不等边角钢 | $0.5 + 0.0025\lambda$，但不大于 1.0 |
| | | 长边相连的不等边角钢 | 0.70 |
| 2 | 无垫板的单面施焊对接焊缝 | | 0.85 |
| 3 | 施工条件较差的铆钉连接和高空安装焊缝 | | 0.90 |
| 4 | 沉头和半沉头铆钉连接 | | 0.80 |

238

# 附录 2 受弯构件的挠度容许值

受弯构件的挠度容许值

附表 2-1

| 项次 | 构件类别 | 挠度容许值 | |
|---|---|---|---|
| | | $[v_T]$ | $[v_Q]$ |
| 1 | 吊车梁和吊车桁架（按自重和起重量最大的一台吊车计算挠度） | | |
| | （1）手动起重机和单梁起重机（含悬挂起重机） | $l/500$ | |
| | （2）轻级工作制桥式起重机 | $l/750$ | — |
| | （3）中级工作制桥式起重机 | $l/900$ | |
| | （4）重级工作制桥式起重机 | $l/1000$ | |
| 2 | 手动或电动葫芦的轨道梁 | $l/400$ | — |
| 3 | 有重轨（重量等于或大于 38kg/m）轨道的工作平台梁 | $l/600$ | |
| | 有轻轨（重量等于或小于 24kg/m）轨道的工作平台梁 | $l/400$ | |
| 4 | 楼（屋）盖梁或桁架、工作平台梁（第 3 项除外）和平台板 | | |
| | （1）主梁或桁架（包括设有悬挂起重设备的梁和桁架） | $l/400$ | $l/500$ |
| | （2）仅支承压型金属板屋面和冷弯型钢檩条 | $l/180$ | |
| | （3）除支承压型金属板屋面和冷弯型钢檩条外，尚有吊顶 | $l/240$ | |
| | （4）抹灰顶棚的次梁 | $l/250$ | $l/350$ |
| | （5）除（1）～（4）款外的其他梁（包括楼梯梁） | $l/250$ | $l/300$ |
| | （6）屋盖檩条 | | |
| | 支承压型金属板屋面者 | $l/150$ | — |
| | 支承其他屋面材料者 | $l/200$ | — |
| | 有吊顶 | $l/240$ | |
| | （7）平台板 | $l/150$ | |
| 5 | 墙架构件（风荷载不考虑阵风系数） | | |
| | （1）支柱（水平方向） | — | $l/400$ |
| | （2）抗风桁架（作为连续支柱的支承时，水平位移） | — | $l/1000$ |
| | （3）砌体墙的横梁（水平方向） | — | $l/300$ |
| | （4）支承压型金属板的横梁（水平方向） | — | $l/100$ |
| | （5）支承其他墙面材料的横梁（水平方向） | — | $l/200$ |
| | （6）带有玻璃窗的横梁（竖直和水平方向） | $l/200$ | $l/200$ |

注：1. $l$ 为受弯构件的跨度（对悬臂梁和伸臂梁为悬臂长度的 2 倍）；

　　2. $[v_T]$ 为永久和可变荷载标准值产生的挠度（如有起拱应减去拱度）的容许值，$[v_Q]$ 为可变荷载标准值产生的挠度的容许值；

　　3. 当吊车梁或吊车桁架跨度大于 12m 时，其挠度容许值 $[v_T]$ 应乘以 0.9 的系数；

　　4. 当墙面采用延性材料或与结构采用柔性连接时，墙架构件的支柱水平位移容许值可采用 $l/300$，抗风桁架（作为连续支柱的支承时）水平位移许值可采用 $l/800$。

# 附录3 梁的整体稳定系数

## 附 3.1 等截面焊接工字形和轧制 H 型钢简支梁

等截面焊接工字形和轧制 H 型钢（附图 3-1）简支梁的整体稳定系数 $\varphi_b$ 应按下列公式计算：

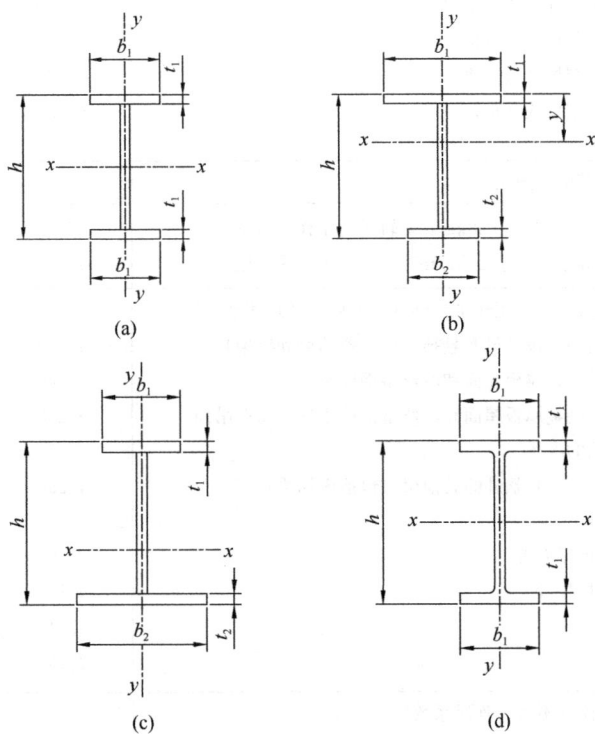

附图 3-1 焊接工字形和轧制 H 型钢
(a) 双轴对称焊接工字形截面；(b) 加强受压翼缘的单轴对称焊接工字形截面；
(c) 加强受拉翼缘的单轴对称焊接工字形截面；(d) 轧制 H 型钢截面

$$\varphi_b = \beta_b \frac{4320}{\lambda_y^2} \cdot \frac{Ah}{W_x} \left[ \sqrt{1 + \left( \frac{\lambda_y t_1}{4.4h} \right)^2} + \eta_b \right] \varepsilon_k \qquad \text{附 (3-1)}$$

$$\lambda_y = \frac{l_1}{i_y} \qquad \text{附 (3-2)}$$

截面不对称影响系数 $\eta_b$ 应按下列公式计算：

对双轴对称截面（附图 3-1a、d）：

$$\eta_b = 0 \qquad \text{附 (3-3)}$$

对单轴对称工字形截面（附图 3-1b、c）：

加强受压翼缘 $\quad\quad\quad\quad\quad\quad \eta_b = 0.8(2\alpha_b - 1)$ 附（3-4）

加强受拉翼缘 $\quad\quad\quad\quad\quad\quad \eta_b = 2\alpha_b - 1$ 附（3-5）

$$\alpha_b = \frac{I_1}{I_1 + I_2}$$ 附（3-6）

当按公式附（3-1）算得的 $\varphi_b$ 值大于 0.6 时，应用下式计算的 $\varphi'_b$ 代替 $\varphi_b$ 值：

$$\varphi'_b = 1.07 - \frac{0.282}{\varphi_b} \leqslant 1.0$$ 附（3-7）

式中　$\beta_b$——梁整体稳定的等效弯矩系数，应按附表 3-1 采用；

$\lambda_y$——梁在侧向支承点间对截面弱轴 $y$-$y$ 的长细比；

$A$——梁的毛截面面积；

$h$、$t_1$——梁截面的全高和受压翼缘厚度，等截面铆接（或高强度螺栓连接）简支梁，其受压翼缘厚度 $t_1$ 包括翼缘角钢厚度在内；

$l_1$——梁受压翼缘侧向支承点之间的距离；

$i_y$——梁毛截面对 $y$ 轴的回转半径；

$I_1$、$I_2$——分别为受压翼缘和受拉翼缘对 $y$ 轴的惯性矩。

**H 型钢和等截面工字形简支梁的系数 $\beta_b$** 附表 3-1

| 项次 | 侧向支承 | 荷载 | | $\xi \leqslant 2.0$ | $\xi > 2.0$ | 适用范围 |
|---|---|---|---|---|---|---|
| 1 | 跨中无侧向支承 | 均布荷载作用在 | 上翼缘 | $0.69 + 0.13\xi$ | 0.95 | 附图 3-1 (a)、(b) 和 (d) 的截面 |
| 2 | | | 下翼缘 | $1.73 - 0.20\xi$ | 1.33 | |
| 3 | | 集中荷载作用在 | 上翼缘 | $0.73 + 0.18\xi$ | 1.09 | |
| 4 | | | 下翼缘 | $2.23 - 0.28\xi$ | 1.67 | |
| 5 | 跨度中点有一个侧向支承点 | 均布荷载作用在 | 上翼缘 | 1.15 | | 附图 3-1 中的所有截面 |
| 6 | | | 下翼缘 | 1.40 | | |
| 7 | | 集中荷载作用在截面高度的任意位置 | | 1.75 | | |
| 8 | 跨中有不少于两个等距离侧向支承点 | 任意荷载作用在 | 上翼缘 | 1.20 | | |
| 9 | | | 下翼缘 | 1.40 | | |
| 10 | 梁端有弯矩，但跨中无荷载作用 | | | $1.75 - 1.05\left(\dfrac{M_2}{M_1}\right) + 0.3\left(\dfrac{M_2}{M_1}\right)^2$ 但 $\leqslant 2.3$ | | |

注：1. $\xi$ 为参数，$\xi = \dfrac{l_1 t_1}{b_1 h}$，其中 $b_1$ 为受压翼缘的宽度；

2. $M_1$ 和 $M_2$ 为梁的端弯矩，使梁产生同向曲率时 $M_1$ 和 $M_2$ 取同号，产生反向曲率时取异号，$|M_1| \geqslant |M_2|$；

3. 表中项次 3、4 和 7 的集中荷载是指一个或少数几个集中荷载位于跨中央附近的情况，对其他情况的集中荷载，应按表中项次 1、2、5、6 内的数值采用；

4. 表中项次 8、9 的 $\beta_b$，当集中荷载作用在侧向支承点处时，取 $\beta_b = 1.20$；

5. 荷载作用在上翼缘系指荷载作用点在翼缘表面，方向指向截面形心；荷载作用在下翼缘系指荷载作用点在翼缘表面，方向背向截面形心；

6. 对 $\alpha_b > 0.8$ 的加强受压翼缘工字形截面，下列情况的 $\beta_b$ 值应乘以相应的系数：

项次 1：当 $\xi \leqslant 1.0$ 时，乘以 0.95；

项次 3：当 $\xi \leqslant 0.5$ 时，乘以 0.90；当 $0.5 < \xi \leqslant 1.0$ 时，乘以 0.95。

## 附 3.2 轧制普通工字钢简支梁

轧制普通工字形简支梁的整体稳定系数 $\varphi_b$ 应按附表 3-2 采用，当所得的 $\varphi_b$ 值大于 0.6 时，应按附式（3-7）算得的代替值。

轧制普通工字钢简支梁的 $\varphi_b$　　　　　　　　　　附表 3-2

| 项次 | 荷载情况 | | | 工字钢型号 | 自由长度 $l_1$（m） | | | | | | | | |
|---|---|---|---|---|---|---|---|---|---|---|---|---|---|
| | | | | | 2 | 3 | 4 | 5 | 6 | 7 | 8 | 9 | 10 |
| 1 | 跨中无侧向支承点的梁 | 集中荷载作用于 | 上翼缘 | 10～20 | 2.00 | 1.30 | 0.99 | 0.80 | 0.68 | 0.58 | 0.53 | 0.48 | 0.43 |
| | | | | 22～32 | 2.40 | 1.48 | 1.09 | 0.86 | 0.72 | 0.62 | 0.54 | 0.49 | 0.45 |
| | | | | 36～63 | 2.80 | 1.60 | 1.07 | 0.83 | 0.68 | 0.56 | 0.50 | 0.45 | 0.40 |
| 2 | | | 下翼缘 | 10～20 | 3.10 | 1.95 | 1.34 | 1.01 | 0.82 | 0.69 | 0.63 | 0.57 | 0.52 |
| | | | | 22～40 | 5.50 | 2.80 | 1.84 | 1.37 | 1.07 | 0.86 | 0.73 | 0.64 | 0.56 |
| | | | | 45～63 | 7.30 | 3.60 | 2.30 | 1.62 | 1.20 | 0.96 | 0.80 | 0.69 | 0.60 |
| 3 | | 均布荷载作用于 | 上翼缘 | 10～20 | 1.70 | 1.12 | 0.84 | 0.68 | 0.57 | 0.50 | 0.45 | 0.41 | 0.37 |
| | | | | 22～40 | 2.10 | 1.30 | 0.93 | 0.73 | 0.60 | 0.51 | 0.45 | 0.40 | 0.36 |
| | | | | 45～63 | 2.60 | 1.45 | 0.97 | 0.73 | 0.59 | 0.50 | 0.44 | 0.38 | 0.35 |
| 4 | | | 下翼缘 | 10～20 | 2.50 | 1.55 | 1.08 | 0.83 | 0.68 | 0.56 | 0.52 | 0.47 | 0.42 |
| | | | | 22～40 | 4.00 | 2.20 | 1.45 | 1.10 | 0.85 | 0.70 | 0.60 | 0.52 | 0.46 |
| | | | | 45～63 | 5.60 | 2.80 | 1.80 | 1.25 | 0.95 | 0.78 | 0.65 | 0.55 | 0.49 |
| 5 | 跨中有侧向支承点的梁（不论荷载作用点在截面高度上的位置） | | | 10～20 | 2.20 | 1.39 | 1.01 | 0.79 | —0.66 | 0.57 | 0.52 | 0.47 | 0.42 |
| | | | | 22～40 | 3.00 | 1.80 | 1.24 | 0.96 | 0.76 | 0.65 | 0.56 | 0.49 | 0.43 |
| | | | | 45～63 | 4.00 | 2.20 | 1.38 | 1.01 | 0.80 | 0.66 | 0.56 | 0.49 | 0.43 |

注：1. 同附表 3-1 中的注 3、5；

2. 表中的 $\varphi_b$ 适用于 Q235 钢。对其他钢号，表中数值应乘以 $\varepsilon_k^2$。

## 附 3.3 轧制槽钢简支梁

轧制槽钢简支梁的整体稳定系数，不论荷载的形式和荷载作用点在截面高度上的位置，均可按下式计算：

$$\varphi_b = \frac{570bt}{l_1 h} \cdot \varepsilon_k^2 \qquad\qquad 附（3-8）$$

式中　$h$、$b$、$t$——槽钢截面的高度、翼缘宽度和平均厚度。

当按附式（3-8）算得的 $\varphi_b$ 值大于 0.6 时，应按附式（3-7）算得相应的 $\varphi_b'$ 代替 $\varphi_b$ 值。

## 附 3.4 双轴对称工字形等截面悬臂梁

双轴对称工字形等截面悬臂梁的整体稳定系数，可按附式（3-1）计算，但式中系数 $\beta_b$ 应按附表 3-3 查得，当按附式（3-2）计算长细比 $\lambda_y$ 时，$l_1$ 为悬臂梁的悬伸长度。当求得的 $\varphi_b$ 值大于 0.6 时，应按附式（3-7）算得的 $\varphi_b'$ 代替 $\varphi_b$ 值。

| 项次 | 荷载形式 | | $0.60{\leqslant}\xi{\leqslant}1.24$ | $1.24{<}\xi{\leqslant}1.96$ | $1.96{<}\xi{\leqslant}3.10$ |
|------|----------|------|------|------|------|
| 1 | 自由端一个集中荷载作用在 | 上翼缘 | $0.21+0.67\xi$ | $0.72+0.26\xi$ | $1.17+0.03\xi$ |
| 2 | | 下翼缘 | $2.94-0.65\xi$ | $2.64-0.40\xi$ | $2.15-0.15\xi$ |
| 3 | 均布荷载作用在上翼缘 | | $0.62+0.82\xi$ | $1.25+0.31\xi$ | $1.66+0.10\xi$ |

注：1. 本表是按支承端为固定的情况确定的，当用于由邻跨延伸出来的伸臂梁时，应在构造上采取措施加强支承处的抗扭能力；

　　2. 表中 $\xi$ 见附表 3-1 注 1。

## 附 3.5　受弯构件整体稳定系数的近似计算

均匀弯曲的受弯构件，当 $\lambda_y{\leqslant}120\varepsilon_k$ 时，其整体稳定系数 $\varphi_b$ 可按下列近似公式计算：

（1）工字形截面：

双轴对称：

$$\varphi_b = 1.07 - \frac{\lambda_y^2}{44000\varepsilon_k^2} \qquad 附（3-9）$$

单轴对称：

$$\varphi_b = 1.07 - \frac{W_x}{(2\alpha_b+0.1)Ah} \cdot \frac{\lambda_y^2}{14000\varepsilon_k^2} \qquad 附（3-10）$$

（2）弯矩作用在对称轴平面，绕 $x$ 轴的 T 形截面：

1）弯矩使翼缘受压时：

双角钢 T 形截面：

$$\varphi_b = 1 - 0.0017\lambda_y/\varepsilon_k \qquad 附（3-11）$$

剖分 T 型钢和两板组合 T 形截面：

$$\varphi_b = 1 - 0.0022\lambda_y/\varepsilon_k \qquad 附（3-12）$$

2）弯矩使翼缘受拉且腹板宽厚比不大于 $18\varepsilon_k$ 时：

$$\varphi_b = 1 - 0.0005\lambda_y/\varepsilon_k \qquad 附（3-13）$$

当按附式（3-9）和附式（3-10）算得的 $\varphi_b$ 值大于 1.0 时，取 $\varphi_b=1.0$。

# 附录4 轴心受压构件的稳定系数

## 附4.1 a类截面轴心受压构件的稳定系数（附表4-1）

a类截面轴心受压构件的稳定系数 附表4-1

| $\lambda/\varepsilon_k$ | 0 | 1 | 2 | 3 | 4 | 5 | 6 | 7 | 8 | 9 |
|---|---|---|---|---|---|---|---|---|---|---|
| 0 | 1.000 | 1.000 | 1.000 | 1.000 | 0.999 | 0.999 | 0.998 | 0.998 | 0.997 | 0.996 |
| 10 | 0.995 | 0.994 | 0.993 | 0.992 | 0.991 | 0.989 | 0.988 | 0.986 | 0.985 | 0.983 |
| 20 | 0.981 | 0.979 | 0.977 | 0.976 | 0.974 | 0.972 | 0.970 | 0.968 | 0.966 | 0.964 |
| 30 | 0.963 | 0.961 | 0.959 | 0.957 | 0.954 | 0.952 | 0.950 | 0.948 | 0.946 | 0.944 |
| 40 | 0.941 | 0.939 | 0.937 | 0.934 | 0.932 | 0.929 | 0.927 | 0.924 | 0.921 | 0.918 |
| 50 | 0.916 | 0.913 | 0.910 | 0.907 | 0.903 | 0.900 | 0.897 | 0.893 | 0.890 | 0.886 |
| 60 | 0.883 | 0.879 | 0.875 | 0.871 | 0.867 | 0.862 | 0.858 | 0.854 | 0.849 | 0.844 |
| 70 | 0.839 | 0.834 | 0.829 | 0.824 | 0.818 | 0.813 | 0.807 | 0.801 | 0.795 | 0.789 |
| 80 | 0.783 | 0.776 | 0.770 | 0.763 | 0.756 | 0.749 | 0.742 | 0.735 | 0.728 | 0.721 |
| 90 | 0.713 | 0.706 | 0.698 | 0.691 | 0.683 | 0.676 | 0.668 | 0.660 | 0.653 | 0.645 |
| 100 | 0.637 | 0.630 | 0.622 | 0.614 | 0.607 | 0.599 | 0.592 | 0.584 | 0.577 | 0.569 |
| 110 | 0.562 | 0.555 | 0.548 | 0.541 | 0.534 | 0.527 | 0.520 | 0.513 | 0.507 | 0.500 |
| 120 | 0.494 | 0.487 | 0.481 | 0.475 | 0.469 | 0.463 | 0.457 | 0.451 | 0.445 | 0.439 |
| 130 | 0.434 | 0.428 | 0.423 | 0.417 | 0.412 | 0.407 | 0.402 | 0.397 | 0.392 | 0.387 |
| 140 | 0.382 | 0.378 | 0.373 | 0.368 | 0.364 | 0.360 | 0.355 | 0.351 | 0.347 | 0.343 |
| 150 | 0.339 | 0.335 | 0.331 | 0.327 | 0.323 | 0.319 | 0.316 | 0.312 | 0.308 | 0.305 |
| 160 | 0.302 | 0.298 | 0.295 | 0.292 | 0.288 | 0.285 | 0.282 | 0.279 | 0.276 | 0.273 |
| 170 | 0.270 | 0.267 | 0.264 | 0.261 | 0.259 | 0.256 | 0.253 | 0.250 | 0.248 | 0.245 |
| 180 | 0.243 | 0.240 | 0.238 | 0.235 | 0.233 | 0.231 | 0.228 | 0.226 | 0.224 | 0.222 |
| 190 | 0.219 | 0.217 | 0.215 | 0.213 | 0.211 | 0.209 | 0.207 | 0.205 | 0.203 | 0.201 |
| 200 | 0.199 | 0.197 | 0.196 | 0.194 | 0.192 | 0.190 | 0.188 | 0.187 | 0.185 | 0.183 |
| 210 | 0.182 | 0.180 | 0.178 | 0.177 | 0.175 | 0.174 | 0.172 | 0.171 | 0.169 | 0.168 |
| 220 | 0.166 | 0.165 | 0.163 | 0.162 | 0.161 | 0.159 | 0.158 | 0.157 | 0.155 | 0.154 |
| 230 | 0.153 | 0.151 | 0.150 | 0.149 | 0.148 | 0.147 | 0.145 | 0.144 | 0.143 | 0.142 |
| 240 | 0.141 | 0.140 | 0.139 | 0.137 | 0.136 | 0.135 | 0.134 | 0.133 | 0.132 | 0.131 |
| 250 | 0.130 | — | — | — | — | — | — | — | — | — |

注：表中值系按附4.5中的公式计算而得。

## 附 4.2　b 类截面轴心受压构件的稳定系数（附表 4-2）

**b 类截面轴心受压构件的稳定系数**　　　　　　　　　　　　附表 4-2

| $\lambda/\varepsilon_k$ | 0 | 1 | 2 | 3 | 4 | 5 | 6 | 7 | 8 | 9 |
|---|---|---|---|---|---|---|---|---|---|---|
| 0 | 1.000 | 1.000 | 1.000 | 0.999 | 0.999 | 0.998 | 0.997 | 0.996 | 0.995 | 0.994 |
| 10 | 0.992 | 0.991 | 0.989 | 0.987 | 0.985 | 0.983 | 0.981 | 0.978 | 0.976 | 0.973 |
| 20 | 0.970 | 0.967 | 0.963 | 0.960 | 0.957 | 0.953 | 0.950 | 0.946 | 0.943 | 0.939 |
| 30 | 0.936 | 0.932 | 0.929 | 0.925 | 0.921 | 0.918 | 0.914 | 0.910 | 0.906 | 0.903 |
| 40 | 0.899 | 0.895 | 0.891 | 0.886 | 0.882 | 0.878 | 0.874 | 0.870 | 0.865 | 0.861 |
| 50 | 0.856 | 0.852 | 0.847 | 0.842 | 0.837 | 0.833 | 0.828 | 0.823 | 0.818 | 0.812 |
| 60 | 0.807 | 0.802 | 0.796 | 0.791 | 0.785 | 0.780 | 0.774 | 0.768 | 0.762 | 0.757 |
| 70 | 0.751 | 0.745 | 0.738 | 0.732 | 0.726 | 0.720 | 0.713 | 0.707 | 0.701 | 0.694 |
| 80 | 0.687 | 0.681 | 0.674 | 0.668 | 0.661 | 0.654 | 0.648 | 0.641 | 0.634 | 0.628 |
| 90 | 0.621 | 0.614 | 0.607 | 0.601 | 0.594 | 0.587 | 0.581 | 0.574 | 0.568 | 0.561 |
| 100 | 0.555 | 0.548 | 0.542 | 0.535 | 0.529 | 0.523 | 0.517 | 0.511 | 0.504 | 0.498 |
| 110 | 0.492 | 0.487 | 0.481 | 0.475 | 0.469 | 0.464 | 0.458 | 0.453 | 0.447 | 0.442 |
| 120 | 0.436 | 0.431 | 0.426 | 0.421 | 0.416 | 0.411 | 0.406 | 0.401 | 0.396 | 0.392 |
| 130 | 0.387 | 0.383 | 0.378 | 0.374 | 0.369 | 0.365 | 0.361 | 0.357 | 0.352 | 0.348 |
| 140 | 0.344 | 0.340 | 0.337 | 0.333 | 0.329 | 0.325 | 0.322 | 0.318 | 0.314 | 0.311 |
| 150 | 0.308 | 0.304 | 0.301 | 0.297 | 0.294 | 0.291 | 0.288 | 0.285 | 0.282 | 0.279 |
| 160 | 0.276 | 0.273 | 0.270 | 0.267 | 0.264 | 0.262 | 0.259 | 0.256 | 0.253 | 0.251 |
| 170 | 0.248 | 0.246 | 0.243 | 0.241 | 0.238 | 0.236 | 0.234 | 0.231 | 0.229 | 0.227 |
| 180 | 0.225 | 0.222 | 0.220 | 0.218 | 0.216 | 0.214 | 0.212 | 0.210 | 0.208 | 0.206 |
| 190 | 0.204 | 0.202 | 0.200 | 0.198 | 0.196 | 0.195 | 0.193 | 0.191 | 0.189 | 0.188 |
| 200 | 0.186 | 0.184 | 0.183 | 0.181 | 0.179 | 0.178 | 0.176 | 0.175 | 0.173 | 0.172 |
| 210 | 0.170 | 0.169 | 0.167 | 0.166 | 0.164 | 0.163 | 0.162 | 0.160 | 0.159 | 0.158 |
| 220 | 0.156 | 0.155 | 0.154 | 0.152 | 0.151 | 0.150 | 0.149 | 0.147 | 0.146 | 0.145 |
| 230 | 0.144 | 0.143 | 0.142 | 0.141 | 0.139 | 0.138 | 0.137 | 0.136 | 0.135 | 0.134 |
| 240 | 0.133 | 0.132 | 0.131 | 0.130 | 0.129 | 0.128 | 0.127 | 0.126 | 0.125 | 0.124 |
| 250 | 0.123 | — | — | — | — | — | — | — | — | — |

注：表中值系按附 4.5 中的公式计算而得。

## 附 4.3　c 类截面轴心受压构件的稳定系数（附表 4-3）

c 类截面轴心受压构件的稳定系数　　　　　　　　　　　附表 4-3

| $\lambda/\varepsilon_k$ | 0 | 1 | 2 | 3 | 4 | 5 | 6 | 7 | 8 | 9 |
|---|---|---|---|---|---|---|---|---|---|---|
| 0 | 1.000 | 1.000 | 1.000 | 0.999 | 0.999 | 0.998 | 0.997 | 0.996 | 0.995 | 0.993 |
| 10 | 0.992 | 0.990 | 0.988 | 0.986 | 0.983 | 0.981 | 0.978 | 0.976 | 0.973 | 0.970 |
| 20 | 0.966 | 0.959 | 0.953 | 0.947 | 0.940 | 0.934 | 0.928 | 0.921 | 0.915 | 0.909 |
| 30 | 0.902 | 0.896 | 0.890 | 0.883 | 0.877 | 0.871 | 0.865 | 0.858 | 0.852 | 0.845 |
| 40 | 0.839 | 0.833 | 0.826 | 0.820 | 0.813 | 0.807 | 0.800 | 0.794 | 0.787 | 0.781 |
| 50 | 0.774 | 0.768 | 0.761 | 0.755 | 0.748 | 0.742 | 0.735 | 0.728 | 0.722 | 0.715 |
| 60 | 0.709 | 0.702 | 0.695 | 0.689 | 0.682 | 0.675 | 0.669 | 0.662 | 0.656 | 0.649 |
| 70 | 0.642 | 0.636 | 0.629 | 0.623 | 0.616 | 0.610 | 0.603 | 0.597 | 0.591 | 0.584 |
| 80 | 0.578 | 0.572 | 0.565 | 0.559 | 0.553 | 0.547 | 0.541 | 0.535 | 0.529 | 0.523 |
| 90 | 0.517 | 0.511 | 0.505 | 0.499 | 0.494 | 0.488 | 0.483 | 0.477 | 0.471 | 0.467 |
| 100 | 0.462 | 0.458 | 0.453 | 0.449 | 0.445 | 0.440 | 0.436 | 0.432 | 0.427 | 0.423 |
| 110 | 0.419 | 0.415 | 0.411 | 0.407 | 0.402 | 0.398 | 0.394 | 0.390 | 0.386 | 0.383 |
| 120 | 0.379 | 0.375 | 0.371 | 0.367 | 0.363 | 0.360 | 0.356 | 0.352 | 0.349 | 0.345 |
| 130 | 0.342 | 0.338 | 0.335 | 0.332 | 0.328 | 0.325 | 0.322 | 0.318 | 0.315 | 0.312 |
| 140 | 0.309 | 0.306 | 0.303 | 0.300 | 0.297 | 0.294 | 0.291 | 0.288 | 0.285 | 0.282 |
| 150 | 0.279 | 0.277 | 0.274 | 0.271 | 0.269 | 0.266 | 0.263 | 0.261 | 0.258 | 0.256 |
| 160 | 0.253 | 0.251 | 0.248 | 0.246 | 0.244 | 0.241 | 0.239 | 0.237 | 0.235 | 0.232 |
| 170 | 0.230 | 0.228 | 0.226 | 0.224 | 0.222 | 0.220 | 0.218 | 0.216 | 0.214 | 0.212 |
| 180 | 0.210 | 0.208 | 0.206 | 0.204 | 0.203 | 0.201 | 0.199 | 0.197 | 0.195 | 0.194 |
| 190 | 0.192 | 0.190 | 0.189 | 0.187 | 0.185 | 0.184 | 0.182 | 0.181 | 0.179 | 0.178 |
| 200 | 0.176 | 0.175 | 0.173 | 0.172 | 0.170 | 0.169 | 0.167 | 0.166 | 0.165 | 0.163 |
| 210 | 0.162 | 0.161 | 0.159 | 0.158 | 0.157 | 0.155 | 0.154 | 0.153 | 0.152 | 0.151 |
| 220 | 0.149 | 0.148 | 0.147 | 0.146 | 0.145 | 0.144 | 0.142 | 0.141 | 0.140 | 0.139 |
| 230 | 0.138 | 0.137 | 0.136 | 0.135 | 0.134 | 0.133 | 0.132 | 0.131 | 0.130 | 0.129 |
| 240 | 0.128 | 0.127 | 0.126 | 0.125 | 0.124 | 0.123 | 0.123 | 0.122 | 0.121 | 0.120 |
| 250 | 0.119 | — | — | — | — | — | — | — | — | — |

注：表中值系按附 4.5 中的公式计算而得。

## 附 4.4　d 类截面轴心受压构件的稳定系数（附表 4-4）

**d 类截面轴心受压构件的稳定系数**　　　　　　　　　　　　　　附表 4-4

| $\lambda/\varepsilon_k$ | 0 | 1 | 2 | 3 | 4 | 5 | 6 | 7 | 8 | 9 |
|---|---|---|---|---|---|---|---|---|---|---|
| 0 | 1.000 | 1.000 | 0.999 | 0.999 | 0.998 | 0.996 | 0.994 | 0.992 | 0.990 | 0.987 |
| 10 | 0.984 | 0.981 | 0.978 | 0.974 | 0.969 | 0.965 | 0.960 | 0.955 | 0.949 | 0.944 |
| 20 | 0.937 | 0.927 | 0.918 | 0.909 | 0.900 | 0.891 | 0.883 | 0.874 | 0.865 | 0.857 |
| 30 | 0.848 | 0.840 | 0.831 | 0.823 | 0.815 | 0.807 | 0.798 | 0.790 | 0.782 | 0.774 |
| 40 | 0.766 | 0.758 | 0.751 | 0.743 | 0.735 | 0.727 | 0.720 | 0.712 | 0.705 | 0.697 |
| 50 | 0.690 | 0.682 | 0.675 | 0.668 | 0.660 | 0.653 | 0.646 | 0.639 | 0.632 | 0.625 |
| 60 | 0.618 | 0.611 | 0.605 | 0.598 | 0.591 | 0.585 | 0.578 | 0.571 | 0.565 | 0.559 |
| 70 | 0.552 | 0.546 | 0.540 | 0.534 | 0.528 | 0.521 | 0.516 | 0.510 | 0.504 | 0.498 |
| 80 | 0.492 | 0.487 | 0.481 | 0.476 | 0.470 | 0.465 | 0.459 | 0.454 | 0.449 | 0.444 |
| 90 | 0.439 | 0.434 | 0.429 | 0.424 | 0.419 | 0.414 | 0.409 | 0.405 | 0.401 | 0.397 |
| 100 | 0.393 | 0.390 | 0.386 | 0.383 | 0.380 | 0.376 | 0.373 | 0.369 | 0.366 | 0.363 |
| 110 | 0.359 | 0.356 | 0.353 | 0.350 | 0.346 | 0.343 | 0.340 | 0.337 | 0.334 | 0.331 |
| 120 | 0.328 | 0.325 | 0.322 | 0.319 | 0.316 | 0.313 | 0.310 | 0.307 | 0.304 | 0.301 |
| 130 | 0.298 | 0.296 | 0.293 | 0.290 | 0.288 | 0.285 | 0.282 | 0.280 | 0.277 | 0.275 |
| 140 | 0.272 | 0.270 | 0.267 | 0.265 | 0.262 | 0.260 | 0.257 | 0.255 | 0.253 | 0.250 |
| 150 | 0.248 | 0.246 | 0.244 | 0.242 | 0.239 | 0.237 | 0.235 | 0.233 | 0.231 | 0.229 |
| 160 | 0.227 | 0.225 | 0.223 | 0.221 | 0.219 | 0.217 | 0.215 | 0.213 | 0.211 | 0.210 |
| 170 | 0.208 | 0.206 | 0.204 | 0.202 | 0.201 | 0.199 | 0.197 | 0.196 | 0.194 | 0.192 |
| 180 | 0.191 | 0.189 | 0.187 | 0.186 | 0.184 | 0.183 | 0.181 | 0.180 | 0.178 | 0.177 |
| 190 | 0.175 | 0.174 | 0.173 | 0.171 | 0.170 | 0.168 | 0.167 | 0.166 | 0.164 | 0.163 |
| 200 | 0.162 | — | — | — | — | — | — | — | — | — |

注：表中值系按附 4.5 中的公式计算而得。

## 附 4.5　轴心受压构件稳定系数的计算公式

当构件的 $\lambda/\varepsilon_k$ 超出附表 4-1～附表 4-4 范围时，轴心受压构件的稳定系数应按下列公式计算：

当 $\lambda_n \leqslant 0.215$ 时：

$$\varphi = 1 - \alpha_1 \lambda_n^2 \qquad\qquad 附（4-1）$$

$$\lambda_n = \frac{\lambda}{\pi}\sqrt{f_y/E} \qquad\qquad 附（4-2）$$

当 $\lambda_n > 0.215$ 时：

$$\varphi = \frac{1}{2\lambda_n^2}\left[(\alpha_2 + \alpha_3\lambda_n + \lambda_n^2) - \sqrt{(\alpha_2 + \alpha_3\lambda_n + \lambda_n^2)^2 - 4\lambda_n^2}\right] \qquad \text{附 (4-3)}$$

式中 $\alpha_1$、$\alpha_2$、$\alpha_3$——系数，应根据截面分类，按附表 4-5 采用。

系数 $\alpha_1$、$\alpha_2$、$\alpha_3$      附表 4-5

| 截面类别 | | $\alpha_1$ | $\alpha_2$ | $\alpha_3$ |
|---|---|---|---|---|
| a类 | | 0.41 | 0.986 | 0.152 |
| b类 | | 0.65 | 0.965 | 0.300 |
| c类 | $\lambda_n \leqslant 1.05$ | 0.73 | 0.906 | 0.595 |
| | $\lambda_n > 1.05$ | | 1.216 | 0.302 |
| d类 | $\lambda_n \leqslant 1.05$ | 1.35 | 0.868 | 0.915 |
| | $\lambda_n > 1.05$ | | 1.375 | 0.432 |

# 附录 5 疲劳计算的构件和连接分类

## 附 5.1 非焊接的构件和连接分类（附表 5-1）

非焊接的构件和连接分类      附表 5-1

| 项次 | 构造细节 | 说明 | 类别 |
|---|---|---|---|
| 1 | | • 无连接处的母材<br>轧制型钢 | Z1 |
| 2 | | • 无连接处的母材<br>钢板<br>（1）两边为轧制边或刨边<br>（2）两侧为自动、半自动切割边（切割质量标准应符合现行国家标准《钢结构工程施工质量验收规范》GB 50205） | Z1<br><br>Z2 |
| 3 | | • 连系螺栓和虚孔处的母材<br>应力以净截面面积计算 | Z4 |
| 4 | | • 螺栓连接处的母材<br>高强度螺栓摩擦型连接应力以毛截面面积计算；其他螺栓连接应力以净截面面积计算<br>• 铆钉连接处的母材<br>连接应力以净截面面积计算 | Z2<br><br><br>Z4 |
| 5 | | • 受拉螺栓的螺纹处母材<br>连接板件应有足够的刚度，保证不产生撬力；否则受拉正应力应考虑撬力及其他因素产生的全部附加应力；<br>对于直径大于 30mm 螺栓，需要考虑尺寸效应对容许应力幅进行修正，修正系数 $\gamma_t$:<br>$$\gamma_t = \left(\frac{30}{d}\right)^{0.25}$$<br>$d$—螺栓直径，单位为"mm" | Z11 |

注：箭头表示计算应力幅的位置和方向。

## 附5.2 纵向传力焊缝的构件和连接分类（附表5-2）

纵向传力焊缝的构件和连接分类 附表 5-2

| 项次 | 构造细节 | 说明 | 类别 |
|---|---|---|---|
| 6 | | • 无垫板的纵向对接焊缝附近的母材焊缝符合二级焊缝标准 | Z2 |
| 7 | | • 有连续垫板的纵向自动对接焊缝附近的母材<br>（1）无起弧、灭弧<br>（2）有起弧、灭弧 | Z4<br>Z5 |
| 8 | | • 翼缘连接焊缝附近的母材<br>翼缘板与腹板的连接焊缝<br>自动焊，二级T形对接与角接组合焊缝<br>自动焊，角焊缝，外观质量标准符合二级<br>手工焊，角焊缝，外观质量标准符合二级<br>双层翼缘板之间的连接焊缝<br>自动焊，角焊缝，外观质量标准符合二级<br>手工焊，角焊缝，外观质量标准符合二级 | <br><br>Z2<br>Z4<br>Z5<br><br>Z4<br>Z5 |
| 9 | | • 仅单侧施焊的手工或自动对接焊缝附近的母材，焊缝符合二级焊缝标准，翼缘与腹板很好贴合 | Z5 |
| 10 | | • 开工艺孔处焊缝符合二级焊缝标准的对接焊缝、焊缝外观质量符合二级焊缝标准的角焊缝等附近的母材 | Z8 |
| 11 | | • 节点板搭接的两侧面角焊缝端部的母材<br>• 节点板搭接的三面围焊时两侧角焊缝端部的母材<br>• 三面围焊或两侧面角焊缝的节点板母材（节点板计算宽度按应力扩散角 θ 等于30°考虑） | Z10<br><br>Z8<br><br>Z8 |

注：箭头表示计算应力幅的位置和方向。

# 附 5.3 横向传力焊缝的构件和连接分类（附表 5-3）

横向传力焊缝的构件和连接分类

| 项次 | 构造细节 | 说明 | 类别 |
|---|---|---|---|
| 12 | | • 横向对接焊缝附近的母材，轧制梁对接焊缝附近的母材<br><br>符合现行国家标准《钢结构工程施工质量验收规范》GB 50205 的一级焊缝，且经加工、磨平<br><br>符合现行国家标准《钢结构工程施工质量验收规范》GB 50205 的一级焊缝 | Z2<br><br>Z4 |
| 13 | | • 不同厚度（或宽度）横向对接焊缝附近的母材<br><br>符合现行国家标准《钢结构工程施工质量验收规范》GB 50205 的一级焊缝，且经加工、磨平<br><br>符合现行国家标准《钢结构工程施工质量验收规范》GB 50205 的一级焊缝 | Z2<br><br>Z4 |
| 14 | | • 有工艺孔的轧制梁对接焊缝附近的母材，焊缝加工成平滑过渡并符合一级焊缝标准 | Z6 |
| 15 | | • 带垫板的横向对接焊缝附近的母材<br>垫板端部超出母板距离 $d$<br>$d \geqslant 10mm$<br>$d < 10mm$ | <br><br>Z8<br>Z11 |
| 16 | | • 节点板搭接的端面角焊缝的母材 | Z7 |

| 项次 | 构造细节 | 说明 | 类别 |
|---|---|---|---|
| 17 | $t_1 \leq t_2$　坡度≤1/2 | • 不同厚度直接横向对接焊缝附近的母材，焊缝等级为一级，无偏心 | Z8 |
| 18 | | • 翼缘盖板中断处的母材（板端有横向端焊缝） | Z8 |
| 19 | | • 十字形连接、T形连接<br>(1) K形坡口、T形对接与角接组合焊缝处的母材，十字形连接两侧轴线偏离距离小于0.15$t$，焊缝为二级，焊趾角 $\alpha \leq 45°$<br>(2) 角焊缝处的母材，十字形连接两侧轴线偏离距离小于0.15$t$ | Z6<br><br><br>Z8 |
| 20 | | • 法兰焊缝连接附近的母材<br>(1) 采用对接焊缝，焊缝为一级<br>(2) 采用角焊缝 | Z8<br>Z13 |

注：箭头表示计算应力幅的位置和方向。

# 附 5.4 非传力焊缝的构件和连接分类（附表 5-4）

非传力焊缝的构件和连接分类

附表 5-4

| 项次 | 构造细节 | 说明 | 类别 |
|---|---|---|---|
| 21 | | • 横向加劲肋端部附近的母材<br>肋端焊缝不断弧（采用回焊）<br>肋端焊缝断弧 | Z5<br>Z6 |
| 22 | | • 横向焊接附件附近的母材<br>（1）$t \leqslant 50mm$<br>（2）$50mm < t \leqslant 80mm$<br>$t$ 为焊接附件的板厚 | Z7<br>Z8 |
| 23 | | • 矩形节点板焊接于构件翼缘或腹板处的母材<br>（节点板焊缝方向的长度 $L > 150mm$） | Z8 |
| 24 | | • 带圆弧的梯形节点板用对接焊缝焊于梁翼缘、腹板以及桁架构件处的母材，圆弧过渡处在焊后铲平、磨光、圆滑过渡，不得有焊接起弧、灭弧缺陷 | Z6 |
| 25 | | • 焊接剪力栓钉附近的钢板母材 | Z7 |

注：箭头表示计算应力幅的位置和方向。

## 附 5.5  钢管截面的构件和连接分类（附表 5-5）

钢管截面的构件和连接分类　　　　　　　　　　　　　　附表 5-5

| 项次 | 构造细节 | 说明 | 类别 |
|---|---|---|---|
| 26 | | • 钢管纵向自动焊缝的母材<br>(1) 无焊接起弧、灭弧点<br>(2) 有焊接起弧、灭弧点 | Z3<br>Z6 |
| 27 | | • 圆管端部对接焊缝附近的母材，焊缝平滑过渡并符合现行国家标准《钢结构工程施工质量验收规范》GB 50205 的一级焊缝标准，余高不大于焊缝宽度的 10%<br>(1) 圆管壁厚 8mm<$t$≤12.5mm<br>(2) 圆管壁厚 $t$≤8mm | Z6<br>Z8 |
| 28 | | • 矩形管端部对接焊缝附近的母材，焊缝平滑过渡并符合一级焊缝标准，余高不大于焊缝宽度的 10%<br>(1) 方管壁厚 8mm<$t$≤12.5mm<br>(2) 方管壁厚 $t$≤8mm | Z8<br>Z10 |
| 29 | | • 焊有矩形管或圆管的构件，连接角焊缝附近的母材，角焊缝为非承载焊缝，其外观质量标准符合二级，矩形管宽度或圆管直径不大于 100mm | Z8 |
| 30 | | • 通过端板采用对接焊缝拼接的圆管母材，焊缝符合一级质量标准<br>(1) 圆管壁厚 8mm<$t$≤12.5mm<br>(2) 圆管壁厚 $t$≤8mm | Z10<br>Z11 |

| 项次 | 构造细节 | 说明 | 类别 |
|---|---|---|---|
| 31 | | • 通过端板采用对接焊缝拼接的矩形管母材，焊缝符合一级质量标准<br>（1）方管壁厚 8mm<$t$≤12.5mm<br>（2）方管壁厚 $t$≤8mm | Z11<br>Z12 |
| 32 | | • 通过端板采用角焊缝拼接的圆管母材，焊缝外观质量标准符合二级，管壁厚度 $t$≤8mm | Z13 |
| 33 | | • 通过端板采用角焊缝拼接的矩形管母材，焊缝外观质量标准符合二级，管壁厚度 $t$≤8mm | Z14 |
| 34 | | • 钢管端部压扁与钢板对接焊缝连接（仅适用于直径小于 200mm 的钢管），计算时采用钢管的应力幅 | Z8 |
| 35 | | • 钢管端部开设槽口与钢板角焊缝连接，槽口端部为圆弧，计算时采用钢管的应力幅<br>（1）倾斜角 $\alpha$≤45°<br>（2）倾斜角 $\alpha$>45° | Z8<br>Z9 |

注：箭头表示计算应力幅的位置和方向。

# 附 5.6 剪应力作用下的构件和连接分类（附表 5-6）

剪应力作用下的构件和连接分类　　　　　　　　附表 5-6

| 项次 | 构造细节 | 说明 | 类别 |
|---|---|---|---|
| 36 | | • 各类受剪角焊缝<br>剪应力按有效截面计算 | J1 |
| 37 | | • 受剪力的普通螺栓<br>采用螺杆截面的剪应力 | J2 |
| 38 | | • 焊接剪力栓钉<br>采用栓钉名义截面的剪应力 | J3 |

注：箭头表示计算应力幅的位置和方向。

# 附录6 型 钢 表

## 附6.1 普通工字钢（附表6-1）

普通工字钢 附表6-1

符号：$h$——高度；
　　　$b$——翼缘宽度；
　　　$t_w$——腹板厚；
　　　$t$——翼缘平均厚；
　　　$I$——惯性矩；
　　　$W$——截面模量；
　　　$R$——圆角半径；

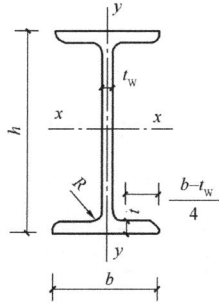

$i$——回转半径；
$S$——半截面的静力矩；
长度：型号 10～18，长 5～19m；
　　　型号 20～63，长 6～19m

| 型号 | 尺　寸 | | | | | 截面积 | 质量 | x-x 轴 | | | | y-y 轴 | | |
|---|---|---|---|---|---|---|---|---|---|---|---|---|---|---|
| | $h$ | $b$ | $t_w$ | $t$ | $R$ | （cm²） | （kg/m） | $I_x$ | $W_x$ | $i_x$ | $I_x/S_x$ | $I_y$ | $W_y$ | $i_y$ |
| | mm | | | | | | | cm⁴ | cm³ | cm | | cm⁴ | cm³ | cm |
| 10 | 100 | 68 | 4.5 | 7.6 | 6.5 | 14.3 | 11.2 | 245 | 49 | 4.14 | 8.69 | 33 | 9.6 | 1.51 |
| 12.6 | 126 | 74 | 5.0 | 8.4 | 7.0 | 18.1 | 14.2 | 488 | 77 | 5.19 | 11.0 | 47 | 12.7 | 1.61 |
| 14 | 140 | 80 | 5.5 | 9.1 | 7.5 | 21.5 | 16.9 | 712 | 102 | 5.75 | 12.2 | 64 | 16.1 | 1.73 |
| 16 | 160 | 88 | 6.0 | 9.9 | 8.0 | 26.1 | 20.5 | 1127 | 141 | 6.57 | 13.9 | 93 | 21.1 | 1.89 |
| 18 | 180 | 94 | 6.5 | 10.7 | 8.5 | 30.7 | 24.1 | 1699 | 185 | 7.37 | 15.4 | 123 | 26.2 | 2.00 |
| 20 a | 200 | 100 | 7.0 | 11.4 | 9.0 | 35.5 | 27.9 | 2369 | 237 | 8.16 | 17.4 | 158 | 31.6 | 2.11 |
|  b | | 102 | 9.0 | | | 39.5 | 31.1 | 2502 | 250 | 7.95 | 17.1 | 169 | 33.1 | 2.07 |
| 22 a | 220 | 110 | 7.5 | 12.3 | 9.5 | 42.1 | 33.0 | 3406 | 310 | 8.99 | 19.2 | 226 | 41.1 | 2.32 |
|  b | | 112 | 9.5 | | | 46.5 | 36.5 | 3583 | 326 | 8.78 | 18.9 | 240 | 42.9 | 2.27 |
| 25 a | 250 | 116 | 8.0 | 13.0 | 10.0 | 48.5 | 38.1 | 5017 | 401 | 10.2 | 21.7 | 280 | 48.4 | 2.40 |
|  b | | 118 | 10.0 | | | 53.5 | 42.0 | 5278 | 422 | 9.93 | 21.4 | 297 | 50.4 | 2.36 |
| 28 a | 280 | 122 | 8.5 | 13.7 | 10.5 | 55.4 | 43.5 | 7115 | 508 | 11.3 | 24.3 | 344 | 56.4 | 2.49 |
|  b | | 124 | 10.5 | | | 61.0 | 47.9 | 7481 | 534 | 11.1 | 24.0 | 364 | 58.7 | 2.44 |
| a | 320 | 130 | 9.5 | 15.0 | 11.5 | 67.1 | 52.7 | 11080 | 692 | 12.8 | 27.7 | 459 | 70.6 | 2.62 |
| 32 b | | 132 | 11.5 | | | 73.5 | 57.7 | 11626 | 727 | 12.6 | 27.3 | 484 | 73.3 | 2.57 |
| c | | 134 | 13.5 | | | 79.9 | 62.7 | 12173 | 761 | 12.3 | 26.9 | 510 | 76.1 | 2.53 |
| a | 360 | 136 | 10.0 | 15.8 | 12.0 | 76.4 | 60.0 | 15796 | 878 | 14.4 | 31.0 | 555 | 81.6 | 2.69 |
| 36 b | | 138 | 12.0 | | | 83.6 | 65.6 | 16574 | 921 | 14.1 | 30.6 | 584 | 84.6 | 2.64 |
| c | | 140 | 14.0 | | | 90.8 | 71.3 | 17351 | 964 | 13.8 | 30.2 | 614 | 87.7 | 2.60 |
| a | 400 | 142 | 10.5 | 16.5 | 12.5 | 86.1 | 67.6 | 21714 | 1086 | 15.9 | 34.4 | 660 | 92.9 | 2.77 |
| 40 b | | 144 | 12.5 | | | 94.1 | 73.8 | 22781 | 1139 | 15.6 | 33.9 | 693 | 96.2 | 2.71 |
| c | | 146 | 14.5 | | | 102 | 80.1 | 23847 | 1192 | 15.3 | 33.5 | 727 | 99.7 | 2.67 |
| a | 450 | 150 | 11.5 | 18.0 | 13.5 | 102 | 80.4 | 32241 | 1433 | 17.7 | 38.5 | 855 | 114 | 2.89 |
| 45 b | | 152 | 13.5 | | | 111 | 87.4 | 33759 | 1500 | 17.4 | 38.1 | 895 | 118 | 2.84 |
| c | | 154 | 15.5 | | | 120 | 94.5 | 35278 | 1568 | 17.1 | 37.6 | 938 | 122 | 2.79 |
| a | 500 | 158 | 12.0 | 20 | 14 | 119 | 93.6 | 46472 | 1859 | 19.7 | 42.9 | 1122 | 142 | 3.07 |
| 50 b | | 160 | 14.0 | | | 129 | 101 | 48556 | 1942 | 19.4 | 42.3 | 1171 | 146 | 3.01 |
| c | | 162 | 16.0 | | | 139 | 109 | 50639 | 2026 | 19.1 | 41.9 | 1224 | 151 | 2.96 |
| a | 560 | 166 | 12.5 | 21 | 14.5 | 135 | 106 | 65576 | 2342 | 22.0 | 47.9 | 1366 | 165 | 3.18 |
| 56 b | | 168 | 14.5 | | | 147 | 115 | 68503 | 2447 | 21.6 | 47.3 | 1424 | 170 | 3.12 |
| c | | 170 | 16.5 | | | 158 | 124 | 71430 | 2551 | 21.3 | 46.8 | 1485 | 175 | 3.07 |
| a | 630 | 176 | 13.0 | 22 | 15 | 155 | 122 | 94004 | 2984 | 24.7 | 53.8 | 1702 | 194 | 3.32 |
| 63 b | | 178 | 15.0 | | | 167 | 131 | 98171 | 3117 | 24.2 | 53.2 | 1771 | 199 | 3.25 |
| c | | 180 | 17.0 | | | 180 | 141 | 102339 | 3249 | 23.9 | 52.6 | 1842 | 205 | 3.20 |

## 附 6.2 热轧 H 型钢（附表 6-2）

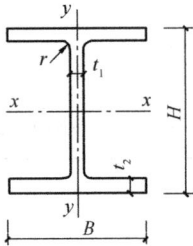

符号：$H$—截面高度；$B$—翼缘宽度；$t_1$—腹板厚度；

$t_2$—翼缘厚度；$r$—圆角半径；

HW—宽翼缘 H 型钢；HM—中翼缘 H 型钢；

HN—窄翼缘 H 型钢；HT—薄壁 H 型钢

| 类别 | 型号<br>（高度×宽度）<br>（mm×mm） | 截面尺寸（mm） | | | | | 截面<br>面积<br>（cm²） | 理论<br>质量<br>（kg/m） | 惯性矩（cm⁴） | | 惯性半径（cm） | | 截面模量（cm³） | |
|---|---|---|---|---|---|---|---|---|---|---|---|---|---|---|
| | | $H$ | $B$ | $t_1$ | $t_2$ | $r$ | | | $I_x$ | $I_y$ | $i_x$ | $i_y$ | $W_x$ | $W_y$ |
| HW | 100×100 | 100 | 100 | 6 | 8 | 8 | 21.59 | 16.9 | 386 | 134 | 4.23 | 2.49 | 77.1 | 26.7 |
| | 125×125 | 125 | 125 | 6.5 | 9 | 8 | 30.00 | 23.6 | 843 | 293 | 5.30 | 3.13 | 135 | 46.9 |
| | 150×150 | 150 | 150 | 7 | 10 | 8 | 39.65 | 31.1 | 1620 | 563 | 6.39 | 3.77 | 216 | 75.1 |
| | 175×175 | 175 | 175 | 7.5 | 11 | 13 | 51.43 | 40.4 | 2918 | 983 | 7.53 | 4.37 | 334 | 112 |
| | 200×200 | 200 | 200 | 8 | 12 | 13 | 63.53 | 49.9 | 4717 | 1601 | 8.62 | 5.02 | 472 | 160 |
| | | 200 | 204 | 12 | 12 | 13 | 71.53 | 56.2 | 4984 | 1701 | 8.35 | 4.88 | 498 | 167 |
| | 250×250 | 244 | 252 | 11 | 11 | 13 | 81.31 | 63.8 | 8573 | 2937 | 10.27 | 6.01 | 703 | 233 |
| | | 250 | 250 | 9 | 14 | 13 | 91.43 | 71.8 | 10689 | 3648 | 10.81 | 6.32 | 855 | 292 |
| | | 250 | 255 | 14 | 14 | 13 | 103.93 | 81.6 | 11340 | 3875 | 10.45 | 6.11 | 907 | 304 |
| | 300×300 | 294 | 302 | 12 | 12 | 13 | 106.33 | 83.5 | 16384 | 5513 | 12.41 | 7.20 | 1115 | 365 |
| | | 300 | 300 | 10 | 15 | 13 | 118.45 | 93.0 | 20010 | 6753 | 13.00 | 7.55 | 1334 | 450 |
| | | 300 | 305 | 15 | 15 | 13 | 133.45 | 104.8 | 21135 | 7102 | 12.58 | 7.29 | 1409 | 466 |
| | 350×350 | 338 | 351 | 13 | 13 | 13 | 133.27 | 104.6 | 27352 | 9376 | 14.33 | 8.39 | 1618 | 534 |
| | | 344 | 348 | 10 | 16 | 13 | 144.01 | 113.0 | 32545 | 11242 | 15.03 | 8.84 | 1892 | 646 |
| | | 344 | 354 | 16 | 16 | 13 | 164.65 | 129.3 | 34581 | 11841 | 14.49 | 8.48 | 2011 | 669 |
| | | 350 | 350 | 12 | 19 | 13 | 171.89 | 134.9 | 39637 | 13582 | 15.19 | 8.89 | 2265 | 776 |
| | | 350 | 357 | 19 | 19 | 13 | 196.39 | 154.2 | 42138 | 14427 | 14.65 | 8.57 | 2408 | 808 |
| | 400×400 | 388 | 402 | 15 | 15 | 22 | 178.45 | 140.1 | 48040 | 16255 | 16.41 | 9.54 | 2476 | 809 |
| | | 394 | 398 | 11 | 18 | 22 | 186.81 | 146.6 | 55597 | 18920 | 17.25 | 10.06 | 2822 | 951 |
| | | 394 | 405 | 18 | 18 | 22 | 214.39 | 168.3 | 59165 | 19951 | 16.61 | 9.65 | 3003 | 985 |
| | | 400 | 400 | 13 | 21 | 22 | 218.69 | 171.7 | 66455 | 22410 | 17.43 | 10.12 | 3323 | 1120 |
| | | 400 | 408 | 21 | 21 | 22 | 250.69 | 196.8 | 70722 | 23804 | 16.80 | 9.74 | 3536 | 1167 |
| | | 414 | 405 | 18 | 28 | 22 | 295.39 | 231.9 | 93518 | 31022 | 17.79 | 10.25 | 4518 | 1532 |
| | | 428 | 407 | 20 | 35 | 22 | 360.65 | 283.1 | 120892 | 39357 | 18.31 | 10.45 | 5649 | 1934 |
| | | 458 | 417 | 30 | 50 | 22 | 528.55 | 414.9 | 190939 | 60516 | 19.01 | 10.70 | 8338 | 2902 |
| | | *498 | 432 | 45 | 70 | 22 | 770.05 | 604.5 | 304730 | 94346 | 19.89 | 11.07 | 12238 | 4368 |
| | *500×500 | 492 | 465 | 15 | 20 | 22 | 257.95 | 202.5 | 115559 | 33531 | 21.17 | 11.40 | 4698 | 1442 |
| | | 502 | 465 | 15 | 25 | 22 | 304.45 | 239.0 | 145012 | 41910 | 21.82 | 11.73 | 5777 | 1803 |
| | | 502 | 470 | 20 | 25 | 22 | 329.55 | 258.7 | 150283 | 43295 | 21.35 | 11.46 | 5987 | 1842 |

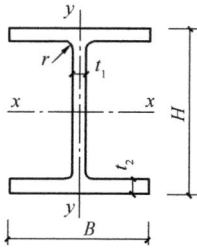

符号：H—截面高度；B—翼缘宽度；$t_1$—腹板厚度；

$t_2$—翼缘厚度；r—圆角半径；

HW—宽翼缘 H 型钢；HM—中翼缘 H 型钢；

HN—窄翼缘 H 型钢；HT—薄壁 H 型钢

| 类别 | 型号<br>（高度×宽度）<br>（mm×mm） | 截面尺寸(mm) | | | | | 截面<br>面积<br>(cm²) | 理论<br>质量<br>(kg/m) | 惯性矩(cm⁴) | | 惯性半径(cm) | | 截面模量(cm³) | |
|---|---|---|---|---|---|---|---|---|---|---|---|---|---|---|
| | | $H$ | $B$ | $t_1$ | $t_2$ | $r$ | | | $I_x$ | $I_y$ | $i_x$ | $i_y$ | $W_x$ | $W_y$ |
| HM | 150×100 | 148 | 100 | 6 | 9 | 8 | 26.35 | 20.7 | 995.3 | 150.3 | 6.15 | 2.39 | 134.5 | 30.1 |
| | 200×150 | 194 | 150 | 6 | 9 | 8 | 38.11 | 29.9 | 2586 | 506.6 | 8.24 | 3.65 | 266.6 | 67.6 |
| | 250×175 | 244 | 175 | 7 | 11 | 13 | 55.49 | 43.6 | 5908 | 983.5 | 10.32 | 4.21 | 484.3 | 112.4 |
| | 300×200 | 294 | 200 | 8 | 12 | 13 | 71.05 | 55.8 | 10858 | 1602 | 12.36 | 4.75 | 738.6 | 160.2 |
| | 350×250 | 340 | 250 | 9 | 14 | 13 | 99.53 | 78.1 | 20867 | 3648 | 14.48 | 6.05 | 1227 | 291.9 |
| | 400×300 | 390 | 300 | 10 | 16 | 13 | 133.25 | 104.6 | 37363 | 7203 | 16.75 | 7.35 | 1916 | 480.2 |
| | 450×300 | 440 | 300 | 11 | 18 | 13 | 153.89 | 120.8 | 54067 | 8105 | 18.74 | 7.26 | 2458 | 540.3 |
| | 500×300 | 482 | 300 | 11 | 15 | 13 | 141.17 | 110.8 | 57212 | 6756 | 20.13 | 6.92 | 2374 | 450.4 |
| | | 488 | 300 | 11 | 18 | 13 | 159.17 | 124.9 | 67916 | 8106 | 20.66 | 7.14 | 2783 | 540.4 |
| | 550×300 | 544 | 300 | 11 | 15 | 13 | 147.99 | 116.2 | 74874 | 6756 | 22.49 | 6.76 | 2753 | 450.4 |
| | | 550 | 300 | 11 | 18 | 13 | 165.99 | 130.3 | 88470 | 8106 | 23.09 | 6.99 | 3217 | 540.4 |
| | 600×300 | 582 | 300 | 12 | 17 | 13 | 169.21 | 132.8 | 97287 | 7659 | 23.98 | 6.73 | 3343 | 510.6 |
| | | 588 | 300 | 12 | 20 | 13 | 187.21 | 147.0 | 112827 | 9009 | 24.55 | 6.94 | 3838 | 600.6 |
| | | 594 | 302 | 14 | 23 | 13 | 217.09 | 170.4 | 132179 | 10572 | 24.68 | 6.98 | 4450 | 700.1 |
| HN | 100×50 | 100 | 50 | 5 | 7 | 8 | 11.85 | 9.3 | 191.0 | 14.7 | 4.02 | 1.11 | 38.2 | 5.9 |
| | 125×60 | 125 | 60 | 6 | 8 | 8 | 16.69 | 13.1 | 407.7 | 29.1 | 4.94 | 1.32 | 65.2 | 9.7 |
| | 150×75 | 150 | 75 | 5 | 7 | 8 | 17.85 | 14.0 | 645.7 | 49.4 | 6.01 | 1.66 | 86.1 | 13.2 |
| | 175×90 | 175 | 90 | 5 | 8 | 8 | 22.90 | 18.0 | 1174 | 97.4 | 7.16 | 2.06 | 134.2 | 21.6 |
| | 200×100 | 198 | 99 | 4.5 | 7 | 8 | 22.69 | 17.8 | 1484 | 113.4 | 8.09 | 2.24 | 149.9 | 22.9 |
| | | 200 | 100 | 5.5 | 8 | 8 | 26.67 | 20.9 | 1753 | 133.7 | 8.11 | 2.24 | 175.3 | 26.7 |
| | 250×125 | 248 | 124 | 5 | 8 | 8 | 31.99 | 25.1 | 3346 | 254.5 | 10.23 | 2.82 | 269.8 | 41.1 |
| | | 250 | 125 | 6 | 9 | 8 | 36.97 | 29.0 | 3868 | 293.5 | 10.23 | 2.82 | 309.4 | 47.0 |
| | 300×150 | 298 | 149 | 5.5 | 8 | 13 | 40.80 | 32.0 | 5911 | 441.7 | 12.04 | 3.29 | 396.7 | 59.3 |
| | | 300 | 150 | 6.5 | 9 | 13 | 46.78 | 36.7 | 6829 | 507.2 | 12.08 | 3.29 | 455.3 | 67.6 |
| | 350×175 | 346 | 174 | 6 | 9 | 13 | 52.45 | 41.2 | 10456 | 791.1 | 14.12 | 3.88 | 604.4 | 90.9 |
| | | 350 | 175 | 7 | 11 | 13 | 62.91 | 49.4 | 12980 | 983.8 | 14.36 | 3.95 | 741.7 | 112.4 |
| | 400×150 | 400 | 150 | 8 | 13 | 13 | 70.37 | 55.2 | 17906 | 733.2 | 15.95 | 3.23 | 895.3 | 97.8 |
| | 400×200 | 396 | 199 | 7 | 11 | 13 | 71.41 | 56.1 | 19023 | 1446 | 16.32 | 4.50 | 960.8 | 145.3 |
| | | 400 | 200 | 8 | 13 | 13 | 83.37 | 65.4 | 22775 | 1735 | 16.53 | 4.56 | 1139 | 173.5 |
| | 450×200 | 446 | 199 | 8 | 12 | 13 | 82.97 | 65.1 | 27146 | 1578 | 18.09 | 4.36 | 1217 | 158.6 |
| | | 450 | 200 | 9 | 14 | 13 | 95.43 | 74.9 | 31973 | 1870 | 18.30 | 4.43 | 1421 | 187.0 |
| | 500×200 | 496 | 199 | 9 | 14 | 13 | 99.29 | 77.9 | 39628 | 1842 | 19.98 | 4.31 | 1598 | 185.1 |
| | | 500 | 200 | 10 | 16 | 13 | 112.25 | 88.1 | 45685 | 2138 | 20.17 | 4.36 | 1827 | 213.8 |
| | | 506 | 201 | 11 | 19 | 13 | 129.31 | 101.5 | 54478 | 2577 | 20.53 | 4.46 | 2153 | 256.4 |
| | 550×200 | 546 | 199 | 9 | 14 | 13 | 103.79 | 81.5 | 49245 | 1842 | 21.78 | 4.21 | 1804 | 185.2 |
| | | 550 | 200 | 10 | 16 | 13 | 117.25 | 92.0 | 56695 | 2138 | 21.99 | 4.27 | 2062 | 213.8 |
| | 600×200 | 596 | 199 | 10 | 15 | 13 | 117.75 | 92.4 | 64739 | 1975 | 23.45 | 4.10 | 2172 | 198.5 |
| | | 600 | 200 | 11 | 17 | 13 | 131.71 | 103.4 | 73749 | 2273 | 23.66 | 4.15 | 2458 | 227.3 |
| | | 606 | 201 | 12 | 20 | 13 | 149.77 | 117.6 | 86656 | 2716 | 24.05 | 4.26 | 2860 | 270.2 |
| | 650×300 | 646 | 299 | 10 | 15 | 13 | 152.75 | 119.9 | 107794 | 6688 | 26.56 | 6.62 | 3337 | 447.4 |
| | | 650 | 300 | 11 | 17 | 13 | 171.21 | 134.4 | 122739 | 7657 | 26.77 | 6.69 | 3777 | 510.5 |
| | | 656 | 301 | 12 | 20 | 13 | 195.77 | 153.7 | 144433 | 9100 | 27.16 | 6.82 | 4403 | 604.6 |
| | 700×300 | 692 | 300 | 13 | 20 | 18 | 207.54 | 162.9 | 164101 | 9014 | 28.12 | 6.59 | 4743 | 600.9 |
| | | 700 | 300 | 13 | 24 | 18 | 231.54 | 181.8 | 193622 | 10814 | 28.92 | 6.83 | 5532 | 720.9 |
| | 750×300 | 734 | 299 | 12 | 16 | 18 | 182.70 | 143.4 | 155539 | 7140 | 29.18 | 6.25 | 4238 | 477.6 |
| | | 742 | 300 | 13 | 20 | 18 | 214.04 | 168.0 | 191989 | 9015 | 29.95 | 6.49 | 5175 | 601.0 |
| | | 750 | 300 | 13 | 24 | 18 | 238.04 | 186.9 | 225863 | 10815 | 30.80 | 6.74 | 6023 | 721.0 |
| | | 758 | 303 | 16 | 28 | 18 | 284.78 | 223.6 | 271350 | 13008 | 30.87 | 6.76 | 7160 | 858.6 |

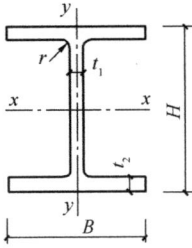

续表

符号：$H$—截面高度；$B$—翼缘宽度；$t_1$—腹板厚度；

$t_2$—翼缘厚度；$r$—圆角半径；

HW—宽翼缘 H 型钢；HM—中翼缘 H 型钢；

HN—窄翼缘 H 型钢；HT—薄壁 H 型钢

| 类别 | 型号（高度×宽度）(mm×mm) | 截面尺寸(mm) | | | | | 截面面积(cm²) | 理论质量(kg/m) | 惯性矩(cm⁴) | | 惯性半径(cm) | | 截面模量(cm³) | |
|---|---|---|---|---|---|---|---|---|---|---|---|---|---|---|
| | | $H$ | $B$ | $t_1$ | $t_2$ | $r$ | | | $I_x$ | $I_y$ | $i_x$ | $i_y$ | $W_x$ | $W_y$ |
| HN | 800×300 | 792 | 300 | 14 | 22 | 18 | 239.50 | 188.0 | 242399 | 9919 | 31.81 | 6.44 | 6121 | 661.3 |
| | | 800 | 300 | 14 | 26 | 18 | 263.50 | 206.8 | 280925 | 11719 | 32.65 | 6.67 | 7023 | 781.3 |
| | 850×300 | 834 | 298 | 14 | 19 | 18 | 227.46 | 178.6 | 243858 | 8400 | 32.74 | 6.08 | 5848 | 563.8 |
| | | 842 | 299 | 15 | 23 | 18 | 259.72 | 203.9 | 291216 | 10271 | 33.49 | 6.29 | 6917 | 687.0 |
| | | 850 | 300 | 16 | 27 | 18 | 292.14 | 229.3 | 339670 | 12179 | 34.10 | 6.46 | 7992 | 812.0 |
| | | 858 | 301 | 17 | 31 | 18 | 324.72 | 254.9 | 389234 | 14125 | 34.62 | 6.60 | 9073 | 938.5 |
| | 900×300 | 890 | 299 | 15 | 23 | 18 | 266.92 | 209.5 | 330588 | 10273 | 35.19 | 6.20 | 7429 | 687.1 |
| | | 900 | 300 | 16 | 28 | 18 | 305.82 | 240.1 | 397241 | 12631 | 36.04 | 6.43 | 8828 | 842.1 |
| | | 912 | 302 | 18 | 34 | 18 | 360.06 | 282.6 | 484615 | 15652 | 36.69 | 6.59 | 10628 | 1037 |
| | 1000×300 | 970 | 297 | 16 | 21 | 18 | 276.00 | 216.7 | 382977 | 9203 | 37.25 | 5.77 | 7896 | 619.7 |
| | | 980 | 298 | 17 | 26 | 18 | 315.50 | 247.7 | 462157 | 11508 | 38.27 | 6.04 | 9432 | 772.3 |
| | | 990 | 298 | 17 | 31 | 18 | 345.30 | 271.1 | 535201 | 13713 | 39.37 | 6.30 | 10812 | 920.3 |
| | | 1000 | 300 | 19 | 36 | 18 | 395.10 | 310.2 | 626396 | 16256 | 39.82 | 6.41 | 12528 | 1084 |
| | | 1008 | 302 | 21 | 40 | 18 | 439.26 | 344.8 | 704572 | 18437 | 40.05 | 6.48 | 13980 | 1221 |
| HT | 100×50 | 95 | 48 | 3.2 | 4.5 | 8 | 7.62 | 6.0 | 109.7 | 8.4 | 3.79 | 1.05 | 23.1 | 3.5 |
| | | 97 | 49 | 4 | 5.5 | 8 | 9.38 | 7.4 | 141.8 | 10.9 | 3.89 | 1.08 | 29.2 | 4.4 |
| | 100×100 | 96 | 99 | 4.5 | 6 | 8 | 16.21 | 12.7 | 272.7 | 97.1 | 4.10 | 2.45 | 56.8 | 19.6 |
| | 125×60 | 118 | 58 | 3.2 | 4.5 | 8 | 9.26 | 7.3 | 202.4 | 14.7 | 4.68 | 1.26 | 34.3 | 5.1 |
| | | 120 | 59 | 4 | 5.5 | 8 | 11.40 | 8.9 | 259.7 | 18.9 | 4.77 | 1.29 | 43.3 | 6.4 |
| | 125×125 | 119 | 123 | 4.5 | 6 | 8 | 20.12 | 15.8 | 523.6 | 186.2 | 5.10 | 3.04 | 88.0 | 30.3 |
| | 150×75 | 145 | 73 | 3.2 | 4.5 | 8 | 11.47 | 9.0 | 383.2 | 29.3 | 5.78 | 1.60 | 52.9 | 8.0 |
| | | 147 | 74 | 4 | 5.5 | 8 | 14.13 | 11.1 | 488.0 | 37.3 | 5.88 | 1.62 | 66.4 | 10.1 |
| | 150×100 | 139 | 97 | 3.2 | 4.5 | 8 | 13.44 | 10.5 | 447.3 | 68.5 | 5.77 | 2.26 | 64.4 | 14.1 |
| | | 142 | 99 | 4.5 | 6 | 8 | 18.28 | 14.3 | 632.7 | 97.2 | 5.88 | 2.31 | 89.1 | 19.6 |
| | 150×150 | 144 | 148 | 5 | 7 | 8 | 27.77 | 21.8 | 1070 | 378.4 | 6.21 | 3.69 | 148.6 | 51.1 |
| | | 147 | 149 | 6 | 8.5 | 8 | 33.68 | 26.4 | 1338 | 468.9 | 6.30 | 3.73 | 182.1 | 62.9 |
| | 175×90 | 168 | 88 | 3.2 | 4.5 | 8 | 13.56 | 10.6 | 619.6 | 51.2 | 6.76 | 1.94 | 73.8 | 11.6 |
| | | 171 | 89 | 4 | 6 | 8 | 17.59 | 13.8 | 852.1 | 70.6 | 6.96 | 2.00 | 99.7 | 15.9 |
| | 175×175 | 167 | 173 | 5 | 7 | 13 | 33.32 | 26.2 | 1731 | 604.5 | 7.21 | 4.26 | 207.2 | 69.9 |
| | | 172 | 175 | 6.5 | 9.5 | 13 | 44.65 | 35.0 | 2466 | 849.2 | 7.43 | 4.36 | 286.8 | 97.1 |
| | 200×100 | 193 | 98 | 3.2 | 4.5 | 8 | 15.26 | 12.0 | 921.0 | 70.7 | 7.77 | 2.15 | 95.4 | 14.4 |
| | | 196 | 99 | 4 | 6 | 8 | 19.79 | 15.5 | 1260 | 97.2 | 7.98 | 2.22 | 128.6 | 19.6 |
| | 200×150 | 188 | 149 | 4.5 | 6 | 8 | 26.35 | 20.7 | 1669 | 331.0 | 7.96 | 3.54 | 177.6 | 44.4 |
| | 200×200 | 192 | 198 | 6 | 8 | 13 | 43.69 | 34.3 | 2984 | 1036 | 8.26 | 4.87 | 310.8 | 104.6 |
| | 250×125 | 244 | 124 | 4.5 | 6 | 8 | 25.87 | 20.3 | 2529 | 190.9 | 9.89 | 2.72 | 207.3 | 30.8 |
| | 250×175 | 238 | 173 | 4.5 | 8 | 13 | 39.12 | 30.7 | 4045 | 690.8 | 10.17 | 4.20 | 339.9 | 79.9 |
| | 300×150 | 294 | 148 | 4.5 | 6 | 13 | 31.90 | 25.0 | 4342 | 324.6 | 11.67 | 3.19 | 295.4 | 43.9 |
| | 300×200 | 286 | 198 | 6 | 8 | 13 | 49.33 | 38.7 | 7000 | 1036 | 11.91 | 4.58 | 489.5 | 104.6 |
| | 350×175 | 340 | 173 | 4.5 | 6 | 13 | 36.97 | 29.0 | 6823 | 518.3 | 13.58 | 3.74 | 401.3 | 59.9 |
| | 400×150 | 390 | 148 | 6 | 8 | 13 | 47.57 | 37.3 | 10900 | 433.2 | 15.14 | 3.02 | 559.0 | 58.5 |
| | 400×200 | 390 | 198 | 6 | 8 | 13 | 55.57 | 43.6 | 13819 | 1036 | 15.77 | 4.32 | 708.7 | 104.6 |

注：1. 同一型号的产品，其内侧尺寸高度一致。

2. 截面面积计算公式：$t_1(H-2t_2)+2Bt_2+0.858r^2$；

3. "＊"所示规格表示国内暂不能生产。

# 附 6.3 部分 T 型钢(附表 6-3)

剖分 T 型钢 附表 6-3

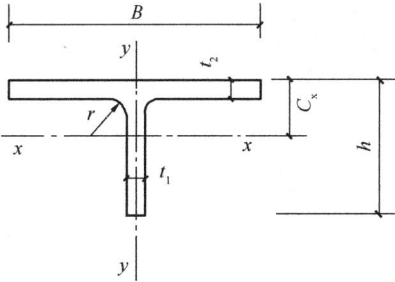

符号：$h$—截面高度；$B$—翼缘宽度；$t_1$—腹板厚度；
$t_2$—翼缘厚度；$r$—圆角半径；$C_x$—重心；
TW—宽翼缘划分 T 型钢；
TM—中翼缘剖分 T 型钢；
TN—窄翼缘剖分 T 型钢

| 类别 | 型号(高度×宽度)(mm×mm) | 截面尺寸(mm) | | | | | 截面面积(cm²) | 质量(kg/m) | 惯性矩(cm⁴) | | 惯性半径(cm) | | 截面模量(cm³) | | 重心$C_x$(cm) | 对应 H 型钢系列型号 |
|---|---|---|---|---|---|---|---|---|---|---|---|---|---|---|---|---|
| | | $h$ | $B$ | $t_1$ | $t_2$ | $r$ | | | $I_x$ | $I_y$ | $i_x$ | $i_y$ | $W_x$ | $W_y$ | | |
| TW | 50×100 | 50 | 100 | 6 | 8 | 8 | 10.79 | 8.47 | 16.7 | 67.7 | 1.23 | 2.49 | 4.2 | 13.5 | 1.00 | 100×100 |
| | 62.5×125 | 62.5 | 125 | 6.5 | 9 | 8 | 15.00 | 11.8 | 35.2 | 147.1 | 1.53 | 3.13 | 6.9 | 23.5 | 1.19 | 125×125 |
| | 75×150 | 75 | 150 | 7 | 10 | 8 | 19.82 | 15.6 | 66.6 | 281.9 | 1.83 | 3.77 | 10.9 | 37.6 | 1.37 | 150×150 |
| | 87.5×175 | 87.5 | 175 | 7.5 | 11 | 13 | 25.71 | 20.2 | 115.8 | 494.4 | 2.12 | 4.38 | 16.1 | 56.5 | 1.55 | 175×175 |
| | 100×200 | 100 | 200 | 8 | 12 | 13 | 31.77 | 24.9 | 185.6 | 803.3 | 2.42 | 5.03 | 22.4 | 80.3 | 1.73 | 200×200 |
| | | 100 | 204 | 12 | 12 | 13 | 35.77 | 28.1 | 256.3 | 853.6 | 2.68 | 4.89 | 32.4 | 83.7 | 2.09 | |
| | 125×250 | 125 | 250 | 9 | 14 | 13 | 45.72 | 35.9 | 413.0 | 1827 | 3.01 | 6.32 | 39.6 | 146.1 | 2.08 | 250×250 |
| | | 125 | 255 | 14 | 14 | 13 | 51.97 | 40.8 | 589.3 | 1941 | 3.37 | 6.11 | 59.4 | 152.2 | 2.58 | |
| | 150×300 | 147 | 302 | 12 | 12 | 13 | 53.17 | 41.7 | 855.8 | 2760 | 4.01 | 7.20 | 72.2 | 182.8 | 2.85 | 300×300 |
| | | 150 | 300 | 10 | 15 | 13 | 59.23 | 46.5 | 798.7 | 3379 | 3.67 | 7.55 | 63.8 | 225.3 | 2.47 | |
| | | 150 | 305 | 15 | 15 | 13 | 66.73 | 52.4 | 1107 | 3554 | 4.07 | 7.30 | 92.6 | 233.1 | 3.04 | |
| | 175×350 | 172 | 348 | 10 | 16 | 13 | 72.01 | 56.5 | 1231 | 5624 | 4.13 | 8.84 | 84.7 | 323.2 | 2.67 | 350×350 |
| | | 175 | 350 | 12 | 19 | 13 | 85.95 | 67.5 | 1520 | 6794 | 4.21 | 8.89 | 103.9 | 388.2 | 2.87 | |
| | 200×400 | 194 | 402 | 15 | 15 | 22 | 89.23 | 70.0 | 2479 | 8150 | 5.27 | 9.56 | 157.9 | 405.5 | 3.70 | 400×400 |
| | | 197 | 398 | 11 | 18 | 22 | 93.41 | 73.3 | 2052 | 9481 | 4.69 | 10.07 | 122.9 | 476.4 | 3.01 | |
| | | 200 | 400 | 13 | 21 | 22 | 109.35 | 85.8 | 2483 | 11227 | 4.77 | 10.13 | 147.9 | 561.3 | 3.21 | |
| | | 200 | 408 | 21 | 21 | 22 | 125.35 | 98.4 | 3654 | 11928 | 5.40 | 9.75 | 229.4 | 584.7 | 4.07 | |
| | | 207 | 405 | 18 | 28 | 22 | 147.70 | 115.9 | 3634 | 15535 | 4.96 | 10.26 | 213.6 | 767.2 | 3.68 | |
| | | 214 | 407 | 20 | 35 | 22 | 180.33 | 141.6 | 4393 | 19704 | 4.94 | 10.45 | 251.0 | 968.2 | 3.90 | |
| TM | 75×100 | 74 | 100 | 6 | 9 | 8 | 13.17 | 10.3 | 51.7 | 75.6 | 1.98 | 2.39 | 8.9 | 15.1 | 1.56 | 150×100 |
| | 100×150 | 97 | 150 | 6 | 9 | 8 | 19.05 | 15.0 | 124.4 | 253.7 | 2.56 | 3.65 | 15.8 | 33.8 | 1.80 | 200×150 |
| | 125×175 | 122 | 175 | 7 | 11 | 13 | 27.75 | 21.8 | 288.3 | 494.4 | 3.22 | 4.22 | 29.1 | 56.5 | 2.28 | 250×175 |
| | 150×200 | 147 | 200 | 8 | 12 | 13 | 35.53 | 27.9 | 570.0 | 803.5 | 4.01 | 4.76 | 48.1 | 80.3 | 2.85 | 300×200 |
| | 175×250 | 170 | 250 | 9 | 14 | 13 | 49.77 | 39.1 | 1016 | 1827 | 4.52 | 6.06 | 73.1 | 146.1 | 3.11 | 350×250 |
| | 200×300 | 195 | 300 | 10 | 16 | 13 | 66.63 | 52.3 | 1730 | 3605 | 5.10 | 7.36 | 107.7 | 240.3 | 3.43 | 400×300 |
| | 225×300 | 220 | 300 | 11 | 18 | 13 | 76.95 | 60.4 | 2680 | 4056 | 5.90 | 7.26 | 149.6 | 270.4 | 4.09 | 450×300 |
| | 250×300 | 241 | 300 | 11 | 15 | 13 | 70.59 | 55.4 | 3399 | 3381 | 6.94 | 6.92 | 178.0 | 225.4 | 5.00 | 500×300 |
| | | 244 | 300 | 11 | 18 | 13 | 79.59 | 62.5 | 3615 | 4056 | 6.74 | 7.14 | 183.7 | 270.4 | 4.72 | |
| | 275×300 | 272 | 300 | 11 | 15 | 13 | 74.00 | 58.1 | 4789 | 3381 | 8.04 | 6.76 | 225.4 | 225.4 | 5.96 | 550×300 |
| | | 275 | 300 | 11 | 18 | 13 | 83.00 | 65.2 | 5093 | 4056 | 7.83 | 6.99 | 232.5 | 270.4 | 5.59 | |
| | 300×300 | 291 | 300 | 12 | 17 | 13 | 84.61 | 66.4 | 6324 | 3832 | 8.65 | 6.73 | 280.0 | 255.5 | 6.51 | 600×300 |
| | | 294 | 300 | 12 | 20 | 13 | 93.61 | 73.5 | 6691 | 4507 | 8.45 | 6.94 | 288.1 | 300.5 | 6.17 | |
| | | 297 | 302 | 14 | 23 | 13 | 108.55 | 85.2 | 7917 | 5289 | 8.54 | 6.98 | 339.9 | 350.3 | 6.41 | |

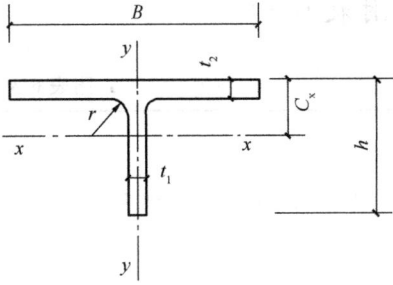

符号：h—截面高度；B—翼缘宽度；$t_1$—腹板厚度；
$t_2$—翼缘厚度；r—圆角半径；$C_x$—重心；
TW—宽翼缘划分 T 型钢；
TM—中翼缘剖分 T 型钢；
TN—窄翼缘剖分 T 型钢

| 类别 | 型号<br>(高度×宽度)<br>(mm×mm) | 截面尺寸(mm) | | | | | 截面面积(cm²) | 质量(kg/m) | 惯性矩(cm⁴) | | 惯性半径(cm) | | 截面模量(cm³) | | 重心 $C_x$(cm) | 对应 H 型钢系列型号 |
|---|---|---|---|---|---|---|---|---|---|---|---|---|---|---|---|---|
| | | h | B | $t_1$ | $t_2$ | r | | | $I_x$ | $I_y$ | $i_x$ | $i_y$ | $W_x$ | $W_y$ | | |
| TN | 50×50 | 50 | 50 | 5 | 7 | 8 | 5.92 | 4.7 | 11.9 | 7.8 | 1.42 | 1.14 | 3.2 | 3.1 | 1.28 | 100×50 |
| | 62.5×60 | 62.5 | 60 | 6 | 8 | 8 | 8.34 | 6.6 | 27.5 | 14.9 | 1.81 | 1.34 | 6.0 | 5.0 | 1.64 | 125×60 |
| | 75×75 | 75 | 75 | 5 | 7 | 8 | 8.92 | 7.0 | 42.4 | 25.1 | 2.18 | 1.68 | 7.4 | 6.7 | 1.79 | 150×75 |
| | 87.5×90 | 87.5 | 90 | 5 | 8 | 8 | 11.45 | 9.0 | 70.5 | 49.1 | 2.48 | 2.07 | 10.3 | 10.9 | 1.93 | 175×90 |
| | 100×100 | 99 | 99 | 4.5 | 7 | 8 | 11.34 | 8.9 | 93.1 | 57.1 | 2.87 | 2.24 | 12.0 | 11.5 | 2.17 | 200×100 |
| | | 100 | 100 | 5.5 | 8 | 8 | 13.33 | 10.5 | 113.9 | 67.2 | 2.92 | 2.25 | 14.8 | 13.4 | 2.31 | |
| | 125×125 | 124 | 124 | 5 | 8 | 8 | 15.99 | 12.6 | 206.7 | 127.6 | 3.59 | 2.82 | 21.2 | 20.6 | 2.66 | 250×125 |
| | | 125 | 125 | 6 | 9 | 8 | 18.48 | 14.5 | 247.5 | 147.1 | 3.66 | 2.82 | 25.5 | 23.5 | 2.81 | |
| | 150×150 | 149 | 149 | 5.5 | 8 | 13 | 20.40 | 16.0 | 390.4 | 223.3 | 4.37 | 3.31 | 33.5 | 30.0 | 3.26 | 300×150 |
| | | 150 | 150 | 6.5 | 9 | 13 | 23.39 | 18.4 | 460.4 | 256.1 | 4.44 | 3.31 | 39.7 | 34.2 | 3.41 | |
| | 175×175 | 173 | 174 | 6 | 9 | 13 | 26.23 | 20.6 | 674.7 | 398.0 | 5.07 | 3.90 | 49.7 | 45.8 | 3.72 | 350×175 |
| | | 175 | 175 | 7 | 11 | 13 | 31.46 | 24.7 | 811.1 | 494.5 | 5.08 | 3.96 | 59.0 | 56.5 | 3.76 | |
| | 200×200 | 198 | 199 | 7 | 11 | 13 | 35.71 | 28.0 | 1188 | 725.7 | 5.77 | 4.51 | 76.2 | 72.9 | 4.20 | 400×200 |
| | | 200 | 200 | 8 | 13 | 13 | 41.69 | 32.7 | 1392 | 870.3 | 5.78 | 4.57 | 88.4 | 87.0 | 4.26 | |
| | 225×200 | 223 | 199 | 8 | 12 | 13 | 41.49 | 32.6 | 1863 | 791.8 | 6.70 | 4.37 | 108.7 | 79.6 | 5.15 | 450×200 |
| | | 225 | 200 | 9 | 14 | 13 | 47.72 | 37.5 | 2148 | 937.6 | 6.71 | 4.43 | 124.1 | 93.8 | 5.19 | |
| | 250×200 | 248 | 199 | 9 | 14 | 13 | 49.65 | 39.0 | 2820 | 923.8 | 7.54 | 4.31 | 149.8 | 92.8 | 5.97 | 500×200 |
| | | 250 | 200 | 10 | 16 | 13 | 56.13 | 44.1 | 3201 | 1072 | 7.55 | 4.37 | 168.7 | 107.2 | 6.03 | |
| | | 253 | 201 | 11 | 19 | 13 | 64.66 | 50.8 | 3666 | 1292 | 7.53 | 4.47 | 189.9 | 128.5 | 6.00 | |
| | 275×200 | 273 | 199 | 9 | 14 | 13 | 51.90 | 40.7 | 3689 | 924.0 | 8.43 | 4.22 | 180.3 | 92.9 | 6.85 | 550×200 |
| | | 275 | 200 | 10 | 16 | 13 | 58.63 | 46.0 | 4182 | 1072 | 8.45 | 4.28 | 202.9 | 107.2 | 6.89 | |
| | 300×200 | 298 | 199 | 10 | 15 | 13 | 58.88 | 46.2 | 5148 | 990.6 | 9.35 | 4.10 | 235.3 | 99.6 | 7.92 | 600×200 |
| | | 300 | 200 | 11 | 17 | 13 | 65.86 | 51.7 | 5779 | 1140 | 9.37 | 4.16 | 262.1 | 114.0 | 7.95 | |
| | | 303 | 201 | 12 | 20 | 13 | 74.89 | 58.8 | 6554 | 1361 | 9.36 | 4.26 | 292.4 | 135.4 | 7.88 | |
| | 325×300 | 323 | 299 | 10 | 15 | 12 | 76.27 | 59.9 | 7230 | 3346 | 9.74 | 6.62 | 289.0 | 223.8 | 7.28 | 650×300 |
| | | 325 | 300 | 11 | 17 | 13 | 85.61 | 67.2 | 8095 | 3832 | 9.72 | 6.69 | 321.1 | 255.4 | 7.29 | |
| | | 328 | 301 | 12 | 20 | 13 | 97.89 | 76.8 | 9139 | 4553 | 9.66 | 6.82 | 357.0 | 302.5 | 7.20 | |
| | 350×300 | 346 | 300 | 13 | 20 | 13 | 103.11 | 80.9 | 11263 | 4510 | 10.45 | 6.61 | 425.3 | 300.6 | 8.12 | 700×300 |
| | | 350 | 300 | 13 | 24 | 13 | 115.11 | 90.4 | 12018 | 5410 | 10.22 | 6.86 | 439.5 | 360.6 | 7.65 | |
| | 400×300 | 396 | 300 | 14 | 22 | 18 | 119.75 | 94.0 | 17660 | 4970 | 12.14 | 6.44 | 592.1 | 331.3 | 9.77 | 800×300 |
| | | 400 | 300 | 14 | 26 | 18 | 131.75 | 103.4 | 18771 | 5870 | 11.94 | 6.67 | 610.8 | 391.3 | 9.27 | |
| | 450×300 | 445 | 299 | 15 | 23 | 18 | 133.46 | 104.8 | 25897 | 5147 | 13.93 | 6.21 | 790.0 | 344.4 | 11.72 | 900×300 |
| | | 450 | 300 | 16 | 28 | 18 | 152.91 | 120.0 | 29223 | 6327 | 13.82 | 6.43 | 868.5 | 421.8 | 11.35 | |
| | | 456 | 302 | 18 | 34 | 18 | 180.03 | 141.3 | 34345 | 7838 | 13.81 | 6.60 | 1002 | 519.0 | 11.34 | |

# 附 6.4 普通槽钢（附表 6-4）

普通槽钢  附表 6-4

符号：同普通工字型钢，但 $W_y$ 为对应于翼缘肢尖的截面模量

长度：型号 5～8，长 5～12m；型号 10～18，长 5～19m；型号 20～40，长 6～19m

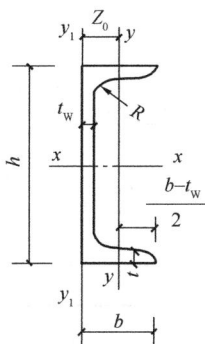

| 型号 | $h$ | $b$ | $t_w$ | $t$ | $R$ | 截面积 (cm²) | 质量 (kg/m) | $I_x$ cm⁴ | $W_x$ cm³ | $i_x$ cm | $I_y$ cm⁴ | $W_y$ cm³ | $i_y$ cm | $I_{y1}$ cm⁴ | $Z_0$ cm |
|---|---|---|---|---|---|---|---|---|---|---|---|---|---|---|---|
| | | | mm | | | | | | | | | | | | |
| 5 | 50 | 37 | 4.5 | 7.0 | 7.0 | 6.92 | 5.44 | 26 | 10 | 1.94 | 8.3 | 3.5 | 1.10 | 20.9 | 1.35 |
| 6.3 | 63 | 40 | 4.8 | 7.5 | 7.5 | 8.45 | 6.63 | 51 | 16.3 | 2.46 | 11.9 | 4.6 | 1.19 | 28.3 | 1.39 |
| 8 | 80 | 43 | 5.0 | 8.0 | 8.0 | 10.24 | 8.04 | 101 | 25.3 | 3.14 | 16.6 | 5.8 | 1.27 | 37.4 | 1.42 |
| 10 | 100 | 48 | 5.3 | 8.5 | 8.5 | 12.74 | 10.00 | 198 | 39.7 | 3.94 | 25.6 | 7.8 | 1.42 | 54.9 | 1.52 |
| 12.6 | 126 | 53 | 5.5 | 9.0 | 9.0 | 15.69 | 12.31 | 389 | 61.7 | 4.98 | 38.0 | 10.3 | 1.56 | 77.8 | 1.59 |
| 14a | 140 | 58 | 6.0 | 9.5 | 9.5 | 18.51 | 14.53 | 564 | 80.5 | 5.52 | 53.2 | 13.0 | 1.70 | 107.2 | 1.71 |
| 14b | | 60 | 8.0 | 9.5 | 9.5 | 21.31 | 16.73 | 609 | 87.1 | 5.35 | 61.2 | 14.1 | 1.69 | 120.6 | 1.67 |
| 16a | 160 | 63 | 6.5 | 10.0 | 10.0 | 21.95 | 17.23 | 866 | 108.3 | 6.28 | 73.4 | 16.3 | 1.83 | 144.1 | 1.79 |
| 16b | | 65 | 8.5 | 10.0 | 10.0 | 25.15 | 19.75 | 935 | 116.8 | 6.10 | 83.4 | 17.6 | 1.82 | 160.8 | 1.75 |
| 18a | 180 | 68 | 7.0 | 10.5 | 10.5 | 25.69 | 20.17 | 1273 | 141.4 | 7.04 | 98.6 | 20.0 | 1.96 | 189.7 | 1.88 |
| 18b | | 70 | 9.0 | 10.5 | 10.5 | 29.29 | 22.99 | 1370 | 152.2 | 6.84 | 111.0 | 21.5 | 1.95 | 210.1 | 1.84 |
| 20a | 200 | 73 | 7.0 | 11.0 | 11.0 | 28.83 | 22.63 | 1780 | 178.0 | 7.86 | 128.0 | 24.2 | 2.11 | 244.0 | 2.01 |
| 20b | | 75 | 9.0 | 11.0 | 11.0 | 32.83 | 25.77 | 1914 | 191.4 | 7.64 | 143.6 | 25.9 | 2.09 | 268.4 | 1.95 |
| 22a | 220 | 77 | 7.0 | 11.5 | 11.5 | 31.84 | 24.99 | 2394 | 217.6 | 8.67 | 157.8 | 28.2 | 2.23 | 298.2 | 2.10 |
| 22b | | 79 | 9.0 | 11.5 | 11.5 | 36.24 | 28.45 | 2571 | 233.8 | 8.42 | 176.5 | 31.1 | 2.21 | 326.3 | 2.03 |
| 25a | 250 | 78 | 7.0 | 12.0 | 12.0 | 34.91 | 27.40 | 3359 | 268.7 | 9.81 | 175.9 | 30.7 | 2.24 | 324.8 | 2.07 |
| 25b | | 80 | 9.0 | 12.0 | 12.0 | 39.91 | 31.33 | 3619 | 289.6 | 9.52 | 196.4 | 32.7 | 2.22 | 355.1 | 1.99 |
| 25c | | 82 | 11.0 | 12.0 | 12.0 | 44.91 | 35.25 | 3880 | 310.4 | 9.30 | 215.9 | 34.6 | 2.19 | 388.6 | 1.96 |
| 28a | 280 | 82 | 7.5 | 12.5 | 12.5 | 40.02 | 31.42 | 4753 | 339.5 | 10.90 | 217.9 | 35.7 | 2.33 | 393.3 | 2.09 |
| 28b | | 84 | 9.5 | 12.5 | 12.5 | 45.62 | 35.81 | 5118 | 365.6 | 10.59 | 241.5 | 37.9 | 2.30 | 428.5 | 2.02 |
| 28c | | 86 | 11.5 | 12.5 | 12.5 | 51.22 | 40.21 | 5484 | 391.7 | 10.35 | 264.1 | 40.0 | 2.27 | 467.3 | 1.99 |
| 32a | 320 | 88 | 8.0 | 14.0 | 14.0 | 48.50 | 38.07 | 7511 | 469.4 | 12.44 | 304.7 | 46.4 | 2.51 | 547.5 | 2.24 |
| 32b | | 90 | 10.0 | 14.0 | 14.0 | 54.90 | 43.10 | 8057 | 503.5 | 12.11 | 335.6 | 49.1 | 2.47 | 592.9 | 2.16 |
| 32c | | 92 | 12.0 | 14.0 | 14.0 | 61.90 | 48.12 | 8603 | 537.7 | 11.85 | 365.0 | 51.6 | 2.44 | 642.7 | 2.13 |
| 36a | 360 | 96 | 9.0 | 16.0 | 16.0 | 60.89 | 47.80 | 11874 | 659.7 | 13.96 | 455.0 | 63.6 | 2.73 | 818.5 | 2.44 |
| 36b | | 98 | 11.0 | 16.0 | 16.0 | 68.09 | 53.45 | 12652 | 702.9 | 13.63 | 496.7 | 66.9 | 2.70 | 880.5 | 2.37 |
| 36c | | 100 | 13.0 | 16.0 | 16.0 | 75.29 | 59.10 | 13429 | 746.1 | 13.96 | 536.6 | 70.0 | 2.67 | 948.0 | 2.34 |
| 40a | 400 | 100 | 10.5 | 18.0 | 18.0 | 75.04 | 58.9 | 17578 | 878.9 | 15.30 | 592.0 | 78.8 | 2.81 | 1057.9 | 2.49 |
| 40b | | 102 | 12.5 | 18.0 | 18.0 | 83.04 | 65.19 | 18644 | 932.2 | 14.98 | 640.6 | 82.6 | 2.78 | 1135.8 | 2.44 |
| 40c | | 104 | 14.5 | 18.0 | 18.0 | 91.04 | 71.47 | 19711 | 985.6 | 14.71 | 687.8 | 86.2 | 2.75 | 1220.3 | 2.42 |

# 附 6.5 等边角钢（附表 6-5）

等 边 角 钢　　　　　　　　　　　　　　　　　　附表 6-5

单角钢　　双角钢

| 角钢型号 | 圆角 R | 重心矩 Z₀ | 截面积 A | 质量 | 惯性矩 Iₓ | 截面模量 | | 回转半径 | | | iᵧ，当 a 为下列数值 | | | | |
|---|---|---|---|---|---|---|---|---|---|---|---|---|---|---|---|
| | | | | | | $W_x^{max}$ | $W_x^{min}$ | $i_x$ | $i_{x0}$ | $i_{y0}$ | 6mm | 8mm | 10mm | 12mm | 14mm |
| | mm | cm² | kg/m | cm⁴ | cm³ | | | cm | | | cm | | | | |
| L20×3 | 3.5 | 6.0 | 1.13 | 0.89 | 0.40 | 0.66 | 0.29 | 0.59 | 0.75 | 0.39 | 1.08 | 1.17 | 1.25 | 1.34 | 1.43 |
| L20×4 | | 6.4 | 1.46 | 1.15 | 0.50 | 0.78 | 0.36 | 0.58 | 0.73 | 0.38 | 1.11 | 1.19 | 1.28 | 1.37 | 1.46 |
| L25×3 | 3.5 | 7.3 | 1.43 | 1.12 | 0.82 | 1.12 | 0.46 | 0.76 | 0.95 | 0.49 | 1.27 | 1.36 | 1.44 | 1.53 | 1.61 |
| L25×4 | | 7.6 | 1.86 | 1.46 | 1.03 | 1.34 | 0.59 | 0.74 | 0.93 | 0.48 | 1.30 | 1.38 | 1.47 | 1.55 | 1.64 |
| L30×3 | 4.5 | 8.5 | 1.75 | 1.37 | 1.46 | 1.72 | 0.68 | 0.91 | 1.15 | 0.59 | 1.47 | 1.55 | 1.63 | 1.71 | 1.80 |
| L30×4 | | 8.9 | 2.28 | 1.79 | 1.84 | 2.08 | 0.87 | 0.90 | 1.13 | 0.58 | 1.49 | 1.57 | 1.65 | 1.74 | 1.82 |
| L36×3 | 4.5 | 10.0 | 2.11 | 1.66 | 2.58 | 2.59 | 0.99 | 1.11 | 1.39 | 0.71 | 1.70 | 1.78 | 1.86 | 1.94 | 2.03 |
| L36×4 | | 10.4 | 2.76 | 2.16 | 3.29 | 3.18 | 1.28 | 1.09 | 1.38 | 0.70 | 1.73 | 1.80 | 1.89 | 1.97 | 2.05 |
| L36×5 | | 10.7 | 3.38 | 2.65 | 3.95 | 3.68 | 1.56 | 1.08 | 1.36 | 0.70 | 1.75 | 1.83 | 1.91 | 1.99 | 2.08 |
| L40×3 | 5 | 10.9 | 2.36 | 1.85 | 3.59 | 3.28 | 1.23 | 1.23 | 1.55 | 0.79 | 1.86 | 1.94 | 2.01 | 2.09 | 2.18 |
| L40×4 | | 11.3 | 3.09 | 2.42 | 4.60 | 4.05 | 1.60 | 1.22 | 1.54 | 0.79 | 1.88 | 1.96 | 2.04 | 2.12 | 2.20 |
| L40×5 | | 11.7 | 3.79 | 2.98 | 5.53 | 4.72 | 1.96 | 1.21 | 1.52 | 0.78 | 1.90 | 1.98 | 2.06 | 2.14 | 2.23 |
| L45×3 | 5 | 12.2 | 2.66 | 2.09 | 5.17 | 4.25 | 1.58 | 1.39 | 1.76 | 0.90 | 2.06 | 2.14 | 2.21 | 2.29 | 2.37 |
| L45×4 | | 12.6 | 3.49 | 2.74 | 6.65 | 5.29 | 2.05 | 1.38 | 1.74 | 0.89 | 2.08 | 2.16 | 2.24 | 2.32 | 2.40 |
| L45×5 | | 13.0 | 4.29 | 3.37 | 8.04 | 6.20 | 2.51 | 1.37 | 1.72 | 0.88 | 2.10 | 2.18 | 2.26 | 2.34 | 2.42 |
| L45×6 | | 13.3 | 5.08 | 3.99 | 9.33 | 6.99 | 2.95 | 1.36 | 1.71 | 0.88 | 2.12 | 2.20 | 2.28 | 2.36 | 2.44 |
| L50×3 | 5.5 | 13.4 | 2.97 | 2.33 | 7.18 | 5.36 | 1.96 | 1.55 | 1.96 | 1.00 | 2.26 | 2.33 | 2.41 | 2.48 | 2.56 |
| L50×4 | | 13.8 | 3.90 | 3.06 | 9.26 | 6.70 | 2.56 | 1.54 | 1.94 | 0.99 | 2.28 | 2.36 | 2.43 | 2.51 | 2.59 |
| L50×5 | | 14.2 | 4.80 | 3.77 | 11.21 | 7.90 | 3.13 | 1.53 | 1.92 | 0.98 | 2.30 | 2.38 | 2.45 | 2.53 | 2.61 |
| L50×6 | | 14.6 | 5.69 | 4.46 | 13.05 | 8.95 | 3.68 | 1.51 | 1.91 | 0.98 | 2.32 | 2.40 | 2.48 | 2.56 | 2.64 |
| L56×3 | 6 | 14.8 | 3.34 | 2.62 | 10.19 | 6.86 | 2.48 | 1.75 | 2.20 | 1.13 | 2.50 | 2.57 | 2.64 | 2.72 | 2.80 |
| L56×4 | | 15.3 | 4.39 | 3.45 | 13.18 | 8.63 | 3.24 | 1.73 | 2.18 | 1.11 | 2.52 | 2.59 | 2.67 | 2.74 | 2.82 |
| L56×5 | | 15.7 | 5.42 | 4.25 | 16.02 | 10.22 | 3.97 | 1.72 | 2.17 | 1.10 | 2.54 | 2.61 | 2.69 | 2.77 | 2.85 |
| L56×8 | | 16.8 | 8.37 | 6.57 | 23.63 | 14.06 | 6.03 | 1.68 | 2.11 | 1.09 | 2.60 | 2.67 | 2.75 | 2.83 | 2.91 |
| L63×4 | 7 | 17.0 | 4.98 | 3.91 | 19.03 | 11.22 | 4.13 | 1.96 | 2.46 | 1.26 | 2.79 | 2.87 | 2.94 | 3.02 | 3.09 |
| L63×5 | | 17.4 | 6.14 | 4.82 | 23.17 | 13.33 | 5.08 | 1.94 | 2.45 | 1.25 | 2.82 | 2.89 | 2.96 | 3.04 | 3.12 |
| L63×6 | | 17.8 | 7.29 | 5.72 | 27.12 | 15.26 | 6.00 | 1.93 | 2.43 | 1.24 | 2.83 | 2.91 | 2.98 | 3.06 | 3.14 |
| L63×8 | | 18.5 | 9.51 | 7.47 | 34.45 | 18.59 | 7.75 | 1.90 | 2.39 | 1.23 | 2.87 | 2.95 | 3.03 | 3.10 | 3.18 |
| L63×10 | | 19.3 | 11.66 | 9.15 | 41.09 | 21.34 | 9.39 | 1.88 | 2.36 | 1.22 | 2.91 | 2.99 | 3.07 | 3.15 | 3.23 |
| L70×4 | 8 | 18.6 | 5.57 | 4.37 | 26.39 | 14.16 | 5.14 | 2.18 | 2.74 | 1.40 | 3.07 | 3.14 | 3.21 | 3.29 | 3.36 |
| L70×5 | | 19.1 | 6.88 | 5.40 | 32.21 | 16.89 | 6.32 | 2.16 | 2.73 | 1.39 | 3.09 | 3.16 | 3.24 | 3.31 | 3.39 |
| L70×6 | | 19.5 | 8.16 | 6.41 | 37.77 | 19.39 | 7.48 | 2.15 | 2.71 | 1.38 | 3.11 | 3.18 | 3.26 | 3.33 | 3.41 |
| L70×7 | | 19.9 | 9.42 | 7.40 | 43.09 | 21.68 | 8.59 | 2.14 | 2.69 | 1.38 | 3.13 | 3.20 | 3.28 | 3.36 | 3.43 |
| L70×8 | | 20.3 | 10.67 | 8.37 | 48.17 | 23.79 | 9.68 | 2.13 | 2.68 | 1.37 | 3.15 | 3.22 | 3.30 | 3.38 | 3.46 |
| L75×5 | 9 | 20.3 | 7.41 | 5.82 | 39.96 | 19.73 | 7.30 | 2.32 | 2.92 | 1.50 | 3.29 | 3.36 | 3.43 | 3.50 | 3.58 |
| L75×6 | | 20.7 | 8.80 | 6.91 | 46.91 | 22.69 | 8.63 | 2.31 | 2.91 | 1.49 | 3.31 | 3.38 | 3.45 | 3.53 | 3.60 |
| L75×7 | | 21.1 | 10.16 | 7.98 | 53.57 | 25.42 | 9.93 | 2.30 | 2.89 | 1.48 | 3.33 | 3.40 | 3.47 | 3.55 | 3.63 |
| L75×8 | | 21.5 | 11.50 | 9.03 | 59.96 | 27.93 | 11.20 | 2.28 | 2.87 | 1.47 | 3.35 | 3.42 | 3.50 | 3.57 | 3.65 |
| L75×10 | | 22.2 | 14.13 | 11.09 | 71.98 | 32.40 | 13.64 | 2.26 | 2.84 | 1.46 | 3.38 | 3.46 | 3.54 | 3.61 | 3.69 |

| 角钢型号 | 圆角 $R$ | 重心矩 $Z_0$ | 截面积 $A$ | 质量 | 惯性矩 $I_x$ | 截面模量 | | 回转半径 | | | $i_y$，当 $a$ 为下列数值 | | | | |
|---|---|---|---|---|---|---|---|---|---|---|---|---|---|---|---|
| | | | | | | $W_x^{max}$ | $W_x^{min}$ | $i_x$ | $i_{x0}$ | $i_{y0}$ | 6mm | 8mm | 10mm | 12mm | 14mm |
| | mm | cm | cm² | kg/m | cm⁴ | cm³ | | cm | | | cm | | | | |
| **L80×7** 5 | | 21.5 | 7.91 | 6.21 | 48.79 | 22.70 | 8.34 | 2.48 | 3.13 | 1.60 | 3.49 | 3.56 | 3.63 | 3.71 | 3.78 |
| 6 | | 21.9 | 9.40 | 7.38 | 57.35 | 26.16 | 9.87 | 2.47 | 3.11 | 1.59 | 3.51 | 3.58 | 3.65 | 3.73 | 3.80 |
| 7 | 9 | 22.3 | 10.86 | 8.53 | 65.58 | 29.38 | 11.37 | 2.46 | 3.10 | 1.58 | 3.53 | 3.60 | 3.67 | 3.75 | 3.83 |
| 8 | | 22.7 | 12.30 | 9.66 | 73.50 | 32.36 | 12.83 | 2.44 | 3.08 | 1.57 | 3.55 | 3.62 | 3.70 | 3.77 | 3.85 |
| 10 | | 23.5 | 15.13 | 11.87 | 88.43 | 37.68 | 15.64 | 2.42 | 3.04 | 1.56 | 3.58 | 3.66 | 3.74 | 3.81 | 3.89 |
| **L90×8** 6 | | 24.4 | 10.64 | 8.35 | 82.77 | 33.99 | 12.61 | 2.79 | 3.51 | 1.80 | 3.91 | 3.98 | 4.05 | 4.12 | 4.20 |
| 7 | | 24.8 | 12.30 | 9.66 | 94.83 | 38.28 | 14.54 | 2.78 | 3.50 | 1.78 | 3.93 | 4.00 | 4.07 | 4.14 | 4.22 |
| 8 | 10 | 25.2 | 13.94 | 10.95 | 106.5 | 42.30 | 16.42 | 2.76 | 3.48 | 1.78 | 3.95 | 4.02 | 4.09 | 4.17 | 4.24 |
| 10 | | 25.9 | 17.17 | 13.48 | 128.6 | 49.57 | 20.07 | 2.74 | 3.45 | 1.76 | 3.98 | 4.06 | 4.13 | 4.21 | 4.28 |
| 12 | | 26.7 | 20.31 | 15.94 | 149.2 | 55.93 | 23.57 | 2.71 | 3.41 | 1.75 | 4.02 | 4.09 | 4.17 | 4.25 | 4.32 |
| **L100×10** 6 | | 26.7 | 11.93 | 9.37 | 115.0 | 43.04 | 15.68 | 3.10 | 3.91 | 2.00 | 4.30 | 4.37 | 4.44 | 4.51 | 4.58 |
| 7 | | 27.1 | 13.80 | 10.83 | 131.9 | 48.57 | 18.10 | 3.09 | 3.89 | 1.99 | 4.32 | 4.39 | 4.46 | 4.53 | 4.61 |
| 8 | | 27.6 | 15.64 | 12.28 | 148.2 | 53.78 | 20.47 | 3.08 | 3.88 | 1.98 | 4.34 | 4.41 | 4.48 | 4.55 | 4.63 |
| 10 | 12 | 28.4 | 19.26 | 15.12 | 179.5 | 63.29 | 25.06 | 3.05 | 3.84 | 1.96 | 4.38 | 4.45 | 4.52 | 4.60 | 4.67 |
| 12 | | 29.1 | 22.80 | 17.90 | 208.9 | 71.72 | 29.47 | 3.03 | 3.81 | 1.95 | 4.41 | 4.49 | 4.56 | 4.64 | 4.71 |
| 14 | | 29.9 | 26.26 | 20.61 | 236.5 | 79.19 | 33.73 | 3.00 | 3.77 | 1.94 | 4.45 | 4.53 | 4.60 | 4.68 | 4.75 |
| 16 | | 30.6 | 29.63 | 23.26 | 262.5 | 85.81 | 37.82 | 2.98 | 3.74 | 1.93 | 4.49 | 4.56 | 4.64 | 4.72 | 4.80 |
| **L110×10** 7 | | 29.6 | 15.20 | 11.93 | 177.2 | 59.78 | 22.05 | 3.41 | 4.30 | 2.20 | 4.72 | 4.79 | 4.86 | 4.94 | 5.01 |
| 8 | | 30.1 | 17.24 | 13.53 | 199.5 | 66.36 | 24.95 | 3.40 | 4.28 | 2.19 | 4.74 | 4.81 | 4.88 | 4.96 | 5.03 |
| 10 | 12 | 30.9 | 21.26 | 16.69 | 242.2 | 78.48 | 30.60 | 3.38 | 4.25 | 2.17 | 4.78 | 4.85 | 4.92 | 5.00 | 5.07 |
| 12 | | ·31.6 | 25.20 | 19.78 | 282.6 | 89.34 | 36.05 | 3.35 | 4.22 | 2.15 | 4.82 | 4.89 | 4.96 | 5.04 | 5.11 |
| 14 | | 32.4 | 29.06 | 22.81 | 320.7 | 99.07 | 41.31 | 3.32 | 4.18 | 2.14 | 4.85 | 4.93 | 5.00 | 5.08 | 5.15 |
| **L125×** 8 | | 33.7 | 19.75 | 15.50 | 297.0 | 88.20 | 32.52 | 3.88 | 4.88 | 2.50 | 5.34 | 5.41 | 5.48 | 5.55 | 5.62 |
| 10 | 14 | 34.5 | 24.37 | 19.13 | 361.7 | 104.8 | 39.97 | 3.85 | 4.85 | 2.48 | 5.38 | 5.45 | 5.52 | 5.59 | 5.66 |
| 12 | | 35.3 | 28.91 | 22.70 | 423.2 | 119.9 | 47.17 | 3.83 | 4.82 | 2.46 | 5.41 | 5.48 | 5.56 | 5.63 | 5.70 |
| 14 | | 36.1 | 33.37 | 26.19 | 481.7 | 133.6 | 54.16 | 3.80 | 4.78 | 2.45 | 5.45 | 5.52 | 5.59 | 5.67 | 5.74 |
| **L140×** 10 | | 38.2 | 27.37 | 21.49 | 514.7 | 134.6 | 50.58 | 4.34 | 5.46 | 2.78 | 5.98 | 6.05 | 6.12 | 6.20 | 6.27 |
| 12 | 14 | 39.0 | 32.51 | 25.52 | 603.7 | 154.6 | 59.80 | 4.31 | 5.43 | 2.77 | 6.02 | 6.09 | 6.16 | 6.23 | 6.31 |
| 14 | | 39.8 | 37.57 | 29.49 | 688.8 | 173.0 | 68.75 | 4.28 | 5.40 | 2.75 | 6.06 | 6.13 | 6.20 | 6.27 | 6.34 |
| 16 | | 40.6 | 42.54 | 33.39 | 770.2 | 189.9 | 77.46 | 4.26 | 5.36 | 2.74 | 6.09 | 6.16 | 6.23 | 6.31 | 6.38 |
| **L160×** 10 | | 43.1 | 31.50 | 24.73 | 779.5 | 180.8 | 66.70 | 4.97 | 6.27 | 3.20 | 6.78 | 6.85 | 6.92 | 6.99 | 7.06 |
| 12 | 16 | 43.9 | 37.44 | 29.39 | 916.6 | 208.6 | 78.98 | 4.95 | 6.24 | 3.18 | 6.82 | 6.89 | 6.96 | 7.03 | 7.10 |
| 14 | | 44.7 | 43.30 | 33.99 | 1048 | 234.4 | 90.95 | 4.92 | 6.20 | 3.16 | 6.86 | 6.93 | 7.00 | 7.07 | 7.14 |
| 16 | | 45.5 | 49.07 | 38.52 | 1175 | 258.3 | 102.6 | 4.89 | 6.17 | 3.14 | 6.89 | 6.96 | 7.03 | 7.10 | 7.18 |
| **L180×** 12 | | 48.9 | 42.24 | 33.16 | 1321 | 270.0 | 100.8 | 5.59 | 7.05 | 3.58 | 7.63 | 7.70 | 7.77 | 7.84 | 7.91 |
| 14 | 16 | 49.7 | 48.90 | 38.38 | 1514 | 304.6 | 116.3 | 5.57 | 7.02 | 3.57 | 7.67 | 7.74 | 7.81 | 7.88 | 7.95 |
| 16 | | 50.5 | 55.47 | 43.54 | 1701 | 336.9 | 131.4 | 5.54 | 6.98 | 3.55 | 7.70 | 7.77 | 7.84 | 7.91 | 7.98 |
| 18 | | 51.3 | 61.95 | 48.63 | 1881 | 367.1 | 146.1 | 5.51 | 6.94 | 3.53 | 7.73 | 7.80 | 7.87 | 7.95 | 8.02 |
| **L200×18** 14 | | 54.6 | 54.64 | 42.89 | 2104 | 385.1 | 144.7 | 6.20 | 7.82 | 3.98 | 8.47 | 8.54 | 8.61 | 8.67 | 8.75 |
| 16 | | 55.4 | 62.01 | 48.68 | 2366 | 427.0 | 163.7 | 6.18 | 7.79 | 3.96 | 8.50 | 8.57 | 8.64 | 8.71 | 8.78 |
| 18 | 18 | 56.2 | 69.30 | 54.40 | 2621 | 466.5 | 182.2 | 6.15 | 7.75 | 3.94 | 8.53 | 8.60 | 8.67 | 8.75 | 8.82 |
| 20 | | 56.9 | 76.50 | 60.06 | 2867 | 503.6 | 200.4 | 6.12 | 7.72 | 3.93 | 8.57 | 8.64 | 8.71 | 8.78 | 8.85 |
| 24 | | 58.4 | 90.66 | 71.17 | 3338 | 571.5 | 235.8 | 6.07 | 7.64 | 3.90 | 8.63 | 8.71 | 8.78 | 8.85 | 8.92 |

# 附 6.6 不等边角钢（附表 6-6）

不等边角钢 　　附表 6-6

单角钢　双角钢

| 角钢型号 $B \times b \times t$ | 圆角 $R$ | 重心矩 $Z_x$ | 重心矩 $Z_y$ | 截面积 $A$ | 质量 | 回转半径 $i_x$ | 回转半径 $i_y$ | 回转半径 $i_{y0}$ | $i_{y1}$，当 $a$ 为下列数 6mm | 8mm | 10mm | 12mm | $i_{y2}$，当 $a$ 为下列数 6mm | 8mm | 10mm | 12mm |
|---|---|---|---|---|---|---|---|---|---|---|---|---|---|---|---|---|
| | mm | cm² | | | kg/m | cm | | | cm | | | | cm | | | |
| L25×16× 3 | 3.5 | 4.2 | 8.6 | 1.16 | 0.91 | 0.44 | 0.78 | 0.34 | 0.84 | 0.93 | 1.02 | 1.11 | 1.40 | 1.48 | 1.57 | 1.66 |
| L25×16× 4 | | 4.6 | 9.0 | 1.50 | 1.18 | 0.43 | 0.77 | 0.34 | 0.87 | 0.96 | 1.05 | 1.14 | 1.42 | 1.51 | 1.60 | 1.68 |
| L32×20× 3 | 3.5 | 4.9 | 10.8 | 1.49 | 1.17 | 0.55 | 1.01 | 0.43 | 0.97 | 1.05 | 1.14 | 1.23 | 1.71 | 1.79 | 1.88 | 1.96 |
| L32×20× 4 | | 5.3 | 11.2 | 1.94 | 1.52 | 0.54 | 1.00 | 0.43 | 0.99 | 1.08 | 1.16 | 1.25 | 1.74 | 1.82 | 1.90 | 1.99 |
| L40×25× 3 | 4 | 5.9 | 13.2 | 1.89 | 1.48 | 0.70 | 1.28 | 0.54 | 1.13 | 1.21 | 1.30 | 1.38 | 2.07 | 2.14 | 2.23 | 2.31 |
| L40×25× 4 | | 6.3 | 13.7 | 2.47 | 1.94 | 0.69 | 1.26 | 0.54 | 1.16 | 1.24 | 1.32 | 1.41 | 2.09 | 2.17 | 2.25 | 2.34 |
| L45×28× 3 | 5 | 6.4 | 14.7 | 2.15 | 1.69 | 0.79 | 1.44 | 0.61 | 1.23 | 1.31 | 1.39 | 1.47 | 2.28 | 2.36 | 2.44 | 2.52 |
| L45×28× 4 | | 6.8 | 15.1 | 2.81 | 2.20 | 0.78 | 1.43 | 0.60 | 1.25 | 1.33 | 1.41 | 1.50 | 2.31 | 2.39 | 2.47 | 2.55 |
| L50×32× 3 | 5.5 | 7.3 | 16.0 | 2.43 | 1.91 | 0.91 | 1.60 | 0.70 | 1.38 | 1.45 | 1.53 | 1.61 | 2.49 | 2.56 | 2.64 | 2.72 |
| L50×32× 4 | | 7.7 | 16.5 | 3.18 | 2.49 | 0.90 | 1.59 | 0.69 | 1.40 | 1.47 | 1.55 | 1.64 | 2.51 | 2.59 | 2.67 | 2.75 |
| L56×36× 3 | 6 | 8.0 | 17.8 | 2.74 | 2.15 | 1.03 | 1.80 | 0.79 | 1.51 | 1.59 | 1.66 | 1.74 | 2.75 | 2.82 | 2.90 | 2.98 |
| L56×36× 4 | | 8.5 | 18.2 | 3.59 | 2.82 | 1.02 | 1.79 | 0.78 | 1.53 | 1.61 | 1.69 | 1.77 | 2.77 | 2.85 | 2.93 | 3.01 |
| L56×36× 5 | | 8.8 | 18.7 | 4.42 | 3.47 | 1.01 | 1.77 | 0.78 | 1.56 | 1.63 | 1.71 | 1.79 | 2.80 | 2.88 | 2.96 | 3.04 |
| L63×40× 4 | 7 | 9.2 | 20.4 | 4.06 | 3.19 | 1.14 | 2.02 | 0.88 | 1.66 | 1.74 | 1.81 | 1.89 | 3.09 | 3.16 | 3.24 | 3.32 |
| L63×40× 5 | | 9.5 | 20.8 | 4.99 | 3.92 | 1.12 | 2.00 | 0.87 | 1.68 | 1.76 | 1.84 | 1.92 | 3.11 | 3.19 | 3.27 | 3.35 |
| L63×40× 6 | | 9.9 | 21.2 | 5.91 | 4.64 | 1.11 | 1.99 | 0.86 | 1.71 | 1.78 | 1.86 | 1.94 | 3.13 | 3.21 | 3.29 | 3.37 |
| L63×40× 7 | | 10.3 | 21.6 | 6.80 | 5.34 | 1.10 | 1.97 | 0.86 | 1.73 | 1.81 | 1.89 | 1.97 | 3.16 | 3.24 | 3.32 | 3.40 |
| L70×45× 4 | 7.5 | 10.2 | 22.3 | 4.55 | 3.57 | 1.29 | 2.25 | 0.99 | 1.84 | 1.91 | 1.99 | 2.07 | 3.39 | 3.46 | 3.54 | 3.62 |
| L70×45× 5 | | 10.6 | 22.8 | 5.61 | 4.40 | 1.28 | 2.23 | 0.98 | 1.86 | 1.94 | 2.01 | 2.09 | 3.41 | 3.49 | 3.57 | 3.64 |
| L70×45× 6 | | 11.0 | 23.2 | 6.64 | 5.22 | 1.26 | 2.22 | 0.97 | 1.88 | 1.96 | 2.04 | 2.11 | 3.44 | 3.51 | 3.59 | 3.67 |
| L70×45× 7 | | 11.3 | 23.6 | 7.66 | 6.01 | 1.25 | 2.20 | 0.97 | 1.90 | 1.98 | 2.06 | 2.14 | 3.46 | 3.54 | 3.61 | 3.69 |
| L75×50× 5 | 8 | 11.7 | 24.0 | 6.13 | 4.81 | 1.43 | 2.39 | 1.09 | 2.06 | 2.13 | 2.20 | 2.28 | 3.60 | 3.68 | 3.76 | 3.83 |
| L75×50× 6 | | 12.1 | 24.4 | 7.26 | 5.70 | 1.42 | 2.38 | 1.08 | 2.08 | 2.15 | 2.23 | 2.30 | 3.63 | 3.70 | 3.78 | 3.86 |
| L75×50× 8 | | 12.9 | 25.2 | 9.47 | 7.43 | 1.40 | 2.35 | 1.07 | 2.12 | 2.19 | 2.27 | 2.35 | 3.67 | 3.75 | 3.83 | 3.91 |
| L75×50× 10 | | 13.6 | 26.0 | 11.6 | 9.10 | 1.38 | 2.33 | 1.06 | 2.16 | 2.24 | 2.31 | 2.40 | 3.71 | 3.79 | 3.87 | 3.95 |
| L80×50× 5 | 8 | 11.4 | 26.0 | 6.38 | 5.00 | 1.42 | 2.57 | 1.10 | 2.02 | 2.09 | 2.17 | 2.24 | 3.88 | 3.95 | 4.03 | 4.10 |
| L80×50× 6 | | 11.8 | 26.5 | 7.56 | 5.93 | 1.41 | 2.55 | 1.09 | 2.04 | 2.11 | 2.19 | 2.27 | 3.90 | 3.98 | 4.05 | 4.13 |
| L80×50× 7 | | 12.1 | 26.9 | 8.72 | 6.85 | 1.39 | 2.54 | 1.08 | 2.06 | 2.13 | 2.21 | 2.29 | 3.92 | 4.00 | 4.08 | 4.16 |
| L80×50× 8 | | 12.5 | 27.3 | 9.87 | 7.75 | 1.38 | 2.52 | 1.07 | 2.08 | 2.15 | 2.23 | 2.31 | 3.94 | 4.02 | 4.10 | 4.18 |

| 角钢型号 B×b×t | t | 圆角 R (mm) | 重心矩 Z_x (mm) | 重心矩 Z_y (mm) | 截面积 A (cm²) | 质量 (kg/m) | $i_x$ (cm) | $i_y$ (cm) | $i_{y0}$ (cm) | $i_{y1}$ 6mm | $i_{y1}$ 8mm | $i_{y1}$ 10mm | $i_{y1}$ 12mm | $i_{y2}$ 6mm | $i_{y2}$ 8mm | $i_{y2}$ 10mm | $i_{y2}$ 12mm |
|---|---|---|---|---|---|---|---|---|---|---|---|---|---|---|---|---|---|
| L90×56× | 5 | 9 | 12.5 | 29.1 | 7.21 | 5.66 | 1.59 | 2.90 | 1.23 | 2.22 | 2.29 | 2.36 | 2.44 | 4.32 | 4.39 | 4.47 | 4.55 |
|  | 6 |  | 12.9 | 29.5 | 8.56 | 6.72 | 1.58 | 2.88 | 1.22 | 2.24 | 2.31 | 2.39 | 2.46 | 4.34 | 4.42 | 4.50 | 4.57 |
|  | 7 |  | 13.3 | 30.0 | 9.88 | 7.76 | 1.57 | 2.87 | 1.22 | 2.26 | 2.33 | 2.41 | 2.49 | 4.37 | 4.44 | 4.52 | 4.60 |
|  | 8 |  | 13.6 | 30.4 | 11.2 | 8.78 | 1.56 | 2.85 | 1.21 | 2.28 | 2.35 | 2.43 | 2.51 | 4.39 | 4.47 | 4.54 | 4.62 |
| L100×63× | 6 | 10 | 14.3 | 32.4 | 9.62 | 7.55 | 1.79 | 3.21 | 1.38 | 2.49 | 2.56 | 2.63 | 2.71 | 4.77 | 4.85 | 4.92 | 5.00 |
|  | 7 |  | 14.7 | 32.8 | 11.1 | 8.72 | 1.78 | 3.20 | 1.37 | 2.51 | 2.58 | 2.65 | 2.73 | 4.80 | 4.87 | 4.95 | 5.03 |
|  | 8 |  | 15.0 | 33.2 | 12.6 | 9.88 | 1.77 | 3.18 | 1.37 | 2.53 | 2.60 | 2.67 | 2.75 | 4.82 | 4.90 | 4.97 | 5.05 |
|  | 10 |  | 15.8 | 34.0 | 15.5 | 12.1 | 1.75 | 3.15 | 1.35 | 2.57 | 2.64 | 2.72 | 2.79 | 4.86 | 4.94 | 5.02 | 5.10 |
| L100×80× | 6 | 10 | 19.7 | 29.5 | 10.6 | 8.35 | 2.40 | 3.17 | 1.73 | 3.31 | 3.38 | 3.45 | 3.52 | 4.54 | 4.62 | 4.69 | 4.76 |
|  | 7 |  | 20.1 | 30.0 | 12.3 | 9.66 | 2.39 | 3.16 | 1.71 | 3.32 | 3.39 | 3.47 | 3.54 | 4.57 | 4.64 | 4.71 | 4.79 |
|  | 8 |  | 20.5 | 30.4 | 13.9 | 10.9 | 2.37 | 3.15 | 1.71 | 3.34 | 3.41 | 3.49 | 3.56 | 4.59 | 4.66 | 4.73 | 4.81 |
|  | 10 |  | 21.3 | 31.2 | 17.2 | 13.5 | 2.35 | 3.12 | 1.69 | 3.38 | 3.45 | 3.53 | 3.60 | 4.63 | 4.70 | 4.78 | 4.85 |
| L110×70× | 6 |  | 15.7 | 35.3 | 10.6 | 8.35 | 2.01 | 3.54 | 1.54 | 2.74 | 2.81 | 2.88 | 2.96 | 5.21 | 5.29 | 5.36 | 5.44 |
|  | 7 |  | 16.1 | 35.7 | 12.3 | 9.66 | 2.00 | 3.53 | 1.53 | 2.76 | 2.83 | 2.90 | 2.98 | 5.24 | 5.31 | 5.39 | 5.46 |
|  | 8 |  | 16.5 | 36.2 | 13.9 | 10.9 | 1.98 | 3.51 | 1.53 | 2.78 | 2.85 | 2.92 | 3.00 | 5.26 | 5.34 | 5.41 | 5.49 |
|  | 10 |  | 17.2 | 37.0 | 17.2 | 13.5 | 1.96 | 3.48 | 1.51 | 2.82 | 2.89 | 2.96 | 3.04 | 5.30 | 5.38 | 5.46 | 5.53 |
| L125×80× | 7 | 11 | 18.0 | 40.1 | 14.1 | 11.1 | 2.30 | 4.02 | 1.76 | 3.13 | 3.18 | 3.25 | 3.33 | 5.90 | 5.97 | 6.04 | 6.12 |
|  | 8 |  | 18.4 | 40.6 | 16.0 | 12.6 | 2.29 | 4.01 | 1.75 | 3.13 | 3.20 | 3.27 | 3.35 | 5.92 | 5.99 | 6.07 | 6.14 |
|  | 10 |  | 19.2 | 41.4 | 19.7 | 15.5 | 2.26 | 3.98 | 1.74 | 3.17 | 3.24 | 3.31 | 3.39 | 5.96 | 6.04 | 6.11 | 6.19 |
|  | 12 |  | 20.0 | 42.2 | 23.4 | 18.3 | 2.24 | 3.95 | 1.72 | 3.20 | 3.28 | 3.35 | 3.43 | 6.00 | 6.08 | 6.16 | 6.23 |
| L140×90× | 8 | 12 | 20.4 | 45.0 | 18.0 | 14.2 | 2.59 | 4.50 | 1.98 | 3.49 | 3.56 | 3.63 | 3.70 | 6.58 | 6.65 | 6.73 | 6.80 |
|  | 10 |  | 21.2 | 45.8 | 22.3 | 17.5 | 2.56 | 4.47 | 1.96 | 3.52 | 3.59 | 3.66 | 3.73 | 6.62 | 6.70 | 6.77 | 6.85 |
|  | 12 |  | 21.9 | 46.6 | 26.4 | 20.7 | 2.54 | 4.44 | 1.95 | 3.56 | 3.63 | 3.70 | 3.77 | 6.66 | 6.74 | 6.81 | 6.89 |
|  | 14 |  | 22.7 | 47.4 | 30.5 | 23.9 | 2.51 | 4.42 | 1.94 | 3.59 | 3.66 | 3.74 | 3.81 | 6.70 | 6.78 | 6.86 | 6.93 |
| L160×100× | 10 | 13 | 22.8 | 52.4 | 25.3 | 19.9 | 2.85 | 5.14 | 2.19 | 3.84 | 3.91 | 3.98 | 4.05 | 7.55 | 7.63 | 7.70 | 7.78 |
|  | 12 |  | 23.6 | 53.2 | 30.1 | 23.6 | 2.82 | 5.11 | 2.18 | 3.87 | 3.94 | 4.01 | 4.09 | 7.60 | 7.67 | 7.75 | 7.82 |
|  | 14 |  | 24.3 | 54.0 | 34.7 | 27.2 | 2.80 | 5.08 | 2.16 | 3.91 | 3.98 | 4.05 | 4.12 | 7.64 | 7.71 | 7.79 | 7.86 |
|  | 16 |  | 25.1 | 54.8 | 39.3 | 30.8 | 2.77 | 5.05 | 2.15 | 3.94 | 4.02 | 4.09 | 4.16 | 7.68 | 7.75 | 7.83 | 7.90 |
| L180×110× | 10 |  | 24.4 | 58.9 | 28.4 | 22.3 | 3.13 | 5.81 | 2.42 | 4.16 | 4.23 | 4.30 | 4.36 | 8.49 | 8.56 | 8.63 | 8.71 |
|  | 12 |  | 25.2 | 59.8 | 33.7 | 26.5 | 3.10 | 5.78 | 2.40 | 4.19 | 4.26 | 4.33 | 4.40 | 8.53 | 8.60 | 8.68 | 8.75 |
|  | 14 |  | 25.9 | 60.6 | 39.0 | 30.6 | 3.08 | 5.75 | 2.39 | 4.23 | 4.30 | 4.37 | 4.44 | 8.57 | 8.64 | 8.72 | 8.79 |
|  | 16 | 14 | 26.7 | 61.4 | 44.1 | 34.6 | 3.05 | 5.72 | 2.37 | 4.26 | 4.33 | 4.40 | 4.47 | 8.61 | 8.68 | 8.76 | 8.84 |
| L200×125× | 12 |  | 28.3 | 65.4 | 37.9 | 29.8 | 3.57 | 6.44 | 2.75 | 4.75 | 4.82 | 4.88 | 4.95 | 9.39 | 9.47 | 9.54 | 9.62 |
|  | 14 |  | 29.1 | 66.2 | 43.9 | 34.4 | 3.54 | 6.41 | 2.73 | 4.78 | 4.85 | 4.92 | 4.99 | 9.43 | 9.51 | 9.58 | 9.66 |
|  | 16 |  | 29.9 | 67.0 | 49.7 | 39.0 | 3.52 | 6.38 | 2.71 | 4.81 | 4.88 | 4.95 | 5.02 | 9.47 | 9.55 | 9.62 | 9.70 |
|  | 18 |  | 30.6 | 67.8 | 55.5 | 43.6 | 3.49 | 6.35 | 2.70 | 4.85 | 4.92 | 4.99 | 5.06 | 9.51 | 9.59 | 9.66 | 9.74 |

注：一个角钢的惯性矩 $I_x = A i_x^2$，$I_y = A i_y^2$；一个角钢的截面模量 $W_x^{max} = I_x/Z_x$，$W_x^{min} = I_x/(b - Z_x)$；$W_y^{max} = I_y/Z_y$，$W_y^{min} = I_y/(B - Z_y)$。

# 附6.7 热轧无缝钢管（附表6-7）

$I$——截面惯性矩；

$W$——截面模量；

$i$——截面回转半径

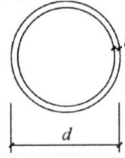

| 尺寸(mm) | | 截面面积 $A$ | 每米质量 | 截面特性 | | |
|---|---|---|---|---|---|---|
| $d$ | $t$ | $cm^2$ | kg/m | $I$ ($cm^4$) | $W$ ($cm^3$) | $i$ (cm) |
| 32 | 2.5 | 2.32 | 1.82 | 2.54 | 1.59 | 1.05 |
| | 3.0 | 2.73 | 2.15 | 2.90 | 1.82 | 1.03 |
| | 3.5 | 3.13 | 2.46 | 3.23 | 2.02 | 1.02 |
| | 4.0 | 3.52 | 2.76 | 3.52 | 2.20 | 1.00 |
| 38 | 2.5 | 2.79 | 2.19 | 4.41 | 2.32 | 1.26 |
| | 3.0 | 3.30 | 2.59 | 5.09 | 2.68 | 1.24 |
| | 3.5 | 3.79 | 2.98 | 5.70 | 3.00 | 1.23 |
| | 4.0 | 4.27 | 3.35 | 6.26 | 3.29 | 1.21 |
| 42 | 2.5 | 3.10 | 2.44 | 6.07 | 2.89 | 1.40 |
| | 3.0 | 3.68 | 2.89 | 7.03 | 3.35 | 1.38 |
| | 3.5 | 4.23 | 3.32 | 7.91 | 3.77 | 1.37 |
| | 4.0 | 4.78 | 3.75 | 8.71 | 4.15 | 1.35 |
| 45 | 2.5 | 3.34 | 2.62 | 7.56 | 3.36 | 1.51 |
| | 3.0 | 3.96 | 3.11 | 8.77 | 3.90 | 1.49 |
| | 3.5 | 4.56 | 3.58 | 9.89 | 4.40 | 1.47 |
| | 4.0 | 5.15 | 4.04 | 10.93 | 4.86 | 1.46 |
| 50 | 2.5 | 3.73 | 2.93 | 10.55 | 4.22 | 1.68 |
| | 3.0 | 4.43 | 3.48 | 12.28 | 4.91 | 1.67 |
| | 3.5 | 5.11 | 4.01 | 13.90 | 5.56 | 1.65 |
| | 4.0 | 5.78 | 4.54 | 15.41 | 6.16 | 1.63 |
| | 4.5 | 6.43 | 5.05 | 16.81 | 6.72 | 1.62 |
| | 5.0 | 7.07 | 5.55 | 18.11 | 7.25 | 1.60 |
| 54 | 3.0 | 4.81 | 3.77 | 15.68 | 5.81 | 1.81 |
| | 3.5 | 5.55 | 4.36 | 17.79 | 6.59 | 1.79 |
| | 4.0 | 6.28 | 4.93 | 19.76 | 7.32 | 1.77 |
| | 4.5 | 7.00 | 5.49 | 21.61 | 8.00 | 1.76 |
| | 5.0 | 7.70 | 6.04 | 23.34 | 8.64 | 1.74 |
| | 5.5 | 8.38 | 6.58 | 24.96 | 9.24 | 1.73 |
| | 6.0 | 9.05 | 7.10 | 26.46 | 9.80 | 1.71 |
| 57 | 3.0 | 5.09 | 4.00 | 18.61 | 6.53 | 1.91 |
| | 3.5 | 5.88 | 4.62 | 21.14 | 7.42 | 1.90 |
| | 4.0 | 6.66 | 5.23 | 23.52 | 8.25 | 1.88 |
| | 4.5 | 7.42 | 5.83 | 25.76 | 9.04 | 1.86 |
| | 5.0 | 8.17 | 6.41 | 27.86 | 9.78 | 1.85 |
| | 5.5 | 8.90 | 6.99 | 29.84 | 10.47 | 1.83 |
| | 6.0 | 9.61 | 7.55 | 31.69 | 11.12 | 1.82 |
| 60 | 3.0 | 5.37 | 4.22 | 21.88 | 7.29 | 2.02 |
| | 3.5 | 6.21 | 4.88 | 24.88 | 8.29 | 2.00 |
| | 4.0 | 7.04 | 5.52 | 27.73 | 9.24 | 1.98 |

| 尺寸(mm) | | 截面面积 $A$ | 每米质量 | 截面特性 | | |
|---|---|---|---|---|---|---|
| $d$ | $t$ | $cm^2$ | kg/m | $I$ ($cm^4$) | $W$ ($cm^3$) | $i$ (cm) |
| 60 | 4.5 | 7.85 | 6.16 | 30.41 | 10.14 | 1.97 |
| | 5.0 | 8.64 | 6.78 | 32.94 | 10.98 | 1.95 |
| | 5.5 | 9.42 | 7.39 | 35.32 | 11.77 | 1.94 |
| | 6.0 | 10.18 | 7.99 | 37.56 | 12.52 | 1.92 |
| 63.5 | 3.0 | 5.70 | 4.48 | 26.15 | 8.24 | 2.14 |
| | 3.5 | 6.60 | 5.18 | 29.79 | 9.38 | 2.12 |
| | 4.0 | 7.48 | 5.87 | 33.24 | 10.47 | 2.11 |
| | 4.5 | 8.34 | 6.55 | 36.50 | 11.50 | 2.09 |
| | 5.0 | 9.19 | 7.21 | 39.60 | 12.47 | 2.08 |
| | 5.5 | 10.02 | 7.87 | 42.52 | 13.39 | 2.06 |
| | 6.0 | 10.84 | 8.51 | 45.28 | 14.26 | 2.04 |
| 68 | 3.0 | 6.13 | 4.81 | 32.42 | 9.54 | 2.30 |
| | 3.5 | 7.09 | 5.57 | 36.99 | 10.88 | 2.28 |
| | 4.0 | 8.04 | 6.31 | 41.34 | 12.16 | 2.27 |
| | 4.5 | 8.98 | 7.05 | 45.47 | 13.37 | 2.25 |
| | 5.0 | 9.90 | 7.77 | 49.41 | 14.53 | 2.23 |
| | 5.5 | 10.80 | 8.48 | 53.14 | 15.63 | 2.22 |
| | 6.0 | 11.69 | 9.17 | 56.68 | 16.67 | 2.20 |
| 70 | 3.0 | 6.31 | 4.96 | 35.50 | 10.14 | 2.37 |
| | 3.5 | 7.31 | 5.74 | 40.53 | 11.58 | 2.35 |
| | 4.0 | 8.29 | 6.51 | 45.33 | 12.95 | 2.34 |
| | 4.5 | 9.26 | 7.27 | 49.89 | 14.26 | 2.32 |
| | 5.0 | 10.21 | 8.01 | 54.24 | 15.50 | 2.33 |
| | 5.5 | 11.14 | 8.75 | 58.38 | 16.68 | 2.29 |
| | 6.0 | 12.06 | 9.47 | 62.31 | 17.80 | 2.27 |
| 73 | 3.0 | 6.60 | 5.18 | 40.48 | 11.09 | 2.48 |
| | 3.5 | 7.64 | 6.00 | 46.26 | 12.67 | 2.46 |
| | 4.0 | 8.67 | 6.81 | 51.78 | 14.19 | 2.44 |
| | 4.5 | 9.68 | 7.60 | 57.04 | 15.63 | 2.43 |
| | 5.0 | 10.68 | 8.38 | 62.07 | 17.01 | 2.41 |
| | 5.5 | 11.66 | 9.16 | 66.87 | 18.32 | 2.39 |
| | 6.0 | 12.63 | 9.91 | 71.43 | 19.57 | 2.38 |
| 76 | 3.0 | 6.88 | 5.40 | 45.91 | 12.08 | 2.58 |
| | 3.5 | 7.97 | 6.26 | 52.50 | 13.82 | 2.57 |
| | 4.0 | 9.05 | 7.10 | 58.81 | 15.48 | 2.55 |
| | 4.5 | 10.11 | 7.93 | 64.85 | 17.07 | 2.53 |
| | 5.0 | 11.15 | 8.75 | 70.62 | 18.59 | 2.52 |
| | 5.5 | 12.18 | 9.56 | 76.14 | 20.04 | 2.50 |
| | 6.0 | 13.19 | 10.36 | 81.41 | 21.42 | 2.48 |

$I$——截面惯性矩；
$W$——截面模量；
$i$——截面回转半径

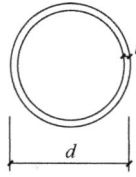

| 尺寸（mm） | | 截面面积 $A$ | 每米质量 | 截面特性 | | | 尺寸（mm） | | 截面面积 $A$ | 每米质量 | 截面特性 | | |
|---|---|---|---|---|---|---|---|---|---|---|---|---|---|
| | | | | $I$ | $W$ | $i$ | | | | | $I$ | $W$ | $i$ |
| $d$ | $t$ | cm² | kg/m | cm⁴ | cm³ | cm | $d$ | $t$ | cm² | kg/m | cm⁴ | cm³ | cm |
| 83 | 3.5 | 8.74 | 6.86 | 69.19 | 16.67 | 2.81 | 114 | 7.5 | 25.09 | 19.70 | 357.58 | 62.73 | 3.77 |
| | 4.0 | 9.93 | 7.79 | 77.64 | 18.71 | 2.80 | | 8.0 | 26.64 | 20.91 | 376.30 | 66.02 | 3.76 |
| | 4.5 | 11.10 | 8.71 | 85.76 | 20.67 | 2.78 | 121 | 4.0 | 14.70 | 11.54 | 251.87 | 41.63 | 4.14 |
| | 5.0 | 12.25 | 9.62 | 93.56 | 22.54 | 2.76 | | 4.5 | 16.47 | 12.93 | 279.83 | 46.25 | 4.12 |
| | 5.5 | 13.39 | 10.51 | 101.04 | 24.35 | 2.75 | | 5.0 | 18.22 | 14.30 | 307.05 | 50.75 | 4.11 |
| | 6.0 | 14.51 | 11.39 | 108.22 | 26.08 | 2.73 | | 5.5 | 19.96 | 15.67 | 333.54 | 55.13 | 4.09 |
| | 6.5 | 15.62 | 12.26 | 115.10 | 27.74 | 2.71 | | 6.0 | 21.68 | 17.02 | 359.32 | 59.39 | 4.07 |
| | 7.0 | 16.71 | 13.12 | 121.69 | 29.32 | 2.70 | | 6.5 | 23.38 | 18.35 | 384.40 | 63.54 | 4.05 |
| 89 | 3.5 | 9.40 | 7.38 | 86.05 | 19.34 | 3.03 | | 7.0 | 25.07 | 19.68 | 408.80 | 67.57 | 4.04 |
| | 4.0 | 10.68 | 8.38 | 96.68 | 21.73 | 3.01 | | 7.5 | 26.74 | 20.99 | 432.51 | 71.49 | 4.02 |
| | 4.5 | 11.95 | 9.38 | 106.92 | 24.03 | 2.99 | | 8.0 | 28.40 | 22.29 | 455.57 | 75.30 | 4.01 |
| | 5.0 | 13.19 | 10.36 | 116.79 | 26.24 | 2.98 | 127 | 4.0 | 15.46 | 12.13 | 292.61 | 46.08 | 4.35 |
| | 5.5 | 14.43 | 11.33 | 126.29 | 28.38 | 2.96 | | 4.5 | 17.32 | 13.59 | 325.29 | 51.23 | 4.33 |
| | 6.0 | 15.65 | 12.28 | 135.43 | 30.43 | 2.94 | | 5.0 | 19.16 | 15.04 | 357.14 | 56.24 | 4.32 |
| | 6.5 | 16.85 | 13.22 | 144.22 | 32.41 | 2.93 | | 5.5 | 20.99 | 16.48 | 388.19 | 61.13 | 4.30 |
| | 7.0 | 18.03 | 14.16 | 152.67 | 34.31 | 2.91 | | 6.0 | 22.81 | 17.90 | 418.44 | 65.90 | 4.28 |
| 95 | 3.5 | 10.06 | 7.90 | 105.45 | 22.20 | 3.24 | | 6.5 | 24.61 | 19.32 | 447.92 | 70.54 | 4.27 |
| | 4.0 | 11.44 | 8.98 | 118.60 | 24.97 | 3.22 | | 7.0 | 26.39 | 20.72 | 476.63 | 75.06 | 4.25 |
| | 4.5 | 12.79 | 10.04 | 131.31 | 27.64 | 3.20 | | 7.5 | 28.16 | 22.10 | 504.58 | 79.46 | 4.23 |
| | 5.0 | 14.14 | 11.10 | 143.58 | 30.23 | 3.19 | | 8.0 | 29.91 | 23.48 | 531.80 | 83.75 | 4.22 |
| | 5.5 | 15.46 | 12.14 | 155.43 | 32.72 | 3.17 | 133 | 4.0 | 16.21 | 12.73 | 337.53 | 50.76 | 4.56 |
| | 6.0 | 16.78 | 13.17 | 166.86 | 35.13 | 3.15 | | 4.5 | 18.17 | 14.26 | 375.42 | 56.45 | 4.55 |
| | 6.5 | 18.07 | 14.19 | 177.89 | 37.45 | 3.14 | | 5.0 | 20.11 | 15.78 | 412.40 | 62.02 | 4.53 |
| | 7.0 | 19.35 | 15.19 | 188.51 | 39.69 | 3.12 | | 5.5 | 22.03 | 17.29 | 448.50 | 67.44 | 4.51 |
| 102 | 3.5 | 10.83 | 8.50 | 131.52 | 25.79 | 3.48 | | 6.0 | 23.94 | 18.79 | 483.72 | 72.74 | 4.50 |
| | 4.0 | 12.32 | 9.67 | 148.09 | 29.04 | 3.47 | | 6.5 | 25.83 | 20.28 | 518.07 | 77.91 | 4.48 |
| | 4.5 | 13.78 | 10.82 | 164.14 | 32.18 | 3.45 | | 7.0 | 27.71 | 21.75 | 551.58 | 82.94 | 4.46 |
| | 5.0 | 15.24 | 11.96 | 179.68 | 35.23 | 3.43 | | 7.5 | 29.57 | 23.21 | 584.25 | 87.86 | 4.45 |
| | 5.5 | 16.67 | 13.09 | 194.72 | 38.18 | 3.42 | | 8.0 | 31.42 | 24.66 | 616.11 | 92.65 | 4.43 |
| | 6.0 | 18.10 | 14.21 | 209.28 | 41.03 | 3.40 | 140 | 4.5 | 19.16 | 15.04 | 440.12 | 62.87 | 4.79 |
| | 6.5 | 19.50 | 15.31 | 223.35 | 43.79 | 3.38 | | 5.0 | 21.21 | 16.65 | 483.76 | 69.11 | 4.78 |
| | 7.0 | 20.89 | 16.40 | 236.96 | 46.46 | 3.37 | | 5.5 | 23.24 | 18.24 | 526.40 | 75.20 | 4.76 |
| 114 | 4.0 | 13.82 | 10.85 | 209.35 | 36.73 | 3.89 | | 6.0 | 25.26 | 19.83 | 568.06 | 81.15 | 4.74 |
| | 4.5 | 15.48 | 12.15 | 232.41 | 40.77 | 3.87 | | 6.5 | 27.26 | 21.40 | 608.76 | 86.97 | 4.73 |
| | 5.0 | 17.12 | 13.44 | 254.81 | 44.70 | 3.86 | | 7.0 | 29.25 | 22.96 | 648.51 | 92.64 | 4.71 |
| | 5.5 | 18.75 | 14.72 | 276.58 | 48.52 | 3.84 | | 7.5 | 31.22 | 24.51 | 687.32 | 98.19 | 4.69 |
| | 6.0 | 20.36 | 15.98 | 297.73 | 52.23 | 3.82 | | 8.0 | 33.18 | 26.04 | 725.21 | 103.60 | 4.68 |
| | 6.5 | 21.95 | 17.23 | 318.26 | 55.84 | 3.81 | | 9.0 | 37.04 | 29.08 | 798.29 | 114.04 | 4.64 |
| | 7.0 | 23.53 | 18.47 | 338.19 | 59.33 | 3.79 | | 10 | 40.84 | 32.06 | 867.86 | 123.98 | 4.61 |

$I$——截面惯性矩；
$W$——截面模量；
$i$——截面回转半径

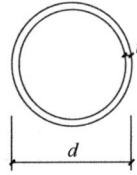

| 尺寸 (mm) | | 截面面积 $A$ | 每米质量 | 截面特性 | | | 尺寸 (mm) | | 截面面积 $A$ | 每米质量 | 截面特性 | | |
| --- | --- | --- | --- | --- | --- | --- | --- | --- | --- | --- | --- | --- | --- |
| $d$ | $t$ | | | $I$ | $W$ | $i$ | $d$ | $t$ | | | $I$ | $W$ | $i$ |
| | | cm² | kg/m | cm⁴ | cm³ | cm | | | cm² | kg/m | cm⁴ | cm³ | cm |
| 146 | 4.5 | 20.00 | 15.70 | 501.16 | 68.65 | 5.01 | 180 | 5.0 | 27.49 | 21.58 | 1053.17 | 117.02 | 6.19 |
| | 5.0 | 22.15 | 17.39 | 551.10 | 75.49 | 4.99 | | 5.5 | 30.15 | 23.67 | 1148.79 | 127.64 | 6.17 |
| | 5.5 | 24.28 | 19.06 | 599.95 | 82.19 | 4.97 | | 6.0 | 32.80 | 25.75 | 1242.72 | 138.08 | 6.16 |
| | 6.0 | 26.39 | 20.72 | 647.73 | 88.73 | 4.95 | | 6.5 | 35.43 | 27.81 | 1335.00 | 148.33 | 6.14 |
| | 6.5 | 28.49 | 22.36 | 694.44 | 95.13 | 4.94 | | 7.0 | 38.04 | 29.87 | 1425.63 | 158.40 | 6.12 |
| | 7.0 | 30.57 | 24.00 | 740.12 | 101.39 | 4.92 | | 7.5 | 40.64 | 31.91 | 1514.64 | 168.29 | 6.10 |
| | 7.5 | 32.63 | 25.62 | 784.77 | 107.50 | 4.90 | | 8.0 | 43.23 | 33.93 | 1602.04 | 178.00 | 6.09 |
| | 8.0 | 34.68 | 27.23 | 828.41 | 113.48 | 4.89 | | 9.0 | 48.35 | 37.95 | 1772.12 | 196.90 | 6.05 |
| | 9.0 | 38.74 | 30.41 | 912.71 | 125.03 | 4.85 | | 10 | 53.41 | 41.92 | 1936.01 | 215.11 | 6.02 |
| | 10 | 42.73 | 33.54 | 993.16 | 136.05 | 4.82 | | 12 | 63.33 | 49.72 | 2245.84 | 249.54 | 5.95 |
| 152 | 4.5 | 20.85 | 16.37 | 567.61 | 74.69 | 5.22 | 194 | 5.0 | 29.69 | 23.31 | 1326.54 | 136.76 | 6.68 |
| | 5.0 | 23.09 | 18.13 | 624.43 | 82.16 | 5.20 | | 5.5 | 32.57 | 25.57 | 1447.86 | 149.26 | 6.67 |
| | 5.5 | 25.31 | 19.87 | 680.06 | 89.48 | 5.18 | | 6.0 | 35.44 | 27.82 | 1567.21 | 161.57 | 6.65 |
| | 6.0 | 27.52 | 21.60 | 734.52 | 96.65 | 5.17 | | 6.5 | 38.29 | 30.06 | 1684.61 | 173.67 | 6.63 |
| | 6.5 | 29.71 | 23.32 | 787.82 | 103.66 | 5.15 | | 7.0 | 41.12 | 32.28 | 1800.08 | 185.57 | 6.62 |
| | 7.0 | 31.89 | 25.03 | 839.99 | 110.52 | 5.13 | | 7.5 | 43.94 | 34.50 | 1913.64 | 197.28 | 6.60 |
| | 7.5 | 34.05 | 26.73 | 891.03 | 117.24 | 5.12 | | 8.0 | 46.75 | 36.70 | 2025.31 | 208.79 | 6.58 |
| | 8.0 | 36.19 | 28.41 | 940.97 | 123.81 | 5.10 | | 9.0 | 52.31 | 41.06 | 2243.08 | 231.25 | 6.55 |
| | 9.0 | 40.43 | 31.74 | 1037.59 | 136.53 | 5.07 | | 10 | 57.81 | 45.38 | 2453.55 | 252.94 | 6.51 |
| | 10 | 44.61 | 35.02 | 1129.99 | 148.68 | 5.03 | | 12 | 68.61 | 53.86 | 2853.25 | 294.15 | 6.45 |
| 159 | 4.5 | 21.84 | 17.15 | 652.27 | 82.05 | 5.46 | 203 | 6.0 | 37.13 | 29.15 | 1803.07 | 177.64 | 6.97 |
| | 5.0 | 24.19 | 18.99 | 717.88 | 90.30 | 5.45 | | 6.5 | 40.13 | 31.50 | 1938.81 | 191.02 | 6.95 |
| | 5.5 | 26.52 | 20.82 | 782.18 | 98.39 | 5.43 | | 7.0 | 43.10 | 33.84 | 2072.43 | 204.18 | 6.93 |
| | 6.0 | 28.84 | 22.64 | 845.19 | 106.31 | 5.41 | | 7.5 | 46.06 | 36.16 | 2203.94 | 217.14 | 6.92 |
| | 6.5 | 31.14 | 24.45 | 906.92 | 114.08 | 5.40 | | 8.0 | 49.01 | 38.47 | 2333.37 | 229.89 | 6.90 |
| | 7.0 | 33.43 | 26.24 | 967.41 | 121.69 | 5.38 | | 9.0 | 54.85 | 43.06 | 2586.08 | 254.79 | 6.87 |
| | 7.5 | 35.70 | 28.02 | 1026.65 | 129.14 | 5.36 | | 10 | 60.63 | 47.60 | 2830.72 | 278.89 | 6.83 |
| | 8.0 | 37.95 | 29.79 | 1084.67 | 136.44 | 5.35 | | 12 | 72.01 | 56.52 | 3296.49 | 324.78 | 6.77 |
| | 9.0 | 42.41 | 33.29 | 1197.12 | 150.58 | 5.31 | | 14 | 83.13 | 65.25 | 3732.07 | 367.69 | 6.70 |
| | 10 | 46.81 | 36.75 | 1304.88 | 164.14 | 5.28 | | 16 | 94.00 | 73.79 | 4138.78 | 407.76 | 6.64 |
| 168 | 4.5 | 23.11 | 18.14 | 772.96 | 92.02 | 5.78 | 219 | 6.0 | 40.15 | 31.52 | 2278.74 | 208.10 | 7.53 |
| | 5.0 | 25.60 | 20.10 | 851.14 | 101.33 | 5.77 | | 6.5 | 43.39 | 34.06 | 2451.64 | 223.89 | 7.52 |
| | 5.5 | 28.08 | 22.04 | 927.85 | 110.46 | 5.75 | | 7.0 | 46.62 | 36.60 | 2622.04 | 239.46 | 7.50 |
| | 6.0 | 30.54 | 23.97 | 1003.12 | 119.42 | 5.73 | | 7.5 | 49.83 | 39.12 | 2789.96 | 254.79 | 7.48 |
| | 6.5 | 32.98 | 25.89 | 1076.95 | 128.21 | 5.71 | | 8.0 | 53.03 | 41.63 | 2955.43 | 269.90 | 7.47 |
| | 7.0 | 35.41 | 27.79 | 1149.36 | 136.83 | 5.70 | | 9.0 | 59.38 | 46.61 | 3279.12 | 299.46 | 7.43 |
| | 7.5 | 37.82 | 29.69 | 1220.38 | 145.28 | 5.68 | | 10 | 65.66 | 51.54 | 3593.29 | 328.15 | 7.40 |
| | 8.0 | 40.21 | 31.57 | 1290.01 | 153.57 | 5.66 | | 12 | 78.04 | 61.26 | 4193.81 | 383.00 | 7.33 |
| | 9.0 | 44.96 | 35.29 | 1425.22 | 169.67 | 5.63 | | 14 | 90.16 | 70.78 | 4758.50 | 434.57 | 7.26 |
| | 10 | 49.64 | 38.97 | 1555.13 | 185.13 | 5.60 | | 16 | 102.04 | 80.10 | 5288.81 | 483.00 | 7.20 |

I——截面惯性矩;
W——截面模量;
i——截面回转半径

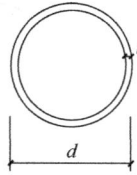

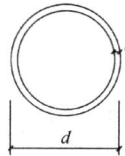

| 尺寸(mm) | | 截面面积A | 每米质量 | 截面特性 | | | 尺寸(mm) | | 截面面积A | 每米质量 | 截面特性 | | |
|---|---|---|---|---|---|---|---|---|---|---|---|---|---|
| d | t | | | I | W | i | d | t | | | I | W | i |
| | | cm² | kg/m | cm⁴ | cm³ | cm | | | cm² | kg/m | cm⁴ | cm³ | cm |
| 245 | 6.5 | 48.70 | 38.23 | 3465.46 | 282.89 | 8.44 | 299 | 7.5 | 68.68 | 53.92 | 7300.02 | 488.30 | 10.31 |
| | 7.0 | 52.34 | 41.08 | 3709.06 | 302.78 | 8.42 | | 8.0 | 73.14 | 57.41 | 7747.42 | 518.22 | 10.29 |
| | 7.5 | 55.96 | 43.93 | 3949.52 | 322.41 | 8.40 | | 9.0 | 82.00 | 64.37 | 8628.09 | 577.13 | 10.26 |
| | 8.0 | 59.56 | 46.76 | 4186.87 | 341.79 | 8.38 | | 10 | 90.79 | 71.27 | 9490.15 | 634.79 | 10.22 |
| | 9.0 | 66.73 | 52.38 | 4652.32 | 379.78 | 8.35 | | 12 | 108.20 | 84.93 | 11159.52 | 746.46 | 10.16 |
| | 10 | 73.83 | 57.95 | 5105.63 | 416.79 | 8.32 | | 14 | 125.35 | 98.40 | 12757.61 | 853.35 | 10.08 |
| | 12 | 87.84 | 68.95 | 5976.67 | 487.89 | 8.25 | | 16 | 142.25 | 111.67 | 14286.48 | 955.62 | 10.02 |
| | 14 | 101.60 | 79.76 | 6801.68 | 555.24 | 8.18 | 325 | 7.5 | 74.81 | 58.73 | 9431.80 | 580.42 | 11.23 |
| | 16 | 115.11 | 90.36 | 7582.30 | 618.96 | 8.12 | | 8.0 | 79.67 | 62.54 | 10013.92 | 616.24 | 11.21 |
| 273 | 6.5 | 54.42 | 42.72 | 4834.18 | 354.15 | 9.42 | | 9.0 | 89.35 | 70.14 | 11161.33 | 686.85 | 11.18 |
| | 7.0 | 58.50 | 45.92 | 5177.30 | 379.29 | 9.41 | | 10 | 98.96 | 77.68 | 12286.52 | 756.09 | 11.14 |
| | 7.5 | 62.56 | 49.11 | 5516.47 | 404.14 | 9.39 | | 12 | 118.00 | 92.63 | 14471.45 | 890.55 | 11.07 |
| | 8.0 | 66.60 | 52.28 | 5851.71 | 428.70 | 9.37 | | 14 | 136.78 | 107.38 | 16570.98 | 1019.75 | 11.01 |
| | 9.0 | 74.64 | 58.60 | 6510.56 | 476.96 | 9.34 | | 16 | 155.32 | 121.93 | 18587.38 | 1143.84 | 10.94 |
| | 10 | 82.62 | 64.86 | 7154.09 | 524.11 | 9.31 | 351 | 8.0 | 86.21 | 67.67 | 12684.36 | 722.76 | 12.13 |
| | 12 | 98.39 | 77.24 | 8396.14 | 615.10 | 9.24 | | 9.0 | 96.70 | 75.91 | 14147.55 | 806.13 | 12.10 |
| | 14 | 113.91 | 89.42 | 9579.75 | 701.81 | 9.17 | | 10 | 107.13 | 84.10 | 15584.62 | 888.01 | 12.06 |
| | 16 | 129.18 | 101.41 | 10706.79 | 784.38 | 9.10 | | 12 | 127.80 | 100.32 | 18381.63 | 1047.39 | 11.99 |
| | | | | | | | | 14 | 148.22 | 116.35 | 21077.86 | 1201.02 | 11.93 |
| | | | | | | | | 16 | 168.39 | 132.19 | 23675.75 | 1349.05 | 11.86 |

## 附6.8 电焊钢管（附表6-8）

电 焊 钢 管 附表6-8

I——截面惯性矩;
W——截面模量;
i——截面回转半径

| 尺寸(mm) | | 截面面积A (cm²) | 每米质量 (kg/m) | 截面特性 | | | 尺寸(mm) | | 截面面积A (cm²) | 每米质量 (kg/m) | 截面特性 | | |
|---|---|---|---|---|---|---|---|---|---|---|---|---|---|
| d | t | | | I | W | i | d | t | | | I | W | i |
| | | | | cm⁴ | cm³ | cm | | | | | cm⁴ | cm³ | cm |
| 32 | 2.0 | 1.88 | 1.48 | 2.13 | 1.33 | 1.06 | 51 | 2.0 | 3.08 | 2.42 | 9.26 | 3.63 | 1.73 |
| | 2.5 | 2.32 | 1.82 | 2.54 | 1.59 | 1.05 | | 2.5 | 3.81 | 2.99 | 11.23 | 4.40 | 1.72 |
| 38 | 2.0 | 2.26 | 1.78 | 3.68 | 1.93 | 1.27 | | 3.0 | 4.52 | 3.55 | 13.08 | 5.13 | 1.70 |
| | 2.5 | 2.79 | 2.19 | 4.41 | 2.32 | 1.26 | | 3.5 | 5.22 | 4.10 | 14.81 | 5.81 | 1.68 |
| 40 | 2.0 | 2.39 | 1.87 | 4.32 | 2.16 | 1.35 | 53 | 2.0 | 3.20 | 2.52 | 10.43 | 3.94 | 1.80 |
| | 2.5 | 2.95 | 2.31 | 5.20 | 2.60 | 1.33 | | 2.5 | 3.97 | 3.11 | 12.67 | 4.78 | 1.79 |
| 42 | 2.0 | 2.51 | 1.97 | 5.04 | 2.40 | 1.42 | | 3.0 | 4.71 | 3.70 | 14.78 | 5.58 | 1.77 |
| | 2.5 | 3.10 | 2.44 | 6.07 | 2.89 | 1.40 | | 3.5 | 5.44 | 4.27 | 16.75 | 6.32 | 1.75 |
| 45 | 2.0 | 2.70 | 2.12 | 6.26 | 2.78 | 1.52 | 57 | 2.0 | 3.46 | 2.71 | 13.08 | 4.59 | 1.95 |
| | 2.5 | 3.34 | 2.62 | 7.56 | 3.36 | 1.51 | | 2.5 | 4.28 | 3.36 | 15.93 | 5.59 | 1.93 |
| | 3.0 | 3.96 | 3.11 | 8.77 | 3.90 | 1.49 | | 3.0 | 5.09 | 4.00 | 18.61 | 6.53 | 1.91 |
| | | | | | | | | 3.5 | 5.88 | 4.62 | 21.14 | 7.42 | 1.90 |

I——截面惯性矩；

W——截面模量；

i——截面回转半径

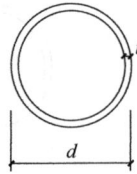

| 尺寸(mm) d | t | 截面面积 A (cm²) | 每米质量 (kg/m) | 截面特性 I (cm⁴) | W (cm³) | i (cm) | 尺寸(mm) d | t | 截面面积 A (cm²) | 每米质量 (kg/m) | 截面特性 I (cm⁴) | W (cm³) | i (cm) |
|---|---|---|---|---|---|---|---|---|---|---|---|---|---|
| 60 | 2.0 | 3.64 | 2.86 | 15.34 | 5.11 | 2.05 | 102 | 2.0 | 6.28 | 4.93 | 78.57 | 15.41 | 3.54 |
| | 2.5 | 4.52 | 3.55 | 18.70 | 6.23 | 2.03 | | 2.5 | 7.81 | 6.13 | 96.77 | 18.97 | 3.52 |
| | 3.0 | 5.37 | 4.22 | 21.88 | 7.29 | 2.02 | | 3.0 | 9.33 | 7.32 | 114.42 | 22.43 | 3.50 |
| | 3.5 | 6.21 | 4.88 | 24.88 | 8.29 | 2.00 | | 3.5 | 10.83 | 8.50 | 131.52 | 25.79 | 3.48 |
| 63.5 | 2.0 | 3.86 | 3.03 | 18.29 | 5.76 | 2.18 | | 4.0 | 12.32 | 9.67 | 148.09 | 29.04 | 3.47 |
| | 2.5 | 4.79 | 3.76 | 22.32 | 7.03 | 2.16 | | 4.5 | 13.78 | 10.82 | 164.14 | 32.18 | 3.45 |
| | 3.0 | 5.70 | 4.48 | 26.15 | 8.24 | 2.14 | | 5.0 | 15.24 | 11.96 | 179.68 | 35.23 | 3.43 |
| | 3.5 | 6.60 | 5.18 | 29.79 | 9.38 | 2.12 | 108 | 3.0 | 9.90 | 7.77 | 136.49 | 25.28 | 3.71 |
| 70 | 2.0 | 4.27 | 3.35 | 24.72 | 7.06 | 2.41 | | 3.5 | 11.49 | 9.02 | 157.02 | 29.08 | 3.70 |
| | 2.5 | 5.30 | 4.16 | 30.23 | 8.64 | 2.39 | | 4.0 | 13.07 | 10.26 | 176.95 | 32.77 | 3.68 |
| | 3.0 | 6.31 | 4.96 | 35.50 | 10.14 | 2.37 | 114 | 3.0 | 10.46 | 8.21 | 161.24 | 28.29 | 3.93 |
| | 3.5 | 7.31 | 5.74 | 40.53 | 11.58 | 2.35 | | 3.5 | 12.15 | 9.54 | 185.63 | 32.57 | 3.91 |
| | 4.5 | 9.26 | 7.27 | 49.89 | 14.26 | 2.32 | | 4.0 | 13.82 | 10.85 | 209.35 | 36.73 | 3.89 |
| 76 | 2.0 | 4.65 | 3.65 | 31.85 | 8.38 | 2.62 | | 4.5 | 15.48 | 12.15 | 232.41 | 40.77 | 3.87 |
| | 2.5 | 5.77 | 4.53 | 39.03 | 10.27 | 2.60 | | 5.0 | 17.12 | 13.44 | 254.81 | 44.70 | 3.86 |
| | 3.0 | 6.88 | 5.40 | 45.91 | 12.08 | 2.58 | 121 | 3.0 | 11.12 | 8.73 | 193.69 | 32.01 | 4.17 |
| | 3.5 | 7.97 | 6.26 | 52.50 | 13.82 | 2.57 | | 3.5 | 12.92 | 10.14 | 223.17 | 36.89 | 4.16 |
| | 4.0 | 9.05 | 7.10 | 58.81 | 15.48 | 2.55 | | 4.0 | 14.70 | 11.54 | 251.87 | 41.63 | 4.14 |
| | 4.5 | 10.11 | 7.93 | 64.85 | 17.07 | 2.53 | 127 | 3.0 | 11.69 | 9.17 | 224.75 | 35.39 | 4.39 |
| 83 | 2.0 | 5.09 | 4.00 | 41.76 | 10.06 | 2.86 | | 3.5 | 13.58 | 10.66 | 259.11 | 40.80 | 4.37 |
| | 2.5 | 6.32 | 4.96 | 51.26 | 12.35 | 2.85 | | 4.0 | 15.46 | 12.13 | 292.61 | 46.08 | 4.35 |
| | 3.0 | 7.54 | 5.92 | 60.40 | 14.56 | 2.83 | | 4.5 | 17.32 | 13.59 | 325.29 | 51.23 | 4.33 |
| | 3.5 | 8.74 | 6.86 | 69.19 | 16.67 | 2.81 | | 5.0 | 19.16 | 15.04 | 357.14 | 56.24 | 4.32 |
| | 4.0 | 9.93 | 7.79 | 77.64 | 18.71 | 2.80 | 133 | 3.5 | 14.24 | 11.18 | 298.71 | 44.92 | 4.58 |
| | 4.5 | 11.10 | 8.71 | 85.76 | 20.67 | 2.78 | | 4.0 | 16.21 | 12.73 | 337.53 | 50.76 | 4.56 |
| 89 | 2.0 | 5.47 | 4.29 | 51.75 | 11.63 | 3.08 | | 4.5 | 18.17 | 14.26 | 375.42 | 56.45 | 4.55 |
| | 2.5 | 6.79 | 5.33 | 63.59 | 14.29 | 3.06 | | 5.0 | 20.11 | 15.78 | 412.40 | 62.02 | 4.53 |
| | 3.0 | 8.11 | 6.36 | 75.02 | 16.86 | 3.04 | 140 | 3.5 | 15.01 | 11.78 | 349.79 | 49.97 | 4.83 |
| | 3.5 | 9.40 | 7.38 | 86.05 | 19.34 | 3.03 | | 4.0 | 17.09 | 13.42 | 395.47 | 56.50 | 4.81 |
| | 4.0 | 10.68 | 8.38 | 96.68 | 21.73 | 3.01 | | 4.5 | 19.16 | 15.04 | 440.12 | 62.87 | 4.79 |
| | 4.5 | 11.95 | 9.38 | 106.92 | 24.03 | 2.99 | | 5.0 | 21.21 | 16.65 | 483.76 | 69.11 | 4.78 |
| 95 | 2.0 | 5.84 | 4.59 | 63.20 | 13.31 | 3.29 | | 5.5 | 23.24 | 18.24 | 526.40 | 75.20 | 4.76 |
| | 2.5 | 7.26 | 5.70 | 77.76 | 16.37 | 3.27 | 152 | 3.5 | 16.33 | 12.82 | 450.35 | 59.26 | 5.25 |
| | 3.0 | 8.67 | 6.81 | 91.83 | 19.33 | 3.25 | | 4.0 | 18.60 | 14.60 | 509.59 | 67.05 | 5.23 |
| | 3.5 | 10.06 | 7.90 | 105.45 | 22.20 | 3.24 | | 4.5 | 20.85 | 16.37 | 567.61 | 74.69 | 5.22 |
| | | | | | | | | 5.0 | 23.09 | 18.13 | 624.43 | 82.16 | 5.20 |
| | | | | | | | | 5.5 | 25.31 | 19.87 | 680.06 | 89.48 | 5.18 |

# 附录7 螺栓和锚栓规格

**螺栓螺纹处的有效截面面积**　　　　　　　　　　　　　　　　附表7-1

| 公称直径 | 12 | 14 | 16 | 18 | 20 | 22 | 24 | 27 | 30 |
|---|---|---|---|---|---|---|---|---|---|
| 螺栓有效截面积 $A_e$（cm²） | 0.84 | 1.15 | 1.57 | 1.92 | 2.45 | 3.03 | 3.53 | 4.59 | 5.61 |
| 公称直径 | 33 | 36 | 39 | 42 | 45 | 48 | 52 | 56 | 60 |
| 螺栓有效截面积 $A_e$（cm²） | 6.94 | 8.17 | 9.76 | 11.2 | 13.1 | 14.7 | 17.6 | 20.3 | 23.6 |
| 公称直径 | 64 | 68 | 72 | 76 | 80 | 85 | 90 | 95 | 100 |
| 螺栓有效截面积 $A_e$（cm²） | 26.8 | 30.6 | 34.6 | 38.9 | 43.4 | 49.5 | 55.9 | 62.7 | 70.0 |

**螺　栓　规　格**　　　　　　　　　　　　　　　　　　　　附表7-2

| | | Ⅰ | | | Ⅱ | | | Ⅲ | | |
|---|---|---|---|---|---|---|---|---|---|---|
| 锚栓直径 $d$（mm） | 20 | 24 | 30 | 36 | 42 | 48 | 56 | 64 | 72 | 80 | 90 |
| 锚栓有效截面积（cm²） | 2.45 | 3.53 | 5.61 | 8.17 | 11.2 | 14.7 | 20.3 | 26.8 | 34.6 | 43.4 | 55.9 |
| 锚栓设计拉力（kN）（Q235钢） | 34.3 | 49.4 | 78.5 | 114.1 | 156.9 | 206.2 | 284.2 | 375.2 | 484.4 | 608.2 | 782.7 |
| Ⅲ型锚栓 锚板宽度 $c$（mm） | | | | | 140 | 200 | 200 | 240 | 280 | 350 | 400 |
| Ⅲ型锚栓 锚板厚度 $t$（mm） | | | | | 20 | 20 | 20 | 25 | 30 | 40 | 40 |

# 参 考 文 献

[1] 中华人民共和国国家标准. 钢结构设计标准. GB 50017—2017. 北京：中国建筑工业出版社，2017.

[2] 中华人民共和国国家标准. 建筑结构可靠度设计统一标准 GB 50068—2001. 北京：中国建筑工业出版社，2001.

[3] 中华人民共和国国家标准. 建筑结构荷载规范. GB 50009—2012. 北京：中国建筑工业出版社，2012.

[4] 中华人民共和国国家标准. 建筑抗震设计规范 GB 50011—2010(2016 年版). 北京：中国建筑工业出版社，2016.

[5] 中华人民共和国国家标准. 钢结构工程施工质量验收规范 GB 50205—2001. 北京：中国计划出版社，2001.

[6] 中华人民共和国国家标准. 冷弯薄壁型钢结构技术规范 GB 50018—2002. 北京：中国计划出版社，2002.

[7] 中华人民共和国国家标准. 钢结构焊接规范 GB 50661—2011. 北京：中国建筑工业出版社，2011.

[8] 中华人民共和国国家标准. 高层民用建筑钢结构技术规程 JGJ 99—2015，北京：中国建筑工业出版社，2015.

[9] 陈绍蕃著. 钢结构设计原理(第四版). 北京：科学出版社，2016.

[10] 陈绍蕃著. 钢结构稳定设计指南(第三版). 北京：中国建筑工业出版社，2013.

[11] 戴国欣. 钢结构(第四版). 武汉：武汉理工大学出版社，2012.

[12] 张耀春，周绪红. 钢结构设计原理. 北京：高等教育出版社，2011.

[13] 新钢结构设计手册编委会. 新钢结构设计手册. 北京：中国计划出版社，2018.